国家哲学社会科学成果文库

NATIONAL ACHIEVEMENTS LIBRARY
OF PHILOSOPHY AND SOCIAL SCIENCES

大国发展道路：经验和理论

欧阳峣　等著

欧阳峣 1962年生，湖南宁远人。湖南师范大学副校长，二级教授，博士生导师，大国经济研究中心主任。中国人民大学哲学硕士，湖南大学经济学博士，财政部财科所博士后，哈佛大学、牛津大学、斯坦福大学高级研究学者。国际熊彼特学会执行委员，中国商业经济学会副会长，中国新兴经济体研究会副会长。享受国务院政府特殊津贴专家，"新世纪百千万人才工程"国家级人选，全国文化名家暨"四个一批"人才，国家"万人计划"第一批哲学社会科学领军人才。

主要研究发展经济学、国际经济学和中国经济史，主持国家社会科学基金重大项目、国家软科学重大项目和国家自然科学基金项目10余项，在《中国社会科学》《经济研究》等期刊发表论文130余篇。主编"大国经济丛书""国家规模和经济增长译丛""大国发展经济学系列"，代表著作《大国综合优势》获世界政治经济学杰出成果奖；《大国经济发展理论》《大国发展道路：经验和理论》入选"国家哲学社会科学成果文库"，《大国发展经济学》列入研究生教学用书，《大国经济研究》（第一、二辑）获湖南省哲学社会科学优秀成果一等奖。

《国家哲学社会科学成果文库》
出版说明

为充分发挥哲学社会科学研究优秀成果和优秀人才的示范带动作用,促进我国哲学社会科学繁荣发展,全国哲学社会科学规划领导小组决定自2010年始,设立《国家哲学社会科学成果文库》,每年评审一次。入选成果经过了同行专家严格评审,代表当前相关领域学术研究的前沿水平,体现我国哲学社会科学界的学术创造力,按照"统一标识、统一封面、统一版式、统一标准"的总体要求组织出版。

全国哲学社会科学规划办公室
2011年3月

前　言

发展经济学是研究发展中国家从贫困走向富裕的经济学理论,如果占世界人口绝大多数的发展中大国的经济发展不能够取得成功,那么发展经济学也就谈不上成功。为此,发展经济学的奠基人张培刚先生提出,应将发展中大国列为发展经济学研究的重要对象。当今世界,发展中大国的国际地位发生了明显变化,在经济增长、区域发展和国际治理等方面的作用愈益增加,过去那种在国际经济格局中处于被动的和受支配的地位正在逐步发生改变。在这种背景下,比以往任何时候都更需要研究新兴大国经济崛起的经验,探索发展中大国经济发展的道路,揭示其经济发展的特征和规律,从而为创建大国发展经济学准备条件。遵循这样的思路,我们提出了《发展中大国经济发展道路研究》的选题,并由湖南师范大学、哈佛大学等高等学校组成研究团队,在广泛收集国内外研究文献和经济数据的基础上,撰写系列论文,最终将研究成果进行综合整理形成了这部学术著作,取名为《大国发展道路:经验和理论》。

自2006年我们成立大国经济研究课题组以来,至今已有10余年的历史。本书是在总结长期研究成果的基础上撰写的学术专著,通过合理地界定和遴选发展中大国,借鉴发达大国的经济发展经验,分析发展中大国的发展优势、发展型式、转型路径和创新战略,形成了比较完整的理论体系。本书系集体研究成果,由欧阳峣教授担任首席专家,负责总体设计和统稿修改。主要撰稿人为:哈佛大学德怀特·H.珀金斯教授,湖南师范大学汤凌霄教授、袁冬梅教授、曹虹剑教授、刘雄副教授、袁礼博士、罗富政博士、唐玲博士,南京审计大学易先忠副教授,湖北经济学院李君华副教授,湖南商学院陈琦教授、生延超教授、张杨博士,嘉兴学院李玉双博士,北京师范大学张勋博士。同时,广州大学付元海教授,湖南商学院李坚飞副教授,湖南师范大学蔡兴副教授、郑辛迎博士、戴家武博士参加了研究和讨论,罗富政博士、盛小芳博士协助做了书稿整理和英文翻译工作。

本书被列为2015年度国家社会科学基金重大招标项目,编号为15ZDB032。在项目研究过程中,得到了全国哲学社会科学规划办公室和湖南省社会科学规划办公室的支持;得到了中国社会科学院裴长洪研究员、王利民研究员、刘霞辉研究员、郑红亮研究员和金成武副研究员,清华大学陈争平教授,中国人民大学方福前教授,华中科技大学徐长生教授,南开大学盛斌教授和邓宏图教授,美国埃默里大学查涛教授,亚洲开发银行万广华教授等专家的帮助;得到了湖南师范大学商学院、哈佛大学亚洲研究中心、斯坦福大学国际发展中心、牛津大学中国研究中心以及北京大学出版社的支持,在此谨致以诚挚的谢意!

欧阳峣

2017年秋于长沙岳麓山

目　　录

第1章　研究对象和基本思路 ……………………………………（1）
　　第1节　发展中大国的界定与遴选 ………………………（1）
　　第2节　发展中大国国际地位演变 ………………………（10）
　　第3节　研究文献回顾和逻辑思路 ………………………（16）

第2章　发达大国经济发展经验 …………………………………（29）
　　第1节　欧洲大国的发展道路 ……………………………（29）
　　第2节　美国工业化道路特点 ……………………………（50）
　　第3节　大国崛起的产业政策 ……………………………（60）

第3章　发展中大国的发展优势 …………………………………（72）
　　第1节　禀赋的视角：比较优势 …………………………（72）
　　第2节　发展的视角：后发优势 …………………………（96）
　　第3节　规模的视角：大国优势 …………………………（110）

第4章　发展中大国的发展型式 …………………………………（124）
　　第1节　内需为主的增长型式 ……………………………（124）
　　第2节　内需驱动的出口型式 ……………………………（149）
　　第3节　基础设施建设的型式 ……………………………（180）
　　第4节　公共产品供给的型式 ……………………………（192）

第5章　发展中大国的经济转型 …………………………………（202）
　　第1节　农业工业化和规模经营 …………………………（202）
　　第2节　城市化和产业结构升级 …………………………（216）
　　第3节　分工模式和全球化红利 …………………………（238）

第 4 节　跨越"中等收入陷阱" …………………………………（254）

第 6 章　发展中大国的创新战略 ………………………………（263）
　第 1 节　市场规模和技术创新优势 ………………………………（263）
　第 2 节　从模仿创新走向自主创新 ………………………………（279）
　第 3 节　"金砖国家"创新能力测度 ………………………………（291）
　第 4 节　大国创新道路的中国经验 ………………………………（305）

第 7 章　中国和印度的发展道路 ………………………………（320）
　第 1 节　构建自主发展产业体系 …………………………………（320）
　第 2 节　区域经济协调发展机制 …………………………………（333）
　第 3 节　中国道路及其世界意义 …………………………………（355）

第 8 章　大国道路：规律和趋势 ………………………………（378）
　第 1 节　本书的结论和理论贡献 …………………………………（378）
　第 2 节　尊重大国经济发展规律 …………………………………（384）
　第 3 节　发展中大国的发展前景 …………………………………（386）

参考文献 ……………………………………………………………（389）

索　引 ………………………………………………………………（417）

CONTENTS

Chapter 1　Research Objects and Basic Idea ……………… (1)
　　Section 1　Definition and Selection of Developing Large
　　　　　　　Countries ……………………………………………… (1)
　　Section 2　International Status Evolution of Developing Large
　　　　　　　Countries ……………………………………………… (10)
　　Section 3　Literature Review and Logic Thought ………………… (16)
Chapter 2　Development Experience of Developed Countries …………… (29)
　　Section 1　Development Path of Large Countries in Europe …… (29)
　　Section 2　Industrialization of United States of America and its
　　　　　　　Characteristics ………………………………………… (50)
　　Section 3　Industrial Policies for the Development of Large
　　　　　　　Countries ……………………………………………… (60)
Chapter 3　Development Advantage of Developing Large Countries …… (72)
　　Section 1　Perspective of Endowment: Comparative
　　　　　　　Advantage ……………………………………………… (72)
　　Section 2　Perspective of Development: Second-mover
　　　　　　　Advantage ……………………………………………… (96)
　　Section 3　Perspective of Scale: Large Country Advantage ……… (110)
Chapter 4　Development Mode of Developing Countries …………… (124)
　　Section 1　Development Mode of Domestic-need Driven ………… (124)
　　Section 2　Export Mode of Domestic-need Driven ……………… (149)
　　Section 3　Mode of Basic Infrastructure Construction …………… (180)

Section 4　Mode of Public Goods Supply ⋯⋯⋯⋯⋯⋯⋯⋯⋯ (192)
Chapter 5　Economic Transformation of Developing Countries ⋯⋯⋯⋯⋯ (202)
　　Section 1　Agriculture Industrialization and Scale
　　　　　　　Management ⋯⋯⋯⋯⋯⋯⋯⋯⋯⋯⋯⋯⋯⋯⋯⋯⋯ (202)
　　Section 2　Urbanization and Industrial Structure Upgrade ⋯⋯⋯⋯ (216)
　　Section 3　Labor-division Mode and Global Bonus ⋯⋯⋯⋯⋯⋯⋯ (238)
　　Section 4　Leap over Middle-income Trap ⋯⋯⋯⋯⋯⋯⋯⋯⋯⋯ (254)
Chapter 6　Innovation Strategy of Developing Large Countries ⋯⋯⋯⋯ (263)
　　Section 1　Market Scale and Technology Innovation Strategy ⋯⋯ (263)
　　Section 2　From Imitation to Innovation ⋯⋯⋯⋯⋯⋯⋯⋯⋯⋯⋯ (279)
　　Section 3　Assessment of BRICS Countries' Innovation
　　　　　　　Capability ⋯⋯⋯⋯⋯⋯⋯⋯⋯⋯⋯⋯⋯⋯⋯⋯⋯⋯ (291)
　　Section 4　China's Experience of Innovation Path as a Large
　　　　　　　Country ⋯⋯⋯⋯⋯⋯⋯⋯⋯⋯⋯⋯⋯⋯⋯⋯⋯⋯⋯ (305)
Chapter 7　Development Path of China and India ⋯⋯⋯⋯⋯⋯⋯⋯⋯⋯ (320)
　　Section 1　Construct Industry Self-development System ⋯⋯⋯⋯⋯ (320)
　　Section 2　Integrated Development System of Regional
　　　　　　　Economy ⋯⋯⋯⋯⋯⋯⋯⋯⋯⋯⋯⋯⋯⋯⋯⋯⋯⋯ (333)
　　Section 3　China's Experience and its Implications to the
　　　　　　　World ⋯⋯⋯⋯⋯⋯⋯⋯⋯⋯⋯⋯⋯⋯⋯⋯⋯⋯⋯ (355)
Chapter 8　Large Countries' Development Path: Law and Trend ⋯⋯⋯⋯ (378)
　　Section 1　This Book's Theoretic Contribution and
　　　　　　　Conclusion ⋯⋯⋯⋯⋯⋯⋯⋯⋯⋯⋯⋯⋯⋯⋯⋯⋯ (378)
　　Section 2　Respect International Economic Development Law ⋯⋯ (384)
　　Section 3　Development Prospect of Developing Large
　　　　　　　Countries ⋯⋯⋯⋯⋯⋯⋯⋯⋯⋯⋯⋯⋯⋯⋯⋯⋯⋯ (386)
Reference ⋯⋯⋯⋯⋯⋯⋯⋯⋯⋯⋯⋯⋯⋯⋯⋯⋯⋯⋯⋯⋯⋯⋯⋯⋯⋯ (389)
Index ⋯⋯⋯⋯⋯⋯⋯⋯⋯⋯⋯⋯⋯⋯⋯⋯⋯⋯⋯⋯⋯⋯⋯⋯⋯⋯⋯⋯ (417)

第1章

研究对象和基本思路

张培刚先生1992年在《新发展经济学》中提出了改造和革新发展经济学的途径,强调要"注重对发展中大国的研究",并认为发展中大国是指人口众多、幅员广阔、资源丰富、历史悠久、人均收入水平低下的发展中国家(张培刚,1992,第40页)。然而,后来的经济学家却没有沿着他的思路加强对发展中大国的研究,甚至没有对发展中大国的内涵和外延做出更加细致的分析。本章试图对发展中大国的概念进行合理界定,根据其主要特征和评价指标遴选出当今世界的发展中大国,并从不同角度阐述发展中大国的国际地位及其演变,从而为构建"大国发展经济学"明确具体的研究对象。同时,简要地回顾国内外学术界的探索历程,并提出本书的研究思路。

第1节 发展中大国的界定与遴选

1 发展中大国:"发展"和"规模"双重含义

发展中大国既是"发展中国家",又是"大规模国家",因而应该拥有"发展"和"规模"双重含义,并且是二者的结合体。为此,需要分别对发展中国家和大规模国家进行界定,在此基础上界定发展中大国。

(1) 含义之一:发展中国家

发展中国家的概念经历了一个演变过程,即从"落后国家"到"欠发达国家"、再到"发展中国家"的过程。富国和穷国的分野在古代社会就已经存在,但是那时的世界各国都处于农业文明的社会形态。随着工业革命的爆发,西方国家开始步入现代经济增长阶段,以工业文明取代了农业文明,这时的世界各国被划分为工业国和农业国,由于它们在劳动生产率和国民收入水平上存在很大的差异,所以前者被称为发达国家(Developed Countries),后者被称为落后国家(Backward Countries)。第二次世界大战以后,一批摆脱殖民主义统治而取得政治独立的新兴民族国家开始走上谋求发展的道路。考虑到这些国家虽然经济上落后,但是存在一种潜在和尚未开发的能力,所以改称为欠发达国家(Less-developed Countries),在经济学文献中缩写为"LDCs"。20世纪60年代以后,世界上大多数民族独立国家的发展意识特别强烈,开始实施经济起飞和经济发展战略,通过实现工业化,追赶上了经济发达国家,而且展现了发展的希望和前景。因此,"考虑到持续变化的过程,区分为发达和发展中国家"(吉利斯等,1998,第21页),20世纪60年代末期,在联合国组织文件和发展文献中正式使用了发展中国家(Developing Countries)的概念。同时,人们在国际关系中还使用了两个相似的概念,即"第三世界国家"和"南方国家"。20世纪50年代初期,法国学者阿尔弗雷德·索维提出了"三个世界"的概念。冷战时期,北大西洋组织成员国被称为"第一世界",华沙条约成员国被称为"第二世界",其他不结盟国家被称为"第三世界"(The Third World)。20世纪70年代末期,由于在地球南北之间把世界分成了"穷国"和"富国",所以人们把工业发达国家称为"北方国家",而把发展中国家称为"南方国家"。然而,第三世界属于政治概念,有的已经成为高收入国家;南方国家则属于地理概念,有的是富有的石油输出国,它们并不能准确地反映发展中国家的状况。所以,在经济学意义上,使用发展中国家的概念更加具有科学性和规范性。

  关于发展中国家的含义,美国哈佛大学编著的教科书写道:"一切传统社会都有两个共同的特点:低人均收入,没有现代经济增长。除了这些简单的共同点之外,各国的历史过程存在极大的差异性,很难将其一般化。"(吉利斯等,1998,第21页)。根据这种理解,以往国内的发展经济学教科书,有的将发展中国家定义为"原先的殖民地、半殖民地和附属国,而现在取得政治独立的新兴民族独立国家"(陶文达,1992,第22页);有的认为"第三世界"是"发展中国家"的同义语(马春文,2010,第1页),确实有些不够科学和准确。而刘树成(2005,第

210页)主编的《现代经济学辞典》将发展中国家定义为"对现阶段尚处于贫穷落后和不发达状态、力图加快经济发展的国家的总称",显得更加科学和合理。

(2) 含义之二:大规模国家

所谓"大国",就是大规模的国家,根据设定标准的不同,可以形成"人口大国""经济大国""工业大国""农业大国"等一系列的大国概念。我们研究的大国,应该是从总体上讲的大规模国家;它有两个初始条件,即人口规模和国土规模,由此出发可以推演出市场规模和经济规模。倘若没有设定这两个初始条件,我们所研究的对象就会变得不确定;有的国家会随着经济总量的扩大而变成大国,并会随着经济总量的缩小而又变成小国。在经济学史上,对国家规模和经济增长的研究始于20世纪50年代末期,1957年,国际经济学会在海牙召开了以"国家规模的经济影响"为主题的学术会议,专门研究了国家规模以及大国和小国的优势,一些经济学家提出了大国具有稳定优势和创新优势的假设。后来,库兹涅茨(1971)和钱纳里(1975)对大国经济问题进行了较多的研究,他们主要以人口规模为标准来界定大国,随着时代的变化先后将超过 1 000 万人口、1 500 万人口、2 000 万人口和 5 000 万人口的国家列为大国。Perkins and Syrquin(1989)则以人口和幅员为标准来界定大国,他们认为一些结构上的差异归因于人口规模不同,同样或更可能是因为一个国家的地理面积不同。将人口和地理的影响相分离是特别困难的,因为这两个变量本身是相互关联的。确实,幅员辽阔也是导致大国区域差异的重要原因。我们认为,可以在两个初始条件的基础上增加直接推演出来的市场规模特征,将大国定义为人口众多、幅员辽阔以及具有由此形成的巨大市场潜力的国家。如中国、印度、俄罗斯和巴西等国,目前的人口规模都超过了 1.5 亿人,国土规模都超过了 300 万平方公里,经济总量都超过了 1.0 万亿美元,因而属于超大规模国家。

2 发展中大国的发展特征和规模特征

从对发展中国家和大规模国家的理解,可以看到发展中大国的发展特征和规模特征。发展中大国的特征是发展中国家特征和大规模国家特征的叠加,我们应该在分析二者特征的基础上,将二者的特征有机地结合起来,形成发展中国家和大规模国家的综合体,从而更好地表述发展中大国的特征。

如果从发展中国家寻求具有普遍性的共同点,则可以概括为三个主要方面。第一,国民收入水平低。发展中国家最直接的表征就是国民收入水平低,以及相应的国民生活水平低。随着社会经济的进步,世界银行确定的具体标准是动态调整的。世界银行的数据按照人均 GNI(国民总收入)将各国分为低收入国家、中等收入国家和高收入国家,前两者属于发展中国家,后者属于发达国家。2001 年人均 GNI 低于 745 美元的国家为低收入国家,高于 745 美元(含)但低于 2 975 美元的国家为中等收入国家;2008 年人均 GNI 低于 975 美元的国家为低收入国家,高于 975 美元(含)但低于 11 906 美元的国家为中等收入国家;2013 年人均 GNI 低于 1 045 美元的国家为低收入国家,高于 1 045 美元(含)但低于 12 746 美元的国家为中等收入国家。第二,劳动生产率低。较高的劳动生产率是现代经济增长的基本特征,劳动生产率的高低直接决定了国民收入的高低,因此,由技术、管理和资本投入共同决定的人均 GDP(国内生产总值),是衡量一个国家劳动生产率的重要指标,从 1992 年的数据来看,属于发达国家的美国、德国、日本的人均 GDP 分别为 23 240 美元、23 030 美元、28 190 美元,属于发展中国家的墨西哥、印度尼西亚、印度的人均 GDP 分别为 3 470 美元、1 905 美元、310 美元,差距很明显。2012 年发展中国家的劳动力人均 GDP 在 1 870—20 526 美元之间,而发达国家的劳动力人均 GDP 平均数为 56 710 美元,差距仍然悬殊。第三,经济二元结构。发展中国家处在从传统社会向现代社会过渡的阶段,工业化和城市化的任务还没有完成,在这种转型时期,形成了城乡二元结构以及相应的经济二元结构和技术二元结构,城市与乡村的人口分布和产业分布极不平衡,不同区域的经济技术水平相差很远,市场发育程度和基础设施建设也存在差异性。2004 年印度各地区人均 GDP 的差距在 5.6 倍左右;2005 年中国东部的上海市与西部的贵州省人均 GDP 的差距高达 11 倍;2015 年发布的《中国家庭发展报告》显示,收入最高的 20% 的家庭的收入,等于收入最低的 20% 的家庭的收入的 19 倍。随着发展中国家向发达国家的迈进,二元经济结构将向新的经济结构转换。①

如果从大规模国家寻求具有普遍性的共同点,则也可以概括为三个主要方面。第一,庞大的人口规模。国家是由人类构成的集合体,人口数量是大国最基本的特征。张培刚先生在《新发展经济学》中谈到,1988 年总人口超过 1 亿人

---

① 参照国家卫生和计划生育委员会于 2015 年 5 月 13 日发布的《中国家庭发展报告(2015 年)》。

的10个国家中有7个发展中国家,即中国、印度、印度尼西亚、巴西、尼日利亚、孟加拉国、巴基斯坦。"庞大的人口基数再加上高速的人口增长率,这就使得发展中大国的特征更加明显"(张培刚,1992,第41页)。到2013年,上述国家的人口数量分别达到了13.57亿、12.52万、2.49亿、2.0亿、1.73亿、1.56亿、1.82亿。人口数量的规模可以直接地决定人力资源的规模和市场的规模,对经济增长有着极为重要的影响。第二,庞大的国土规模。一般来说,土地面积庞大的国家,自然资源储量就比较丰富;同时,国土规模还可以影响经济发展的空间布局和总体结构,导致自然资源的差异性和区域经济的差异性。世界上既有一些国土面积很大的发展中国家,如中国(956.3万平方公里)、俄罗斯(1709.8万平方公里)、巴西(851.6万平方公里),也有一些国土面积很小的发展中国家,如斯威士兰(1.7万平方公里)、东帝汶(1.5万平方公里)、科索沃(1.1万平方公里),这些大国和小国的土地面积差距为数百倍至上千倍,它们在自然资源的储量和种类以及区域差异等方面应该会有惊人的不同;而且,这里还有人口与土地的比例问题,保持适宜的人口密集度也是促进经济增长的重要条件。第三,庞大的市场规模。从庞大的人口规模和国土规模,可以推演出庞大的市场规模,或者说是庞大的市场潜力。所谓市场规模,包括潜在的市场规模和现实的市场规模,如果一个国家拥有庞大的人口数量,遵循需求决定市场的规律,那么它应该有潜在的市场规模,如果这个国家的人均GDP较高,那么它就有了现实的市场规模;如果一个国家拥有庞大的国土面积,遵循亚当·斯密提出的"市场范围"假说,那么它也应该有潜在的市场规模;如果这个国家交通便利并形成了统一的国内市场,那么它就有了现实的市场规模。中国、巴西、印度等发展中大国,虽然人均GDP没有达到发达国家水平,但由庞大的人口规模决定了它们拥有较大的市场规模。根据《国际统计年鉴》的数据,2016年三国的住户最终消费分别为44 045.65亿美元、11 497.57亿美元和13 309.59亿美元,位居世界第2位、第8位和第7位。

  以上是对发展中国家和大规模国家基本特征的分析,发展中大国蕴含着发展和规模双重含义,需要把二者的特征结合起来,从而对发展中大国做出全面和准确的界定(见表1-1)。佟家栋曾经对发展中大国的概念做出解释:"通常是指那些具备形成工业化过程中所需要的市场规模,在一定程度上可以独立发展的发展中国家。"(佟家栋,2005,第1页)。我们认为,可以将发展中大国定义为:人口数量、国土面积和市场潜力都很大,劳动生产率和国民人均收入较低,二元经济结构明显,目前仍在追赶发达大国的国家。简而言之,就是拥有大国特征但是经济发展水平较低,正在谋求发展和追赶发达国家的国家。

表1-1 发展中大国的主要特征

发展中大国					
发展特征			规模特征		
人均国民收入低	劳动生产率低	二元经济结构	人口数量庞大	国土面积庞大	市场规模庞大
在努力追赶发达大国					

3 发展中大国的评价指标和遴选方案

(1) 发展中大国的评价指标

为了遴选发展中大国,首先应该建立一个具体的指标体系,使它较好地反映大国和发展的含义。构建发展中大国的评价指标体系,既要考虑其基本内涵和特征,又要考虑数据的可得性和归类计算等因素。我们从发展中大国的实际情况出发,构建了一个包括目标层、准则层和指标层的指标体系(见表1-2),其中的高层次指标是低层次指标的综合,低层次指标是高层次指标的表现。

表1-2 发展中大国综合评价指标体系

目标层	准则层	基本指标	具体指标	指标判断的具体标准
发展中大国	基础指标	人口总量	人口数量	大于5 000万人
		国土规模	国土面积	大于100万平方公里
	发展指标	国民收入	人均GNI	低于12 746美元
		人类发展	人类发展指数	低于0.85

基础指标一:人口总量。该指标反映了人口统计特征,包括人口数量、劳动力素质、劳动力数量等,主要用人口数量指标来衡量。我们以世界银行世界发展指标数据库提供的214个国家(地区)为样本进行描述性统计分析,结果见表1-3,平均每个国家(地区)的人口数量约为3 300万。大国的人口数量应大于平均值,按8分位法,75%的百分位数为2 240万人,87.5%的百分位数为4 930万人,因此,大国的人口数量应在5 000万人以上,小国的人口数量应在1 000万人以下,中等国家的人口数量应为2 000万—5 000万人。

表 1-3　国家(地区)的人口、国土描述统计量

指标	N	极小值	极大值	均值	百分位数 75	百分位数 87.5
人口总量	214	0.99	135 738.00	3 318.32	2 240.19	4 937.39
国土面积	214	2.00	17 098 240.00	627 354.80	465 990.00	1 099 295.00

注:人口总量单位为万人,国土面积单位为平方公里。

基础指标二:国土规模。该指标反映了国土统计特征,包括国土面积以及自然资源的丰裕程度,主要用国土面积指标来衡量。我们以世界银行世界发展指标数据库提供的 214 个国家(地区)为样本进行描述性统计分析,结果见表 1-3,平均每个国家(地区)的国土面积为 62.7 万平方公里。大国的国土面积应大于平均值,按 8 分位法,75%的百分位数为 46.6 万平方公里,87.5%的百分位数为 109.9 万平方公里,因此,如果以 87.5%的百分位数为大国的标准,大国的国土面积应该在 100 万平方公里以上。

发展指标一:国民收入。该指标反映了国民收入特征,主要是人均 GNI。世界银行制定的《世界发展指标》是现行的权威性指标,以人均 GNI 为主要标准,将各经济体划分为低收入经济体、中等收入经济体和高收入经济体,其中的低收入经济体和中等收入经济体为发展中国家。按照 2013 年的数据,高收入经济体是指人均 GNI 为 12 746 美元及以上的经济体,那么,发展中国家应为人均 GNI 在 12 746 美元以下的国家。

发展指标二:人类发展。该指标反映了国家经济社会发展综合特征,包括国民收入水平、教育水平、健康状况等。联合国开发计划署制定的人类发展指数是目前的权威性指数,这个指标越是接近 1.00,经济社会发展水平就越高。按照 2014 年公布的 2013 年人类发展指数,发达国家的人类发展指数应该在 0.85 及以上,因此,人类发展指数在 0.85 以下的国家为发展中国家。

(2)发展中大国的遴选方案

我们首先采用人均 GNI 和人类发展指数两个发展指标划分出了 149 个发展中国家。[①] 由于发展指标具有明确的划分标准,所以我们主要遵循基础指标(人口总量和国土规模),从发展中国家中遴选出发展中大国。

---

① 从 2013 年的数据来看,俄罗斯的人均 GNI 为 13 850 美元,被世界银行列入高收入国家;但是,俄罗斯的人类发展指数为 0.778,没有达到发达国家水平。

首先,基于 K-means Cluster 聚类分析的人口总量遴选。为了进行人口总量的遴选,同时也为了进一步验证 5 000 万人口的判断标准的客观性,我们利用SPSS软件在 149 个发展中国家的人口数据基础上进行了 K-means Cluster 的聚类分析,聚类分析结果见表 1-4。

表 1-4 基于 K-means Cluster 聚类分析的人口总量遴选结果

	国家	人口总量区间(万人)
第 1 类	印度、中国	127 627—137 496
第 2 类	巴基斯坦、巴西、孟加拉国、尼日利亚、印度尼西亚	15 986—25 508
第 3 类	埃及、埃塞俄比亚、俄罗斯、菲律宾、刚果(金)、墨西哥、南非、泰国、土耳其、伊朗、越南	5 486—14 370
第 4 类	缅甸、坦桑尼亚、哥伦比亚等共 131 个发展中国家	1—5 185

表 1-4 中,前 3 类发展中国家的人口总量区间维持在 5 486 万—137 496 万人,这与前文中 5 000 万人的判断标准是基本一致的。在前 3 类中,印度和中国是超级人口大国,巴基斯坦、巴西、孟加拉国、尼日利亚、印度尼西亚在人口规模上次之,随后便是埃及、埃塞俄比亚、俄罗斯、菲律宾、刚果(金)、墨西哥、南非、泰国、土耳其、伊朗、越南共 11 个国家。后文中,我们将在 5 000 万人口以上发展中国家的基础上依据国土规模、人均 GNI、人类发展指数三个指标进行进一步的遴选。

其次,基于综合衡量的国土规模遴选。依据大国的国土面积应该在 100 万平方公里以上的判断标准,我们剔除出了孟加拉国(14.76 万平方公里)、菲律宾(30 万平方公里)、泰国(51.3 万平方公里)、土耳其(78.06 万平方公里)、越南(32.96 万平方公里)共 5 个国家。值得注意的是,有的国家人口规模特别大,但国土面积略小,如尼日利亚的人口数量为 1.736 亿,超过标准 2 倍以上,而国土面积为 92.4 万平方公里;巴基斯坦的人口数量为 1.82 亿,超过标准接近 3 倍,而国土面积为 79.6 万平方公里。经过综合衡量,我们将巴基斯坦和尼日利亚列为发展中大国。

由于俄罗斯属于处在经济转型时期的国家,在基础设施建设、资源配置效率、劳动生产率水平等方面同发达国家尚有差距,所以仍将俄罗斯列为发展中大国。综合起来,我们选定了以下 13 个国家为发展中大国:

中国、印度、俄罗斯、巴西、墨西哥、印度尼西亚、巴基斯坦、尼日利亚、埃及、埃塞俄比亚、伊朗、刚果(金)、南非。

2013年各国的主要指标见表1-5。

表1-5 2013年发展中大国主要经济发展指标

指标	人口数量 (百万)	国土面积 (万平方公里)	人均GNI (美元)	人类发展 指数	GDP (10亿美元)	GDP增长率 (%)
中国	1 357.4	956.3	6 560	0.719	9 420	7.7
印度	1 252.1	328.7	1 570	0.586	1 875	6.9
俄罗斯	143.5	1 709.8	17 850	0.778	2 097	1.3
巴西	200.4	851.6	11 690	0.744	2 246	2.5
墨西哥	122.3	196.4	9 940	0.756	1 261	1.1
印度尼西亚	249.9	191.1	3 580	0.684	868	5.8
巴基斯坦	182.1	79.6	1 360	0.537	232	4.4
尼日利亚	173.6	92.4	2 710	0.504	522	5.4
埃及	82.1	100.1	3 140	0.682	272	2.1
埃塞俄比亚	94.1	110.4	470	0.435	47.5	10.5
伊朗	77.4	174.5	5 780	0.749	369	−5.8
刚果(金)	67.5	234.5	430	0.338	32.7	8.5
南非	53.2	121.9	7 410	0.658	366	2.2

注:鉴于数据的可获得性,本表所显示的为2013年各国的数据。

(3) 发展中大国的层次划分

上述发展中大国也具有差异性,可以依人口数量和国土面积指标,在规模上划分为三个层次;同样,也可以依人均GNI和人类发展指数指标,在发展上划分为三个层次(见表1-6)。可见,发展中大国在规模和发展程度上具有多样性,它本身也是一个复杂的群体。从规模上来看,不同规模的国家在世界格局中的地位有所不同,中国、印度、俄罗斯、巴西属于超大规模国家,在世界格局中有着特别重要的影响力;其他国家的规模相对小一些,在世界格局中的影响力也相对小一些。从发展上来看,不同发展程度的国家所面临的经济发展任务有所不同,俄罗斯、巴西、中国、墨西哥和伊朗的发展程度和人均GNI较高,属于向发达经济体迈进的第1梯队,现阶段的任务是努力跨越"中等收入陷阱";而尼日利亚、印度、巴基斯坦、埃塞俄比亚和刚果(金)属于低收入国家,现阶段的任务是尽快走出贫困。

表 1-6 发展中大国的层次划分

层次指标	人口数量	国土面积	人均 GNI	人类发展指数
第 1 层次	10 亿以上：中国、印度	300 万平方公里以上：俄罗斯、中国、巴西、印度	1 万美元以上：俄罗斯、巴西	0.7 以上：俄罗斯、中国、巴西、墨西哥、伊朗
第 2 层次	1.0 亿—10 亿之间：巴西、巴基斯坦、印度尼西亚、尼日利亚、俄罗斯、墨西哥	100 万—300 万平方公里之间：刚果(金)、墨西哥、印度尼西亚、伊朗、南非、埃塞俄比亚、埃及	0.3 万—1.0 万美元之间：墨西哥、南非、中国、伊朗、印度尼西亚、埃及	0.5—0.7 之间：印度尼西亚、埃及、南非、印度、巴基斯坦、尼日利亚
第 3 层次	0.5 亿—1.0 亿之间：埃及、伊朗、刚果(金)、南非、埃塞俄比亚	100 万平方公里以下：尼日利亚、巴基斯坦	0.3 万美元以下：尼日利亚、印度、巴基斯坦、刚果(金)、埃塞俄比亚	0.5 以下：埃塞俄比亚、刚果(金)

第 2 节 发展中大国国际地位演变

富国和穷国的经济权力是不平等的，发展中国家在经济上受到发达国家的支配。20 世纪 50 年代，发展经济学家劳尔·普雷维什提出了"中心—外围"学说，认为在全球经济中发达国家属于中心国家，而发展中国家属于外围国家，在国际贸易中大多数利益被发达国家占有，而且使发展中国家失去了发展本国工业的机会。进入 21 世纪以后，一些发展中国家的经济快速增长，特别是一些发展中大国对世界经济的贡献率明显提升，它们凭借自身的自然影响力、经济影响力、产业影响力、区域影响力和治理影响力，在国际经济格局占据越来越重要的地位。

1 发展中大国的影响力评价

(1) 评价指标体系的构建

为对发展中大国的影响力进行评价，首先应该建立一个具体的指标体系。构建发展中大国影响力的评价指标体系，既要考虑各方面影响力的特征，又要考虑数据的可得性和归类计算等因素。我们从自然影响力、经济影响力、产业影响力、区域影响力和治理影响力5个方面出发,构建了一个包括目标层、准则层和指标层的指标体系,见表1-7。

表1-7 发展中国家影响力的评价指标体系

目标层	准则层	指标层	指标设计
综合影响力	自然影响力	人口总量	各国总人口数(百万人)
		国土规模	各国国土面积(万平方公里)
	经济影响力	经济发展水平	各国人均国内生产总值(美元)
		经济发展潜力	各国投资占国内生产总值的比重(%)
	产业影响力	产业优化升级	各国服务业增加值占国内生产总值的比重(%)
	区域影响力	经济区域比重	各国GDP占世界GDP总量的比重(%)
		对外开放程度	各国商品和服务出口额占GDP的比重(%)
	治理影响力	市场干预能力	各国财政支出占GDP的比重(%)
		政府治理效果	各国人类发展指数(HDI)

资料来源:HDI数据来源于联合国开发计划署,其他数据来源于EPS数据平台(www.epsnet.com.cn)。

(2) 数据的标准化处理和指标评价权重计算

为了将发展中大国的影响力与其他发展中国家进行比较分析,我们选取了国土面积大于均值的全体发展中国家数据进行评价分析。由于各评价指标的数量级和量纲不同,故在评价之前需对数据进行标准化处理,数据处理方法如下:

设 x_{mn} 为第 n 个指标下的第 m 个变量值,首先对指标数据进行如下处理:

对于数值大小与评价呈正向关系的指标:$vx_{mn} = \dfrac{x_{mn} - \min x_{mn}}{\max x_{mn} - \min x_{mn}}$;

对于数值大小与评价呈负向关系的指标:$vx_{mn} = \dfrac{\max x_{mn} - x_{mn}}{\max x_{mn} - \min x_{mn}}$。

其中,$\min x_{mn}$ 和 $\max x_{mn}$ 分别为 x_{mn} 的最小值和最大值,而 vx_{mn} 为标准化后的数据值。

我们在指标评价权重的计算上采用的是层次分析法(Analytic Hierarchy Process,AHP)。AHP是Saaty(1977)提出的把决策者对复杂系统的决策思维模型化、数量化的一种综合评价方法。它的基本思想主要是把一个复杂问题分解为不同的组成因素,并将这些因素按照支配关系进行分组,进而形成一个有序的递阶层次结构,而后通过两两比较来确定各因素的相对重要性,最后综合人的判断确定各因素相对重要性的总排序。我们运用 yaahp 软件对各指标评价权重进行计算,权重结果为:人口总量 0.4240、国土规模 0.2393、经济发展水平 0.0842、经济发展潜力 0.0379、产业优化升级 0.0297、经济区域比重 0.0842、对外开放程度 0.0336、市场干预能力 0.0336、政府治理效果 0.0336。

基于上述指标和方法,我们测算出了 2001—2014 年世界 33 个发展中国家的综合影响力、自然影响力、经济影响力、产业影响力、区域影响力和治理影响力的评价值。

2 发展中大国影响力的时空分析

为了便于时间序列分析,我们测算出了 2001—2014 年每年中 33 个发展中国家综合影响力评价值的均值。图 1-1 显示出了发展中国家综合影响力评价值均值的走势。由图 1-1 可知,进入 21 世纪以后,发展中国家的综合影响力在不断上升,由 2001 年的 0.1449 上升到了 2014 年的 0.1813,增幅达 25.12%。由于受到 2008 年经济危机的影响,2007—2009 年间发展中国家综合影响力的上升趋势受到了一定的影响。同时我们还发现,综合影响力的标准误差值由 2001 年的 0.1257 扩大到了 2014 年的 0.1486。这表明,2001—2014 年发展中国家综合影响力的差异也在不断扩大,一些发展中大国的影响力在不断扩大,而一些小国的影响力在国际社会中越来越被忽视。

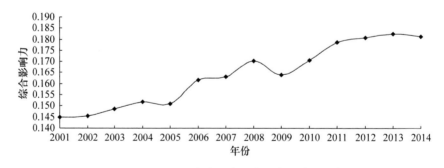

图 1-1 2001—2014 年发展中国家综合影响力的走势

为了进行空间分析和结构分析,我们测算出了 2001—2014 年每个发展中国家的综合影响力、自然影响力、经济影响力、产业影响力、区域影响力和治理影响力评价值的均值,测算结果见表 1-8。

表 1-8 发展中大国及其他发展中国家影响力的评价结果

国家	综合影响力	自然影响力	经济影响力	产业影响力	区域影响力	治理影响力
中国	0.7047	0.5408	0.0435	0.0185	0.0652	0.0367
印度	0.4907	0.3948	0.0236	0.0223	0.0175	0.0325
俄罗斯	0.4349	0.2833	0.0566	0.0243	0.0220	0.0487
巴西	0.3182	0.1722	0.0515	0.0283	0.0168	0.0493
墨西哥	0.1977	0.0517	0.0591	0.0261	0.0190	0.0418
印度尼西亚	0.1780	0.0876	0.0287	0.0167	0.0139	0.0311
伊朗	0.1469	0.0348	0.0448	0.0195	0.0123	0.0355
南非	0.1389	0.0215	0.0402	0.0283	0.0117	0.0372
埃及	0.1172	0.0264	0.0201	0.0206	0.0076	0.0426
尼日利亚	0.1139	0.0475	0.0183	0.0142	0.0124	0.0215
巴基斯坦	0.1133	0.0506	0.0126	0.0225	0.0034	0.0243
刚果(金)	0.0875	0.0432	0.0076	0.0190	0.0085	0.0092
埃塞俄比亚	0.0824	0.0294	0.0151	0.0183	0.0015	0.0181
阿根廷	0.1787	0.0411	0.0589	0.0257	0.0077	0.0454
苏丹	0.1060	0.0362	0.0170	0.0217	0.0104	0.0207
阿尔及利亚	0.1494	0.0340	0.0410	0.0147	0.0144	0.0452
哈萨克斯坦	0.1623	0.0333	0.0530	0.0203	0.0170	0.0387
土耳其	0.1610	0.0218	0.0528	0.0265	0.0122	0.0476
哥伦比亚	0.1284	0.0188	0.0379	0.0247	0.0053	0.0417
秘鲁	0.1183	0.0161	0.0331	0.0247	0.0075	0.0369
坦桑尼亚	0.0744	0.0148	0.0163	0.0195	0.0041	0.0197
安哥拉	0.1094	0.0130	0.0220	0.0122	0.0262	0.0360
蒙古	0.1274	0.0122	0.0357	0.0198	0.0192	0.0406
尼日尔	0.0681	0.0113	0.0167	0.0211	0.0039	0.0151
马里	0.0712	0.0106	0.0177	0.0161	0.0080	0.0187
委内瑞拉	0.1375	0.0103	0.0505	0.0183	0.0108	0.0476
乍得	0.0728	0.0102	0.0208	0.0149	0.0112	0.0157
玻利维亚	0.1005	0.0076	0.0166	0.0218	0.0120	0.0426
莫桑比克	0.0771	0.0071	0.0191	0.0209	0.0088	0.0211
智利	0.1515	0.0047	0.0659	0.0250	0.0134	0.0425
毛里塔尼亚	0.0942	0.0045	0.0271	0.0184	0.0167	0.0275
赞比亚	0.0822	0.0033	0.0225	0.0232	0.0104	0.0228
纳米比亚	0.1145	0.0011	0.0352	0.0250	0.0157	0.0375

(1) 发展中大国的综合影响力比其他发展中国家相对更高

经计算可知,发展中大国的综合影响力评价值均值为0.2403,显著高于全样本下的综合影响力评价值均值(0.1639)。综合影响力排名前5的国家均是发展中大国,如中国(0.7047)、印度(0.4907)、俄罗斯(0.4349)、巴西(0.3182)、墨西哥(0.1977)。当然,这是就平均水平而言的,并不是发展中大国的综合影响力都比其他发展中国家要大,因为大国主要考察国土和人口两大特征,而综合影响力考察的因素会更多,如经济因素、产业因素、行政因素等。阿根廷并不是发展中大国,但其综合影响力却达到了0.1787,显著高于伊朗、南非等发展中大国。

(2) 发展中大国的初始条件使其在世界格局中有着重要的自然影响力

人口因素和国土因素是国家经济发展的初始条件,也是划分大国和小国的初始条件。从世界银行发布的2013年数据来看,我们遴选的13个发展中大国的总人口数量为41亿人,占全球人口数量的57.7%;总陆地面积为5147万平方公里,占全球陆地面积的38.3%。这样庞大的人口数量和陆地面积,在国际格局中的自然影响力是不可忽视的。特别是发展中大国谋求经济发展的愿望强烈,后发优势明显,随着这些国家经济的增长,世界格局将由两极逐步走向平衡。经计算可知,发展中大国自然影响力评价值的均值达到了0.1372,显著高于全样本下的综合影响力评价值均值(0.0635)。

(3) 发展中大国的经济贡献使其在世界格局中有着重要的经济影响力

进入21世纪以后,发展中大国的经济增长得很快,经济总量迅速增加,对世界经济发展的贡献也在增大。根据2013年的数据,我们遴选的13个发展中大国的国民生产总值为194 282亿美元,占世界国民生产总值的25.67%;这些发展中大国的增长率普遍高于发达国家,2013年世界各国的国民生产总值增长率为2.3%,而在13个发展中大国中有8个国家的增长率超过了世界经济增长的平均速度,其中中国、印度、印度尼西亚、巴基斯坦、尼日利亚、埃塞俄比亚、刚果(金)的增长速度均为世界经济增长速度的2倍以上;从"金砖国家"来看,中国、俄罗斯、印度、巴西和南非对世界经济的贡献率已经超过50%;中国、印度、巴西、南非、墨西哥和印度尼西亚,已经成为20国集团成员。发展中大国经济的群体性崛起,使其成为世界经济发展的主要推动力量。

(4) 发展中大国的产业水平使其在世界格局中有着重要的产业影响力

随着发展中大国经济的发展,不仅实现了数量上的增长,而且实现了质量上的跃升。近几年来,全球经济和科技领域的重要突破,已经不再由发达国家所独占和独享;在信息科学、生命科学、环境科学、生物工程、海洋工程、航天工程、资源工程、通信技术和大型装备制造技术等领域,发展中大国都可以大显身手。从研发资金的投入规模来看,2012年中国名列世界第2位,印度、俄罗斯和巴西也进入10强。许多新兴大国把新能源技术、新材料技术、环境技术、航天技术等高新技术产业列入战略性新兴产业,加大投入推动,取得了较好的进展。几百年来由西方国家掌控世界工业和现代化进程的局面正在发生改变,发展中大国的产业影响力在迅速提升,它们与主要发达国家共同推动着全球生产力、生产方式和生产手段的变革。

(5) 发展中大国的经济实力使其在世界格局中有着重要的区域影响力

随着发展中大国经济增长速度和质量的变化,它们在国际经济各区域发展中的地位迅速攀登,发挥着极其重要的作用,有的国家甚至成为经济发展的引擎或领头羊。按照世界银行的地区划分,中国和印度尼西亚在东亚和太平洋地区占据重要地位,巴西和墨西哥在拉丁美洲和加勒比地区占据重要地位,埃及和伊朗在北非和中东地区占据重要地位,印度和巴基斯坦在南亚地区占据重要地位,埃塞俄比亚、尼日利亚、南非和刚果(金)在撒哈拉以南非洲地区占据重要地位,俄罗斯在欧洲和中南地区占据重要地位。可见,发展中大国在国际区域发展中显示出了极其重要的地区影响力和带动作用。

(6) 发展中大国积极推动国际经济秩序变革使其在世界格局中有着重要的治理影响力

随着发展中大国的经济发展及其能力变化,必然会产生跻身国际经济事务中心舞台的要求,使其成为发展中国家利益的代表。在发展中大国的积极推动下,国际经济秩序从一极向多极变化,特别是大国关系出现了新的调整,传统大国和西方大国的范畴在注入新的内容,"新兴大国"(中国、印度、俄罗斯、巴西、南非等)与传统大国的关系、发展中大国与西方大国的关系,逐渐被公认为现代大国关系的重要组成部分。在世界经济中,新兴大国不仅履行着"压舱石"的责任,以本国经济的稳定促进世界经济的稳定;而且致力于建立公平公正的国际经济秩序,通过与发达大国共同协商,完善全球经济治理机制,从而成为国际经

第3节 研究文献回顾和逻辑思路

1 国内外文献回顾

(1) 发展中国家经济发展问题研究

国外对发展中国家经济发展问题的研究始于20世纪中期,研究的主题是发展中国家怎样通过工业化和结构转换而向发达国家演变。谭崇台(1999)把发展经济学理论的发展划分为三个阶段:第一阶段是以阿瑟·刘易斯、拉格纳·纳克斯、乔根森等为代表的结构主义思路,强调发展中国家存在的二元经济结构以及资本积累在发展中国家经济发展中的作用,主张发挥计划管理或计划指导的作用;第二阶段是以西奥多·舒尔茨、安尼·克鲁格等为代表的新古典主义思路,强调市场机制在经济发展中的作用以及市场经济在发展中国家的适用性,认为政府干预过度会导致市场价格扭曲和资源配置低效;第三阶段是以沃尔特·尼科尔森、马尔科姆·吉利斯等为代表的新古典政治经济学思路,强调制度因素在经济发展中的作用以及对技术创新和经济结构的影响,主张以社会公平和可持续发展为目标的新发展观。20世纪80年代以后,国外学者主要探讨在落后国家怎样以市场经济促进经济发展。巴拉舒伯拉曼雅姆和拉尔(2000)主编的《发展经济学前沿问题》认为,20世纪80年代以后的发展经济学主要探讨发展中国家在实现市场化进程中的特殊性问题,包括怎样推进市场化改革、怎样发挥比较优势和怎样发展开放型经济,以及怎样消除贫困和解决发展中国家的债务问题。马颖(2013)主编的《发展经济学前沿理论研究》认为,从20世纪80年代开始进入发展经济学繁荣时期,主要探讨发展中国家的市场效率,市场不完善条件下的经济发展和家庭、制度、社会资本对经济发展的影响作用,同时还探讨新增长理论、金融发展理论、新新贸易理论、新经济地理学、人口流动理论和可持续发展理论。

国外学者在研究发展中国家经济发展的过程中,提出了几种具体的工业化模式:①"大推进"模式。罗森斯坦·罗丹提出,由于工业化的"最优规模"和各类工业的"互补性",要求以大范围和大规模的投资实现工业化的"大推进"战略。苏联和中国等发展中大国在经济发展初期采用这种模式,迅速建立了比较完备的工业体系。②"增长极"模式。佩鲁(1950)认为,增长应该首先出现在增长点或"增长极",然后通过不同的渠道扩散而影响整个经济。中国和印度等发展中大国在准备经济起飞时期采用了这种模式,以区域增长极带动整个经济发展。③"进口替代"模式。普雷维什和辛格(1950)以世界经济体系的中心—外围学说为理论基础,主张发展中国家利用国内资源致力于发展满足国内消费需求的工业化,并运用贸易保护主义政策支持国内工业发展。这种战略成为20世纪60年代第三世界国家工业化的主导战略,墨西哥、巴西等发展中大国采用了这种模式。以上几种发展中国家经济发展的经验模式,在一些国家经济发展初期曾经起到了积极作用,但是随着这些国家的经济发展进入更高阶段,特别是经济全球化趋势的到来,发展中国家的经济发展战略开始出现新的转型。在经济发展阶段方面,罗斯托(1960)提出了经典的经济增长阶段理论,他把社会发展划分为了五个历史阶段:第一是传统社会阶段,由于不能有效地利用资源以及缺乏现代科学技术,社会经济缺乏增长活力;第二是起飞前提条件阶段,建立了有效率的中央集权国家,形成了满足现代经济活动的前提条件,如国内外商品范围扩大,基础设施投资增加和新型企业家出现;第三是起飞阶段,增长成为正常状态,投资率和储蓄率占国民收入的比重从5%左右提高到了10%以上,新兴工业也在农业中逐渐扩散;第四是走向成熟阶段,经济显示出超越曾推动它起飞的最初工业的能力,以及在非常广泛的资源范围上吸收和有效采用现代技术最新成果的能力,经济结构和社会结构发生了转变;第五是大众高消费阶段,主导部门转向耐用消费品和服务业,人均收入提高,劳动力结构改善,更多的资源用于社会福利和社会保障。在发展机制方面,早期的发展经济学家强调政府和计划的作用,认为"计划对政府要求承担的义务,在发展中国家要大于在发达国家"。随着新古典主义思路的出现,发展经济学家普遍认为市场经济也适用于发展中国家,过度的政府干预将导致资源配置效率低下。进入20世纪末期,发展经济学家在反思金融危机的过程中,又逐渐接受了在完善市场体制的同时,应合理发挥政府在"市场失灵"领域和环节的作用的观点。

国内对发展中国家经济发展问题的研究,在20世纪80年代以后成为经济学研究的热点。张培刚(2002)的《农业国与工业化》,最早探索了农业国实现工业化的道路;谭崇台(1989)主编的《发展经济学》,最早引进西方学者研究发展中国家经济发展的理论。改革开放以后,为顺应加快发展的迫切愿望和要求,国内学者开始系统地研究发展中国家的经济发展问题,内容涉及经济发展的理论和经验模式,发展中国家的界定和基本特征,经济发展的国内因素和国际条件,工业化、城市化和可持续发展,市场机制和政府作用等问题。在国内学者的研究中,形成了一些具有代表性的理论成果和思想观点:① 张培刚(1989)提出了建立"新型发展经济学"的设想,主张既研究资本主义制度下的发展中国家,又研究社会主义制度下的发展中国家;既研究发展中小国的经济发展,又研究发展中大国的经济发展;特别是以发展中大国为重点研究对象,从二元结构和区域差异的特征出发研究发展中大国的经济发展道路。② 林毅夫等(1994)提出了"比较优势"学说,主张发展中国家遵循比较优势战略来发展经济,积极发展密集使用劳动力要素的产业,随着资本的积累和资源禀赋的变动而促进产业升级;林毅夫(2010)在此基础上提出了"新结构经济学"的框架,认为经济结构内生决定于要素禀赋结构,倡导以新古典经济学方法研究经济结构及其变迁以及政府和市场的作用,应该实施基于"后发优势"的追赶战略,借鉴发达国家的技术和经验追赶发达国家;胡汉昌和郭熙保(2002)认为,中国经济的高速增长主要源于后发优势,并提出了包括资本、技术、人力、制度和结构的后发优势框架;姚洋和杨汝岱(2008)主张实行"有限赶超"战略,认为发展中国家的出口超越应该是有限的循序渐进的过程。③ 谭崇台(2008)提出了"跨期比较"研究方法,对发达国家发展初期的经济状况与当今发展中国家的经济发展状况进行了比较,通过反思发达国家早期经济发展的历程,为发展中国家的经济发展提供了经验借鉴,并以工业化和市场化过程为主线,比较分析了英国、法国、德国、美国和日本与当今发展中国家的经济发展特征、模式和政策。④ 有的学者致力于同期比较研究,对中国和印度两个典型的发展中大国进行了比较,徐滇庆等(2009)重点分析了中国和印度的发展战略及其绩效,万广华等(2005)重点分析了中国和印度的发展经验和发展前景。⑤ 有的学者基于中国经济高速增长的典型化事实,专门研究了中国道路和中国模式,林毅夫等(1994)研究了中国的渐进式改革道路,陆铭等(2008)研究了中国的大国经济发展道路,张宇等(2008)比较系统地分析了中国的经济改革模式、中央和地方关系模式、工业化模式、城市化模式、对外开放模式和区域经济发展模式,姚洋(2011)分析了中国道路的世界意义,认为中性政府和贤能体制是中国道路的重要特点,对发展中国家具有普遍意义。

（2）国家规模的经济影响问题研究

西方学者对国家规模和大国经济问题的研究可以追溯到经济学鼻祖亚当·斯密那里，他在 1776 年出版的《国富论》的开篇中分析了分工产生的原因，认为分工的程度要受市场广狭的限制，这就提出了市场规模问题，即"市场范围假说"（The Extent of the Market Hypothesis）。此后，西方学者的研究主要围绕两条线路开展：一是沿着亚当·斯密提出的分工程度受市场规模限制的思路，分析市场规模、生产规模、国家规模促进分工和专业化的作用。马歇尔（1964）认为，大规模生产适用于高度专门的技术，把工作范围缩小得使它能够获得由于长久不断的实践而产生的那种熟练和优良；库兹涅茨（1965）认为，大国具有专业化的优越性，其国内市场允许发展专业化经济；杨小凯（2003）具体分析了市场规模、交易效率与分工演进的内生关系。二是沿着规模经济节约成本和规模报酬递增的思路，分析生产规模和市场规模影响经济效益和生产效率的机理。马歇尔（1890）分析了大规模生产的利益和效率，认为主要是技术的经济、机械的经济和原料的经济；钱德勒（1990）对规模与范围进行了专门研究，认为生产商和经销商通过扩大规模和范围而形成的成本优势就是规模效益；波特（1990）从产业集聚和集群的角度研究了规模效益，认为集群可以降低交易成本，提高效率，创造社会资本，加速生产率的成长。

对国家规模的经济影响的专门研究始于 20 世纪 50 年代末期。1957 年 9 月，国际经济协会在海牙举办的以"国家规模的经济影响"为主题的会议，讨论了小型发达的开放国家因全球化能够克服"小所带来的惩罚"，大国则可以依赖规模经济而实现内生的国内增长等问题。库兹涅茨（1960）提出了一些假设，如大国经济比小国经济更加稳定，因为大国比小国更少依赖国际贸易，Robinson（1960）认为大国的研究和开发可能获得更大的成果，因为它能够提供扩大市场和允许专门化的机会。随后，关于国家规模的经济影响的研究取得了重要成果。库兹涅茨（1971）专门分析了国家规模与对外贸易、生产结构、经济规模的关系，钱纳里等（1971）专门分析了大国不同于小国的经济发展型式和政府的政策倾向，珀金斯和赛尔昆（1989）专门分析了大国的规模及其影响，包括人口和幅员对经济的影响。巴罗等（1995）专门研究小国经济，提出了小国经济的"外生"路径，这种研究暗含了大国经济的"内生"路径，为以内生增长模型构建大国经济模型提供了方向。

经过牛津大学和斯坦福大学图书馆的文献检索,国外专门研究国家规模的经济影响的经典文献仅有5篇:Robinson(1960)主编的《国家规模的经济影响》(*Economic Consequences of the Size of Nations*),主要阐述了大国的稳定性优势、规模经济优势和技术创新优势;Chenery(1975)著的《发展的型式:1950—1970》(*Patterns of Development 1950—1970*),主要阐述了不同国家的发展型式,包括大国型式的规模效应;Perkins and Syrquin(1989)著的《大国:规模的影响》(*Large Countries: The Influence of Size*),主要阐述了大国的人口和幅员对经济发展的影响,特别是对贸易发展型式的影响;Alesina and Wacziarg(2005)著的《贸易、增长与国家规模》(*Trade, Growth and the Size of Countries*),主要阐述了国家规模对经济结构和对外贸易的影响,特别是对外贸易在经济结构中的比重;Alouini(2012)著的《国家规模、增长和货币联盟》(*County size, Growth and the Economic and Monetary Union*),主要分析了国家规模对货币联盟的影响,特别是大经济体的作用。

从国内的研究状况来看,通过检索中国期刊全文数据库,1990—2016年,篇名中有"大国经济"的文章为485篇,篇名中有"国家规模"的文章为193篇。研究内容可以概括为四个方面:

第一,沿着从大国特征到大国优势的思路,分析大国的自然特征和经济特征以及相应的发展优势。张李节(2007)将国土面积超过100万平方公里、人口超过1亿人的国家称为大国;郑捷(2007)基于定价原理提出了大国定义;童有好(1999)分析了大国地域广阔、资源丰富、人口众多、国内市场巨大、经济规模大、工业部门体系齐全等特征;欧阳峣和罗会华(2010)根据大国的国土面积、人口数量和经济总量来界定大国,遴选出了24个属于大国范畴的国家,并区分为三个层次和两种类型。欧阳峣等(2012)从大国经济典型化事实中概括了典型化特征,包括规模性、内源性和多元性特征,而首要的特征就是规模性,其他特征是由规模特征派生的;张李节(2007)分析了大国的资源优势、分工优势、劳动力优势、市场优势、技术发展优势和规模经济优势;欧阳峣(2009,2010)提出了"大国综合优势",认为其源于由"大"而导致的规模与分工优势、差异性与互补性优势、异质性与适应性优势、独立性与稳定性优势。

第二,沿着从国家规模到经济增长的思路,分析大国的资源禀赋、资本积累、产业结构和市场规模的特征和作用。李由(2000)初步分析了国家规模通过资本积累及规模促进经济增长的机理;黄玖立和李坤望(2006)通过实证研究分析了地区市场规模和出口开放程度对中国各省区人均收入增长及产业增长的影响;钱学锋和梁琦(2007)分析了通过市场开放和集聚发挥规模效应的机理;张军(2008)认为国家规模本身是一个重要变量,它拥有规模经济的正外部效应,促进了分工、交易和专业化。有的学者从不同的角度分析了大国经济增长机理。蔡昉(2010)分析了大国的资源禀赋、产业结构和发展水平的异质性的形成和作用机理;易先忠等(2009,2010)研究了中国贸易增长的大国效应以及发展中大国外贸增长的转移支付效应;周平轩和付俊海(2007)通过内生性经济增长模型论证了国家在经济增长中的规模优势,构建了国家模型理论分析框架;范红忠(2007)研究了有效需求规模假说、研发投入与国家自主创新能力的关系;郭熙保和马媛媛(2010)从规模经济、市场规模、国家治理和发展战略等方面讨论了国家规模对经济增长的影响。

第三,沿着从国家规模到发展战略的思路,分析大国经济增长的路径和对外贸易、对外投资、产业发展的战略选择。李德伟(1999)分析了中国经济的大国封闭模型,提出了大国经济增长的路径;杨汝岱和姚洋(2008)分析了大国经济发展的有限赶超战略;郭克莎(2004)、卢锋(2008)分析了中国外贸发展的大国思路;欧阳峣(2006)研究了基于大国综合优势的中国对外直接投资的战略选择;白旻(2009)从规模效应与边界效应的视角研究了后发大国的产业发展战略选择;蔡昉(2009)研究了大国通过雁阵式产业转移促进产业发展的战略;姚斌(2006)分析了国家规模与对外开放程度在不同汇率制度下对福利的影响,提出了大国汇率制度选择的思路;张平和赵志君(2007)通过分析大国技术进步的路径,提出了增长模式转换中的政策选择;吴晓求(2010)认为大国经济可持续发展需要相应的大国金融模式,即具有强大的资源配置功能而且能够有效地分散风险的现代金融体系;赵志君等(2009)根据大国经济的特点建立了包括实际汇率、经济增长率和实际利率的大国一般均衡模型。由于市场规模大是大国的特征,因而内需和外需的关系成为研究重点。靖学清(2000)、周学(2010)根据大国特征分析了经济大循环,提出了以国内需求为重点,主要依靠内需规模扩大促进经济发展的战略;张皓(2001)、江小涓(2012)认为大国经济增长的主要支撑力量是国内市场需求,而且消费需求的贡献最大,中国应该选择内需与外需的双引擎增长模式。

第四,沿着从国家规模到管理体制的思路,分析大国的政府管理体制和经济分权的治理模式。李由(2000)研究了国家规模约束下的政府管理的方式,提出了大国管理体制改革的思路。由于大国的治理需要解决搜集信息成本大导致信息不充分、地方政府目标最大化可能偏离社会最优等难题,一些学者提出了经济分权的治理模式。周业安(2003)认为具有"M"形层级制的中国地方政府竞争有助于地方政府为经济增长而进行产权改革和制度创新的试验;王永钦等(2007)从分权式改革的视角研究了中国的大国发展道路,认为政治集权下的经济分权给地方政府提供了发展经济的动力;陆铭等(2008)认为经济分权和政治集权是适宜于大国治理的政治结构,中国应该通过调整结构以实施适宜于更高发展阶段的制度;方红生和张军(2008)利用非平衡面板数据和Probit模型方法验证了中国式分权的治理模式因缺乏良好的制度约束而导致财政政策偏向扩张的假说。

综上所述,国内外学者对发展中大国的经济发展问题进行了初步的研究,在经济发展模式、经济发展阶段以及政府和市场作用方面,已经提出了一些思路和观点,特别是国内学者近年来专门研究了比较优势战略、后发优势战略和有限赶超战略,在这些领域的研究达到了国际前沿水平。同时,国外学者对国家规模的经济影响进行了初步探讨,在大国规模的影响和大国的外贸依存度等方面已经形成共识;国内学者比较合理地界定了大国的概念,分析了大国经济的基本特征和经验性特征,在某些方面接近国际领先水平。然而,从总体上来看,国内外学术界还缺乏关于发展中国家经济发展和大国经济发展的成熟理论。国外学者对这两个领域的重视程度还不够,没有将其纳入主流经济学的研究范围,特别是在20世纪80年代以后,发展中国家经济发展的研究重点转入了微观领域和政策研究,没有形成比较成熟的理论,如库次涅茨对大国经济结构的研究,钱纳里对大国发展型式的研究,珀金斯对大国规模影响的研究,都不是系统的专门研究;国内学者在现代研究方法上仍有差距,一般是提出观点多和对重点问题的探讨多,而在系统的实证研究和基础理论的探讨方面下力不够,如张培刚对大国经济发展经验性特点的研究,李由对大国经济发展和政府管理特征的研究,陆铭对中国的大国经济发展道路的研究,欧阳峣对大国综合优势的研究,都缺乏系统的实证研究,在某些领域的实证分析所使用的数据往往是零碎的和不完整的,即并不是从系统的数据分析中得出普遍性的结论,因而其结论的可靠性难以令人信服。此外,还有一些以大国经济为题的论文和著作,仅仅是研究某些具体的大国或强国的发展问题,在内容上并未揭示具有普遍意义的大国特征和规律,因而同严格意义上的大国经济研究是有区别的。

可见,学术界对发展中国家经济发展和大国经济发展的研究仍须深入,特别是怎样将这两个方面的研究有机地结合起来,深入系统地探讨发展中大国的经济发展问题,更是一项有意义的事情。首先,随着新兴大国的崛起,发展中大国在世界经济格局中的地位愈益重要。进入21世纪以后,"金砖国家"成为全球经济的引擎,对世界经济增长做出了重大贡献。2012年"金砖国家"GDP占世界GDP的比重达到了20%,如果再加上墨西哥、印度尼西亚、埃及、巴基斯坦等发展中大国,则可以占到世界GDP的25%左右。根据世界银行的数据,2012年新兴市场对全球经济增长的贡献达到了75%,仅中国的贡献度就达到了1/3。随着经济的发展,发展中大国的经济总量和增长贡献将愈益上升。其次,发展中大国面临着经济转型的艰巨任务,迫切需要制定一套适宜的战略和政策。新兴大国的经济获得了高速增长,但从增长的质量上来看同发达国家相比仍有较大差距,而且目前普遍遇到了一些问题和困难,如内需的作用发挥不好,技术创新动力不足,产业结构升级不顺,发展方式转变不快。为了实现经济可持续发展,避免陷入"中等收入陷阱",发展中大国迫切需要以战略转型促进经济转型。最后,中国是一个典型的发展中大国,它有经济总量大而人均收入低的特点,若要充分发挥发展中国家的优势和大国的优势,促进经济的高速、持续和高质量增长,则需要制定科学合理的大国经济战略。为此,需要在科学研究大国经济发展规律的基础上,制定适合大国经济发展的战略和政策。

显然,理论研究的缺陷和经济发展的实践,要求我们深入地研究发展中大国的经济发展道路,从而为发展中大国的经济发展和转型提供可资借鉴的理论和战略。以往的文献中,涉及发展中国家问题的较多,但很少有学者专门研究发展中大国的经济发展问题,特别是从普遍意义上研究发展中大国的经济发展道路。本书主要从发展中大国的比较优势、后发优势和大国优势出发,研究大国的经济发展道路,着眼于分析大国优势对大国经济发展型式的影响;以前人的研究为基础,将发展中国家经济发展和国家规模的经济影响的研究有机结合,借鉴发达国家经济发展的历史经验,深入剖析发展中大国经济发展的典型化事实和特殊性机理,总结和概括发展中大国经济发展的典型模式,探索实现经济转型的路径,并提出相应的战略和政策框架。

2 研究的总体框架和思路

本书研究的总体问题是发展中大国的经济发展道路,这个总体问题有两个特点:第一,它是总体意义上的经济发展道路,而不是具体的工业化或城市化模式;第二,它是发展中大国的经济发展道路,而不是一般的发展中国家的经济发展道路。研究对象是发展中大国,我们将发展中国家和大国的含义有机结合,合理地界定了发展中大国的概念,遴选出了当今世界的发展中大国,并刻画出了典型特征。

从本书的研究内容上来看,应该回答以下问题:第一,发展道路蕴含着非常丰富的内容,我们应该选择怎样的分析框架来研究发展中大国的经济发展道路?第二,发展中大国经济与发达国家经济有一些共同的特点和优势,我们应该怎样从发达大国的经济发展历程中获得有益的经验?第三,发展中大国具有比较优势、后发优势和规模优势,我们应该怎样基于这三种优势的耦合构建发展中大国经济发展的典型模式?第四,发展中大国的经济发展面临着内生动力不足和增长质量不高的问题,我们应该怎样通过发展战略转型促进经济转型升级?第五,中国和印度是典型的发展中大国,我们应该怎样总结中国和印度的经验为发展中大国提供经验模式?围绕这些问题,形成了本书的分析框架。

第一步,明确研究对象,合理界定发展中大国的概念,运用科学的评价指标体系进行遴选,并从经验事实中寻找典型化事实,通过科学的抽象概括发展中大国经济发展的典型特征。

第二步,提出分析框架,通过综合分析发展中大国经济发展道路的影响因素,提出分析发展中大国经济发展道路的基本框架。

第三步,研究主体内容,通过分析和借鉴发达大国经济发展历程的成功经验,总结和概括发展中大国经济发展的典型模式,研究转型路径和创新战略,描述和刻画发展中大国经济发展道路的特征。

第四步,研究典型案例,分析中国和印度两个典型发展中大国经济发展的经验事实,总结和概括中国的大国经济发展道路,研究中国经验或中国道路的典型特征和世界意义。

20世纪80年代末期,张培刚(1989)提出了"发展中大国应该成为发展经济学的重要研究对象"的命题,并分析了发展中大国经济发展的经验性特点;进入21世纪以后,欧阳峣(2011)提出了建设大国发展经济学的构想,逐步分析了大国的概念、大国经济的特征、大国工业化和城市化,以及大国经济发展理论的研究范式等问题。为了构建大国发展经济学的逻辑体系,应该深入研究大国经济的基本问题,即规模和结构问题,从而明确理论演绎的逻辑起点。

(1) 规模范畴:理解大国经济优势的钥匙

国家的大小即国家的规模,所谓大国就是规模庞大的国家,大国经济就是超大规模国家的经济。所谓规模,主要是指范围和场面。亚当·斯密所说的市场范围,实际上就是市场规模。经济规模是反映国家和地区经济总量的指标,表述时有时间、空间、行业和产品之分,还有市场规模、产业规模和企业规模之分。规模对经济增长有重要影响,它可以引致"规模经济",主要表现为规模收益递增,即在生产规模和销售规模扩大以后,收益增加的幅度大于规模扩大的幅度。规模经济有"内部规模经济"和"外部规模经济",前者是指企业生产规模扩大时,引起平均成本下降和收益增加的经济现象;后者是指行业规模扩大时,引起企业平均成本下降和收益增加的经济现象。实际上,如果以国家为单位,也可能出现外部规模经济现象,整个国家可能存在边际收益递增现象。

经济思想史上关于经济规模的研究始于《国富论》,亚当·斯密认为,劳动生产力增进似乎是分工的结果,而分工起因于交换能力,因此,分工的程度总要受交换能力大小的限制,换言之,要受市场广狭的限制。市场广阔的城市可以为分工和产业集聚提供条件,他在这里提出的市场范围假说,实际上就是市场规模及其经济影响的问题。此后,阿尔弗雷德·马歇尔在《经济学原理》中分析了生产规模及其影响,他认为,大规模生产的主要利益,是技术的经济、机械的经济和原料的经济,实际上是讲生产规模的扩大导致了资源的节约。艾尔弗雷德·钱德勒在《规模与范围:工业资本主义的原动力》中分别从生产和经销两个方面分析了规模经济,认为生产的规模经济主要表现为降低单位成本,经销的规模经济主要表现为中间商的成本优势。迈克尔·波特在《国家竞争优势》中从产业集聚的角度分析了规模优势,认为集群不仅能够降低交易成本和提高效率,改进激励方式和创造出信息、专业化制度、名声等集体财富,而且能够改善创新的条件和加速生产率的成长。可见,自亚当·斯密提出市场范围假说以来,经济学家一直在沿着他开辟的道路诠释和证明这个假说,从而使规模经济理论逐步完善和发展。

规模范畴是理解大国经济优势的钥匙。所谓大国经济,实际上是一种具有国家规模优势的经济,规模优势是大国经济的核心优势。首先,从大国经济的初始条件来看,人口众多和幅员辽阔,实际上就是拥有庞大的人口规模和国土规模,由此可以推演出庞大的消费需求、人力资源和自然资源,进而引致庞大的市场规模、产业规模和企业规模。其次,从国家的经济规模来看,可能在生产、贸易、增长和创新方面形成某些优势。具体地说,超大规模国家往往具有规模庞大的产业,获得产业内规模效应;具有规模庞大的贸易,获得国际贸易中的垄断利益;要素投入巨大,获得促进经济快速增长的优势;拥有巨大的技术需求市场,获得研究和开发的成本优势。显然,只有理解了国家规模的意义和作用,才能够真正理解大国经济的优势。

(2)结构范畴:理解大国经济转型的钥匙

所谓结构,就是指构成整体的各部分的搭配,或者说是各种要素之间的相互关联和相互作用的方式;经济结构就是国民经济的组成和构造,包括产业结构、区域结构和要素结构等。每个经济系统都拥有由不同要素组成的结构,但是相对于小系统而言,巨系统的组织结构更为复杂,结构性特征更为明显。同样的,不同规模的国家也具有不同的结构。大国比小国的组织结构更为复杂,结构性特征也更为明显;与小国相比,大国的产业结构、区域结构和要素结构等都更为复杂。可见,规模问题与结构问题是紧密相关的,一般地说,规模越大的国家经济结构越复杂,规模越小的国家经济结构越简单;结构问题与经济发展程度也是密切相关的,一般地说,发达程度越低的国家经济结构越复杂,发达程度越高的国家经济结构越简单。

回顾经济学理论的发展历程,阿瑟·刘易斯最早从经济发展的角度研究了经济结构,他在《二元经济论》中提出的二元结构模型,把发展中国家经济看成是由传统生产部门和现代生产部门组成的结构,分析了劳动力无限供给条件下的经济发展,进而研究了二元经济向一元经济转型过程中的经济增长问题,这个模型已经成为分析发展中国家经济结构及其变迁的基本理论框架。西蒙·库兹涅茨在《各国的经济增长》中比较系统地研究了现代经济增长的生产结构,认为一国经济的生产结构可以区分为不同部门,它们通过技术和组织上不同的生产过程生产不同的产品,如果不去理解和衡量生产结构中的变化,经济增长是难以理解的。霍利斯·钱纳里在《发展的型式:1950—1970》中研究了经济发展过程中的结构转换,认为它涉及由国民生产总值连续增长所必然引致的经济和机制结构的系列变化,并且专门分析了大国和小国的结构变化型式,指出大规模和低出口对资源配置的主要效应,是要求这些国家在发展的较早时期改变经济结构。林毅夫提出的新结构经济学,强调了发展中国家的产业结构和要素禀赋结构的联系,认为产业升级的过程应该同要素禀赋结构的变化相适应,并主张通过政府引导逐步缩小发展中国家和发达国家的差距。可见,自阿瑟·刘易斯提出"二元结构模型"以来,发展经济学家沿着这条路线研究了生产结构、贸易结构、产业结构和要素禀赋结构,推动了经济结构理论的完善和发展。

大国经济即超大规模国家的经济,伴随着国家经济规模的扩大,必然形成复杂的经济结构;特别是发展中大国,具有差异性和多元性特征的经济结构。从动态上来看,发展中大国的经济发展过程,就是结构变化和转型升级的过程,结构转型不是数量的增长而是质量的提升。从城乡结构上来看,缩小发展中大国的城乡差距,可以促进经济和社会进步。从区域结构上来看,缩小区域经济发展的差距,可以实现区域经济一体化。从产业结构上来看,推动产业结构转型升级,可以实现产业结构的高级化和合理化。显然,经济结构转型实际上就是经济从低级向高级发展的过程,只有理解了结构的作用和意义,才能够真正理解大国经济的转型和发展。

人们认识事物遵循着"从具体到抽象"的路经,构建理论体系则遵循着"从抽象到具体"的路经。在这两条路径中间,范畴具有特殊的重要地位,它既是归纳认识成果的结点,又是演绎理论体系的起点。所谓范畴,是指最一般的概念,它们反映了客观现实的基本性质及其规律性,作为在人类思维成果高级形态中具有高度概括性的概念,它们是人类认识史上的网上纽结,为人们搭建起了认识真理和构建科学理论的桥梁。如前所述,规模和结构范畴既是认识大国经济的高度概括的概念,也是理解大国经济发展理论的核心概念,从而成为构建大国经济发展理论体系的逻辑起点。

从规模范畴出发演绎大国经济发展理论体系的逻辑链条。经济规模是反映大国经济特征的高度概括的概念,由此出发可以展现大国经济发展理论的丰富内涵。大国的经济规模庞大,具体表现为市场规模和产业规模庞大,这是大国经济的规模性特征;大国庞大的市场规模可以支撑庞大的产业发展,深化分工和专业化,提高劳动生产率,从而形成大国经济发展优势,这是大国经济的运行机制;依托大国优势,建立独立完备的产业体系,并且培育大产业和大企业,增强经济竞争力,这是大国经济的发展战略。可见,从规模范畴出发,逐步演进到大国经济的规模性特征、大国经济的运行机制和大国经济的发展战略,形成了大国经济发展理论体系的第一根逻辑链条。

从结构范畴出发演绎大国经济发展理论体系的逻辑链条。经济结构是反映大国经济发展的高度概括的概念,由此出发也可以展现大国经济发展理论的多样性和丰富性。大国拥有的多元经济结构,具体表现为技术结构多元、产业结构多元和城乡结构多元,这是大国经济的结构性特征;这种多元的技术结构、产业结构和城乡结构,可以同多元的要素禀赋结构相适应,促进大国经济的快速增长,这是大国经济的协调发展机制;遵循大国经济的特征和机制,推动技术结构、产业结构升级和城乡结构转型,从总体上逐步朝着高端化和合理化的目标迈进,这是大国经济的转型升级战略。显然,从结构范畴出发,逐步演进到大国经济的多元结构特征、协调发展机制和转型升级战略,形成了大国经济发展理论体系的第二根逻辑链条。

前述第一条路线,是从亚当·斯密开始的古典经济学的路线,阿尔弗雷德·马歇尔提出了规模报酬递增的经典原理,主要是从分工深化和规模效益研究经济增长;第二条路线,是从阿瑟·刘易斯开始的发展经济学的路线,西蒙·库兹涅茨把结构转换作为一个整体进行分析,主要是从多元经济和结构转型研究经济发展。我们将两条路线结合起来,可以形成综合性的分析范式,系统地分析大国经济问题和大国发展问题。

第 2 章

发达大国经济发展经验

发展中大国的经济发展道路仍然处在探索的过程之中,总的目标是逐步进入发达大国的行列。发达大国和发展中大国都具有大国的共性,在发展过程中都需要利用大国优势,因此,发达大国的发展道路肯定会同发展中大国的发展道路有交叉和重叠的地方,这里既是发达大国的发展经验,又是发展中大国前进的方向。为此,本章将重点介绍发达大国的发展经验,从对欧洲大国的发展经验进行理论分析开始,到专门研究美国的工业化及其特点,最后从产业政策的角度分析发达大国崛起的经验。

第 1 节 欧洲大国的发展道路

大国的人口规模优势会转化为国家竞争优势,但无论是大国还是小国,都可以通过国际贸易增强国家经济实力。欧洲作为一个整体在 15 世纪前后突然超过亚洲大国,在一定程度上是因为它们共同采用了贸易开放政策。同时,工业革命没有发生在最先富裕的葡萄牙、西班牙和荷兰,而是发生在欧洲人口规模相对较大的英国和后来的法国和德国,主要是因为这些国家除拥有较大的人口规模之外,还较好地将殖民地纳入了本国的分工体系,而且拥有更好的市场条件以及高效的法制传统和人力资本培育体系,从而使本国的要素结构更能支持大规模的民间技术创新,吸纳过剩资本和农业剩余劳动力,促使其经济结构从传统农业向近代工业转型。

1　欧洲经济发展的几种解释

与中国、印度和美国等大国相比,欧洲国家的规模实在是太不起眼了。目前,英国、德国和法国的人口分别为6 077万、8 253万和6 062.8万,三国的土地面积分别为24.29万、35.7万、55.16万平方公里。这三个国家没有一个国家的人口超过1亿。不过,按照5 000万的人口标准(欧阳峣等,2014),或与欧洲其他国家相比,还可称得上大国了。从另一个角度来看,考虑到长期以来欧洲内部的各个国家之间通常都存在非常紧密的贸易联系,他们同处在一个非常相似的文化背景之下,各国之间的人口均具有很强的流动性,人们从一个国家迁移到另一个国家,这是经常发生的事情。因此,在某种程度上,我们可以将欧洲看作一个整体。

在漫长的中世纪及以前的时代,欧洲与东方世界并无太大差距。在古希腊时代及古罗马帝国的早期,欧洲略为领先于东方。从公元2世纪开始,中国逐步赶上西方,并在此之后的一千多年时间里,一直领先于欧洲。但是,在公元15世纪前后,欧洲突然后来者居上,将中国和印度远远抛在后面。在17世纪之后的数百年间,欧洲一直遥遥领先于东方。为什么西方会在突然之间与原本领先的中国和印度拉开距离呢?另一个值得注意的问题是,虽然近代以来欧洲境内各国均获得了非常好的发展,但是,工业革命以来,英国、德国和法国等大国仍起着领头羊的作用,这三个国家的经济发展相对于其他中小国家更加平稳。有许多学者对以上现象进行了解释,目前有影响的观点主要有如下几种:

其一,地理环境和气候决定论。地理环境之于人类和经济发展的影响,早在古希腊时代就已经被人们认识到,16世纪法国启蒙思想家孟德斯鸠将地理环境的作用扩展到了对民族生理、国民气质、政治制度的决定性影响。美国地理学家伊斯沃思·亨廷顿认为,各国自然环境和气候的差异决定着这些国家不同的发展路径。这些思想有其正确的一面,但若将其强调为最重要或是唯一的决定因素,可能有点失之偏妥。在世界经济的版图上,发达国家大多位于温带和沿海区域,不发达国家则大多位于热带、亚热带和交通极不方便的地区。炎热消耗人体的能量,使人精神萎靡,并导致各种病虫害虫广为散布,严重影响着人们的身体健康。热带地区气候恶劣,降水充足但没有规律,这一方面,可能会使土地肥力元素被暴雨冲洗殆尽,另一方面,高温下土地中所含水分又极易蒸发。洪涝和干旱事件在这些地区频繁发生,非常不利于植物的自然生长,人工种植更为不易。而欧洲拥有非常宜人的温带气候,其冬季相对寒冷,阻止了病虫害的滋生,降水相对充足又极其均匀,并且土壤的保水能力也较强,这非常有利于粮食作物的种植和动物的饲养。由于温度适中,人们总是精力充沛。因此,生活在温带地区的人们,较之热带地区,具有较高的生产力,这些地区的土地生产力亦明显要高得多(Landes,1998),于是,欧洲较之其他地区具有较好的发展条件。Diamond(1999)认为,欧洲的海岸线犬牙交错,岛屿星罗棋布,各个半岛伸入海洋并与其他半岛形成环抱状,由此形成了弯曲的海岸线和平静的港湾,非常便于海洋运输工具的航运。从古希腊时代起,地中海沿岸各国的帆船就已经频繁地穿梭于各个国家和城邦之间。此外,欧洲大陆的境内山脉绵延,平原地区面积狭小但数量较多,河流和水系纵横交错,但并无大江大河。整个欧洲实际上就是坐落在这些纵横交错的山系和水系之中,绵延的山脉和蛛网状的水系将欧洲分割为许多大小不等的小国,这些小国相互竞争、相互学习,共同促进了欧洲的繁荣。

其二,产权和制度约束假说。对私有产权的尊重可能是西方世界与其他世界最显著的区别。诺斯和托马斯(1992)认为,一个有效率的产权制度安排对经济增长具有十分重要的作用。产权之所以具有这种作用,是因为产权的基本功能就是对经济个体产生激励机制,使资源配置具有更高的效率。虽然诺斯和托马斯没有说明一个有效率的产权制度是如何产生的,但从其文献中可以明显感觉到,国家形态和意识形态对产权的界定都具有重要的影响。对于产权的作用,古希腊哲学家亚里士多德就已经有所认识,其观点是,私有产权,较之公有产权,具有更高的生产力。这一原则在古罗马的法典中以法的形式得到了确认。西方世界之所以会在中世纪后期产生资本主义,就是因为在这一时期逐渐形成了以私有产权为核心的所有制安排。这种产权安排在17世纪前后经英国哲学家约翰·洛克和一大批古典经济学家的论证,进一步得到了理论化并被大多数人所认可。工业革命最早在英国发生的原因就在于英国有一套完善的鼓励个人发明创造的产权保护制度安排,正是由于这一制度的实施,激发了民间创造性,使英国走上了强盛之路。相比之下,西班牙和法国之所以在竞争中处于下风,也是由于专制的国家制度使其私有产权得不到保护。直到后来,法国的专制政体被民主政体所取代,其经济实力才慢慢赶超上来。

其三，贸易开放假说。经济发展显著地依赖于市场广狭或市场规模的大小，这是斯密(Smith,1776)对市场经济的理解。将这一观点运用到国际贸易中，就是自由贸易可以使参与贸易的各国都从贸易中获得好处。李嘉图(Ricardo,1826)对贸易理论的贡献是将其与生产要素的生产力差异联系在一起，从而创立了比较优势理论。比较优势理论意味着，一个国家即使在生产任何产品上都不存在绝对优势，但是只要在某一种或几种产品的生产上存在相对优势，该国也能够从国际贸易中获得利益。贸易开放假说得到了当前许多经济学家的认同。从15世纪下半叶起，欧洲开启了大西洋航运和地理大发现的时代。虽然航运的历史带有太多的血腥与掠夺的成分，但是，我们也必须看到，海洋贸易确实扩大了各个国家的市场规模，为欧洲各国的专业化分工创造了条件，从而使欧洲走上了工业化之路。

以上采用自然环境、制度约束和自由贸易假说作为对近代欧洲经济发展的解释，虽然有一定道理，但是仅凭以上三个因素进行解释显然是不够的。为什么许多自然环境相似的国家，其发展水平却大为不同呢？为什么在第一次世界大战之前英国对私有产权的保护和贸易开放程度都明显好于德国，而德国仍然会在此时赶超英国呢？对此，我们认为，决定一国发展水平的终极原因，或有其他一些更为重要的因素。本书运用李君华和欧阳峣(2016)的大国效应模型，参考国内外其他学者的研究成果，从国家规模和要素结构两个层面出发，对欧洲大国的经济发展道路的经验进行了研究和解释。

2 大国经济发展的理论分析

Kremer(1993)提出，人口增长是促进经济繁荣的关键驱动力，其原因是，人口越多意味着出现科学家和工程师的概率就越大。于是，当一个经济体的人口规模较大时，该经济体必然以更快的速度增长。Kremer为此选择的证据是公元前一万年前的五个孤立经济体：亚欧非大陆、美洲大陆、澳大利亚、塔斯马尼亚、弗林德斯岛。在这五个经济体开始接触之前，亚欧大陆的"旧世界文明"发展得最为成功，在工业革命之前，欧洲、亚洲和北非都在非常早的时期出现了发达的手工业和商业文明；在西班牙人到达之前，南北美洲的玛雅文明、印加文明和阿兹特克的农业文明也发展到了相当高的程度；在与其他世界接触之前，澳大利亚仍处在原始聚居的狩猎时期，与旧农业文明有相当一段距离；塔斯马尼亚的技术进步则极其缓慢,他们仍处在极其原始的时代,经历了一万多年后他们仍然只能制造出最简单的石制工具,这只能算是旧石器时代的早期;弗林德斯岛上的人类几乎没有发现任何技术,他们在5 000年前就差不多已经灭绝了。Kremer的研究结果实际上向我们证明,在完全封闭的经济条件下,较大的经济体将获得较好的经济发展,人口规模是技术进步和经济增长的正相关函数。显然,Kremer模型成立的一个前提条件是各个经济体之间相互隔绝,没有任何往来。

李君华和欧阳峣(2016)在非对称空间一般均衡框架下构建了大国效应模型。在该模型中,作者引入了多组非对称条件,尤其是假设了大国与小国在人口规模上和在土地面积上不相等。模型的研究结果表明,人口规模与该国经济发展水平具有正相关关系,即便各个国家之间存在贸易交往,也是如此。不过,如果将土地面积和自然资源数量的有限性考虑进来,则当人口规模特别大导致一国人均土地占有量急剧减少时,人口规模与经济发展水平的这种正向关系可能不再成立。因此,当人口规模处在一个适度偏大但又不是特别大的数量上时,即便各个国家之间因实施贸易开放政策而相互联结在一起,但规模较大的国家仍然可以通过其人口规模优势获得经济优势。大国效应模型显著地发展了Kremer模型的思想。不过,正如李君华和欧阳峣(2016)所提及的,虽然大国效应模型支持了大国效应的存在性,但大国能否在经济发展中取得优势仍要受诸多因素和条件的约束和限制。

然而,这里仍有如下几个问题需要我们澄清和剖析:其一,为什么人口规模会影响大国的人均实际收入呢?其二,在土地资源数量有限的条件下,为什么人口规模超出某一临界点,人均实际收入又会减少呢?其三,有哪些因素会扼制大国效应发挥作用呢?

对于人口规模与经济发展水平的正向关系,人们首先想到的是较大的人口规模可能意味着较大的市场规模。早在古典经济学时代,斯密(1972)就已经认识到,经济发展将受限制于市场的广狭和市场容量。Harris(1954)主张采用市场潜力指数来描述本地市场规模对经济增长潜力的影响,该指数以距离的倒数为权数。考虑到权数的影响,如果一国的本国需求与出口需求之比,较之其他国家大,则该国具有本地市场效应,这将有利于该国的经济发展。考虑到最终的市场需求主要来自消费者需求,人口规模大的国家通常会有较大的市场容量和市场潜力。因此,我们认为,斯密的市场广狭理论和 Harris 的市场潜力理论实际上已经暗示了人口规模可能对经济增长具有正向影响。

人口规模对经济发展水平产生正向影响的第二个来源是分工经济。斯密(1972)提出劳动分工受市场容量限制,而分工又是经济增长的唯一源泉。这是从需求端理解分工经济的,它所表明的是较大的市场规模能够容纳更多的产品种类和更高的分工程度。如果从供给端理解,一个国家的人口规模越大,则其分工就会越精细,因为更多的人口数量必能生产更多的产品种类,多种产品种类在同一国家生产将产生协同效应和互补效应。在封闭的经济条件下,如果一个国家人口规模较小,则该国可能陷入极度贫穷,因为较少的人口无法支持分工的横向和纵深发展,这个国家只能有一些简单的分工。在开放的经济条件下,人口规模较小的国家可以参与到国际分工的大体系中去,从国际贸易中获取分工的好处,但该国国内分工的精细程度仍然受制于本国的人口规模。一方面,较小的人口规模可能只能支持本国从事少数几种物品的生产,另一方面,因人手不够,其国内分工也无法向纵深发展,无法支持产业链的延长。但是,如果这个国家的人口规模较大,其本国人口数量就足以支持该国拥有极其广泛和深层次的分工。

人口规模对经济发展水平产生正向影响的第三个来源是专业化经济和产业链效应。从需求端考察,较大的人口规模所引致的市场需求必然支持那些具有较强规模经济的行业在本国实现大规模的销售,从而支持该产业在本国的发展。但这并不是该产业在本国发展的充分条件。从供给端考察,更重要的是,较大的人口规模意味着该国拥有足够的劳动力数量从事这一行业的生产,人口规模太小的国家可能无法支持这些大行业在本国的生产。再看产业链。按照Böhm-Bawerk(1959)的观点,一个产业的生产链条越长和迂回程度越高,则代表该产业的技术水平越高,作为结果,其生产力也会越高。然而,产业链的延长,需要以较大的人口规模为基础。通常,人口规模太小的国家无法支撑具有太长产业链的行业。小国由于人口太少,从事这个行业的人员必然较少,它不可能有足够的劳动力数量来支撑全产业链的生产,更不可能在产业链的每一个环节都获得优势。有人可能会说,小国不是可以与其他国家在产业链上实施分工,仅在本国生产这种产业链中的某一个生产环节吗?理论上这也许是可以说得通的。但实际上并不总是十分可行,因为国家与国家之间的市场可能并不那么兼容，毕竟各个国家在文化、地理、政策和设施上都存在差异，国家之间的市场交易费用较之国内通常都会高一些。如果某一行业的全产业链都在该国实现了本地化，则该国在该产业的生产上将获得极强的优势。因此，大国较之小国通常拥有在本国发展完整产业链的优势。进一步，考虑到大多数行业都有投入—产出联系，因此，大国甚至可以支持本国拥有非常完整的产业生态圈，包容各种相关行业在本国融合协同发展，这将显著地提升本国经济的竞争力。

人口规模对经济发展水平产生正向影响的第四个来源是知识溢出效应。Romer（1986）和 Grossman and Helpman（1991）认为，知识具有全球性溢出的特性，因此，知识一经发现便必然促进全球经济的持续增长。Martin and Ottaviano（1999）认为，知识溢出具有地方性特征，它对经济增长的影响只能局限于知识溢出所能辐射的局部区域。考虑到知识溢出的距离衰减效应（Hägerstrand，1953），我们认为，Martin and Ottaviano 的观点可能更接近真理。大国由于人口规模较大、企业数量较多，其人与人之间和企业与企业之间的知识存量和知识的差异性也可能较大，于是，他们之间就有更多的交流机会和交流频率，这种交流将显著地增加他们各自的知识，这就是知识溢出。有人可能会说，人们也可以与其他国家的人们进行交流，考虑到互联网的信息容量和传输速度，跨国界的交流可能同样会产生知识溢出效应。本书并不否认跨国界知识溢出的存在性，但是，我们认为，由于国内人员在文化环境、语言习俗、产业背景上具有更多的相似性，加之国界的神秘影响，同时，考虑到技术类知识的隐性特征，我们认为，面对面的本地人员之间的交流可能更有利于知识溢出，在地理空间上更加接近、在知识背景和产业背景上更加相似的国内经济主体之间的知识溢出较之国际溢出要强大得多，它对经济增长的影响也会更大。大国在这一方面拥有更多的优势。

人口规模对经济发展水平产生正向影响的第五个来源是运输成本的节约。李君华和欧阳峣（2016）表明，当大国的国内运输成本系数低于国际运输成本系数时，大国由于人口较多，它所生产的产品种类也可能更多，人们在本国就可以购买到较多的产品种类，这将节省大量的运输成本。有人可能不同意国内运输成本系数低于国际运输成本系数这一假说。不过，如果我们考虑到国界所包含的政治意义、文化和语言差异性、物流基础结构的不兼容性、支付系统的不兼容性，以及各种关税和报关手续，则这种假设就具有相当的合理性了。如果各国国内市场的运输成本较之国际贸易成本低,则大国就更有可能从国内贸易和本地市场中获得较多的好处。

现在我们再看在土地资源数量有限的条件下,为什么大国的人口规模优势与人均实际收入优势会呈现倒"U"形关系。由上面的分析,我们已经知道,在不考虑土地资源数量有限性的情况下,人口规模对经济发展水平具有正向影响。但是,如果将土地资源数量的有限性考虑进来,则随着我们在给定数量的土地上持续投入劳动力,每一新增单位劳动力所增加的产量是递减的。这个规律被称为边际收益递减规律。当新增劳动力引起的边际产量等于零时,人口增加就不可能继续引起产量的增加了,这时,总产量达到最大化。如果用人均值计算,则随着人口规模的扩大,人均占有的土地量会越来越少,由于总产量只能以递减的速度增加,于是,人均产量会随着人口的增加而减少,在边际产量等于零时,总产量会停止增加。从这个层面上来看,我们认为,人口规模扩大将引起人均产量只能以递减的速率增加,当到达某一临界点之后,甚至只能持续降低。这种现象被称为"马尔萨斯陷阱"(Malthus,1951)。我们将前面提到的由人口规模扩大引起的大国效应与由人均土地量减少引起的"马尔萨斯陷阱"的递减效应结合在一起,大国的人口规模优势与人均实际收入优势就呈现出了倒"U"形关系。

国际贸易有利于所有参与国。斯密(1776)从内生分工的角度对这一思想进行了论证,李嘉图(1817)用比较成本学说证明了任何国家都可以通过按比较优势分工获得国际贸易的好处。李君华和欧阳峣(2016)的大国效应模型表明,国家之间的贸易会使所有参与国都从贸易中获益,但小国从中获益更多,其原因是:① 国际分工可以使各国专精于各自具有优势的产业;② 国际贸易扩大了参与市场的人口总规模,使全球分工程度更高,产品种类增加,于是,所有国家都可以从全球总人口规模的扩大中获得分工的好处;③ 小国在封闭经济条件下的分工程度较低,但其一旦参与到全球市场,就可以从全球整体分工中得益,这类似于把该国归并于一个具有更大人口规模的经济体,因此,小国就从国际贸易中获得了整体规模经济的好处,这当然更有利于小国。进一步,如果多个小国之间通过降低贸易成本(包括关税和报关便捷性等)和实施开放的贸易政策而联合在一起,那么,这些小国就会获得国家集群的优势。在这些小国联合体与孤立大国相互竞争的时候,小国不一定会处于劣势,欧洲崛起在一定程度么兼容,毕竟各个国家在文化、地理、政策和设施上都存在差异,国家之间的市场交易费用较之国内通常都会高一些。如果某一行业的全产业链都在该国实现了本地化,则该国在该产业的生产上将获得极强的优势。因此,大国较之小国通常拥有在本国发展完整产业链的优势。进一步,考虑到大多数行业都有投入—产出联系,因此,大国甚至可以支持本国拥有非常完整的产业生态圈,包容各种相关行业在本国融合协同发展,这将显著地提升本国经济的竞争力。

人口规模对经济发展水平产生正向影响的第四个来源是知识溢出效应。Romer(1986)和Grossman and Helpman(1991)认为,知识具有全球性溢出的特性,因此,知识一经发现便必然促进全球经济的持续增长。Martin and Ottaviano(1999)认为,知识溢出具有地方性特征,它对经济增长的影响只能局限于知识溢出所能辐射的局部区域。考虑到知识溢出的距离衰减效应(Hägerstrand,1953),我们认为,Martin and Ottaviano的观点可能更接近真理。大国由于人口规模较大、企业数量较多,其人与人之间和企业与企业之间的知识存量和知识的差异性也可能较大,于是,他们之间就有更多的交流机会和交流频率,这种交流将显著地增加他们各自的知识,这就是知识溢出。有人可能会说,人们也可以与其他国家的人们进行交流,考虑到互联网的信息容量和传输速度,跨国界的交流可能同样会产生知识溢出效应。本书并不否认跨国界知识溢出的存在性,但是,我们认为,由于国内人员在文化环境、语言习俗、产业背景上具有更多的相似性,加之国界的神秘影响,同时,考虑到技术类知识的隐性特征,我们认为,面对面的本地人员之间的交流可能更有利于知识溢出,在地理空间上更加接近、在知识背景和产业背景上更加相似的国内经济主体之间的知识溢出较之国际溢出要强大得多,它对经济增长的影响也会更大。大国在这一方面拥有更多的优势。

人口规模对经济发展水平产生正向影响的第五个来源是运输成本的节约。李君华和欧阳峣(2016)表明,当大国的国内运输成本系数低于国际运输成本系数时,大国由于人口较多,它所生产的产品种类也可能更多,人们在本国就可以购买到较多的产品种类,这将节省大量的运输成本。有人可能不同意国内运输成本系数低于国际运输成本系数这一假说。不过,如果我们考虑到国界所包含的政治意义、文化和语言差异性、物流基础结构的不兼容性、支付系统的不兼容性,以及各种关税和报关手续,则这种假设就具有相当的合理性了。如果各国国内市场的运输成本较之国际贸易成本低,则大国就更有可能从国内贸易和本地市场中获得较多的好处。

现在我们再看在土地资源数量有限的条件下,为什么大国的人口规模优势与人均实际收入优势会呈现倒"U"形关系。由上面的分析,我们已经知道,在不考虑土地资源数量有限性的情况下,人口规模对经济发展水平具有正向影响。但是,如果将土地资源数量的有限性考虑进来,则随着我们在给定数量的土地上持续投入劳动力,每一新增单位劳动力所增加的产量是递减的。这个规律被称为边际收益递减规律。当新增劳动力引起的边际产量等于零时,人口增加就不可能继续引起产量的增加了,这时,总产量达到最大化。如果用人均值计算,则随着人口规模的扩大,人均占有的土地量会越来越少,由于总产量只能以递减的速度增加,于是,人均产量会随着人口的增加而减少,在边际产量等于零时,总产量会停止增加。从这个层面上来看,我们认为,人口规模扩大将引起人均产量只能以递减的速率增加,当到达某一临界点之后,甚至只能持续降低。这种现象被称为"马尔萨斯陷阱"(Malthus,1951)。我们将前面提到的由人口规模扩大引起的大国效应与由人均土地量减少引起的"马尔萨斯陷阱"的递减效应结合在一起,大国的人口规模优势与人均实际收入优势就呈现出了倒"U"形关系。

国际贸易有利于所有参与国。斯密(1776)从内生分工的角度对这一思想进行了论证,李嘉图(1817)用比较成本学说证明了任何国家都可以通过按比较优势分工获得国际贸易的好处。李君华和欧阳峣(2016)的大国效应模型表明,国家之间的贸易会使所有参与国都从贸易中获益,但小国从中获益更多,其原因是:① 国际分工可以使各国专精于各自具有优势的产业;② 国际贸易扩大了参与市场的人口总规模,使全球分工程度更高,产品种类增加,于是,所有国家都可以从全球总人口规模的扩大中获得分工的好处;③ 小国在封闭经济条件下的分工程度较低,但其一旦参与到全球市场,就可以从全球整体分工中得益,这类似于把该国归并于一个具有更大人口规模的经济体,因此,小国就从国际贸易中获得了整体规模经济的好处,这当然更有利于小国。进一步,如果多个小国之间通过降低贸易成本(包括关税和报关便捷性等)和实施开放的贸易政策而联合在一起,那么,这些小国就会获得国家集群的优势。在这些小国联合体与孤立大国相互竞争的时候,小国不一定会处于劣势,欧洲崛起在一定程度上也来源于此。

各国市场发育程度的高低和市场交易费用的大小对各国的竞争优势具有重大影响。当一个国家市场发育较好,其制度性的市场交易成本和空间运输费用降低时,该国的工商业将获得较好的发展,其国内产业分工程度会显著提高,这时,其他国家的经济活动就会向这个国家转移和集聚,于是,这个国家的竞争力就会增强,其人均国民实际收入水平也会大幅度提高。反之,如果是其他国家的国内市场交易费用降低了,即便本国的国内市场交易费用不变,但只要本国的国内市场交易成本相对于其他国家仍然较高,也将削弱本国经济活动的竞争力。许多大国常常受制于这一情况。历史上曾有一些大国(如印度的莫卧儿王朝)自视强大,不思进取,拒绝改革,这导致这些大国的国内市场交易费用较之西方国家要高得多,其市场发育极为不善,结果这些国家衰落了。如果一个国家内部分裂,全国市场分割为许多独立的、自给自足的小单元,各个单元之间没有贸易,或是贸易成本较高,那么,这个国家的经济发展必然落后。中世纪欧洲的落后即源于此。相反,如果这个国家获得了统一,则其国内市场交易成本必然降低,这将有利于该国的经济发展。如 19 世纪末期,德意志获得了统一,随即开始了一轮工业革命。

经济结构对一个国家的竞争力具有重要影响。由于一个国家的土地和自然资源数量是有限的,如果该国的经济结构以土地密集型的农业为主,则该国的经济发展水平必然受制于有限的土地和自然资源。但是,如果这个国家逐步放弃以农业为主导产业的经济结构,转而以劳动密集型的手工业、资本密集型的现代工业和知识密集型的现代服务业为主导产业,这时,该国的经济发展水平必然大幅度提高,因为这些新型产业打破了经济活动对土地的依赖。在这种经济结构转型之后,在相同面积的土地上,就可以容纳更多的经济活动。然而,经济结构转型不会自动发生,决定一国经济结构转型的因素主要有三个:其一是要素结构的变化;其二是新产品和新技术的创造力;其三是参与国际分工的程度和贸易政策是否开放。

要素结构是指一个国家的土地资源、劳动力、资本存量等生产要素的比例。要素结构与经济的行业结构共同决定着要素的相对价格水平。如果要素结构发生了变化,这必然反映到要素价格上,从而引起要素相对价格的变化。要素相对价格的变化会促使生产者调整经济结构和投入比例。如果劳动人口的供给相对于土地增加,则土地租金上涨,该国就可能用劳动密集型产业(手工业)替代土地密集型产业(农业),以节约土地租金。可见,要素结构的变化会通过要素相对价格传递到经济结构,促使经济结构做出相应的调整。这种经济结构转型可称为适应型转型。

另一种经济结构转型是主动性转型。当一个国家的创新能力较强时,这个国家就会有许多创新技术和新产品问世,这些新技术将投入生产过程。如果这种新技术是节省土地的技术,则经济结构将从土地密集型产业向劳动密集型产业转型。不过,这些新增产能投资所生产的产品必须能够以合理的价格出售。如果新增产能仍然是一种过剩产能,那么,经济结构就不可能顺畅转型,因为人们无法以现有价格将过剩产品卖出。因此,新增产能必须是投资于一个新型产业,或者是用一种成本更低的新方法生产出传统产品。在这一结构转型的过程中,要素结构具有引导性的作用。如果该国人口增多,土地租金就会上涨,于是,劳动力变得相对便宜,这时,该国会尽力发展劳动密集型产业,技术创新也会朝着节省土地的路径发展。反之,如果该国人口和劳动力不足,则劳动力的工资就会变得十分昂贵,这时,技术创新将朝着节省劳动的路径发展。在资本存量非常充裕的情况下,劳动力紧缺甚至会引导出一次机械化的革命(如第一次工业革命中的英国)。但这一过程是否发生,关键在于该国是否具有创造和发现新技术的能力。这是经济结构转型的重要前提。这种以创新驱动的结构转型虽然也会适应要素结构的变化,但其更重要的特征是它改变了生产函数的形式从而降低了成本,甚至创造了一个新型产业。由新技术引致的投资所生产的产品在市场上是可以出清的,因为其产品生产成本低于传统方法,或者它创造了一个新的市场,从而使投资者可以获得超额利润。只要这种新的生产方法、新产品和新技术能够被市场认可,那么这种以创新驱动的经济结构转型就一定会发生。新投资必然吸纳过剩的储蓄和吸纳从传统产业中转移出来的劳动力,于是,该国经济在这种结构转型中就会获得快速发展。

经济结构转型是否发生,还依赖于这个国家参与国际分工的程度和该国贸易政策是否开放。在封闭的经济条件下,经济结构转型的难度非常大。为什么呢?封闭国家不得不生产他们所需要的全部产品,考虑到诸如粮食之类的农产品是人们生活和生存的必需品,因此,该国必须有足够多的劳动力从事农业生产,这样才能够维持其国民的基本生存。于是,该国的经济结构就必然被锁定为以农业为主。只有当粮食问题得到解决，农产品足够富余，出现了从农业中转移出来的剩余劳动力时，从农业向工商业的转型才有可能发生。然而，对于一个封闭的国家而言，这种由农业富余引起结构转型的可能性并不大，除非这个国家的人口规模足够大。但即便该国人口规模特别大，它仍旧只能在局部地区出现较低层次的结构转型。但是，如果该国实施的是开放的贸易政策，则该国可以将一部分农业活动外包或从其他国家购买农产品，从而转移出大量的劳动力专门从事工商业，以支持本国的非农产业发展。显然，这种经济结构转型之所以会发生，主要是在于本国放弃了一部分农业活动，从而使本国拥有更多的剩余劳动力从事工商业。

接下来在本节余下的部分中我们将根据以上分析和大国效应模型的结论归纳出如下一些理论假说作为我们对欧洲大国经济发展进行分析的理论依据。

假说1：在适度偏大的人口规模上，人口数量与大国的人均实际收入优势具有正相关关系，不过如果该国人口规模特别大，但其土地面积有限，则该国人口可能超出"马尔萨斯陷阱"，这将导致其人均土地占有量过低，该国土地将无法承载如此之大的人口规模，这时大国的人均实际收入可能降低到小国之下，大国将丧失其优势。

假说2：国际贸易有利于所有参与贸易的国家，但小国从贸易中获利更多，因此，国际贸易倾向于缩小两国收入差距。本假说的一个推论是，如果大国实施封闭经济政策，而小国之间有频繁的贸易，这时，孤立的大国可能落后于小国的贸易联合体。

假说3：国内交易成本对国家优势具有重要影响。交易成本降低意味着该国市场条件改善，从而在该国形成成本洼地，这可能促使其他国家的经济活动向该国转移和集聚。于是，该国竞争力显著强于其他国家。

假说4：经济结构转型对经济发展水平具有重要影响。如果一国的要素结构发生变化，它首先会反映到要素的相对价格上，然后通过要素相对价格的变化促使实体经济结构转型，进而影响各国收入差距。如果一国人口增多导致其人均土地占有量较小，则该国地租率就会显著高于其他国家，这时，如果该国仍以土地密集型产业为主导产业，则该国人均收入就会大幅度下降。为节省产品成本，该国就会有较强的动力向劳动密集型产业、资本密集型产业和技术密集型产业转型。

3　欧洲大国经济发展的经验解释

在遥远的古代,亚欧大陆可分为三大块,分别对应三大文明:古印度文明、华夏文明和地中海文明。由于地形和交通的阻隔,这三大文明是相互独立的。但是,地中海文明有其特殊性。地中海的南面是北非文明,东面是两河流域文明,这两大文明在时间上远远早于古希腊文明。但古希腊文明与北非文明和两河文明在时间上具有继承性。这些文明相互靠近,从一开始就存在非常紧密的交流和往来。它们虽然被地中海和红海的水域隔开,但又并没有完全隔离。由此可见,地中海文明实际上是一组文明的集群。从人口规模上看,古希腊文明与古印度和中国相比并不具备任何优势,但是,考虑到地中海沿岸和附近各个文明之间具有紧密的交往,地中海文明作为一个整体,其总人口并不少于中国和古印度。古希腊文明创造了非凡的文化,但随后便被罗马帝国取代。与希腊相比,罗马帝国应当算是实实在在的大国和强国。罗马帝国之后,欧洲进入了漫长的中世纪。中世纪的欧洲在传统意义上的几个大国在公元6世纪形成,它们分别是西法兰克、中法兰克、东法兰克。三国是由查理曼建立的法兰克王国根据《凡尔登条约》分裂而成的。这就是后来法、意、德三国的雏形。公元9世纪上半期,英格兰获得统一。至此,欧洲四大国形成。

中世纪欧洲的经济组织形式为庄园制经济。这种封建庄园制与中国古代的经济制度有很大的区别。在中国,虽然也有地主和农民两大阶级,但是,在各个王朝之初,大多数农民是拥有土地的。即便是在王朝后期出现了大量的土地兼并,农民的身份仍然是自由民。通常,这些农民若要脱离土地转而从事工商业,这并不是非常困难的事情。但是,在欧洲,每一个庄园都是一个自给自足的经济实体,庄园内农奴被束缚于土地。庄园制经济为农奴提供必要的保护,但也限制了他们的人身自由和个人的思想创造性,他们只需要本分地做好自己的工作就足够了。每个庄园都生产他们各自所需的各种物品,各庄园实际上都是一个独立王国(公国),它们之间没有分工没有贸易,因而不利于工商业的发展。于是,欧洲落后于东方。

但是,为什么在中世纪后期,黑暗的欧洲会突然发生变异,迎来浪漫的文艺复兴和充满活力的工业革命?一些学者认为,欧洲之所以发生工业革命,与其民主基因有关,而这个民主基因又与欧洲的地理禀赋有关(文贯中,2005)。古欧洲文明盛极于古希腊文明,而古希腊文明是世界上最早孕育民主精神的文明。希腊处在地中海海岸各个文明的环绕之中,其境内多山,这正好使其能够与其城邦制文明相适应。各个相互竞争的城邦势力使希腊很早就接受了民主共和思想。于是,希腊以其开放性和多元性而著称于世。这一民主传统传之两千多年至文艺复兴时代恢复。Landes(1998)认为,欧洲中世纪实际上是人类历史上的一个非常有创造力的时代,其境内小国林立,它们之间相互竞争,其国民可以"用脚投票"选择自己的国家,于是,各个国家的政府权力受到限制。另外,教会与世俗权力具有相互约束的关系,封建领主与王室之间存在利益制衡,加上后期市民阶层崛起,这些都对王室的权力形成了制约,欧洲由此最早走上了私有产权保护和现代民主的道路。以上这些观点固然有一定的道理,但是,将欧洲经济发展仅归因于纯地理和民主一说,显然并不全面。接下来,我们将从国家规模和经济结构的角度入手,运用我们在本节第二小节中提出的四个理论假说,并结合其他因素对近代欧洲大国的经济发展进行综合解释。

在欧洲中世纪的中晚期,即13—14世纪,欧洲人口已接近1个亿,其中法国人口为2 000万,英国人口为700万,意大利和德国仍未获得现代国家意义上的统一。显然,在当时,英、法两国在欧洲已不能算是小国。更重要的是,欧洲虽然国家林立,并无一个统一的欧洲,但各个国家之间的要素流动和商品贸易往来是非常频繁的。若考虑到北非与西亚均在地中海沿岸的附近区域,它们之间也有非常多的贸易,则欧洲的贸易规模和分工范围就更大了。

公元14世纪末至15世纪初,欧洲黑死病爆发,其人口削减了大约30%—50%。黑死病使欧洲经济遭受重创。从要素结构的角度考察,黑死病大大减少了劳动人口的数量,改变了要素禀赋的结构和要素的相对价格,使土地所有者的收入大幅降低,而劳动者的工资收入显著增长。更重要的是,黑死病动摇了欧洲的农奴制,因为神职教会人员和封建领主都无法避免黑死病的冲击,而土地又出奇地富余,获得自由的农奴接管了许多被抛荒的土地。因人口减少和土地富余,欧洲的粮食问题得到了解决,但工商业遭受重创,人们不得不寻求节省劳动的新技术以弥补劳动力的不足。于是,欧洲以一种悲剧的方式实现了经济结构的缓慢转型。从15世纪下半叶起,欧洲人口开始缓慢恢复,富余的农业人口从农业中分离出来转而从事工商业。先是意大利开始繁荣起来,这个地区利用地中海的航线把西亚、北非联结在一起,于是,意大利的工场手工业和商业贸易盛极一时。然后,大西洋航线被开辟出来,葡萄牙、西班牙和荷兰依靠其卓越的航海技术和造船技术获得了海上成功,取代了意大利在地中海的贸易地位。再然后,就是英国、法国和德国的工业竞争和技术较量。直到第一次世界大战之后,这个世界第一的宝座才从亚欧大陆退出,让位于大西洋对岸的美国。

公元15世纪前后,欧洲正处在大变革的前夜。以往长期困扰各国的粮食问题已经解决,农业中已分离出大量的剩余劳动力。葡萄牙和西班牙的航海家已经开辟了多条通往美洲和亚洲的航线,这些航线没有产权,各个国家都可以在这些航线上航行,其主要障碍就是各个国家的海上力量对比。葡萄牙和西班牙人打败印第安人占领了美洲,然后,他们来到印度、东南亚和中国沿海。最初,这些征服者是为黄金和珠宝而来,随后,他们将甘蔗种植技术和黑奴从非洲装运了过来。这种建立在黑奴贸易基础上的甘蔗种植和制糖工业给宗主国带来了源源不断的巨额财富。随后,英国人、荷兰人和法国人也参与进来。对美洲和亚洲的开发扩大了市场范围,新大陆的人们需要工业制成品,于是,英国的机械工业发展起来。但是,数据表明,转运于欧亚的出口市场仍远远低于本国市场和欧洲的洲内市场。这表明,即便从需求角度考察,本国市场的规模对一国经济的发展仍具有重要作用。在亚洲,葡萄牙人从胡椒、香料和海盗生意中获利,但很快,他们在印度洋的海上优势就让位于更加强大的荷兰和英国。在当时没有制冷技术的条件下,胡椒和香料解决了欧洲冬季肉制品的贮藏和腌制问题,这又可以节省出一部分在冬季饲养牲畜的谷物。从而进一步缓解了欧洲的粮食问题,并解放出了一部分劳动力。

在葡萄牙人征服大西洋期间和进入印度洋之前,他们在航海技术和科学技术方面是遥遥领先的,但是,有一种因素导致了它的衰落:它不能容忍异教徒和持异议者。最初,葡萄牙的宗教环境相对宽松,但是,在16世纪中期,由于罗马教廷和西班牙的施压,葡萄牙建立了宗教裁判所,对异教徒和科学家进行迫害和血腥屠杀。大批商人和科学家都从这个国家逃走(西班牙当然更不能容忍这些异教徒),致使这个国家的人口开始减少。有才能、有观点和有思想的科学家无法在这个国家居住,仍然居住在这个国家的大多是一些无能之辈,于是,葡萄牙和西班牙衰落了。这些逃走的商人和科学家迁移到了荷兰、英国和其他有包容性的国家。而英国和荷兰正好接收了葡萄牙的人力资源,同时也接管了它的海上霸权。

然而，荷兰毕竟是一个小国，在弱肉强食的海洋竞争和国内制造业竞争中终究不敌英国。在亚洲，荷兰人在谋求其对印度尼西亚的垄断权，而英国人则将其主要精力转移到了印度。他们发现，印度拥有世界上最优质的棉纱和布匹，以及规模庞大的勤劳工人。此前，欧洲人都是穿着毛纱品，印度的棉制品改变了欧洲人和世界的穿着，也改变了英国的工业。一个全新的产业被打开了，英国人从中大发横财。印度是一个土地肥沃、农业非常发达的国家，其粮食供应远远超过其需求。于是，印度就可以腾出大量的土地和劳动力种植棉花。在此之前，印度的棉纱手工业就非常发达，但是，印度的财富盈余不归劳动者所有，印度没有私有产权的保护，当地官僚可以随意剥夺印度平民的财产。现在，英国人来到这里，这一工业便被英国取代。英国式的机械化棉纺织工业大大提高了棉纱的产量和生产效率。尤其是，他们把市场机制所要求的诚信和契约精神带到了印度，印度人都愿意到英国的公司谋职，而且非常愿意把钱存放在英国的银行，因为英国公司给当地的印度人提供了对私有产权的保护。当地官僚不敢得罪英国人，因此，他们也不敢得罪在英国公司工作的印度人。

欧洲大国的崛起与这些国家的人口规模和资源数量有着重要的关联。虽然直到工业革命的前夕，英国本土的人口仍然不到1 000万，但是，我们永远不要忘记，欧洲是作为一个整体登上历史舞台的。长期以来，英国与欧洲大陆各国一直保持着非常紧密的贸易联系和要素流动。这就使得英国可以融入欧洲的大分工体系之中。本节第二小节中的假说2提到，国际贸易有益于所有国家，英国在与欧洲的分工和合作中获得了许多好处。如前所述，在16世纪之前，英国并不是欧洲最富裕的国家。靠近大西洋的葡萄牙、西班牙和荷兰较之英国都要发达得多。但是，英国在与这些国家的贸易中获益颇丰，也从这些国家学习到了许多先进的工业技术和航海经验，尤其是在西班牙与葡萄牙的宗教专制统治时期，英国接纳了许多从这些国家逃出的科技人才。由此可见，当我们考虑英国的人口规模时，应当根据假说2将全欧洲的规模考虑进来，因为欧洲所代表的是一个国家集群。从土地与资源的角度考察，欧洲各国的资源也可以通过国际贸易实现互补和共享。较之欧洲其他国家，英国的土地资源相对于人口数量实在是太少，但是，英国可以用工业品交换粮食，克服其土地资源不足的矛盾。在拿破仑专政时期，从欧洲通往英国的港口被封锁，英国无法从欧洲进口粮食，这导致英国的粮食价格暴涨，英国不得不转而耕种更加贫瘠的土地，英国的工业由此遭受重创,这从一个侧面反映了英国对欧洲大陆的依赖。拿破仑战败后,英国恢复了与欧洲的贸易,英国经济才得以恢复并再次起飞。另外,对英国国家规模的考察也应当将其殖民地考虑在内。前文提及,英国与印度的关系使英国在相当程度上克服了其人口规模不太大与资源不太丰富的缺陷。英国对殖民地的开放式管理使殖民地融入了英国的大分工体系中,这样,英国就可以专精于本国具有比较优势的工业技术创造,而将本国具有比较劣势的其他产业外包或从其他国家进口。其实,不管是大国还是小国,保持开放都是它们获得竞争力的一个重要前提,封闭从来就不是强国的发展之道。英国以一个中等规模的国家通过开放的贸易政策走上了工业化和结构转型之路。

时间进入18世纪的下半期,这时,人类的生存条件已经发生了重大的改变。土豆、玉米、白薯传入了欧洲和亚洲,谷物、牛羊、甘蔗移入了美洲,人类的饮食结构和粮食数量大大改善,由此,世界人口出现暴增,这又进一步刺激了需求。于是,农业人口大幅度过剩,这就为经济结构从农业向非农产业转型提供了劳动力的条件。但是,问题仍然是,为什么工业革命最初会在英国发生,而不是任何其他国家呢？根据我们在第二小节中提出的假说1,适度偏大的人口规模是导致一国经济强于其他国家的重要因素,原因是较大的人口规模可支持更深层次的分工和更强的知识溢出。英国通过接纳欧洲的流动人口和技术工匠使本国人口规模扩大,从而提升了自己的竞争力。然而,人口规模并非经济发展和技术领先的充分条件。其实,若论人口规模,即便只是在欧洲,英国仍然称不上第一,德、法、俄的国内人口一直显著多于英国。虽然开放性的贸易政策多多少少弥补了英国人口规模不太大的弱势,但这仍然不能说明工业革命为什么会发生在英国,而不是其他国家。本书的观点是,较大的人口规模可以支持大国拥有较高的经济发展水平,但是,大国效应能否顺利发挥作用,仍必须依赖于一系列其他条件(李君华和欧阳峣,2006)。这也就是说,大国效应可能受限制于一些其他因素,第二小节假说3和假说4中所提及的市场发育程度和交易费用、经济结构类型和结构转型的难易都有可能成为限制大国效应发挥作用的因素。

海外掠夺和国际贸易显著地增加了欧洲各宗主国的财富,这些财富远远超过了其需求,这些国家由此都拥有巨额的储蓄,如果这些储蓄都能转化为投资进入工业领域,那么,西班牙、葡萄牙和荷兰都有可能获得一个巨大的发展机会。在财富盈余方面,英国并不占有优势。但是,问题是,这种从储蓄向投资的转化仅发生在了英国和后来的法德。西班牙和葡萄牙对于这种转化似乎并无足够的动力。然而,让储蓄转化为投资,是经济起飞的一个重要条件,因为资本作为一种生产要素,当它进入生产过程,常常意味着产业链的延长和生产技术的改进。那么,在什么情况下,储蓄会顺利地转化为投资呢?实际上,让储蓄转化为投资的过程就是剩余人口被吸纳进入工业领域的过程,大国的规模效应能否发挥作用,关键即在于此。本书的观点是,要让这一过程发生,至少须满足三个方面的条件:第一,要有新技术和新产业吸纳过剩的资本和劳动力,因为供给创造自己的需求,一项新技术被引入生产过程必然伴随着大规模的投资;第二,要有较好的市场环境和较低的交易成本;第三,参与分工的人口规模和市场规模必须足够大,因为分工可以产生足够的分工经济,而较大的市场规模则可以支持新产品在国内的销售。与其他国家相比,英国在这三个方面确有一些如下的优势。

其一,当时的英国拥有支持技术创新的投资环境。工业革命的实质就是新技术推动经济结构转型。如果没有新技术和新产品源源不断地产生,企业家就不会有投资的动力,过剩的资本和劳动力都不可能被吸纳到生产过程中。如果人们一定要在没有技术进步的前提下大规模投资,那也只是形成新的产能过剩,但经济结构转型不会发生。当时的英国、葡萄牙、西班牙和荷兰都不缺乏资本。早期的海外淘金为宗主国积累了大量的财富。由于没有新技术和新产品吸纳过剩的投资,葡萄牙和西班牙只能将这些财富用于奢靡的生活。而英国则拥有支持技术创新的投资环境:① 16 世纪宗教改革之后的英国将新教确立为国教,新教对思想的控制较之天主教要宽松得多,而西班牙和葡萄牙等国仍然顽固地坚持天主教,他们建立了宗教裁判所,对思想家和科学家实施血腥的屠杀,这些优秀人才不得不逃往其他国家。西班牙和葡萄牙的这一举措可以说是自毁长城,而英国正好接纳了大批从西班牙和葡萄牙逃走的科学家。② 英国国民的受教育程度很高。由于新教鼓励识字、经商和勤劳致富(Weber,1954),加上英国有发达的初等教育,鼓励穷人就学,所以,英国国民的识字率和整体文化素质都非常高。英国的高等教育也非常发达,牛津、剑桥、爱丁堡和格拉斯哥大学在当时都赫赫有名,这些综合型大学为工业革命培养了大批人才。③ 近代科学以数学和实验为工具,但是,天主教和新教对待数学与实验的态度截然不同,前者认为经院哲学对《圣经》的理解是绝对权威的,对于任何不符合经院哲学的观点,宗教裁判所都会给予血腥的猎杀,后者则是通过重新观察和精密计量得出结论,所以,新教为工业革命中的思想家提供了安全和保护,但这些思想在天主教看来都是异端邪说。④ 英国有一套非常高效的法制系统和行政管理机制,这一系统对公民的财产权和知识产权提供了非常有效的保护,而且非常有效地保障了契约的执行和市场机制的运转。英国的土地、矿山和道路都为私人所有,并且神圣不可侵犯,这就为如何高效地使用这些资源提供了技术创新的动力,并为抵制短视开发提供了法权保护。另外,对知识产权优先权的确认,则通过声誉机制和产权利益的分配机制提高了科研人员从事科学研究的动力。科学家非常看重知识产权优先权的荣誉,同时,又能获得其产权利益,他们当然会喜欢这一项职业。以上这些条件共同促进了英国的技术研究和发明创造,为工业革命提供了技术支持。当这些新技术被新企业使用之后,它们就可以雇用更多的劳动力,吸纳更多的资本,于是,在工业革命主导之下的经济结构转型就发生了。如果没有这些供给侧的技术创造,工业革命和经济结构转型都是不可能发生的。

其二,自由贸易政策和开放的殖民地管理方式弥补了英国本土人口规模不太大的弱势。英国拥有中等偏大的人口规模和非常庞大的海外殖民地,并且与欧洲保持着既竞争又相互合作的紧密关系。对于海外殖民地的管理,英国奉行与西班牙和葡萄牙完全不同的管理方式。西班牙与葡萄牙的对外贸易和殖民地政策是掠夺式的重商主义模式。它们不是参与到殖民地国家的分工体系中去,而是尽可能地压低其工资和材料成本,直到极限。当其海上力量不足以支撑这种不对等的贸易地位时,其贸易体系就崩溃了。而英国实施的是自由贸易政策,它与欧洲各国一直保持着开放性的贸易关系,即便是在拿破仑贸易封锁时期,英国仍然通过与沙俄的港口贸易突破了法国的封锁。虽然早期英国也从事一些海盗活动,但它与殖民地的关系良好。印度人非常乐意把钱存放在英国银行,也乐意在英国公司工作。事实上,在英国公司工作的印度人甚至可以避开印度本地官僚的盘剥,使其个人财产得到保护。英国与印度下层百姓的这种关系扩大了英国的分工范围。印度的耕地规模很大,拥有多余的粮食、庞大的棉花种植基地和棉纺织业,有大批量的过剩劳动力,这在相当程度上弥补了英国人口和资源的不足,于是,英国和殖民地之间就出现了一种非常有效的产业分工模式,即英国专精于纺织、机械制造和技术的研发,印度主要从事农业和农产品初加工。再加上英国本土煤铁工业的支持,于是,以机械制造为主的工业革命终于在英国发生。显然,英国对殖民地的管理方式,得以使印度的下层社会更紧密地融入英国的分工体系中去,从而弥补了英国本土人口规模不太大的弱势,使英国可以专精于本国最擅长的技术研发活动,这是工业革命得以在英国发生的一个重要条件。

其三,英国有非常好的市场环境和较低的市场交易成本。本国市场交易费用的下降会吸引其他国家的经济活动向本国转移和集聚,使本国人均收入相对于其他国家更高,这是李君华和欧阳峣(2016)在大国效应模型中得出的观点。英国是一个长条形的岛国,其境内任何一个地方距离海岸线均不到120公里,境内陆地亦有纵横交错的水网,加之其海岸线弯曲,形成了很多平静的深海港湾。随着海洋运输工具的发展,英国境内的货物和人口可以利用水上交通工具沿本国海岸线往来于各个地区。可见,水上交通工具的发展对英国国内市场交易费用的降低具有显著的影响。18世纪和19世纪前后,以蒸汽机为动力的火车在英国投入使用,这对货物运输成本的下降也有重要影响。更重要的是,英国是当时世界上唯一彻底实施土地私有制的国家。由此,英国的公路设施全部由私人投资修建,商人关心商业利益,从来不会为了政治和军事用途而修建道路。这就排除了多余的公路设施投资,减少了浪费,使货物的空间交易成本降到最低。以上原因,加上英国向来有鼓励诚实经商的习惯,有高效的法制传统对私有产权进行保护,保障契约高效执行,这就使得英国的市场环境非常适合于企业家的生存和发展,也吸引了更多的企业家到英国投资设厂。这是英国发生工业革命的市场基础条件。

英国的工业革命改变了世界,随后,在欧洲大陆出现了一大批追赶者。法国、德国和沙俄也是欧洲的大国。事实上,法国与德国的人口规模一直大于英国。法国又是英国的宿敌,两国之间一直存在激烈的竞争。法国在13世纪引入了"三级会议",但直到拿破仑在滑铁卢战败和雅各宾专政之后,现代意义上的民主制度才真正艰难地建立起来。德国在俾斯麦时代实现统一,之后德国成为名副其实的欧洲大国,但直到第二次世界大战结束仍算不上民主国家。在中世纪后期,欧洲的农奴制开始瓦解,英国最快,法国在大革命时期才彻底废除农奴制,德国在19世纪初期才解放自己的农奴,沙俄进展最慢。农奴制的瓦解意味着自由民增加,法德较之英国,无疑是慢了一步,但仍然走出了这一步。农奴制瓦解不仅为近代工业提供了更多的劳动力,而且由于自由民的思想更开放,其商业精神和创业精神更强,因而有利于市民阶层的崛起,同时也增加了出现潜在科研工作人员的概率。可见,自由民数量的增加是发生工业革命的一个先决条件。法德两国都是新教国家,受天主教控制思想的影响较少,这也是它们的一个有利条件。此外,在欧洲大陆各国,普遍存在各种道路收费和路卡,这些制度增加了一个国家内部市场的交易成本和市场运行成本,因而极不利于劳动分工和经济发展。英国在15世纪就取消了这种制度,但法德等国直到17世纪前后才扫清这些道路障碍。这些条件使得法德的工业发展较之英国较晚,但仍然缓慢地发展起来。

虽然法德的人口规模和制度改革为赶上英国提供了某种可能,但有,有两个更重要的因素加速了法德技术进步的步伐。首先,法德吸纳了大批从英国迁移过来的技术人才和熟练工人。虽然英国的法律明确禁止技术工匠到国外移居,但仍有许多人受高工资吸引通过各种途径实现了移居。在经济学上,我们可将其称为国际知识溢出。这些英国的技术专家不仅带去了他们的资金,而且将他们大脑中的知识和技术也带到了欧洲大陆。另外,机器出口将机器中所包含的隐性知识带到了国外。虽然英国一直限制机器出口,但也挡不住商人对利益的追逐。这是另一种形式的知识溢出效应。其次,法国还有一项创举,那就是大力兴办和建设工科型大学。法国的这一工科传统为本国培养了一大批工程师人才,照亮了欧洲其他国家(尤其是德国)的大学制度,并被其仿效。英国的技术发展路径是典型的"干中学"(自发演进),法德则是通过正规教育传播科学理念和系统性的工科知识(主动支持创新)。终于,在英国工业革命一百多年后,法德两国在许多关键领域赶上并超过了英国。当第二次工业革命的浪潮到来之时,英国不再是领导者,法德成了19世纪末20世纪初的工业火车头。但不久之后,这一火车头地位又让位于北美的一个具有更大人口规模的国家——美国。

在大国效应模型的框架下,对欧洲大国的经济发展道路的研究,以国家规模和要素结构为切入点,先是对欧洲大国的初始发展条件进行剖析,然后对加强和制约大国发展的各种因素进行解构。在此基础上,对欧洲大国的发展经验进行梳理。

(1) 人口规模对一国经济发展具有重要的正向影响。这句话应当从三个方面理解：首先，近代以来，欧洲是作为一个整体登上历史舞台的，虽然欧洲各单个国家较之亚洲的中国和印度要小得多，但是，欧洲作为中小国家的联合体拥有国家集群的优势。其次，欧洲的许多国家在大西洋贸易时代都开发和占领了许多殖民地，这些殖民地直接从属于宗主国，它们直接参与了宗主国的国内分工。于是，尽管宗主国的人口规模并不大，但若将其殖民地人口加总，这些国家的规模并不小。最后，剔除以上因素，即便我们仅从欧洲内部考察各个母国的人口规模，我们也会发现，最先发展起来的几个欧洲小国（西班牙、葡萄牙和荷兰）最终也都与工业革命无缘，能够引导工业革命的国家都是欧洲大国（英、法、德）。反观中世纪的欧洲，封建庄园制使各个国家的内部都是公国林立，各国市场被各势力范围所分割，形成了自给自足的庄园经济，欧洲由此远远落后于亚洲。近代欧洲因农奴制的瓦解及民主政权战胜了分裂势力，使欧洲各国获得了事实上的统一，这一点在英国、法国和德国都表现得十分明显，于是，欧洲大国迅速发展。这一事实告诉我们，国家规模和国家统一有利于技术进步和经济发展。

(2) 要素结构变动通过传递于要素价格引导经济结构转型。欧洲黑死病的爆发使欧洲经济遭受了重创，但由于土地相对于人口的比例突然增加，因此反而以一种悲剧的方式解决了长期困扰欧洲的粮食问题。由于占有土地并不有利可图，这在一定程度上又加快了农奴制的瓦解。随着欧洲人口缓慢恢复，农村出现了大量的过剩劳动力，他们开始寻找出路开拓新世界。新大陆的发现、跨海洋贸易和农作物的引进进一步解决了欧洲的粮食问题。欧洲不必再为粮食问题操心，这显然有利于宗主国的经济结构转型。英国和后来发展起来的法德两国正好利用了经济结构转型的这种内在驱动力，而西班牙和葡萄牙则沉溺于从殖民地送回本国的金银财富，于是，英国、法国和德国先后发生了工业革命，西班牙和葡萄牙则白白浪费了这次机会。当前，中国环境资源保护的压力较大，人口老龄化倾向也导致劳动力资源不足，从长期来看，这一要素结构的特征必然导致环境承载力下降和环境成本加大，劳动力工资亦将呈现上升态势，而资本则可能出现过剩，因而，中国的经济结构存在从环境消耗密集型产业和劳动密集型产业向资本密集型产业转型的内在要求，这也就是说，中国需要发展节省劳动和降低污染的新型产业。高新技术产业通常都伴随着大规模的中间物品投资(资本密集),也就是迂回生产的幅度和产业链的长度增加,而这一过程依赖于技术创新。若中国能够利用好这一机会,中国经济必将进一步焕发青春。

(3) 国内市场条件改善和交易费用下降有利于本国经济发展。虽然大国效应的存在已被证明,但大国效应能否发挥出来仍依赖于该国市场发育是否良好。较低的本国国内市场交易费用将显著地促进本国国内分工,吸引其他国家的经济活动向本国转移和集聚。15世纪以来,英国的国内市场环境有了显著改善,水陆交通成本大幅度降低。此外,英国社会诚实经商的习惯、契约精神和高效的法制系统都有利于交易成本降低。这些因素促进了英国经济的发展。当前,中国虽因交通设施改进使运输成本大幅度下降,但商业诚信始终是一大软肋,普遍存在的食品安全、假冒伪劣、不正当竞争、信息披露失真等问题都显著地提高了信息搜寻成本和市场交易成本,侵蚀了市场机制运行的基础,这必然会对劳动分工和经济发展产生消极影响。

(4) 经济结构转型能否实现的关键在于是否有新型产业和新技术吸纳过剩的资本和劳动力。如果没有技术创新,新增资本就只能投向传统行业,这只会形成新的产能过剩,不可能出现经济结构转型。由于英国棉纱织技术的改进,英国出现了从农业向纺织业的过渡。正当全世界对动力机械的需求日益增长时,英国发明和改进了蒸汽机,于是,英国的动力机械工业蓬勃发展。英国的经济结构转型显然与以上新技术发明有关。对于任何国家而言,要促进技术创新,首先就要有对私有产权和知识产权保护的制度,并放开思想控制,让思想者有自由思考的权利,这样发明创造才会源源不断地产生出来。法德等国在模仿英国以上做法的同时,还大力兴办和建设了一大批工科大学,以国家财政的力量人为地启动了第二次工业革命。中国经济当前面临结构转型压力,但中国不应当仅寄希望于环境和资源压力对结构转型的事后倒逼,而应当通过完善对知识产权的保护,加大对综合型大学和工科大学的支持,让技术创新主动引导经济结构转型。

第 2 节 美国工业化道路特点

所谓工业化,是指通过工业在国民经济中所占比重的增加并逐步占据主导地位,从而实现从落后的农业国向先进的工业国转变的过程。18 世纪末期,北美殖民地经过独立战争建立了美利坚合众国,经济发展进入工业化的起步阶段,从 19 世纪 70 年代到 90 年代末期,美国的工业生产和技术水平出现了跳跃式增长,工业总产值跃居世界第一位。从 20 世纪 80 年代开始,美国进入新经济时期,科学技术的飞速发展促进了工业的转型升级。在一百多年的时间里,美国从隶属英国的殖民地发展成为全球领先的工业国。在世界经济发展史上,美国工业化是成功的典范,其工业化战略也是典型的大国战略。美国的工业化道路及其经验对于发展中大国制定适宜的经济发展战略,加速工业化进程和提高工业化质量,具有重要的借鉴价值。

1 美国工业化的初始条件分析

一个国家经济发展战略的制定,需要同本国的基本国情相适应,这种基本国情就是经济发展的初始条件。一般来说,工业化的基本条件主要包括人力资源、自然资源和金融资本。[①] 而从大国特征来看,在美国成为大国的时候,就已经具备了人力资源丰富和疆域辽阔以及自然资源充裕的初始条件。那么,摆脱英国殖民统治以后的美国是怎样创造这些经济发展的优越条件的呢?

(1) 通过土地扩张获得发展所需的自然资源

美国是从英属北美殖民地发展起来的,1607—1733 年,英国先后在北美建立了 13 块殖民地,即弗吉尼亚、马萨诸塞、康涅狄格、罗德岛、纽约、新泽西、特拉华、新罕布什尔、宾夕法尼亚、马里兰、北卡罗来纳、南卡罗来纳和佐治亚,并且形成了南部、北部、中部三种不同的经济类型。具体来说,北部地区气候寒冷、土地贫瘠,农业生产落后,居民更多地从事家庭副业和手工业,导致工商业发达;中部地区平原广阔、土地肥沃,农业和畜牧业发达,有"面包殖民地"之称;南部地区由英王特许的贵族地主或富商组织的公司经营,建立了奴隶种植园经济。美国独立后,开始大规模的领土扩张,使经济地区逐步向西扩大。1789 年,美国政府强迫印第安人签订条约把现在的俄亥俄、印第安纳、伊利诺伊等州的土地割让给美国,随后又通过武力讨伐并逼迫印第安人迁居到密西西比河以西。同时,美国还通过强行购买和战争的方式,兼并英国、西班牙、法国在北美

[①] 欧阳峣、生延超、易先忠:《大国经济发展的典型化特征》,《经济理论与经济管理》2012 年第 5 期。

的殖民地以及墨西哥的领土。1803年,用1500万美元从法国购买了路易斯安那;1810年,强占了西班牙所属的佛罗里达西部土地;1819年,又从西班牙购买了佛罗里达东部土地;1896年,把英国从俄勒冈挤走,并通过战争夺取了墨西哥的领土,包括现在的得克萨斯、加利福尼亚、亚利桑那、内华达、犹他、新墨西哥、科罗拉多和怀俄明州。到19世纪中叶,美国已把国境线扩展到太平洋沿岸,国土面积从1776年的36.9万平方公里扩大到了1853年的302.6798万平方公里。随着领土的逐步扩张,美国的经济区域迅速扩大,形成了广大的国内市场;同时,辽阔的土地不仅蕴藏着丰富的自然资源,而且为西部开发提供了空间,从而成为美国工业化的重要条件。

(2) 通过外国移民获得发展所需的人力资源

美国是一个移民国家,早期来北美的移民主要来自英国。进入18世纪以后,随着北美殖民地经济的发展,移民人数逐渐增加,包括一些黑人奴隶。独立战争胜利以后,西部开发吸引了更多移民进入美国。19世纪30年代,由于交通运输条件的改善,政府土地政策的放宽,逐步形成了移民浪潮。1831—1835年的移民人数为252 000人;1846—1850年则达到了1 283 000人。欧洲的大量移民涌入美国,其中有爱尔兰人、德国人、意大利人、斯拉夫人以及犹太人。1880年以后,意大利南部、东欧、俄国的劳动力大批流向美国,1881—1914年有600多万斯拉夫人流向美国,1901—1910年有200多万意大利人流向美国。1860—1915年到达美国的移民总人数为2 850多万。据统计,1920年美国1/2的矿工和1/3的机器制造工业工人是在外国出生的,从18世纪到19世纪,美国通过采取开放式的移民政策,从而保证了工业化所需的人力资源。[①] 这个时期的美国移民有三个特点:一是人口数量的增加促进了人口密度的增加。1790—1810年,美国的人口密度从每平方公里0.6人增加到了1.6人,1900年,美国人口总数达到了7 600万人,人口密度增加到了每平方公里9.9人。二是移民的结构兼顾了技术和体力劳动。来自英国和德国的移民,往往具有较高的文化素养,能够掌握某种工业技术,特别是德国移民还带有少量的资金,可以成为技术工人;来自爱尔兰、意大利和亚洲的移民往往缺乏技术能力,适合从事体力劳动,如建筑铁路、挖掘运河和开采矿山。三是移民的偏向主要是西部开发和城市集

---

① 庄锡昌:《移民与美国的工业化》,《复旦学报(社会科学版)》1984年第6期。

聚。移民为获取西部土地而向西迁移,1790—1850年,西部人口占美国总人口的比例由6%增加到了45%;而且越来越多的人口流向了城市,1780—1860年,美国在8000人以上的城市由5个增加到了141个,占美国总人口的比例由2.7%增加到了16.99%。大量的美国移民中大部分是男性青壮年,特别是来自欧洲先进国家的移民,还带来了工业部门的知识和技术,为美国工业化准备了人力资源条件。

2 美国工业化道路的大国特征

英国是世界工业化的发源地,而美国不仅成功地模仿了英国的工业化,而且很快地超越了英国的工业化。北美作为西欧新兴资本主义在海外的"新试验场",它跳跃式地越过常规的历史阶段而成为新的工业中心,创造了世界上最发达和最强大的国家,即所谓的"美国奇迹"。究其成功的原因,既有自然资源和人力资源推动作用的优势,也有经济发展战略和产业发展政策的引导作用。从总体特征来看,就是根据大国的基本国情制定经济发展战略,并实施相应的产业发展政策,从而引导工业化的顺利推进。

第一,依靠充裕的自然资源和人力资源推动工业化。自然资源和人力资源是经济发展的基本条件,也是工业化启动的基本条件。自然资源在工业化发展初期具有重要作用,正如美国学者依沙贝(1983,第45页)指出:"美国经济增长的一个重要因素是其有得天独厚的自然条件,有非常丰富的资源,这是莫大的幸运。从南北战争到1910年,其资源基础又有惊人的扩大。"美国通过武力和购买扩张了土地,获得了丰富的自然资源,但却面临着自然资源丰富和人力资源短缺之间的矛盾。北美拥有充裕的自然资源,首先是广阔和肥沃的土地,南部地区土地肥沃,中西部地区土地辽阔。在这块土地上,矿产资源和水力资源特别丰富,特别是北部地区拥有充裕的森林矿山和水力资源。然而,在工业化启动时期,美国的人力资源却非常短缺。通过采取开放的移民政策,美国引进了欧洲和亚洲的劳动力和技术人才,为工业化提供了较好的人力资源条件。来自各国中低级阶层的移民,年轻力壮并具有创业和冒险精神,为西部开发注入了新的活力。在整个19世纪,美国出现了世界历史上罕见的大规模移民运动,1830—1840年,美国净移民占总人口增长的比例为11.7%,1840—1850年达到了23.3%,1850—1860年达到了31.1%,人口数量的迅速增加缓解了工业化中人力资源短缺的困难。在人力资源不断增加的条件下,充裕的自然资源得到有效的开发和利用,有力地推动了工业化和经济增长(欧阳峣等,2004)。马克思和恩格斯(1978,第5页)高度评价了移民在美国工业化中的重要作用,认为"欧洲的移民,使美国能够以这样一种力量与规模开发自己巨大的工业资源,这种力量与规模,必然在短期内打破西欧的,特别是英国至今的工业垄断。"

第二,以国内的统一市场拉动工业经济长期持续增长。国内市场的扩大是经济持续增长的重要条件,建立统一的国内市场是大国经济增长的重要前提。美国在工业化过程中,通过人口的增加、西部的开发、交通运输的改善、居民实际收入的增加以及海外市场的拓展,形成了巨大的市场。然而,在工业化初期,主要是依靠美国的国内市场,正如福克纳(1964)所指出的,美国的制造商不能期望那些较老的国家供给一个大市场,而需要在国内创造市场,同国外的产品进行竞争。首先,美国人口的增长促进了国内市场规模的扩大。这样的一个市场,一部分是由不断增长的人口所提供的,特别是由西部和南部的大农业区域的需要所提供的。其次,国民收入的增加促进了需求规模的扩大。由于美国巨大的集体财富,它的人民具有比任何其他国家更大的消费能力。菲特(1981,第84—85页)也认为,美国市场日益扩大的关键在于消费者的实际收入不断增加。1859—1914年,美国私人总收入增长了近7倍,而且在人口迅速增长的情况下人均收入增长了2倍多。根据克拉伦斯的估算,美国工业工人的实际工资即购买力在1860年以后的30年内提高了49%左右。再次,国内区域市场和贸易的繁荣,促进了国内市场规模的扩大。布莱恩认为,正是由于同时享受了自由贸易和保护关税,才促成了美国史无前例的发展与惊人的繁荣。对国内而言,通过旧运河的扩充、铁路的建设、汽车的发明以及公路建设,交通运输更加便利,加之推行自由贸易政策,美国形成了统一的国内市场。对国外而言,19世纪60年代,英国工业品在世界市场上占有绝对优势,美国产品缺乏与之竞争的能力。在这种形势下,政府为了支持本国工业的发展,实行了高关税的保护政策,对国内市场的保护起到了扶植国内产业的积极作用(谭崇台,2008)。

第三,从模仿发达国家技术迅速走向技术自主创新。相对于英国而言,美国属于工业化后发国家,但美国在模仿英国工业化方面应该说是最为成功的。美国的工业革命具有明显的移植性,"新世界从一开始就使用英国来的工具和设备生产商品,这的确是促进殖民地经济成长的重要因素"(菲特,1981,第54页)。美国所需要的机器、技术以及组织管理方式,主要是通过移民和技术引进从英国获取的。当19世纪美国开始工业化的时候,它是踏上了一条大不列颠早已指明的道路,从技术引进到纺织工业的兴起,它似乎是英国工业化的翻版。美国从学习和移植英国的工业技术开始,在移植的基础上不断创新,起初作为模仿者,而且建立在英国进步的基础之上,到最后美国迅速地变成了创新者(付成双,2011)。美国是在第一次工业革命尚未完成的情况下进入第二次工业革命的,但是,美国并没有因此而影响第二次工业革命的进展,而且迅速取代了英国在第一次工业革命中的地位,一跃成为新的工业革命的先驱。美国制造业的突破是19世纪初期在洛厄尔建立起来的第一批棉织企业的发展,从使用英国技术到建立复杂的水利传输系统,加速了技术改进的步伐。在工业化初期,由需求模式决定的对创新活动的投资,带来了产业领域广泛的技术进步,特别是内燃机驱动的汽车、卡车和拖拉机,解决了人们的交通和其他工作对便利可靠的动力的需求,美国专利制度的建立对工业技术进步起到了积极作用(恩格尔曼,2008)。1798—1800年,美国政府颁发了276项专利权;1850—1860年,专利权增加到了25 200项;1890—1900年,专利权增加到了234 956项。这些技术发明在工业领域的应用,促进了工业技术的进步和生产效率的提高,成为推动美国工业化的重要技术支撑。

第四,建立相对完整的产业部门支撑国民经济发展。同先行工业化的国家相似,美国的工业化也经历了工业比重逐步超过农业、工业内部重工业比重逐步超过轻工业的过程。但是,美国作为一个大国,在工业化初期就建立起了相当完整的工业体系,产业结构升级也是在各产业协调发展的基础上进行的(李黎力,2012)。首先,美国实现工业化的历史时期,也是美国农业生产迅速发展的时期。美国优越的农业资源,农业机械化水平的提高,农业专业化地区的形成,以及企业化农场的建立,推动了农业的工业化;畜牧业与农业协同发展,既满足了人们对食品的需求,也为工业发展提供了充足的原料。其次,主要工业部门协同发展,建立了完整的工业体系。食品工业和食品加工工业成为第一大工业部门,1914年,美国食品工业生产总值达到了48亿美元,其中比重最大的是肉类加工、面粉加工和罐头加工业。棉纺织业是美国大规模组织工厂生产的工业部门,环形纺纱机和自动纺织机的发明,蒸汽和电子的采用,大幅度地提高了劳动生产率。钢铁工业是美国工业增长中占有重要地位的产业,1880年,美国共有36个州发展炼铁工业,随着转炉炼钢法、平炉炼钢法、热鼓风法的发明和应用,钢铁产量迅速增加,生铁产量从1860年的100万吨增加到了1915年的3300万吨,1899年,美国钢产量占到了世界钢产量的43%,同时,美国还发展了相关的钢管制造业、金属器具制造业、锅炉制造业和机器制造业。造船工业在19世纪60年代以后得到快速发展,19世纪70年代中期美国有15家造船厂,分布在大西洋沿岸、特拉华州、大湖区、俄亥俄州和密西西比河沿岸,19世纪80年代以后的太平洋沿岸地区的城市又成为新的造船基地。汽车制造业属于新的工业部门,19世纪末期美国开始研发和制造汽车,在激烈的竞争中涌现出了汽车大王亨利·福特,通过技术改进和设计优化,汽车生产成本和销售价格降低,1921年,福特公司成为年产100万辆汽车的大型公司。最后,交通运输业在美国工业革命中发挥了先行作用。美国从18世纪末期开始修筑收费公路,到19世纪初期已建立了相当完备的免费公路和收费公路体系;同时,运河的开凿使美国的水路交通网日趋形成和完善,铁路的修建又使火车逐渐取代运河的地位,美国交通运输业的发展对西部开发和工业发展起到了重要的推动作用。

第五,通过区域经济推移实现全国经济均衡发展。大国的国内区域经济协调发展是美国工业化全过程中的重要问题,美国工业革命始于大西洋沿岸的东北部地区,这里的工业资源丰富,早在殖民地时期就是工场手工业发展的中心地区,独立战争以后,北部地区由商业资本主义向工业资本主义转变,并成为美国工业化的核心地区(韩毅,2007)。19世纪中期,东北部地区成为美国的经济中心,1860年,美国国内生产总值为18.85亿美元,其中,东北部地区占到了12.70亿美元,而西部地区仅占到了3.84亿美元,南部地区仅占到了1.55亿美元,全国不同区域的经济发展极不平衡。19世纪60年代以后,美国修建了横贯大陆的铁路交通网络,1914年的西部地区铁路里程达到了全国铁路总里程的50%左右;南部地区的新铁路线在19世纪80年代末期得到发展,并完全纳入全国铁路运输网络。随着交通运输等基础设施的改善,西部和南部地区的经济发展加快。特别是中西部地区的工业化迅速推进,劳动力和生产资料向中西部集中,企业规模和产业规模迅速扩大,到19世纪下半叶,以中西部地区的城市体系为基础,逐渐形成了一个比较完整的制造业经济带。可见,美国工业化遵循着由东向西流动的路线,经历了阶梯式或空间接力式传递的发展,形成了愈益合理和均衡的布局结构。

3 美国工业化道路的经验借鉴

美国走过了100年的工业化道路,到1889年,美国的工业总产值占工农业总产值的比重达到了77.5%,工业生产在国民经济中已经占据主导地位,表明美国已经完成了从农业国向工业国的历史转变。19世纪末期,美国工业总产值占世界工业总产值的30%左右,其真正成为世界头号工业强国。美国的工业化道路是一条适宜大国经济发展的道路,体现了一种大国工业化战略。美国工业化的实践向全世界昭示了大国工业化的成功经验,不仅成为发达大国工业化的成功典型,同时也为发展中大国实现工业化提供了有价值的借鉴。

其一,人是生产力中最活跃的要素,在大国工业化进程中需要保持充裕的人力资源。人口众多是大国经济发展的优势,大国工业化的持续发展是以保持这种优势为前提的。美国在建国初期,自然资源丰裕而人力资源不足的矛盾突出,为此其实行了开放的移民政策,从欧洲和亚洲吸引了一大批劳动者和技术人才,从而保持了充裕的人力资源(韩毅,2007)。长期以来,美国的移民政策不仅是开放的,而且是智慧的,主要目标是吸引那些有利于本国经济社会发展的人才,随着经济的发展,引进人才的要求逐渐提高,特别是对科学文化素质的要求在提升。这样的移民政策,在一定程度上可以说是在依托世界各国培育人才,为本国大幅度地节约了人才培养的成本。中国的国情与美国有所不同,中华人民共和国在成立初期,人口迅速增加,劳动力数量庞大而素质不高,给经济文化建设带来了很大的压力,改革开放以后,中国实行了计划生育政策,有效地控制了人口增长。然而,由于没有及时地调整计划生育政策,又造成了目前开始出现的劳动力匮乏和老龄化社会到来的问题,原有的人口红利在逐步消失。在这种情况下,我们的任务是在保持人口数量的同时,着眼于提高人口质量,培养劳动力的专业化素质,努力从人口大国走向人力资源强国,获得新的人口红利,从而促进经济可持续发展。

其二,大国经济发展主要依靠国内需求,在工业化进程中需要建立统一的国内市场。美国的工业化主要是依靠国内市场推进的,其在建设国内统一市场方面采取了卓有成效的措施。具体来说,一是交通基础设施的改善,特别是通过铁路网络建设,把各地市场紧密地联结在一起,促进了产业的专业化分工,为形成统一的国内市场提供了基础条件;二是大企业的发展扩张以及产业内的横向和纵向一体化,不仅没有削弱市场竞争程度,而且拓宽了企业的竞争范围,使一些巨型工商企业有能力打破地方的垄断市场,推动区域的非竞争性市场进入全国性市场,为建立统一的国内市场构建了微观经济主体;三是在工业化时期,美国着力于发展内向型的产业部门,扶植本国工业的发展,特别是利用差别关税来保护和扶植支柱产业和幼稚产业,从而促进了统一的国内市场的形成(贾根良,2010)。从中国的情况来看,传统的体制不利于搞活经济,抑制了企业的活力,这在改革开放过程中变成了将经济推向外向型发展的力量,并通过外向型经济促进了经济的繁荣,然而,国内各区域直接同国际市场发生联系,却忽视了统一的国内市场的建设,导致国内地方政府竞争和区域市场分割的情况严重,在这种外向型产业发展过度、内向型产业发展滞后的条件下,出现了国内经济的失衡以及国内外经济的失衡。美国工业化的经验告诉我们,大国具有庞大的国内需求和国内市场,应该着力于利用内需拉动经济发展,以国内市场促进产业的专业化分工,走以内需为主的大国经济发展道路,从而保持经济持续协调发展的动力(欧阳峣,2015)。

其三,大国工业化和城市化是紧密相关的,在工业化过程中需要积极地推进城市化。在美国工业化初期和中期,城市化速度加快,1790—1920年,美国城市人口的比重从5%增加到了51%左右(休斯,2011)。一方面,工业化通过企业和产业的集聚促进了人口的集聚,可以推动城市化;另一方面,城市化通过人口的集聚促进了企业和产业的集聚,也可以推动工业化。实际上,无论是工业化还是城市化,都是经济发展中的人口集聚、企业集聚和产业集聚现象。美国的工业化和城市化是同步发展的,它们遵循着同样的轨道和方向,由东北部向中西部推进,随着制造业重心向西移动,人口和城市重心也向西移动(王小侠,1999)。但是如果从西部的工业化来看,它经历了先修铁路,然后建城镇,最后建农场和工厂的过程,这是以城市化带动工业化的过程。从中国的情况来看,工业化和城市化都是滞后的,这也从反面说明工业化和城市化是不可分割的。长期以来,中国在工业重要还是农业重要、城市重要还是农村重要的怪圈中徘徊,由于担心粮食危机和农村稳定,不敢放手发展城市经济,形成了"离土不离乡"的农民工现象,导致了城市化的滞后;同时,在改革中尝试发展乡镇企业,但是,植根于农村的乡镇企业缺乏资源集聚的城市依托,往往难以成长壮大变成现代化企业,在实践中演变为了粗放型工业的发展。显然,中国的经济转型需要走出这个怪圈,摒弃传统的思维方式,增强工业化和城市化理念,积极大胆地推进工业化和城市化,通过工业化和城市化互动实现经济增长方式的转变。

其四,创新是大国经济增长的重要源泉,在工业化进程中需要培育国家创新能力。一般来说,大国不可能长期依靠引进外国技术来促进经济发展,而需要建立完备的国家创新体系,培育国家和企业的创新能力。从18世纪末期开始,美国政府便重视教育和科学事业的发展,鼓励技术创新和制度创新,这是促使美国工业化进程加快以及两次工业革命连续发生的重要因素。长期的劳动力不足,促使美国政府实施开放的移民政策,并且在工业化中偏向于使用资本密集型的生产技术,其不仅从西欧引进了大量的先进技术,而且重视本国的技术发明和创新。1863年,联邦政府成立了国家科学院;19世纪80年代,美国各州设立了工业科学研究所和农业试验站。正如菲特(1981)所说:"工业中这种方法的发展来源于中国人民的创造力,他们不受传统势力或因循守旧的习惯束缚,爱好机器作业,特别热衷于寻求最好最简单的机械化生产方法。"同时,美国把技术创新和制度创新相结合,形成了具有美国特色的工业化道路,其中有两项制度有效地推动了美国的工业化。一项是专利制度,美国颁布了世界上第一个现代化专利制度,它是有意设计的,并且以促进技术进步和经济成长为目标,即通过规定在一定的时间内,保障发明家对他们各自的发明拥有排他性权利,来促进科学和实用技术的进步,这项制度通过利益驱动激发了发明家的积极性和创造性,发明的专利申请增长得很快,几乎在所有行业都有明显的技术进步;另一项是标准制度,通过机器和零件的标准化,加深了产业内的专业化分工,促进了大规模生产,从而降低了生产成本和市场价格,可以用最低的成本大量生产,用标准材料实现了零件标准化和机件互相配换。中国政府重视教育和科技,但是促进技术创新和成果转化的机制还不够完善,从总体上来看,科技人员的积极性没有被充分调动起来,重要产业的关键核心技术没有掌握,科技成果的应用转化率不高。为了实现经济的转型和升级,需要通过制度创新,切实解决创新的积极性和成果的转化问题,从而转变经济增长方式,从国际价值链的中低端向高端迈进。

第3节 大国崛起的产业政策

一般认为,工业化是西方在近代崛起的关键因素。在此过程中,资本家个人对经济利益的无限追求是最为重要的推动力量,那个时期人们大都信奉自由放任主义。就推动工业化进程及实现各产业之间均衡发展而言,西方各主要国家都未曾制定系统完备的产业政策。不过,从实际发生的历史过程来看,这些国家在通往工业化的道路上,政府其实是发挥过特定作用的。那么,在何种情境下,西方大国的政策确曾对其工业化进程产生过积极影响呢?这是一个颇有启发性的问题,也是目前学术界尚未充分注意到的问题。[①] 本书将举例说明英国、德国、美国在实现工业化,走向国家崛起的过程中,政府采取了哪些独具特色的扶持性政策,并尝试总结各国之间共同的历史经验。这对于探讨世界其他国家,尤其是发展中国家的经济发展道路不无裨益。

关于产业政策的概念,国内外学术界有着不同的界说。有学者提出,严格的经济学范畴意义上的产业政策,是指国家(政府)系统设计的有关产业发展,特别是产业结构演变的政策目标和政策措施的总和。这种观点认为,从历史发展来看,尽管产业政策的萌芽和因素可以追溯到很久以前,但完整意义上的产业政策主要是第二次世界大战以后才有的(周叔莲等,2007)。也有学者从更为宽泛的意义上来解释产业政策。如英国的A.M.阿格拉说,产业政策是与产业有关的一切国家的法令和政策。另外两位学者杰拉尔德·亚当斯和劳伦斯·克莱因持有相似的看法。他们认为,产业政策是用来改进经济的供给潜力,即促进经济增长,提高劳动生产率,增强竞争力的一切政策手段(刘志彪,1996)。考虑到这里涉及的主要是西方几个大国的工业化时期,因此笔者是从较为宽泛的意义上来观察和讨论产业政策的。

---

① 周叔莲等人主编的《国外产业政策研究》一书是中国系统介绍和研究国外产业政策的第一本专著。书中介绍了日本、法国、德国、英国、美国等12个国家和地区产业政策的主要内容和经验教训,并对各国(地区)的产业政策做了系统的比较。然而该书研究的时间范围主要是第二次世界大战以后,基本不涉及西方大国工业化时期的相关政策。其他一些论著虽然关注到了工业化时期西方大国在促进产业发展方面的一些具体政策和措施,但相对较为零散,也缺乏一种宏观的视野。

1 英国的"先导型"工业化

英国是世界上首个发生工业革命的国家。这场巨大变革使英国从农业社会转变为工业社会,并且为资本主义的全面发展奠定了雄厚的物质技术基础。在英国工业革命的鼓舞和推动下,其他国家也次递完成了工业化进程。从起源来看,英国工业革命是由个人发动的,企业创新精神及生产技术是主要的发动力量(张培刚,2009)。在此过程中,英国政府的政策倾向于自由放任。但这并不意味着纯粹的自由和放任。不同时期,英国政府在内政外交方面的一些干预措施对推动该国工业革命的发生,保证工业化进程的顺利完成起到了不可否认的巨大作用。

第一,推进土地制度改革,促进农业生产技术更新。

重农学派认为,一切资本的发展实际上都是建立在农业生产率基础之上的。超过个人需要的农业生产率是一切社会的基础,并且首先是资本主义生产的基础(马克思,1975)。这就是农业现代化与工业化之间的内在联系。不仅如此,农业生产率的提高在拓宽国内市场,向工业提供粮食、原料及资金方面都能起到重大作用。在此过程中,英国政府扮演了一个积极的角色。其中一个突出的表现,就是推动土地制度的变革。

进入18世纪以后,随着土地革命的进行,英国敞田制度对农业发展的阻碍愈加明显,它使得广大的农村土地长期处于荒野状态,不利于农业技术的推广。这就是18世纪英国大规模圈地运动的背景。但与16—17世纪的早期圈地不同,这一次的圈地浪潮得到了政府的明确支持。英国议会还通过了几项圈地法令以简化过于烦琐的圈地手续(沈汉,2005)。圈地运动的结果是,不仅产生了大批的自由劳动力,而且有力地提高了农业本身的经济效益和产值。芒图(1983,第143页)指出:"圈地运动和大工业的到来是互相密切联系着的。"

另外,政府还通过立法手段来保护农业发展。在这方面,《谷物法》是一个典型的例子。18世纪后期,因为人口增长,英国逐渐由谷物出口国转变为进口国。拿破仑战争结束后,国际粮价暴跌,英国农业陷入危机状态。1815年,英国颁布了《谷物法》,规定当小麦价格低于每夸脱80先令时,不得进口。尽管这项法令遭到了除地主以外其他各阶层的普遍反对,但经过两次调整,直到1846年才被废除。而且,在废除这项法令的同时,政府还对农业给予了诸多补偿,使得《谷物法》废除后,英国地主阶层的特权地位还能维持下去(Moore,1965)。

农业的发展对英国工业化的促进作用是多方面的。由农业生产技术提高所形成的内部市场就是最为显著的一个。在布罗代尔(2002)看来,英国农村被纳入市场网络之中,直到19世纪,它成功地养活了城市与工业居民点。这一时期,英国农村成为国内市场的主体,而国内市场是正在起步的英国工业首先与天然的销售场所。

第二,运用国家力量保护工商企业并帮助它们拓展海外市场及原料产地。

在英国资本主义启动阶段,政府主要是以重商主义为指导,采用关税保护制度来促进国内工商业发展的。这项制度的核心内容,就是通过进出口禁令或保护性关税来扶持本国制造业的发展,帮助本国商人取得更大的国际贸易份额。在伊丽莎白时期,英国就出现了所谓的"幼稚工业理论",即主张政府对那些处于幼年期的工业给予关照和扶持。在爱德华六世时期,英国的工业保护政策已然成形,其主要内容是禁止原材料和其他生产手段的出口。在关税方面,英国很早就把它作为调节贸易的工具来使用。到威廉和安妮统治时期,英国的关税壁垒已经很高,进口商品税率至少是15%,多数商品都达到了20%—25%(李新宽,2013)。与此同时,为了鼓励本国航海事业和海外贸易的发展,英国议会还就航海贸易制定了一系列立法,后来被总称为《航海条例》。这些条例主要是规定凡运往英国及其殖民地的商品,只能使用英国船和英国船员。不过英国的贸易政策是与时俱进的。当英国工业革命接近完成,本国工商企业已经具备较强的国际竞争力时,英国便开始转向贸易自由化。

对海外殖民地的征服和掠夺,也是英国工业化进程得以顺利进行的一个重要条件。16—18世纪中叶,英国通过一系列商业殖民战争,打败了西班牙、荷兰、法国等竞争对手,夺取制海权,抢占了大片海外殖民地。殖民扩张的巨大成果有力推动和促进了英国工业革命的发展。它不仅积累了资本,还为本国工商业的扩张开辟了广阔的海外市场和原料产地。

第三,激励和保护小企业的竞争活力。

在英国工业化进程中,政府一向认为不受束缚的个体首创精神是经济增长的根源,而对私人经济的干预则会损害经济增长的潜力。但这并不意味着政府完全不介入资本家的经济活动。随着时间的推移,英国自由放任主义的内涵也在发生了变化。到19世纪后期,英国产业政策的一项重要内容就是通过多种形式保护小企业。在英国人眼中,小企业不仅是经济首创精神的源泉,而且对整个国民经济的增长都是至关重要的。这种保护政策的逻辑是:当大量小企业家能够不受政治势力或规模庞大的支配性公司的干预,而自由地开展竞争时,理性就会得到张扬。这项政策的一个典型表现,就是鼓励企业的卡特尔化,以保护它们免受掠夺性价格竞争的伤害,并以此方式保存大量的小规模经济行为体。但这并非贬低自由竞争对经济增长的重要性,而是因为过度的价格竞争对于企业活力来说是一种潜在的威胁(Dobbin,1994)。

第四,通过社会立法,保障劳动者的基本权益。

众所周知,工业化进程给英国社会带来巨大变化的同时,也产生了很多社会问题,如贫富差距过大、虐待童工和学徒、环境污染、疾病流行等。这些问题的尖锐化激起了劳动人民的反抗,引发了社会动荡,从而威胁到了资产阶级的根本利益。长此以往当然不利于工业革命的顺利进行以及社会文明的持续进步。在有识之士的推动下,英国议会陆续通过了一些社会立法。

例如1802年英国议会通过了《学徒健康与道德法》。这是因为当时英国工厂盛行学徒制,而资本家为了赚取超额利润,想尽一切办法剥削他们。这些学徒常年在严密禁闭的工厂中超时工作,不仅健康状况恶化,而且失去了接受教育的机会。这部法律就学徒的卫生条件、劳动时长以及教育问题都做了非常具体的规定,其实际效果虽然并不令人满意,但却创立了一个十分重要的原则,即国家对工厂的监督。这项原则不仅在英国工业化进程中发挥了很大作用,而且为其他资本主义国家相继效法(芒图,1983)。在此基础上,英国议会在19世纪初又颁布了几个工厂法。1833年《工厂法》的意义尤其重大,它是英国第一个真正有效的工厂法令。该法规定,工厂不能雇用9岁以下的儿童,并缩短了其他年龄段童工的工作时间,同时任命四位有相当大权力的督察员以保证法令的实施(Hussey,1971)。这些法律大大改善了童工和学徒的境遇,在一定程度上缓解了当时日趋尖锐的社会矛盾。

2 德国的"追赶型"工业化

德国的工业化启动于19世纪30年代。就初始条件而言,德国比不上英国,甚至不如法国。当英、法两国工业蓬勃发展的时候,德意志民族仍处于分崩离析的状态。然而,德国工业化一经启动就异常迅速,很快赶上并超过了英、法两国。在此过程中,普法战争作为一个外部因素起到了非常重要的激励作用。正是在取得这场战争的胜利之后,德国工业化进程加速发展,在较短时间内便超法赶英。此外,政府层面的其他一些政策措施也对工业化起到了明显的推动作用。

第一,统一内部市场,为工业化起步奠定坚实基础。

德国自中世纪以来一直处于分裂状态,这导致各地关卡林立,内部商品流通阻碍重重。后来的拿破仑战争打破了这种长期僵化分裂的格局,对该地区在经济上走向统一起到了积极的促进作用。至少德意志邦国的数量由以前的数百个减少到了只有30个左右。这对于克服德国内部的商业、贸易障碍及在全境内推行统一的度量衡和货币体系当然是有利的(邢来顺,2003)。紧随1816年灾难性的谷物歉收之后,奥地利与其他邦国之间爆发的激烈关税战,也使人们更加意识到统一的内部市场的重要性(Kitchen,2012)。

1834年1月1日,由18个邦参加,包括2 350万人口的德意志关税同盟终于形成。正如很多学者所指出的那样,该同盟对德意志的历史发展产生了极其深远的影响。它开辟了德意志民族国家构成的新纪元,使德国的统一朝着小德意志道路迈出了重要一步。同时,关税同盟也使德意志民族经济的发展进入了一个新时代(邢来顺,2003)。该同盟所带来的德国内部州和州之间关税壁垒的垮台,对德国的工业化而言是极端重要的。

有学者还观察到,关税同盟在促进德国工业化方面表现出了明显的灵活务实性。在不同时期,根据形势的变化,同盟执行着不同的政策,有时倾向于自由,有时更注重保护。但不管它的指导思想如何演变,它对工业生产所需的原料、机器及部分半成品一直给予较为优惠的政策。这种灵活性在一定程度上保证了德国工业革命的顺利进行,鼓励了工业生产的不断扩张。可以说,该同盟为德国工业革命提供了最强大的动力和最根本的保证,促进了德国由落后的农业国向现代工业国的转变,并为德国迅速崛起为工业强国奠定了基础(曹英和赵士国,2001)。

第二,大力发展以铁路建设为先导的交通运输事业。

交通运输和能源动力是工业化的"先行官"。德国工业革命就是首先发生于交通运输业的,而铁路建设则充当了排头兵的角色。1835年,纽伦堡和菲尔特之间修筑的第一条铁路,正式吹响了德国工业化的进军号。与其他国家不同,政府的推动是德国铁路事业突飞猛进的关键因素。这项崭新的交通运输业从一开始就受到政府高层的重视。1838年,在柏林至波茨坦的铁路通车仪式上,普鲁士国王威廉四世大声宣布:"人的臂膀再也无法拦住这种在全世界缓缓行驶的小车。"著名经济学家弗里德里希·李斯特也大力宣传通过铁路交通来发展德国的民族经济,并且很早就在构思德国统一的铁路网(马丁,2008)。

在德国铁路建设的早期,很多线路都是由政府直接主办的。后来德国各地也曾涌现出私人投资铁路的浪潮。然而国家的统一给德国铁路事业的继续发展提出了新的挑战。在此之前,德意志各邦一直遵循着不同的政策,铁路运费的计算方法复杂多样。俾斯麦上台后开始大力推进铁路国有化运动。但在当时自由放任思想普遍流行的形势下,国有化的阻力还是很大的。1873年,德国创立了"帝国铁路局",但它的职能仅限于协调各种铁路系统的建设、装备和营运。19世纪70年代后期的经济萧条对铁路国有化其实是一个推动,因为很多人批评私营铁路管理不善,效率低下。此后,国家购买铁路的行动提上日程。1879年,普鲁士政府购买了5 000公里的私营铁路,1884年再次收购了10个公司手中的4 000公里铁路。随后还决定停止给予公司以建筑重要路线的新特许权。到1909年,德国全部铁路长度为6万多公里,而属于私人所有的标准轨铁路仅有3 600公里(克拉潘,1965)。正是通过国家拥有和管理铁路,德国的交通运输业很快迎来了巨大发展。

第三,着力培养科学技术人才,积极赞助科技创新活动。

伴随工业化进程而来的分工专业化以及新兴行业的出现对劳动者的素质和专业技能提出了更高的要求。这就促使教育体制也要进行相应的调整,以适应工业化时代对人力资源的需求。这一时期德国大学的发展变化很能说明问题。

1810年柏林大学的创建是一个新时代的开始。这所大学真正贯彻了"教学与科研相统一"的原则(李其龙,2000)。在它的带动下,德国高校的科学研究呈现突飞猛进的态势。到19世纪后期,在德国高等教育结构中,商业高校和技术高校不断涌现。这些高校的专业设置与综合性大学有着明显区别。比如它们通常针对德国向工业化转型的社会需求来设置相应的系科,如建筑、机械、化学、冶金、数学等(邢来顺,2002)。反过来,它们培养的大批专门人才也大大推动了德国的科技创新和工业化进程本身。

从德国政府来看,其对科技发展始终持一种积极赞助的态度。在政府扶持下,德国涌现出了不少高规格的科研机构。除以前就有的柏林科学院以外,在19世纪后期还建立了国立物理研究所、国立化工研究所、机械研究所等。对于一些工业生产中亟待解决的科技难题,德国政府也尽力帮助。比如普法战争后,当时的贝塞麦炼钢法不能熔炼洛林的磷铁矿。为了改进冶炼技术,德国派出学者到英、法、比等国学习,集中力量进行技术攻关。当英国人发明托马斯转炉炼钢新技术后,德国立即引进,很快就使质量极差的磷铁矿成为工业财富。除炼钢外,德国还从英国引进了造船技术,并通过自己的改造把电焊用于造船过程。而在化工技术方面,德国本来是向英、法、比等国学习的,但不久后反而超过这些国家成为领先的化工技术大国(徐继连,1988)。

3 美国的"协调型"工业化

美国是一个后起的资本主义国家,但到19世纪90年代初期,其工业生产总值就已打破英国的垄断地位而跃居世界第一。美国工业化的一个显著特征就是各产业之间的协调发展。比如说轻工业在整个工业中的地位虽然呈现为一种逐渐下降的趋势,但直到美国工业化完成之时,美国轻工业的比重仍然大于重工业。农业生产也存在类似情况。尽管在美国经济结构中,农业所占比例在不断下降,但其农业的发展速度及现代化程度是举世瞩目的。[①] 这种协调发展的局面在很大程度上得益于美国政府在资源配置以及市场运行方面所采取的一些积极措施:

第一,开发西部落后地区,为工业发展提供充足的原料和广阔的市场。

在美国历史上,西进运动几乎贯穿于工业化的全过程。这场运动为美国东部的工业生产提供了充足的原料、广阔的市场,并极大地推动了美国交通运输业的革命。可以说西进运动是美国能够在19世纪后半期实现高速工业化的内在驱动力。在这场运动中,美国联邦政府所发挥的作用,主要是不断完善西部土地分配制度,直至最终实现对西部土地的民主分配。而这正是西进运动得以迅速开展的前提条件。

在美国独立之初,政府内部对西部开发的意见并不统一。1785年,美国国

---

① 参见国务院发展研究中心调查研究报告《美国工业化特点及对我国的借鉴意义》,2003年6月。

会通过了《西部土地出售法》,规定 640 英亩为一个出售单位,每英亩地价不低于 1 美元。这项法令虽然对开发西部有一定作用,但它显然剥夺了普通农民购置土地的机会,只是助长了土地投机。此后,美国人民围绕着降低出售限额、地价及改善支付条件展开了持续不断的斗争(张友伦,2005)。这种斗争在南北战争时期取得了最后胜利。1862 年,林肯政府正式颁布对西部土地进行无偿分配的《宅地法》。这项法令沉重地打击了奴隶制,进一步推动了美国西进运动的历程。

西进运动对美国工业化产生的影响主要表现在以下几个方面:首先,西部地区丰富的矿藏为东部地区的工业生产提供了取之不尽的原料。与移民西进的浪潮相同步,西部地区的矿业开发也进行得如火如荼。其次,西部开发既为东部地区的居民提供了源源不断的粮农产品,又成为东部地区工业品的销售市场。到 1860 年,老西北部地区已经成为小麦、玉米、牛肉和猪肉的生产中心,而农场主们在农具和机械方面则严重依赖东部地区的制造商。另外,开发西部地区还为美国交通运输业的革命提供了直接动力,而交通运输业的大发展又成为美国工业化强有力的助推剂。

第二,限制垄断,维护自由竞争的市场环境。

自由竞争对于促进社会资源的合理分配是极为重要的。但是理想的自由竞争状态不太可能自发形成,而无节制的竞争必然产生垄断。一般而言,美国的产业政策也是以自由放任和不干涉为基本理念。但与英国那种以保护个体企业为中心的自由放任不同,美国则是通过培育和保护市场机制来展现理性的力量,促进经济的健康发展(Dobbin,1994)。

19 世纪晚期,在美国的工业化浪潮中,出现了一些大型的工业企业。它们利用这一时期美国日渐完善的铁路与电报网络,充分发挥出规模经济的优势。不过随之而来的,就是企业间的互相兼并。继 1882 年美孚石油公司组成托拉斯后,其他行业也都出现了一系列托拉斯组织。它们滥用垄断特权,共谋控制市场供应及产品价格,使广大中下层人民深受其害。企业间传统的自由竞争原则受到严重挑战。在此背景下,美国社会兴起了一场声势浩大的反托拉斯运动。

1890 年,美国国会正式通过《谢尔曼反托拉斯法》。这是美国第一部,同时也是世界第一部反托拉斯法。不过,由于种种原因,这部法律对企业兼并的实际影响是微不足道的(本塞尔,2008)。1901年,西奥多·罗斯福总统在司法部内专设反垄断局,负责反垄断政策的实施。继任的威廉·霍华德·塔夫托总统更是对垄断行为全力开火。仅1912年,政府就提出了45起控告大托拉斯的案子,包括曾经无人敢碰的美国钢铁公司(吴玉岭,2007)。到1914年,随着《克莱顿法》的通过以及联邦贸易委员会的建立,加上之前的《谢尔曼反托拉斯法》,美国终于建立起反垄断政策的基本框架,并通过法院判决而日臻完善(吴玉岭,2007)。

第三,加强对金融市场的监督和管理,建立合理的金融体系结构。

有学者指出,在分析一国经济增长的原因时,金融监管扮演的角色长期没有得到应有的重视。不过近年来的一些研究成果已经开始论证金融发展对一国经济增长的促进作用(孙刚,2003)。纵观近代美国经济史,金融监管体制与政策的不断发展为工商业活动提供了日益良好的货币秩序以及便捷高效的融资渠道,对于美国工业化的顺利进行起到了巨大作用。第二次世界大战结束后,美国之所以能够建立起以美元为中心的国际货币体系,这当然与战后美国经济实力的膨胀有关,但长期以来美国金融体系的日趋完善以及金融结构的转型升级使美国具备了一种强大的金融管理能力,这也是一个不可忽视的原因。

美国联邦政府对金融活动的监管经历了一个从无到有,从粗疏到精细的演变过程。美国独立之初,联邦政府对金融活动几乎没有什么措施。1791年美国第一银行成立。这是美国建立中央银行的首次尝试。1817年又成立了美国第二银行。但那个时期美国民众对中央银行概念的反感使得上述两个银行都以失败而告终。1864年美国国会正式通过了《国民银行法》。这部法律的通过在一定程度上恢复了联邦政府统一全国货币和对金融机构实施监管的职责。不过由此建立的国民银行体系并未成为囊括全国所有银行的统一体系。就整个金融领域来说,仍然缺少一个全国集中的货币银行管理机构(陈明,2003)。

19世纪70年代以后,美国几乎每隔十年便会发生一次金融恐慌,这主要是因为过于分散的银行体系。但是,受制于美国民众对中央银行的担忧,任何银行体系的建议只要涉及分行制或中央银行,就难免遭到失败的命运。这也正是1913年美国制定《联邦储备法》的背景。依据该法建立的联邦储备体系既解决了银行系统过于分散的问题,也确认了无数单一制商业银行的独立地位。历史证明,只有这种形式的制度安排,才是美国人民所能接受的(陈明,2003)。

总的来说,尽管美国金融发展的道路并不平坦,各种问题和弊端不时浮现,但正如孙刚(2003)所指出的那样:从19世纪中期到第一次世界大战之前,美国金融机构的种类与数量呈现高速增长的态势。这有利于开辟广阔的资金流通渠道,以便从国内外吸引并集中大量资金。这些资金又通过金融机构的中介,以各种金融工具的形式流入生产经营性企业以及其他资金需求者手中。换句话来说,这个时期的美国金融发展同其工业化的推进是相适应的,并对美国的工业化起到了非常积极的支持与促进作用。

4 各国产业政策的共同特点

以上通过举例的方式部分揭示了英、德、美三国工业化时期,各自政府为扶持产业发展而采取的一些政策措施。它们适应各国在不同历史阶段所面对的不同形势和挑战,具有一定的代表性。与此同时,就这些国家产业政策的整体而言,我们也能总结出诸多共同特点。这些特点便构成了西方工业化进程的历史经验。虽然今天的时代环境已经发生巨大变化,历史的演进也不可能简单重复,但这些经验对于当前发展中国家的工业化道路还是能够提供一些启示和借鉴。

第一,利用国家政权力量为产业发展营造有利的外部环境。

近代西方崛起的过程中,各国政府在经济运行上大体坚持自由放任,但如果涉及国际贸易及对外关系,那就另当别论了。在英、德、美三国工业化进程中,各国政府在对外层面均采取了积极进取的政策。如前所述,英国曾长期实行关税保护,以照顾那些处于幼年期的工业。对海外落后地区的征服和掠夺则是英国促进本国工业发展的另一个重要手段。美、德两国也实行了与英国大体相同的政策。比如说1812年美国向英国宣战的一个重要原因,就是英国侵害了美国作为中立国的海上贸易权利。在关税方面,美国自建国后便一直实行保护主义政策。1890年,美国通过《麦金莱关税法》,把平均进口关税从38%提高至50%,税率之高是美国历史上所罕见的(张建新,2014)。德国的情况颇为类似。德意志帝国成立后,尽管周边各国盛行自由贸易主义,但俾斯麦坚决推行贸易保护政策。1880年实施的关税税则对粮食和工业品征收高额进口税,而对原料则给予免税待遇,这明显是为了扶持本国工业的发展。

第二，通过立法手段促进公平有序的市场竞争。

在这方面，美国的反托拉斯运动和反托拉斯法是最好的例子。而在英国和德国，虽然历史背景各异，但也都程度不同地面临垄断问题。通过立法手段限制垄断，保护竞争也是它们共同的选择。据李新宽（2012）的研究，英国在近代早期即已出现反垄断活动，并最终促使议会通过反垄断法规，从而拓展了经济自由，为英国市场经济的发展铺平了道路。通过立法手段促进公平竞争的另一个事例就是专利保护。毋庸置疑，专利保护在激励科技创新方面具有根本性的影响，是西方工业化得以顺利进行的重要条件。早在1624年，英国就颁布了《垄断法规》，它对发明期限和法律保护的范围做了规定。1787年的《美利坚合众国宪法》第1条第8款也明确规定："保障著作家和发明家对各自著作和发明在限定期限内的专有权利，以促进科学和工艺的进步。"（王希，2000）。1790年，美国国会通过了第一部专利法。德国在完成统一大业后，也于1877年出台了首部专利法，并在柏林建立了"帝国专利局"，专职接受专利申请及相关诉讼。

第三，以科学技术变革推动产业振兴和发展。

科学技术对近代西方工业化的重要性，无论怎样强调都不为过。工业化的过程，实际上就是科学成果不断涌现，生产技术不断突破，从而使得整个产业面貌发生革命性变化的过程。德国在这方面的举措最为得力，相关情况前文已有提及。美国对科技创新的态度也相当积极。早在美国独立之初，许多州和地方政府就悬赏鼓励科技发明。内战结束后，联邦政府对科技事业的扶持力度明显增强。美国能及时抓住19世纪后期第二次科技革命的契机与此不无关系。这一时期，美国对科研事业的拨款大为增加，政府科技职能正式形成，并开始推动包括大学和工业界在内的全国性科技体系的初步建立（吴必康，1998）。相比之下，英国对科技事业的扶持力度要小一些，这与其传统的自由放任思想有一定联系。尽管如此，在工业化过程中，英国也采取过一些措施，以鼓励本国的科技发展。比如英国对专利权的承认和保护，以及在很长一段时间内禁止技术、人才和机器的出口等。

第四，通过多种途径保持充沛的人力资源。

在近代西方工业化进程中，能否保有大量高素质的劳动力是一个至关重要的因素。在这方面，英、德、美三国的政策各具特色而又各有千秋。比如在英国工业化进程中，英国政府曾制定了一系列社会立法，旨在保障劳动者的基本权益。应该说,这一政策并非完全出自人道主义考虑,而是有着积极的现实功用。从培育人力资源的角度来看,它就是极为可取的。通过强制性约束,童工的使用减少了,工人的待遇提高了,工厂的环境也改善了,这对于普及国民教育,保护劳动者身心健康非常重要。反过来,通过这些法律的实施,英国的工业化大生产也就有了源源不断的高素质劳动力。与此同时,劳资关系得以缓和,经济发展所需的和谐环境也有了保证。在德国工业化进程中,初等教育的全面普及,以及高校教学科研体制的变革都令人印象深刻。而美国在人力资源方面的特色则突出表现在它的移民政策上。在19世纪的大部分时间里,美国对外来移民遵行"来者不拒,多多益善"的立场,这对于解决美国劳动力短缺,引进海外先进技术,吸引外来资金都是极为有利的。

第五,建立和完善金融机制以为产业发展提供融资渠道。

金融发展是经济增长的核心要素,而现代金融机制的诞生与完善也是西方工业化过程中的关键环节。英国在光荣革命后,很快就掀起了一场金融革命。这场革命不仅支撑着英国日渐频繁的对外征战,也为它的早期工业化奠定了金融制度的基础。这一时期涌现出的各种金融创新,如新型股份公司、英伦银行、国债制度、证券交易市场等,标志着英国已经由传统的王室财政国家向现代财政国家转型。同时,英国的金融革命对整个近代西方经济的发展也产生了深远影响。它开启了一个以纸币钞票等象征性货币取代金银等贵金属货币的时代。而金融革命中形成的中央银行制度也为各国所效仿(张光,2007)。后来美国金融监管体制的诞生和发展就深受英国金融革命的影响。德国金融机制走向成熟是在全德统一之后。1874年,德国正式公布《银行法》,两年后又将普鲁士银行改组为帝国银行,该行在全国范围内统一使用金本位马克,从而承担着德国中央银行的职责。1896年,德国又公布了《交易所法》和《银行经营管理证券法》,以进一步规范证券交易和商业银行经营的证券业务(何广文,2000)。

第3章

发展中大国的发展优势

前面分析了发达大国的经济发展经验,那么,发展中大国应该借鉴发达大国的成功经验,并根据自身的特点和优势,加快经济发展。这种发展应该建立在发展中大国的特征和优势之上。发展中大国实际上蕴含着三层意义:一般国家、发展中国家、大规模国家。与此相应,一般国家的发展遵循比较优势战略,发展中国家的发展遵循后发优势战略,大规模国家的发展遵循大国优势战略。显然,本章研究发展中大国的发展优势,涉及比较优势、后发优势和大国优势,它体现了三种优势的有机统一。

第1节 禀赋的视角:比较优势

1 比较优势理论的回顾

基于经济发展模式和经济结构的高度同构性,以及自然资源和要素禀赋的非均衡特征,不同类型的发展中大国能否形成互补性的比较优势,成为发挥经济协动性,实现共享式贸易格局的关键(汤凌霄等,2014)。事实上,不同类型的发展中大国具有比较优势的部门不同,在不同产业间比较优势的转移路径迥异,以中国和印度为代表的发展中大国的比较优势体现在劳动密集型和资源密集型产业;以巴西和俄罗斯为代表的发展中大国比较优势体现在资本密集型产业(欧阳峣等,2012)。同时,相对于自主创新,发展中国家在技术引进和模仿创新上更具有比较优势(田巍和余淼杰,2014)。但过度依赖廉价的要素禀赋和自然资源形成的比较优势,使经济增长出现高能耗、高投资和劳动密集等特征,引致不可持续性增长模式(Krugman,1994;Young,2003;王小鲁等,2009)。在以中国为代表的发展中大国处于全球价值链分工低端位置的背景下,尤其是要素禀赋比较优势形成的低成本优势受限于汇率、原材料价格和环保成本的波动(刘林青等,2009)。当要素成本上升,导致劳动密集型产业的比较优势逐渐丧失时,若不能通过技术创新提高生产率,在资本和技术密集型产业形成比较优势的新形态,则将使发展中大国难以实现比较优势的转换和升级,出现"比较优势真空"挑战,掉入"比较优势陷阱"(Olofin,2002;蔡昉,2011;World Bank,2012)。而持续的技术创新是一国比较优势由劳动密集型产业向资本和技术密集型产业转换,避免陷入"比较优势陷阱"的重要推动力(杨高举和黄先海,2014)。为此,本章从技术进步偏向视角出发,考察发展中大国的技术进步是否遵循要素禀赋比较优势及二者对全要素生产率(TFP)提升的交互影响。

比较优势理论的发展轨迹最早可追溯到以李嘉图为代表的外生技术比较优势学说,而赫克歇尔和俄林则基于要素禀赋提出了比较优势理论,其后萨缪尔森等将要素禀赋纳入一般均衡框架,系统地诠释了比较优势的理论内涵。由此形成的 H-O 定理、S-S 定理、FPE(要素价格均等化)定理和鲁氏定理共同奠定了比较优势理论的基础(杨小凯和张永生,2001;杨汝岱和姚洋,2008),强调比较优势由要素禀赋和要素密集度两个核心变量决定,并设定要素禀赋逆转不易发生,比较优势具有一定的稳定性(鲁晓东和李荣林,2007)。针对静态分析的不足,以 Vernon(1966)为代表的产品生命周期理论将要素密集度动态化;而 Grossman and Helpman(1990)等则将基于国家要素禀赋的静态比较优势,转化为了技术进步、人力资本积累和规模优势形成的动态比较优势。异质性企业贸易理论和基础企业内生边界理论则为比较优势理论的发展提供了新方向(Melitz,2003;Antras,2003)。为了检验比较优势的稳定性,Balassa(1965)最早提出的显性比较优势指数在实证分析中被广泛采用,但该指标仅考虑出口而忽略进口影响,因此可能存在估算偏误。为此,相关研究改进并设计出了净出口率 NEX 指数、G&R 指数、MIC 指数和新 RCA 指数等来测算和对比不同国家比较优势的变化趋势(王直等,2015),但这些指标却难以揭示比较优势的形成机理。近年来,RHO 理论将李嘉图理论和 H-O 理论相结合,阐释了生产率和要素禀赋对比较优势的影响,并据此进行了实证检验,为比较优势的研究同时提供了理论基础和定量分析方法(Eaton and Kortum,2002;Morrow,2010;Levchenko and Zhang,2016)。在这一比较优势理论框架下,发展中国家参与国际贸易分工的比较优势只能集中在劳动密集型产业,并不能改善其在全球价值链和产业链中的劣势地位,不利于其全要素生产率的提升,甚至将落入"比较优势陷阱"。

为此,学者们开始从技术进步偏向与适宜性技术的视角揭示发展中国家跨越"比较优势陷阱"的规律,技术进步耦合于当地的资本和劳动等禀赋结构,呈现出要素偏向特征,技术进步偏向与要素结构的匹配性是技术发挥效率和全要素生产率提升的关键。Atkinson and Stiglitz(1969)最早将适宜性技术进步诠释为"本地化的干中学",且技术发挥效率的关键在于资本劳动配比(Basu and Weil,1998)。引入技术进步偏向性理论(Hicks,1963;Acemoglu,2002),Acemoglu and Zilibotti(2001)从R&D视角深入地阐释了技术进步与要素禀赋及质量适配性的内生机理,发达国家基于当地丰裕的技能劳动进行前沿技术创新,但对发展中国家而言,引进的发达国家的前沿技术可能与当地丰裕的非技能劳动要素禀赋并不匹配,继而制约全要素生产率的提升。Caselli and Coleman(2006)认为,一国偏向于选择密集使用本国丰裕要素的技术,但技术差距会引致技术吸收障碍和效率损失,一国的技术进步路径取决于技术差距与技术适宜性。若发展中国家可自主选择适宜性技术,则该经济增速可以大于发达国家并实现技术赶超(林毅夫和张鹏飞,2006);一旦技术选择出现偏差,则可能扩大与发达国家的技术差距(徐朝阳和林毅夫,2010)。持续存在的技术差距则使适宜性技术进步对跨国全要素生产率差距的影响愈加重要(Jerzmanowski,2007),经济体的技术进步能否与要素禀赋结构相匹配,适应当地的资源、文化和制度环境,是跨国全要素生产率差距形成的重要原因(Acemoglu,2007;Acemoglu and Dell,2010)。针对中国的经验研究则多从全国、区域和产业层面,采用Klump et al.(2007)提出的三方程标准化供给面系统,估算要素替代弹性并测算技术进步的偏向性(戴天仕和徐现祥,2010;陈晓玲和连玉君,2012;邓明,2014;陆雪琴和章上峰,2013;姚毓春等,2014),考察技术进步与要素禀赋结构的适宜性及对全要素生产率的静态影响(雷钦礼和徐家春,2015;余泳泽和张先轸,2015;王林辉和董直庆,2012;孔宪丽等,2015;张月玲等,2015)。

就我们研究所及,针对发展中国家比较优势的经验研究颇丰,亦不乏学者剖析中国技术进步偏向与要素禀赋结构契合度对全要素生产率的影响,但却忽视了技术进步也将引致要素禀赋结构的变化,二者的相互作用机制及其对全要素生产率的影响是一个动态交互的变化过程。因此,本章参考欧阳峣等(2016)对发展中大国内涵的界定,选择中国、印度、俄罗斯、巴西、墨西哥、印度尼西亚、巴基斯坦、尼日利亚、埃及、埃塞俄比亚、伊朗、刚果(金)、南非13个国家作为发展中大国的样本,揭示各国在不同产业要素禀赋比较优势的时空规律,基于CES生产函数下的标准化系统测度其技术进步偏向,以美国要素禀赋结构为基准,结合要素禀赋结构特征判断是否有利于发挥比较优势,考察技术进步的适宜性,并实证检验比较优势与技术进步偏向对全要素生产率的交互影响。本节剩余部分的结构安排如下:第二小节是发展中大国的禀赋比较优势,第三小节是发展中大国技术进步的偏向测度及适宜性评价,第四小节是比较优势与技术进步偏向对全要素生产率的影响检验。

2 发展中大国的禀赋比较优势

(1) 禀赋比较优势的指标设计

资源禀赋亦称要素禀赋,其丰富的内涵既包括劳动、资本、土地和自然资源等各种生产要素投入,也涵盖技术、管理、文化和制度等因素。但从要素禀赋的视角考察比较优势时,一般多指资本与劳动要素的相对丰裕与稀缺程度(林毅夫,2002;Lin,2009)。为此,本章采用资本劳动比,从国家层面和产业层面评价发展中大国的禀赋比较优势。首先以美国为基准,将发展中大国的资本劳动比除以美国的资本劳动比,通过观察发展中大国资本和劳动要素的相对丰缺度,从国家层面考察其与发达国家的比较优势差异,获得禀赋比较优势指标:

$$\mathrm{FI}_j = \frac{K_j}{L_j} \Big/ \frac{K_A}{L_A} \tag{3-1}$$

其中,j 代表发展中大国,K_j/L_j 代表发展中大国的资本劳动比,而 K_A/L_A 代表美国的资本劳动比。FI_j 越接近于1,则代表该国与发达国家的要素禀赋结构越接近,其比较优势与发达国家越相似。FI_j 越接近于0,则代表该国与发达国家的要素禀赋结构差距越大,该国与发达国家的比较优势呈较强的互补关系。各国的资本和劳动数据来自宾大世界表9.0(PWT 9.0)。

为避免资本劳动比数据的内生性问题,我们借鉴李力行和申广军(2015)的做法,利用 NBER—CES Manufacturing Industry Database(美国制造业数据库)测算美国制造业分行业资本劳动比数据,表征各行业在接近自由市场状态下的资本劳动比。将发展中大国的资本劳动比与美国制造业分行业资本劳动比相除。在此基础上,借鉴文东伟等(2009)的分类标准,将美国两位数制造业行业分成劳动密集型产业、资本密集型产业和资本及技术密集型产业(见表3-1),设计产业禀赋比较优势指标,从产业层面考察发展中大国的比较优势(见(3-2)式)。

$$\text{FI}_{ij} = \frac{K_{ij}}{L_{ij}} \Big/ \frac{K_{iA}}{L_{iA}} \quad (3-2)$$

其中,K_{iA}/L_{iA} 代表美国 i 产业的资本劳动比,因而 FI_{ij} 代表发展中大国 j 发展 i 产业的比较优势。对于劳动密集型产业而言,FI_{ij} 越小则表示该国在该产业的生产上比较优势越强;而对于资本密集型产业和资本及技术密集型产业而言,FI_{ij} 越小则表示该国从事这一产业的生产可能违背了比较优势。

表 3-1 行业分类标准

产业类型	SIC Code	产业	SIC Code	产业
劳动密集型行业	20	食品及相关制品业	24	木材加工及竹、藤、棕、草制品业
	21	烟草制品业	25	家具与装修业
	22	纺织业	31	皮革及皮革制品业
	23	服装及其他纺织品业	39	其他制造业
资本密集型行业	26	造纸及纸制品业	30	橡胶及其他塑料制品业
	27	印刷出版业	32	石块、粘土、玻璃制品业
	28	化工制品业	33	基本金属业
	29	石油及煤产品业	34	金属制品业
资本及技术密集型行业	35	工业机械设备业	37	交通运输设备业
	36	电子及其他电气设备业	38	仪器及相关产品业

(2) 发展中大国禀赋比较优势的评价

表 3-2 显示了根据式(3-1)测算的 13 个发展中大国与美国相比的禀赋比较优势,并以日本和韩国两个国家作为对照组进行对比分析。根据禀赋比较优势的均值水平不同,可将 13 个发展中大国分为两类:第一类大国禀赋比较优势的

均值水平小于0.2,以中国和印度两国为代表,包括埃及、埃塞俄比亚、印度尼西亚、刚果(金)、尼日利亚和巴基斯坦共8国,称之为劳动丰裕型发展中大国。这是因为,与韩国和日本相比,其国家层面的禀赋比较优势均值偏小接近于0,表明这类发展中大国劳动要素丰裕而资本要素相对稀缺,要素禀赋结构与发达国家呈互补关系。第二类大国禀赋比较优势的均值水平超过0.2,以俄罗斯和巴西为代表,包括墨西哥、南非、伊朗共5国,称之为资本丰裕型发展中大国,这是因为,其国家层面的禀赋比较优势与韩国和日本较为接近,表明这类发展中大国具有与发达国家相似的要素禀赋结构,即资本要素较为丰裕而劳动要素相对稀缺。不仅如此,两类发展中大国禀赋比较优势值的变化趋势也并不相同。以中国和印度为代表的这类发展中大国,其禀赋比较优势值的变化均呈上升趋势,但不同国家的上升增速不同,表明该类发展中大国的禀赋比较优势朝向与发达国家类似的方向发展。其中,以中国和印度尼西亚的禀赋比较优势值增速最快,前者由1990年的0.0323增长至2014年的0.2441,而后者则由1990年的0.0484增长至2014年的0.3345。但遗憾的是,两国2014年的禀赋比较优势值也仅接近或超过韩国1990年的水平,1990—2014年禀赋比较优势的均值水平仍然偏低,表明发展中大国要素禀赋结构升级的空间和潜力较大。而针对禀赋比较优势与发达国家类似的这类发展中大国,墨西哥、南非、伊朗和巴西的禀赋比较优势值出现了不同程度的增加,但增长幅度有限,到2014年的禀赋比较优势值也均未突破0.5;而俄罗斯的禀赋比较优势值甚至由最初1990年的0.5671下降至2014年的0.3011,表明这类发展中大国要素禀赋结构升级的过程中出现了障碍,资本深化难以持续推进。可见,不同类型发展中大国禀赋比较优势的水平值和变化趋势存在差异,但整体而言,禀赋比较优势水平值偏低,初期增速较快而后增速放缓,甚至下降,出现要素禀赋结构升级的门槛。

表3-2 经济体1990—2014年的资本与劳动要素禀赋比较优势评价

国家	1990年	1995年	2000年	2005年	2010年	2014年	均值
巴西	0.1590	0.2063	0.2162	0.1894	0.2832	0.3622	0.2308
中国	0.0323	0.0437	0.0619	0.0889	0.1563	0.2441	0.0938
刚果(金)	0.0403	0.0481	0.0508	0.0560	0.1013	0.1629	0.0695
埃及	0.0295	0.0581	0.0807	0.0964	0.1144	0.1282	0.0841

(续表)

国家	1990年	1995年	2000年	2005年	2010年	2014年	均值
埃塞俄比亚	0.0073	0.0077	0.0092	0.0153	0.0158	0.0238	0.0122
印度	0.0335	0.0374	0.0439	0.0517	0.0911	0.1238	0.0589
印度尼西亚	0.0484	0.0570	0.0746	0.0975	0.2163	0.3345	0.1238
伊朗	0.2611	0.3606	0.3801	0.3599	0.4321	0.4461	0.3755
墨西哥	0.3232	0.3209	0.2690	0.2717	0.3027	0.3649	0.2971
尼日利亚	0.0100	0.0058	0.0092	0.0631	0.0716	0.0968	0.0360
巴基斯坦	0.0461	0.0593	0.0622	0.0625	0.0744	0.0770	0.0633
俄罗斯	0.5671	0.6446	0.2978	0.2401	0.2783	0.3011	0.3780
南非	0.2654	0.2286	0.2143	0.2043	0.3151	0.3423	0.2510
日本	0.5259	0.7129	0.7344	0.7371	0.7712	0.7883	0.7217
韩国	0.2691	0.4390	0.5318	0.6825	0.7277	0.7350	0.5700

资料来源:宾大世界表9.0(PWT 9.0)。

(3) 发展中大国产业层面的禀赋比较优势评价

我们根据式(3-2)测算了13个发展中大国1990—2011年发展不同类型产业的禀赋比较优势,由于篇幅限制,仅列出了在此期间产业层面的禀赋比较优势的平均值,并将其与日本和韩国产业层面的禀赋比较优势进行对比分析,见表3-3和表3-4。

表3-3 经济体在劳动密集型产业的禀赋比较优势评价

国家	20	21	22	23	24	25	31	39	均值
巴西	0.607	0.207	0.736	2.513	1.455	1.779	1.689	1.367	1.294
中国	0.219	0.071	0.239	0.753	0.511	0.602	0.551	0.461	0.426
刚果(金)	0.167	0.056	0.193	0.641	0.393	0.474	0.446	0.364	0.342
埃及	0.224	0.074	0.257	0.831	0.538	0.638	0.584	0.490	0.454
埃塞俄比亚	0.031	0.010	0.036	0.118	0.075	0.089	0.083	0.068	0.064
印度	0.145	0.048	0.165	0.543	0.340	0.408	0.382	0.313	0.293
印度尼西亚	0.280	0.090	0.306	0.969	0.644	0.765	0.708	0.585	0.543

(续表)

国家	20	21	22	23	24	25	31	39	均值
伊朗	1.033	0.354	1.260	4.315	2.498	3.047	2.884	2.343	2.217
墨西哥	0.810	0.283	1.021	3.610	1.956	2.428	2.356	1.871	1.792
尼日利亚	0.084	0.026	0.082	0.238	0.192	0.217	0.192	0.165	0.150
巴基斯坦	0.173	0.059	0.211	0.720	0.418	0.509	0.482	0.392	0.371
俄罗斯	1.077	0.392	1.460	5.479	2.620	3.367	3.391	2.599	2.548
南非	0.671	0.232	0.824	2.871	1.600	1.977	1.907	1.521	1.450
日本	2.012	0.692	2.465	8.465	4.883	5.954	5.639	4.582	4.336
韩国	1.563	0.524	1.819	5.988	3.766	4.491	4.152	3.448	3.219

资料来源：宾大世界表 9.0（PWT 9.0）与美国制造业数据库（NBER-CES Manufacturing Industry Database）。

表 3-3 显示了不同经济体发展劳动密集型产业的禀赋比较优势 FI_{ij}，对于中国、印度、埃及、埃塞俄比亚、印度尼西亚、刚果（金）、尼日利亚和巴基斯坦 8 个劳动丰裕型发展中大国而言，其劳动密集型产业层面的禀赋比较优势值偏小，表明这类国家在这类产业的生产上更具有比较优势，这与前文其国家层面的要素禀赋结构与发达国家呈互补关系的结论相吻合。而对于俄罗斯、巴西、墨西哥、南非、伊朗 5 个资本丰裕型发展中大国而言，其劳动密集型产业层面的禀赋比较优势值偏大，均值水平均超过了 1，与韩国和日本较为接近，暗示这类国家发展劳动密集型产业违背了本国的禀赋比较优势，这与前文其国家层面的要素禀赋结构与发达国家相似的结论相吻合。

表 3-4 为不同经济体进行资本密集型产业和资本及技术密集型产业生产的禀赋比较优势 FI_{ij}，劳动丰裕型发展中大国，即中国、印度、埃及、埃塞俄比亚、印度尼西亚、刚果（金）、尼日利亚和巴基斯坦 8 国资本和资本及技术密集型产业层面的禀赋比较优势值偏小，表明这类国家在该类产业的生产上违背了禀赋比较优势。资本丰裕型发展中大国，即俄罗斯、巴西、墨西哥、南非、伊朗 5 国资本和资本及技术密集型产业的禀赋比较优势值偏大，尤其是俄罗斯与韩国和日本较为接近，暗示这类国家在资本密集型产业和资本及技术密集型产业的生产上具有禀赋比较优势，与前文其国家层面的要素禀赋结构与发达国家相似的结论相吻合。整体而言，我们对于发展中大国禀赋比较优势的判断基本与张扬和欧阳峣（2016）的结论相吻合，具有一定的可信度。

表 3-4　经济体在资本密集型产业和资本及技术密集型产业的禀赋比较优势评价

国家	资本密集型产业									资本及技术密集型产业				均值
	26	27	28	29	30	32	33	34		35	36	37	38	
巴西	0.344	1.096	0.233	0.080	0.875	0.598	0.326	0.889		0.646	0.492	0.551	0.702	0.569
中国	0.124	0.367	0.082	0.028	0.303	0.208	0.117	0.317		0.222	0.155	0.193	0.237	0.196
刚果（金）	0.095	0.292	0.063	0.022	0.236	0.161	0.089	0.243		0.174	0.128	0.150	0.188	0.153
埃及	0.126	0.388	0.084	0.029	0.317	0.218	0.120	0.327		0.232	0.167	0.199	0.247	0.205
埃塞俄比亚	0.018	0.055	0.012	0.004	0.044	0.030	0.017	0.046		0.032	0.024	0.028	0.035	0.029
印度	0.082	0.251	0.055	0.019	0.204	0.139	0.078	0.210		0.150	0.109	0.130	0.162	0.132
印度尼西亚	0.159	0.469	0.105	0.036	0.386	0.263	0.149	0.403		0.284	0.200	0.247	0.305	0.250
伊朗	0.584	1.875	0.397	0.137	1.495	1.024	0.555	1.518		1.102	0.843	0.940	1.197	0.972
墨西哥	0.460	1.508	0.316	0.109	1.185	0.806	0.434	1.191		0.876	0.694	0.749	0.968	0.775
尼日利亚	0.048	0.132	0.031	0.011	0.112	0.077	0.045	0.120		0.082	0.052	0.073	0.086	0.072
巴基斯坦	0.098	0.314	0.067	0.023	0.250	0.171	0.093	0.254		0.184	0.141	0.158	0.201	0.163
俄罗斯	0.612	2.117	0.433	0.149	1.621	1.091	0.575	1.595		1.207	1.021	1.022	1.365	1.067
南非	0.381	1.226	0.260	0.089	0.970	0.659	0.358	0.982		0.717	0.558	0.615	0.790	0.634
日本	1.138	3.665	0.774	0.268	2.918	1.999	1.080	2.959		2.148	1.649	1.834	2.337	1.898
韩国	0.884	2.745	0.591	0.205	2.223	1.532	0.840	2.288		1.632	1.196	1.402	1.749	1.441

资料来源：宾大世界表 9.0（PWT 9.0）与美国制造业数据库（NBER—CES Manufacturing Industry Database）。

3 发展中大国的技术进步偏向测度及适宜性评价

为评价不同类型发展中大国的技术进步偏向与要素禀赋结构形成的比较优势的适配性,本小节首先对测度技术进步偏向的指标和方法进行说明,并据此测算发展中大国的技术进步偏向,并以美国为基准,检验各国技术进步偏向与比较优势的适宜性。

(1) 技术进步偏向的测度指标设计

将发展中大国 i 的生产函数设定为包含资本 K 和劳动 L 要素投入的 CES 型产生函数:

$$Y_{it} = \left[(1-\alpha_i)(A_{Lit}L_{it})^{\frac{\varepsilon_i-1}{\varepsilon_i}} + \alpha_i(A_{Kit}K_{it})^{\frac{\varepsilon_i-1}{\varepsilon_i}}\right]^{\frac{\varepsilon_i}{\varepsilon_i-1}} \tag{3-3}$$

其中,Y_{it} 代表 t 时刻发展中大国 i 的总产出,而 L_{it} 和 K_{it} 则为生产中投入的劳动和资本要素,A_{Lit} 和 A_{Kit} 代表同期的劳动增进型技术进步和资本增进型技术进步,也称劳动要素技术效率和资本要素技术效率,而 ε_i 代表该国两种生产要素的替代弹性。若 $\varepsilon_i=0$,则表明该国资本与劳动不存在替代关系,生产函数转化为里昂惕夫生产函数;若 $0<\varepsilon_i<1$,则表明两类要素在生产中呈互补关系;若 $\varepsilon_i=1$ 时,生产函数退化为 C-D 型;若 $\varepsilon_i>1$,则表明两类要素在生产过程中呈相互替代关系;若 $\varepsilon_i=+\infty$,则生产要素完全替代,生产函数转变为线性。

由利润最大化的一阶条件可知,资本与劳动的相对边际产出与要素价格相等,且由两类要素增进型技术进步和要素结构共同决定:

$$\frac{MP_{Kit}}{MP_{Lit}} = \frac{r_{it}}{w_{it}} = \left(\frac{\alpha_i}{1-\alpha_i}\right) \times \left(\frac{A_{Kit}}{A_{Lit}}\right)^{\frac{\varepsilon_i-1}{\varepsilon_i}} \left(\frac{K_{it}}{L_{it}}\right)^{-\frac{1}{\varepsilon_i}} \tag{3-4}$$

为分析发展中大国的技术进步是否与其要素禀赋结构形成的比较优势相匹配,本小节探析了技术进步偏向对要素相对边际产出的影响及对要素使用的偏好,并结合 Acemoglu(2002)对技术进步偏向的内涵界定,分别定义了技术进步的相对增进形态和技术进步偏向指数 TB:

$$\begin{aligned}TB_{it} &= \frac{\partial(MP_{Kit}/MP_{Lit})}{\partial(A_{Kit}/A_{Lit})} \times \frac{d(A_{Kit}/A_{Lit})}{dt} \\ &= \left(\frac{\alpha_i}{1-\alpha_i}\right) \times \left(\frac{\varepsilon_i-1}{\varepsilon_i}\right) \times \left(\frac{A_{Kit}}{A_{Lit}}\right)^{-\frac{1}{\varepsilon_i}} \times \left(\frac{K_{it}}{L_{it}}\right)^{-\frac{1}{\varepsilon_i}} \times \frac{d(A_{Kit}/A_{Lit})}{dt}\end{aligned}$$

$$\doteq \left(\frac{\alpha_i}{1-\alpha_i}\right) \times \left[\left(\frac{A_{Kit}}{A_{Lit}}\right)^{\frac{\varepsilon_i-1}{\varepsilon_i}} \left(\frac{K_{it-1}}{L_{it-1}}\right)^{-\frac{1}{\varepsilon_i}} - \left(\frac{A_{Kit-1}}{A_{Lit-1}}\right)^{\frac{\varepsilon_i-1}{\varepsilon_i}} \left(\frac{K_{it-1}}{L_{it-1}}\right)^{-\frac{1}{\varepsilon_i}}\right] \quad (3-5)$$

其中,劳动要素技术效率 A_{Lit} 相对于资本要素技术效率 A_{Kit} 增加,即 $d(A_{Kit}/A_{Lit})/dt<0$ 时,则技术进步为相对劳动增进形态;反之,当劳动要素技术效率 A_{Lit} 相对于资本要素技术效率 A_{Kit} 降低,即 $d(A_{Kit}/A_{Lit})/dt>0$ 时,则技术进步为相对资本增进形态。技术进步的相对增进形态的实质是资本相对于劳动要素技术效率的变化速率,以对比资本和劳动两种生产要素技术效率变化的快慢,甄别何种生产要素的技术效率提高得更快,发展中大国更加擅于利用何种生产要素。而技术进步偏向指数 TB 则是为了进一步判定技术进步是否朝向多利用丰裕要素,节约稀缺要素,充分发挥比较优势的方向发展:在一国 i 要素结构(K_i/L_i)保持不变的前提下,仅由要素相对增进形态 A_{Kit}/A_{Lit} 的变化引致的要素相对边际产出 MP_{Kit}/MP_{Lit} 的变化。当 $TB_i>0$ 时,表明该国要素增进型技术进步引起的资本边际产出的增加幅度大于劳动,技术进步偏向于资本,倾向于多使用资本要素而节约劳动要素;当 $TB_i<0$ 时,表明该国由要素增进型技术进步引起的资本边际产出的增加程度小于劳动,技术进步偏向于劳动,倾向于多使用劳动要素节约资本要素;而当 $TB_i=0$ 时,表明该国技术进步对劳动和资本要素相对边际产出的作用趋同,技术进步表现出无偏中性特征。技术进步偏向指数 TB 的实质是衡量大国技术进步对劳动与资本要素相对边际产出的非对称性影响,以及对不同要素的使用偏好是否符合要素禀赋结构形成的比较优势。

根据式(3-5)可判定技术进步的相对增进形态和偏向指数的关系:当 $\varepsilon_i>1$ 时,劳动与资本相互替代,要素相对增进型技术进步同时也偏向这一生产要素,如技术进步为相对资本增进形态,则倾向于提高资本的相对边际产出,而若技术进步为相对劳动增进形态,则也偏向于劳动。当 $0<\varepsilon_i<1$ 时,资本与劳动要素互补,要素相对增进型技术进步并不偏向这一要素,如技术进步为相对资本增进形态,因在两种要素互补的情况下,资本技术效率提高会增加劳动需求,由于资本技术效率提升程度高于劳动,故对劳动形成的超额需求超过资本,劳动报酬相对提高,技术进步偏向于劳动;反之,若技术进步为相对劳动增进形态,则技术进步偏向于资本。当 $\varepsilon_i=1$ 时,生产函数转化为无偏中性的柯布-道格拉斯(C-D)生产函数。

结合式(3-3)和式(3-4)可测算大国 i 的资本要素技术效率 A_{Kit} 和劳动要素技术效率 A_{Lit}：

$$A_{Kit} = \left(\frac{s_{Kit}}{\alpha_i}\right)^{\frac{\varepsilon_i}{\varepsilon_i-1}}\left(\frac{Y_{it}}{K_{it}}\right), \quad A_{Lit} = \left(\frac{1-s_{Kit}}{1-\alpha_i}\right)^{\frac{\varepsilon_i}{\varepsilon_i-1}}\left(\frac{Y_{it}}{L_{it}}\right) \tag{3-6}$$

其中，$1-s_{Ki}$，s_{Ki} 分别代表大国的劳动和资本收入份额，可根据实际数据测算，仅需估计不同国家的要素替代弹性 ε_i 和表征要素投入份额的参数 α_i。根据 Klump et al.(2007)的分析思路，本小节首先对大国 i 的生产函数及其一阶条件进行标准化处理，构建供给面三方程标准化系统，利用似不相关回归模型（SUR）估计生产函数中的要素替代弹性和投入参数。

将要素技术效率的增长率设定为 BOX-COX 型可变增长率，其中 γ_{A_K} 和 γ_{A_L} 分别代表资本要素技术效率参数和劳动要素技术效率参数，而 λ_{A_K} 和 λ_{A_L} 则表示劳动要素技术效率和资本要素技术效率的曲率。

$$A_{Kit} = A_{Kit_0} \times e^{g_{A_{Ki}}}, \quad A_{Lit} = A_{Lit_0} \times e^{g_{A_{Li}}}$$

$$g_{A_{Ki}} = \frac{\gamma_{A_{Ki}} t_0((t/t_0)^{\lambda_{A_{Ki}}}-1)}{\lambda_{A_{Ki}}}, \quad g_{A_{Li}} = \frac{\gamma_{A_{Li}} t_0((t/t_0)^{\lambda_{A_{Li}}}-1)}{\lambda_{A_{Li}}}$$

假设基期数据满足：$w_{it_0}L_{it_0}/r_{it_0}K_{it_0}=(1-\alpha_i)/\alpha_i$，则可证明基期资本要素技术效率和劳动要素技术效率分别为：$A_{Kit_0}=Y_{it_0}/K_{it_0}$，$A_{Lit_0}=Y_{it_0}/L_{it_0}$。

再将上述不同指标的样本均值作为基准值分别对其进行标准化：$Y_{it_0}=\xi_i \bar{Y}_i$，$K_{it_0}=\bar{K}_i$，$L_{it_0}=\bar{L}_i$，$t_0=\bar{t}$，带入生产函数及其一阶条件可得三方程标准化系统：

$$\log\left(\frac{Y_{it}/\bar{Y}_i}{K_{it}/\bar{K}_i}\right) = \log(\xi_i) + \frac{\gamma_{A_{Ki}}\bar{t}}{\lambda_{A_{Ki}}}\left(\left(\frac{t}{\bar{t}}\right)^{\lambda_{A_{Ki}}}-1\right)$$

$$+ \frac{\varepsilon_i}{\varepsilon_i-1}\log\left\{(1-\alpha_i)\left(\frac{L_{it}/\bar{L}_i}{K_{it}/\bar{K}_i}\right)^{\frac{\varepsilon_i-1}{\varepsilon_i}} e^{\frac{\varepsilon_i-1}{\varepsilon_i}\left[\frac{\gamma_{A_{Li}}\bar{t}}{\lambda_{A_{Li}}}\left(\left(\frac{t}{\bar{t}}\right)^{\lambda_{A_{Li}}}-1\right)\right.}\right.$$

$$\left.\left.-\frac{\gamma_{A_{Ki}}\bar{t}}{\lambda_{A_{Ki}}}\left(\left(\frac{t}{\bar{t}}\right)^{\lambda_{A_{Ki}}}-1\right)\right]+\alpha_i\right\}$$

$$\log\left(\frac{w_{it}L_{it}}{Y_{it}}\right) = \log(1-\alpha_i) - \frac{\varepsilon_i-1}{\varepsilon_i}\left[\log\left(\frac{Y_{it}/\bar{Y}_i}{L_{it}/\bar{L}_i}\right)\right.$$

$$\left.-\log\xi_i - \frac{\gamma_{A_{Li}}\bar{t}}{\lambda_{A_{Li}}}\left(\left(\frac{t}{\bar{t}}\right)^{\lambda_{A_{Li}}}-1\right)\right] \tag{3-7}$$

$$\log\left(\frac{r_{it}K_{it}}{Y_{it}}\right) = \log\alpha_i - \frac{\varepsilon_i - 1}{\varepsilon_i}\left[\log\left(\frac{Y_{it}/\overline{Y}_i}{K_{it}/\overline{K}_i}\right) - \log\xi_i - \frac{\gamma_{A_{K_i}}\bar{t}}{\lambda_{A_{K_i}}}\left(\left(\frac{t}{\bar{t}}\right)^{\lambda_{A_{K_i}}} - 1\right)\right]$$

利用不同类型发展中大国的总产出数据 Y_{it},资本要素投入 K_{it} 和劳动要素投入 L_{it} 的数据,及资本要素收入份额 $r_{it}K_{it}$ 和劳动要素收入份额 $w_{it}L_{it}$,结合三方程供给面标准化系统可估算得到要素替代弹性 ε_i 和表征要素投入份额的参数 α_i。

(2) 发展中大国的技术进步偏向测度

运用可行广义非线性最小二乘法(FGNLS),并结合不同类型发展中大国 1950—2014 年的时序数据,可估计三方程标准化系统式(3-7)中的参数 ξ_i,$\lambda_{A_{L_i}}$,$\lambda_{A_{K_i}}$,$\gamma_{A_{L_i}}$,$\gamma_{A_{K_i}}$,α_i,ε_i,变量初值的选取遵循 León-Ledesma et al. (2010) 的思路。总产值 Y_{it} 为不同国家历年经过购买力平价调整的总产出,以 2005 年美元为计价单位,资本要素投入 K_{it} 同样为各国经过购买力平价调整的资本存量,而劳动要素投入 L_{it} 则为各国历年的总就业人数,劳动要素收入 $w_{it}L_{it}$ 为 GDP 中的劳动者报酬所占份额与总产出的乘积;类似地,资本要素收入 $r_{it}K_{it}$ 则为资本收入所占份额与总产出的乘积,以上所有数据均来自宾大世界表 9.0(Penn World Table 9.0)。由于数据长度的约束,本小节剔除了连续样本期间低于 30 年的国家数据,仅选择巴西、中国、埃及、印度、印度尼西亚、伊朗、墨西哥、尼日利亚和南非 9 个发展中大国为样本,并以美国、日本和韩国为对照组。

12 个经济体三方程标准化系统的参数估计结果如表 3-5 所示:第一,发展中大国和美国、日本、韩国 3 个发达国家的大多数参数估计结果达到了 1% 的显著性水平,且似不相关模型的 Log Determinant 值和三方程残差的 ADF 检验结果基本满足统计检验要求。第二,不同类型经济体的要素替代弹性不同,表 3-5 中的大部分经济体资本与劳动的要素替代弹性小于 1,具体包括劳动丰裕型发展中大国中国、印度和资本丰裕型发展中大国墨西哥、南非,以及发达国家美国、日本和韩国共 7 个国家,表明这些国家生产过程中使用的资本与劳动呈互补关系且存在技术进步偏向。但也有部分发展中大国,如巴西、埃及、伊朗和尼日利亚 4 国的要素替代弹性非常接近于 1,表明其生产函数退化为 C-D 生产函数。而印度尼西亚的要素替代弹性大于 1,暗示该国在生产过程中劳动与资本形成了较强的替代关系。第三,结合各国的要素替代弹性分布,劳动要素技术效率参数 γ_{Li} 和资本要素技术效率参数 γ_{Ki},可判断 12 个国家的技术进步形

表 3-5 经济体三方程标准化系统的参数估计结果

参数	ξ_i	γ_{Ki}	λ_{Ki}	ε_i	α_i	γ_{Li}	λ_{Li}	ADF_Y	ADF_K	ADF_L	Log-Det	Obs
巴西	1.105*** (0.000)	-1.690*** (0.000)	1.619*** (0.000)	1.001*** (0.000)	0.478*** (0.000)	1.545*** (0.000)	1.495*** (0.000)	-2.959	-4.343	-4.332	-77.735	65
中国	0.795*** (0.000)	-0.079*** (0.002)	3.867*** (0.000)	0.965*** (0.000)	0.341*** (0.000)	0.053*** (0.000)	4.232*** (0.000)	-4.492	-2.908	-2.731	-67.338	63
埃及	1.259*** (0.000)	-0.239 (0.960)	1.221 (0.629)	0.999*** (0.000)	0.608*** (0.000)	0.385 (0.958)	1.022 (0.516)	-1.922	-3.084	-3.232	-59.117	65
印度	0.727*** (0.000)	-0.040*** (0.000)	3.131*** (0.000)	0.833*** (0.000)	0.288*** (0.000)	0.039*** (0.000)	3.317*** (0.000)	-1.782	-1.671	-1.604	-66.516	65
印度尼西亚	1.279*** (0.000)	-0.025*** (0.005)	3.116*** (0.000)	1.107*** (0.000)	0.561*** (0.000)	0.043*** (0.000)	1.101*** (0.000)	-2.220	-1.903	-1.959	-57.998	55
伊朗	0.721*** (0.000)	-0.403*** (0.000)	4.375*** (0.000)	0.998*** (0.000)	0.664*** (0.000)	0.719*** (0.000)	4.951*** (0.000)	-2.778	-2.957	-3.252	-66.714	60
墨西哥	1.133*** (0.000)	-0.021*** (0.007)	2.511*** (0.000)	0.831*** (0.000)	0.507*** (0.000)	0.026*** (0.002)	0.819*** (0.000)	-2.197	-2.631	-2.631	-62.413	65
尼日利亚	1.231*** (0.000)	-0.181*** (0.000)	2.792*** (0.000)	1.026*** (0.000)	0.730*** (0.000)	0.360*** (0.001)	2.545*** (0.000)	-2.923	-4.277	-4.331	-61.099	65
南非	1.090*** (0.000)	-0.031*** (0.000)	2.307*** (0.000)	0.848*** (0.000)	0.379*** (0.000)	0.031*** (0.000)	0.990*** (0.000)	-2.502	-2.401	-2.347	-71.399	65
美国	0.950*** (0.000)	-0.019*** (0.045)	1.379*** (0.000)	0.886*** (0.000)	0.365*** (0.000)	0.026*** (0.000)	1.025*** (0.000)	-2.066	-2.976	-2.939	-71.425	65
日本	1.050*** (0.000)	-0.060*** (0.000)	2.405*** (0.000)	0.920*** (0.000)	0.319*** (0.000)	0.066*** (0.000)	0.903*** (0.000)	-2.288	-2.826	-2.620	-73.309	65
韩国	0.835*** (0.000)	-0.292*** (0.043)	1.057*** (0.000)	0.962*** (0.000)	0.366*** (0.000)	0.232* (0.092)	1.245*** (0.006)	-3.019	-1.313	-1.000	-72.884	62

资料来源：测算整理所得，原始数据来自宾大世界表 9.0(PWT 9.0)。*、**、*** 分别表示在 10%、5% 和 1% 的显著性水平上显著。

态。其一,对于要素替代弹性接近于 1 的巴西、埃及、伊朗和尼日利亚 4 国而言,技术进步呈无偏中性。其二,对于要素替代弹性大于 1 的 7 个国家而言,其劳动要素技术效率参数 γ_{Li} 大于资本要素技术效率参数 γ_{Ki},表明这 7 个发展中大国和发达国家劳动要素技术效率 A_{Li} 年均增速大于资本要素技术效率 A_{Ki},技术进步整体呈现出相对劳动增进形态,再结合资本与劳动要素替代弹性小于 1 的经验事实可知,这类国家的技术进步大体上偏向于资本要素,朝向多使用资本节约劳动的方向发展,这与发达国家美国、日本和韩国及资本丰裕型发展中大国墨西哥和南非具有丰裕资本而劳动相对稀缺的要素禀赋结构相吻合,但与中国和印度这类劳动丰裕国家的要素禀赋结构并不适配。其三,印度尼西亚的劳动要素技术效率参数 γ_{Li} 大于资本要素技术效率参数 γ_{Ki},结合其要素替代弹性大于 1 的结果,表明该国的技术进步偏向于劳动,朝向多使用劳动节约资本的方向发展,这与该国劳动丰裕而资本相对稀缺的要素禀赋结构相适配。大体上看,并非所有的发展中大国都依据要素禀赋结构形成的比较优势选择技术进步路径。

为了进一步精确考察不同经济体技术进步偏向指数的变化趋势,本小节根据式(3-5)逐年测算了劳动丰裕型发展中大国中国、印度和印度尼西亚,资本丰裕型发展中大国墨西哥和南非,以及发达国家美国、日本和韩国的技术进步偏向指数,如图 3-1 所示。同时,各经济体技术进步偏向指数的描述性统计特征如表 3-6 所示。各类经济体技术进步偏向指数的动态变化规律与表 3-5 中估计的静态参数结论基本一致。

首先,对于中国、印度和印度尼西亚这 3 个劳动丰裕型发展中大国而言,无论是从 0.44% 的均值还是从指数大于 0 的年度数来看,中国 1953—2014 年的技术进步偏向指数整体上是大于 0 的,且偏向指数的波动幅度自 20 世纪 90 年代后期开始扩大,但自 2005 年开始逐渐收窄,表明技术进步整体偏向于资本且偏向程度先增强,近年来又逐渐减弱。印度技术进步偏向指数的变化趋势与中国相类似,其 1951—2014 年的技术进步偏向指数均值为 0.0137,且在 49 个年度内是大于 0 的,整体呈波动上升的趋势,近几年该指数的波动幅度收窄,表明印度的技术进步偏向于资本而非劳动。而印度尼西亚的技术进步偏向却不同于中国和印度两国,无论是从指数大于 0 的年度数还是均值水平判断,该国的技术进步都是偏向于劳动的。可见,对于 3 个劳动丰裕型发展中大国而言,中国和印度都并未遵循本国劳动丰裕而资本稀缺的要素禀赋结构实现技术进步,违背了其在劳动密集型产业的比较优势,技术进步呈现出资本偏向特征,即朝向多使用资本而节约劳动的方向发展,仅有印度尼西亚的技术进步偏向于劳动,与其要素禀赋结构构成的比较优势相吻合。

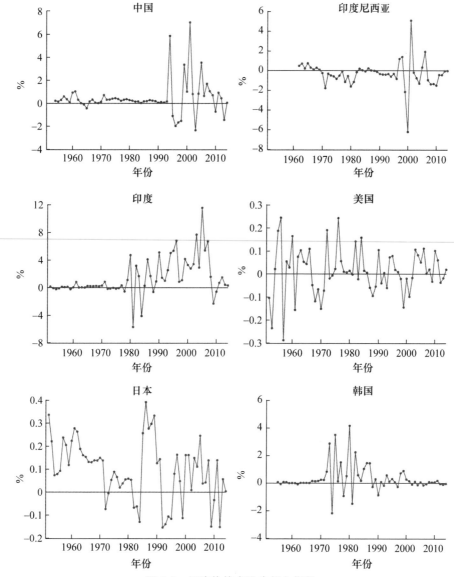

图 3-1 经济体技术进步偏向指数

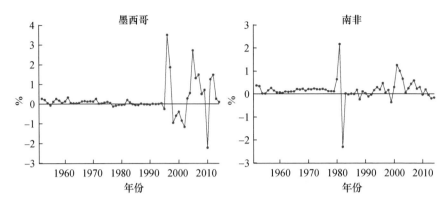

图 3-1 经济体技术进步偏向指数（续）

表 3-6 经济体技术进步偏向指数的描述性统计特征

国家类型	劳动丰裕型发展中大国			资本丰裕型发展中大国		发达国家		
	中国	印度	印度尼西亚	墨西哥	南非	美国	日本	韩国
平均值	0.0044	0.0137	−0.0030	0.0019	0.0017	0.0001	0.0009	0.0030
标准差	0.0144	0.0270	0.0134	0.0079	0.0047	0.0010	0.0013	0.0098
最小值	−0.0235	−0.0570	−0.0621	−0.0222	−0.0230	−0.0029	−0.0015	−0.0218
最大值	0.0704	0.1156	0.0510	0.0351	0.0217	0.0024	0.0039	0.0415
大于0的年度数	53	49	17	43	53	37	51	42
样本总年度数	62	64	54	64	64	64	64	61

其次，对于资本丰裕型发展中大国南非和墨西哥而言，无论是从技术进步偏向指数的均值还是指数大于0的年度数判断，两国的技术进步整体上均偏向于资本，即技术在大多数年份朝向多使用资本而节约劳动力的方向发展，与这类发展中大国资本相对丰裕形成的、在资本密集型产业生产具有比较优势的态势相符。

最后，通过对比两类发展中大国和发达国家技术进步偏向指数的变化规律，本书发现，中国、印度、墨西哥和南非4国的技术进步不仅整体偏向于资本，且无论是从均值水平还是指数大于0的年度数来看，偏向于资本的程度都超过了美国、日本和韩国。尤其是中国和印度的技术进步出现了逆要素禀赋和比较优势资本偏向的特征,且偏向程度远超发达国家和墨西哥、南非这类资本丰裕型发展中大国,其背后的原因何在?中国和印度作为发展中大国,往往通过引进美国和日本的前沿技术实现技术进步和技术升级,进而导致两国技术进步偏向直接跟随发达国家出现资本偏向特征,反而与本国具有比较优势的资源和产业产生了偏离。不仅如此,两国资本稀缺而劳动相对丰裕的要素禀赋结构还会加深技术进步偏向于资本的程度,这是因为资本偏向型技术进步将诱发对资本的超额需求,而此时劳动丰裕型大国的资本供给难以满足这一超额需求,反而使资本边际产出进一步提升,技术进步偏向于资本的程度更深,加剧了技术进步偏向与要素禀赋比较优势的非适配性。这也就解释了为何中国和印度作为劳动丰裕型发展中大国,其资本偏向程度同时超过了发达国家和资本丰裕型发展中大国。为此,本小节进一步检验发展中大国技术进步偏向与要素禀赋形成的比较优势的适宜性是否与上述结论相吻合。

(3) 发展中大国技术进步偏向的适宜性检验

上文结合要素替代弹性测算了各类发展中大国的技术进步偏向指数,初步判断中国和印度的技术进步整体偏向于资本,并未发挥本国劳动丰裕的禀赋比较优势,而印度尼西亚、墨西哥和南非的技术进步偏向则基本吻合要素禀赋结构形成的比较优势。在此基础上,本小节进一步检验发展中大国技术进步偏向与比较优势的匹配程度,尤其是考察发展中大国在实现经济赶超的过程中,当技术进步偏向转化时,要素禀赋结构是否发生相应的调整,技术进步偏向与比较优势的非适配性是进一步恶化,技术进步朝向偏离要素禀赋结构的方向发展,还是逐步得到改善,二者的契合度不断提高?

为此,本小节仍沿用前文分辨资本丰裕型大国和劳动丰裕型大国的思路,以美国资本劳动比的0.2倍为检验基准,测算美国1950—2014年资本劳动比的均值并乘以0.2倍,得到资本劳动比的数值水平为4.1184,若经济体某一年度的资本劳动比超过这一数值,则认定此时处于资本丰裕状态,若技术进步偏向于资本,则技术进步偏向符合这一时点的比较优势,若技术进步偏向于劳动,则技术进步并未遵循这一时点的比较优势发展;若小于这一数值,则认定此时处于劳动丰裕状态,若技术进步偏向于资本,则技术进步偏向与比较优势仍然存在非适配性,若技术进步偏向于劳动,则技术进步偏向与此时的比较优势相匹配。

为此,我们绘制了中国、印度、印度尼西亚、墨西哥、南非 5 个不同类型发展中大国技术进步偏向与比较优势的适宜性检验图,并同时参考韩国技术进步偏向的适宜性检验图进行了对比分析,见图 3-2—图 3-7。图中横轴代表经济体的资本劳动比 K/L,且标明垂线 $K/L=4.1184$,若散点落在垂线左侧,则表明此时劳动要素相对丰裕,而若落在垂线右侧,则表明资本要素相对丰裕;图中纵轴代表技术进步偏向指数 TB,且标明水平线 $TB=0$,若散点落在水平线上方,则表明技术进步偏向资本,若落在水平线下方,则表明技术进步偏向于劳动。

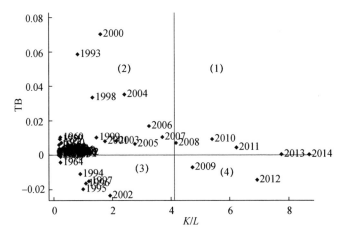

图 3-2 中国技术进步偏向的适宜性检验图

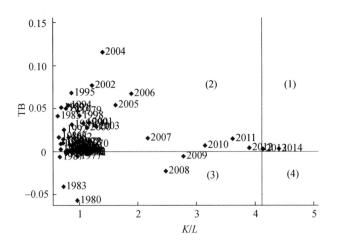

图 3-3 印度技术进步偏向的适宜性检验图

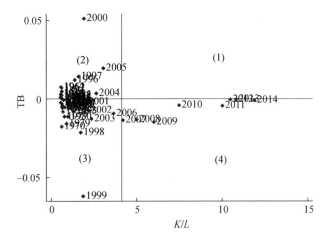

图 3-4 印度尼西亚技术进步偏向的适宜性检验图

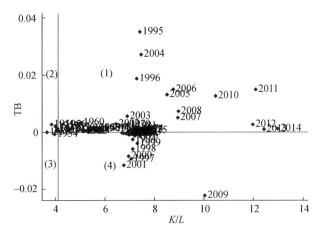

图 3-5 墨西哥技术进步偏向的适宜性检验图

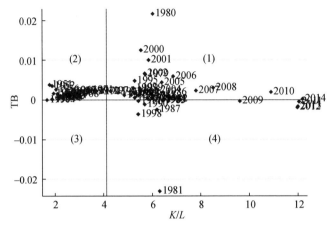

图 3-6　南非技术进步偏向的适宜性检验图

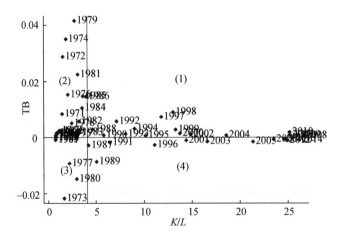

图 3-7　韩国技术进步偏向的适宜性检验图

因此，图中标明的水平线和垂线将每幅检验图分割成 4 个区域，只有当散点落在第(1)区域和第(3)区域时，经济体的技术进步偏向才与比较优势相匹配；而若落在第(2)区域和第(4)区域，则显示经济体的技术进步偏向已与要素禀赋结构形成的比较优势发生偏离，二者存在非适配性问题。

观察图 3-2—图 3-7 可知，技术进步偏向的适宜性检验图基本与前文的判断相一致：中国和印度的检验图中，大部分散点落在第(2)区域内，表明两国在劳动丰裕资本相对稀缺的情形下，选择了资本偏向型技术进步，背离了本国要素禀赋结构形成的发展劳动密集型产业的比较优势。但值得欣喜的是，由于中国的技术进步长期偏向于资本，推进了生产过程中的资本深化，尤其是近几年中国资本劳动比不断提高使其比较优势发生了相应的调整，此时中国技术进步偏向的适配性发生了变化，体现在图 3-2 中近几年的散点大部分落在第(1)区域内，即要素结构升级持续推进，技术进步偏向与比较优势的适配程度不断加深。

印度尼西亚技术进步偏向的适宜性检验图中，大部分散点落在了第(3)区域，即选择的技术进步路径与劳动相对丰裕的要素禀赋结构相匹配。但随着印度尼西亚资本积累的不断深化，该国的技术进步偏向并未发生相应的调整，近几年的散点大部分落在第(4)区域，表明虽然该国资本劳动比提升，但却未能实现劳动偏向型技术进步向资本偏向型技术进步的转换，反而陷入了"比较优势陷阱"。而作为资本丰裕型发展中大国的南非和墨西哥，其技术进步偏向与比较优势的适宜程度，基本与韩国类似，大部分散点都落在第(1)区域内，表明这三个国家所选择的技术进步偏向符合要素禀赋结构的比较优势。

4 比较优势与技术进步偏向对全要素生产率的影响检验

上文已经验证了不同类型发展中大国的技术进步偏向并不一致，但各国非一致的技术进步偏向究竟会对其全要素生产率产生怎样的影响？一般而言，全要素生产率的改善源于技术进步和资源配置效率的改善，一方面，技术进步偏向表现为劳动和资本要素技术进步效率的提升，将直接作用于技术进步率；另一方面，要素禀赋结构形成的比较优势是技术进步偏向面临的主要约束，而技术进步偏向亦将改变要素禀赋结构升级的路径，二者的适配度和动态交互效应势必影响资源配置效率的变化。为分析这两方面的影响方向是否一致，探析何者主导了全要素生产率的变动,我们根据 Klump et al. (2007)的思路,分离得到了对数形式的全要素生产率 TFP:

$$\log\left(\frac{Y_{it}}{L_{it}}\right) = \log\left(\xi_i \frac{\overline{Y}_i}{\overline{L}_i}\right) + \frac{\varepsilon_i}{\varepsilon_i - 1} \log\left[\alpha_i \left(\frac{K_{it}/\overline{K}_i}{L_{it}/\overline{L}_i}\right)^{\frac{\varepsilon_i-1}{\varepsilon_i}} + (1 - \alpha_i)\right]$$

$$\underbrace{+ \alpha_i g_{A_{Kit}} + (1 - \alpha_i) g_{A_{Lit}} + \frac{\varepsilon_i - 1}{\varepsilon_i}\left(\frac{\alpha_i(1 - \alpha_i)}{2}\right)(g_{A_{Kit}} - g_{A_{Lit}})^2}_{\text{全要素生产率(对数形式)}} \quad (3\text{-}8)$$

参考全要素生产率概念的界定,通常全要素生产率是指剔除要素投入后由技术进步等引起的产出增加,是实际产出增加与要素投入增加之间的差额。故由式(3-8)可分解得到对数形式的全要素生产率,其中第一项和第二项分别代表资本和劳动要素技术进步效率以各自要素收入份额为权重对全要素生产率的贡献,分别记为资本增进型技术进步效应 AKC 和劳动增进型技术进步效应 ALC,二者共同表现为对技术进步的影响,而第三项则代表技术进步偏向性与比较优势的交互效应对全要素生产率的影响,将其定义为技术进步适宜效应 TBC,其实质是要素禀赋结构形成的比较优势与技术进步偏向的适宜性对资源配置效率的影响。当 $0<\varepsilon<1$ 时,大国生产过程中的资本和劳动互补,技术进步适宜效应为负值。若资本要素技术进步效率增速低于劳动要素,则技术进步表现为资本偏向型,因生产过程中资本和劳动表现出互补关系,对资本产生超额需求,而资本供求无法适时调整引发要素配比失衡将降低全要素生产率,对生产率的作用效应为负。而资本和劳动要素技术进步效率的同步提升将有助于消除技术进步适宜效应对全要素生产率的负向影响。Acemoglu(2002)认为,若技术进步过于偏向某一要素时,可能会引起全要素生产率增速放缓,只有在资源被均衡地分配在技能和非技能技术的研发时,经济体的生产效率才会达到最大值,全要素生产率的增长将最快,这与我们的观点相一致。而当 $\varepsilon>1$ 时,资本与劳动呈替代关系,技术进步适宜效应为正值,技术进步适宜效应对全要素生产率产生正向影响,此时任意一种要素技术进步效率的提升,都将有利于全要素生产率的增长。

图 3-8 为按照式(3-8)对中国、印度、印度尼西亚、墨西哥和南非的全要素生产率分解的结果,图 3-8 显示:5 个发展中大国全要素生产率的变化均是由资本增进型技术进步效应 AKC 和劳动增进型技术进步效应 ALC 二者共同主导的,

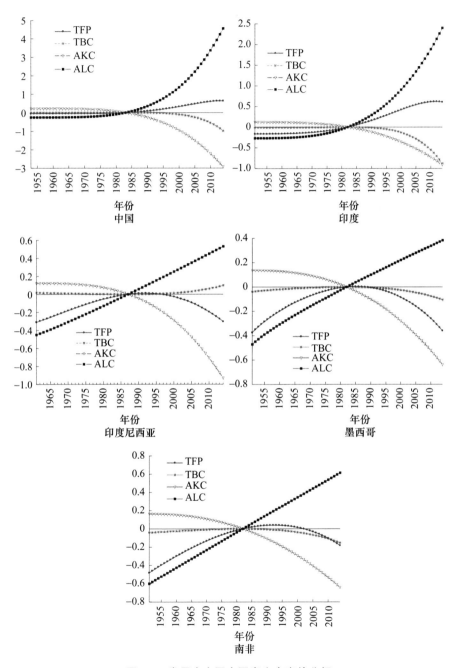

图 3-8 发展中大国全要素生产率的分解

即技术进步偏向对全要素生产率的影响主要是依赖对技术进步率的影响;而技术进步偏向与比较优势对全要素生产率的交互影响,即技术进步适宜效应,并非全要素生产率变化的主要原因。同时,对于中国、印度、墨西哥和南非4个生产要素呈互补关系的国家而言,技术进步过度偏向于资本要素,将对资本产生超额需求,然而发展中大国资本供给受限,无法适时调整引发要素结构失衡将降低全要素生产率,资本偏向型技术进步与要素禀赋结构的非适配性即技术进步并未朝向具有比较优势的资源发展,将抑制大国全要素生产率的提升。而由于不同类型发展中大国要素禀赋结构形成的比较优势不同,技术进步适宜效应对全要素生产率产生的负向影响强度也并不相同,由于中国和印度这类劳动丰裕型发展中大国,资本供给和调整的能力较弱,技术进步偏向与比较优势的失衡对全要素生产率的负向影响较强;而墨西哥和南非作为资本丰裕型发展中大国,其供给和配置资本的能力较强,技术进步偏向与比较优势的失衡对全要素生产率的负向影响相对较弱。而对于印度尼西亚而言,由于其资本与劳动呈替代关系,技术进步适宜效应对全要素生产率产生了正向影响,但遗憾的是该国技术进步过度偏向于劳动要素,反而出现了资本要素技术进步效率下滑的现象,从而整体全要素生产率下降,陷入"比较优势陷阱"。

第2节 发展的视角:后发优势

发展中国家在经济赶超的进程中具有相对的后发优势,这一概念最初由Gerschenkron(1962)提出,是指后发国家在推进工业化进程中所拥有的,由后发国家相对落后的经济地位所致的特殊益处,且这种益处并非通过后发国家的努力创造的,而是与后发国家经济的相对落后性共生,这一概念内涵奠定了后发优势理论发展的基石。此后,学者们从不同视角对这一理论进行了完善和深入研究,Levy(1966)阐释了后发国家在实现现代化过程中所面临的具体的后发优势和后发劣势。Abramovitz(1989)认为,技术差距和社会能力等因素是限制后发国家发挥后发优势实现技术追赶的重要因素。而当后发国家具有一定技术创新能力时,基于其与先发国家存在较为悬殊的工资差距,可以跨越既定的技术发展阶段,选择直接采用新技术,在某些特定产业实现技术赶超形成"蛙跳"机制(Brezis and Krugman,1993)。Elkan(1996)在开放经济框架下,演绎了后发国家通过技术引进、模仿和自主创新实现技术收敛的路径,而技术差距和"干中学"的能力则分别是影响技术模仿效率和技术创新效率的关键。国内学者围绕后发优势展开了丰富的研究(简新华和许辉,2002;林毅夫,2003;林毅夫和张鹏飞,2005;郭熙保和罗知,2007;何志星,2010;郭熙保和习明明,2012),亦不乏研究从后发优势视角诠释中国区域经济增长的非平衡性问题(陆德明和张伟,2001;陆德明和王必达,2002;窦丽琛和李国平,2004;肖利平,2010)。

深入挖掘后发优势的内涵对于发展中大国的经济增长显得尤为重要,从多个视角评价发展中大国的后发优势,并探究后发优势的实现路径显然极具理论价值和实践意义。欧阳峣等(2016)认为,发展中大国应当兼具发展中国家和大规模国家的双重内涵,通过采用聚类分析方法遴选中国、印度、俄罗斯、巴西、墨西哥、印度尼西亚、巴基斯坦、尼日利亚、埃及、埃塞俄比亚、伊朗、刚果(金)、南非13个国家作为发展中大国,并从自然、经济、产业、区域和治理等多个视角评价这些国家的综合影响力,显示发展中大国在国际经济格局中的影响力逐渐扩大,但不同层次的发展中大国影响力差异显著。

那么,发展中大国对世界经济影响不断增强的原因是什么?这是因为发展中大国具有自然资源的比较优势和更为突出的规模优势,尤其是由相对落后的经济发展地位所形成的后发优势(简新华,2012)。对于发展中大国而言,可通过购买专利技术和资本设备品的方式,以较为低廉的成本引进和模仿发达国家的技术,实现技术水平的快速提升及人均收入水平向发达国家的收敛(林毅夫和张鹏飞,2005)。Lucas(2000)认为,世界范围的技术扩散可促进生产知识的流动,并使发展中国家和发达国家的经济增速趋于收敛。但在当前开放经济条件下,若发展中大国的技术引进、转移和技术模仿可以实现,则不同层次的发展中大国经济的综合影响力理应同步提升。但经验研究却显示,以"金砖国家"为代表的发展中大国逐渐成为世界经济增长的引擎,而部分发展中大国却出现经济增长停滞现象,与发达国家的收入差距反而不断扩大(何志星,2010)。可见,发展中大国能否充分发挥其后发优势是影响其经济增速的重要原因,实现后发优势的关键在于发展中大国应根据自身与发达国家之间的技术差距,提升供给结构与有效需求的匹配程度,培育动态竞争优势,充分挖掘不同发展阶段的潜在优势(张军扩等,2014)。对于发展中国家而言,实行一定程度的有限赶超战略有利于提升其经济增长速度(杨汝岱和姚洋,2008)。

为此,本节以中国、印度、俄罗斯、巴西、墨西哥、印度尼西亚、巴基斯坦、尼日利亚、埃及、埃塞俄比亚、伊朗、刚果(金)、南非13个发展中大国为研究对象,从技术差距、要素禀赋和市场需求结构等多重视角重新诠释后发优势的内涵,构建指标体系并采用因子分析法评价发展中大国的后发优势,探析后发优势的作用及实现路径。

1 发展中大国后发优势的内涵与指标评价体系设计

后发优势是发展中大国保持高速的经济赶超速度的重要原因之一,其本质内涵是由发展中大国的贫穷落后和不发达状态所形成的经济增长的潜在优势,具体表现为技术、管理和制度等方面的引进和学习,较为低廉的要素使用成本,相对广阔的消费需求市场。据此,阐述发展中大国后发优势的内涵,并设计后发优势的指标评价体系(见表3-7)。

表3-7 发展中大国的指标评价体系设计

一级指标	二级指标	指标含义
技术差距	人均GDP	美国与发展中大国的人均GDP之比
	全要素生产率	美国与发展中大国的全要素生产率之比
要素禀赋	资本边际回报率	发展中大国的资本收益在GDP中的份额
	劳均人力资本存量	发展中大国的人力资本存量/劳动就业人数
市场需求结构	居民消费需求	发展中大国的居民消费/GDP
	基础设施建设需求	发展中大国的政府购买支出/GDP
	进口需求	发展中大国的商品进口总额/GDP

(1)技术后发优势

一般而言,发达国家根据本国要素禀赋,投入大量的研发资源,实现前沿技术创新,而发展中大国则通过技术引进和模仿等方式,以较少的研发资源投入和较短的研发时间,实现技术创新和技术赶超。技术后发优势是指对于技术处于相对落后地位的发展中大国而言,与发达国家的技术差距越大,获取的技术外溢效应越强,可通过技术引进和模仿发达国家的前沿技术,以超越发达国家的速度实现技术进步,缩小与发达国家的收入差距,即为狭义的后发优势。充分发挥技术后发优势不仅可能缩小发展中大国与发达国家之间的收入差距,还有可能使发展中大国特定产业的技术进步实现跨越式发展。然而,现实经济并未如技术后发优势理论所预期的那样发展,部分发展中大国与发达国家之间的收入差距不断扩大。在知识产权保护不断强化的条件下,后发国家如何有效地吸收先发国家的技术,获取技术后发优势?经验研究发现,技术差距是影响技术引进效率和技术后发优势能否充分发挥的关键因素。发展中大国与发达国家的技术差距越大,技术模仿的空间越大,技术进步的速率越快,更易实现技术追赶;但也有研究认为,技术差距过大易形成技术吸收障碍,阻碍发展中大国技术引进效率的提升,技术差距对技术引进效率存在门槛效应。为此,我们选择以技术差距表征发展中大国的技术后发优势,文献测算技术差距的具体指标包括:内外资企业人均资本存量之比和资本密集度差距、中美全要素生产率、劳动生产率差距、人均GDP之比和研发经费占GDP的比重。我们用美国代表世界前沿技术水平,根据美国和发展中大国的人均GDP之比及以美国为基准的发展中大国全要素生产率的倒数衡量技术后发优势:若呈下降趋势,则表明发展中大国与世界前沿技术的差距不断缩小,发展中大国技术后发优势得到发挥;若呈上升趋势,则暗示发展中大国与世界前沿技术的差距仍呈扩张趋势,后发优势尚未得到有效利用。

表3-8显示了1990—2014年间部分年份发展中大国的技术后发优势:首先,根据美国与发展中大国人均GDP之比可知,除俄罗斯外,大部分发展中大国通过技术引进和模仿创新等方式,以超过发达国家的速度实现了技术进步,在不断缩小与美国人均GDP的差距,也表明这些国家的技术后发优势渐次释放。其中,南非和墨西哥与美国人均GDP差距的变化幅度较小不超过5%,巴西、刚果(金)、埃塞俄比亚和巴基斯坦与美国人均GDP的差距呈下降趋势,但下降幅度较小,而中国、埃及、印度尼西亚、印度、伊朗和尼日利亚与美国人均GDP的差距在不断缩小且下降幅度超过50%。综观美国与13个发展中大国的人均GDP之比可知,自身与发达国家初始技术差距较大的发展中大国具有更强的技术后发优势,可供模仿的技术空间较大,引进发达国家技术的成本较低,难度较小,更有利于充分释放潜在的技术后发优势。其次,以发展中大国与美国的全要素生产率差距代表的技术后发优势,其演变与分布规律与人均GDP差距代表的技术后发优势略有差异。同为第一层次的发展中大国,中国和印度具有较为明显的技术后发优势,与美国的初始全要素生产率差距较大分别为3.41和3.98;但历经二十余年的发展,两国的技术后发优势得到有效利用,与

美国的全要素生产率差距已分别缩小至2.31和2.56。而其他发展中大国与美国的初始全要素生产率差距则基本保持在[0.9,2.0]的区间内,巴西、埃及和俄罗斯的技术后发优势基本保持稳定态势,而印度尼西亚、南非、墨西哥、尼日利亚等发展中大国与美国的全要素生产率差距则不降反升,暗示随着大部分发展中大国与发达国家全要素生产率差距的缩小,难以通过技术引进等途径进一步提升生产效率。不同层次的发展中大国初始的技术后发优势及其释放强度存在显著的差异,表明各类发展中大国处于技术追赶周期的不同阶段。

表3-8 发展中大国的技术后发优势

国家	人均GDP差距						全要素生产率差距					
	1990年	1995年	2000年	2005年	2010年	2014年	1990年	1995年	2000年	2005年	2010年	2014年
巴西	6.19	4.66	5.37	5.69	3.66	3.51	1.94	1.64	1.89	2.11	1.89	2.09
中国	15.61	11.79	11.45	7.89	5.24	4.15	3.41	3.01	3.36	2.60	2.31	2.31
刚果(金)	16.98	26.28	20.88	14.64	9.57	11.06	—	—	—	—	—	—
埃及	16.83	9.96	9.25	8.72	5.23	4.81	0.96	0.86	1.10	1.09	0.91	0.93
埃塞俄比亚	40.45	58.96	82.89	67.67	47.36	34.54	—	—	—	—	—	—
印度尼西亚	27.77	24.81	22.77	17.87	11.22	9.53	1.80	1.56	2.73	2.84	2.80	2.58
印度	11.54	9.12	13.15	12.13	6.66	5.30	3.98	3.56	3.75	3.14	2.62	2.56
伊朗	11.67	7.78	6.15	3.56	2.87	3.33	1.72	1.49	1.35	0.96	0.90	1.11
墨西哥	3.54	4.12	3.94	3.73	3.45	3.35	1.29	1.54	1.48	1.44	1.57	1.66
尼日利亚	35.10	86.39	47.21	14.66	9.57	9.32	1.19	2.37	1.50	1.48	1.40	1.53
巴基斯坦	14.23	14.83	16.79	15.40	11.77	10.81	—	—	—	—	—	—
俄罗斯	1.83	3.32	5.20	3.69	2.41	2.16	1.44	2.36	3.16	2.25	1.72	1.52
南非	4.32	4.84	5.28	4.75	4.34	4.31	1.29	1.37	1.45	1.35	1.59	1.88

资料来源:宾大世界表9.0(PWT 9.0)。

(2) 要素后发优势

从生产要素视角考察发展中大国后发优势的主要内容有二:其一是依据资本边际报酬递减规律探析发展中大国物质资本的后发优势;其二是基于劳动投入的异质性,从劳动要素的视角考察发展中大国人力资本的后发优势。一般而言,发达国家的资本要素较为丰裕,劳动要素相对稀缺,而发展中大国的要素禀赋结构则与之相反,其要素结构具有人口众多而物质资本积累不足的特征。根据资本边际报酬递减的规律,发达国家资本的边际回报率应当低于发展中大国,若可实现资本的跨国流动,则发达国家的物质资本将流向发展中大国,使发展中大国的经济增速超越发达国家,实现跨国收入差距的减小。为此,我们首先采用资本边际回报率这一指标衡量发展中大国资本要素的后发优势。

目前,资本边际回报率的测算方法主要有三:第一,利用完全竞争市场条件下资本的收益率,即为利率,因而通过对比不同国家的利率水平可分析其资本后发优势。第二,利用跨国面板数据,以总产出为被解释变量,以劳动、资本和技术进步等指标为解释变量,资本积累系数所表征的含义是资本投入增加引起的总产出增加,即为资本边际回报率的内涵。第三,将资本和总量产出设定为具体的函数关系形式,并据此测算资本的边际回报率。但遗憾的是,上述三种方法各有利弊,基于数据的可得性,我们采用郭熙保和罗知(2007)的方法估算发展中大国的资本边际回报率。在完全竞争市场条件下,将生产函数设定为规模报酬不变形式,则资本边际收益率(MP_K)与资本投入量(K)二者的乘积即为资本总收益,因而资本边际收益率 $MP_K = \alpha Y/K$,其中,分母为资本总收益即资本收入份额 α 与总产出 Y 的乘积,分子为资本投入量 K,发展中大国资本边际回报率的估算结果见表3-9:不同层次发展中大国的初始资本积累水平不同,由此形成各国初始资本边际回报率迥异,如埃塞俄比亚和尼日利亚两国的资本要素较为稀缺,其资本边际回报率分别高达1.28和1.07,而刚果(金)、埃及和巴基斯坦三国的资本边际回报率均超过0.5,剩余发展中大国的资本边际回报率处于[0,0.5]的区间内。而随着不同层次发展中大国资本积累的不断深化,大部分国家的资本边际回报率均呈下降趋势,仅俄罗斯和伊朗两国的资本边际回报率呈微幅波动上升趋势。且初始资本边际回报率越高的国家,其资本边际回报率的下降幅度越大,表明初始资本要素稀缺的发展中大国,可通过基础设施和设备投资实现资本积累并获取较高的回报率。然而,随着资本积累程度的深化,资本后发优势得到进一步激发和释放,基础设施和资本设备投资增速和资本边际回报率持续下滑。

由于发展中大国具有人口众多,尤其是非技能劳动丰裕而技能劳动相对稀缺的要素禀赋结构,为此,我们利用人力资本存量与劳动就业人数之比即劳均人力资本存量(H/L),考察发展中大国劳动要素禀赋的后发优势。一般而言,发展中大国的劳均人力资本存量偏低,该类国家的人力资本积累相对不足,但可供利用的简单劳动较为丰富,劳动力使用成本偏低,生产非技能劳动密集型产品具有比较优势。劳均人力资本指标所呈现的发展中大国的劳动要素后发优势,其分布规律与资本要素后发优势相似:不同国家初始的劳均人力资本存量不同。除俄罗斯劳均人力资本存量有小幅提升,中国和巴西两个发展中大国劳均人力资本存量基本保持稳定外,剩余发展中大国的劳均人力资本存量仍呈下降趋势。表明大多数发展中大国人力资本的积累速度落后于简单劳动力的增长速度,具有充足的简单劳动供给,而人力资本供给相对紧张,暗示发展中大国技能劳动与简单劳动要素报酬的差距不断扩张,可通过进一步利用简单劳动和加速积累技能劳动两种途径发挥发展中大国的劳动后发优势。

表 3-9　发展中大国的物质资本和人力资本后发优势

国家	资本边际回报率						劳均人力资本存量					
	1990年	1995年	2000年	2005年	2010年	2014年	1990年	1995年	2000年	2005年	2010年	2014年
巴西	0.17	0.16	0.16	0.14	0.12	0.10	0.024	0.025	0.026	0.025	0.025	0.026
中国	0.22	0.21	0.18	0.17	0.14	0.10	0.003	0.003	0.003	0.003	0.003	0.003
刚果(金)	0.74	0.38	0.51	0.56	0.39	0.21	2.218	1.996	1.744	1.538	1.326	1.214
埃及	0.92	0.75	0.53	0.46	0.50	0.47	0.134	0.124	0.112	0.114	0.094	0.090
埃塞俄比亚	1.28	0.89	0.55	0.36	0.43	0.38	0.051	0.047	0.043	0.038	0.033	0.030
印度尼西亚	0.18	0.20	0.20	0.21	0.18	0.16	0.005	0.004	0.004	0.004	0.004	0.004
印度	0.42	0.44	0.24	0.19	0.12	0.10	0.026	0.025	0.024	0.022	0.022	0.021
伊朗	0.17	0.17	0.20	0.29	0.27	0.24	0.113	0.114	0.103	0.088	0.098	0.098
墨西哥	0.22	0.20	0.24	0.24	0.24	0.24	0.076	0.070	0.063	0.061	0.054	0.052
尼日利亚	1.07	0.71	0.98	0.37	0.31	0.25	0.040	0.039	0.037	0.036	0.034	0.033
巴基斯坦	0.95	0.76	0.66	0.62	0.56	0.58	0.047	0.047	0.044	0.044	0.036	0.032
俄罗斯	0.09	0.05	0.07	0.10	0.12	0.15	0.039	0.047	0.049	0.047	0.047	0.047
南非	0.19	0.21	0.22	0.25	0.16	0.13	0.178	0.164	0.157	0.160	0.163	0.147

资料来源:宾大世界表9.0(PWT 9.0)。

(3) 结构后发优势

发展中大国的结构后发优势,既可以表现为本国产业结构在逐步实现工业化和服务业化的进程中,劳动生产率的同步提升;也可以表现为发展中大国拥有广阔、待挖掘的市场需求潜力。本研究主要利用消费支出占比和进口支出占比两个指标从市场需求结构的角度评价发展中大国的结构后发优势,见表3-10:首先,发展中大国的初始消费支出占比基本处于[0.3,0.85]这一区间内,且除尼日利亚、巴基斯坦和俄罗斯三国消费支出占比呈上升趋势,印度消费支出占比基本保持稳定外,其余发展中大国的消费支出占比均呈下降趋势。这说明大部分发展中大国具有较大的消费需求空间,居民消费可实现进一步升级;同时,发展中大国进口支出所占比重的变化趋势也从侧面印证了这一结论。

虽然不同层次的发展中大国 1990 年的初始进口支出占比并不相同,但除伊朗和尼日利亚两国外,剩余国家的进口支出占比均呈稳步上升趋势。这也从侧面反映出发展中大国目前的产品供给结构难以适应消费者需求结构,主要通过进口产品满足高质量和高层次的消费需求,消费需求市场尚未饱和。

表 3-10 发展中大国的结构后发优势

国家	消费支出占比						进口支出占比					
	1990 年	1995 年	2000 年	2005 年	2010 年	2014 年	1990 年	1995 年	2000 年	2005 年	2010 年	2014 年
巴西	0.67	0.59	0.59	0.61	0.58	0.60	0.07	0.09	0.10	0.11	0.14	0.15
中国	0.57	0.53	0.47	0.39	0.36	0.37	0.04	0.06	0.08	0.13	0.15	0.15
刚果(金)	0.46	0.55	0.29	0.28	0.24	0.32	0.20	0.24	0.13	0.23	0.33	0.35
埃及	0.83	0.82	0.79	0.69	0.71	0.74	0.08	0.09	0.09	0.08	0.11	0.11
埃塞俄比亚	0.76	0.86	0.77	0.71	0.76	0.59	0.05	0.05	0.07	0.13	0.14	0.21
印度尼西亚	0.71	0.68	0.66	0.60	0.58	0.61	0.03	0.04	0.05	0.07	0.09	0.09
印度	0.54	0.52	0.68	0.67	0.56	0.54	0.07	0.08	0.09	0.11	0.11	0.10
伊朗	0.68	0.51	0.49	0.46	0.46	0.52	0.23	0.09	0.09	0.10	0.11	0.09
墨西哥	0.69	0.65	0.67	0.69	0.63	0.64	0.07	0.15	0.29	0.26	0.27	0.29
尼日利亚	0.43	0.67	0.43	0.75	0.68	0.71	0.08	0.07	0.07	0.07	0.08	0.07
巴基斯坦	0.70	0.67	0.73	0.79	0.79	0.81	0.06	0.06	0.07	0.08	0.08	0.04
俄罗斯	0.33	0.49	0.45	0.51	0.53	0.57	0.07	0.08	0.05	0.09	0.11	0.11
南非	0.68	0.70	0.69	0.66	0.61	0.62	0.10	0.14	0.13	0.18	0.21	0.22

资料来源:宾大世界表 9.0(PWT 9.0)。

2 发展中大国后发优势的评价与对比

由于发展中大国的后发优势是基于其相对落后地位而形成的,在技术引进、要素投入和市场结构等方面的潜在优势,涉及的基础指标数量较多,且指标之间的相关性较强,并未对各个指标设置相应的权重;同时,不同层次的后发国家技术、要素和结构后发优势的分布规律和变化趋势各不相同。因此,原指标体系难以综合评价 13 个发展中大国各个视角的后发优势。为此,我们采用因子分析法,利用降维的思路,将多个相关的基础指标转变为相互独立的少数因子,且少数因子涵盖原基础指标的大部分信息。不仅如此,因子分析法的主要优点在于,所确立的因子权重是根据基础指标之间的内在结构关系,而并非主观人为设定的。该方法所确定的因子及对应权重,不仅是对基础指标信息的重新组合,更是通过减少信息重复交叉实现了数据的简化,因此更具合理性、客观性和科学性。

(1) 因子分析法的适宜性检验

在对原始数据进行无量纲处理后,我们首先采用 KMO 统计量和 Bartlett's 球形检验对数据是否适合采用因子分析法进行检验。首先,对于 KMO 统计量而言,越接近于 1 代表基础指标之间的相关性越强,越适宜于采用因子分析法,本研究的 KMO 统计量为 0.57,可以使用因子分析法评价发展中大国的后发优势。其次,Bartlett's 球形检验的原假设是,变量之间是独立的则不能够提取因子。本研究的 Bartlett's 球形检验统计量的值为 625.79,P 值为 0.0000,拒绝基础变量之间是独立的原假设,表明可以适用因子分析法。

(2) 因子的提取

利用相关系数矩阵求出的特征值及其相应的方差和累积方差见表 3-11,我们采用特征值准则与因子方差累计贡献率准则相结合的方法确定因子数量。选取特征值大于 1 的因子变量即 Factor 1 和 Factor 2;同时,经过正交旋转后,二者的累计方差贡献率达到 95.24%,大于 70%。表明因子变量 Factor 1 和 Factor 2 涵盖了基础变量即技术、要素和结构等后发优势的大部分信息。

表 3-11 总方差分解情况

主成分	初始特征根			正交旋转后		
	特征值	方差	累计方差	特征值	方差	累计方差
Factor 1	1.9029	0.6949	0.6949	1.3870	0.5065	0.5065
Factor 2	1.0695	0.3906	1.0855	1.2212	0.4459	0.9524
Factor 3	0.3024	0.1104	1.1959	0.6673	0.2435	1.1959

为考察各基础变量与公共因子之间的数量关系,我们利用经过方差最大化正交旋转后的因子载荷矩阵确定公共因子在各基础变量上的载荷(见表 3-12),并在此基础上对公共因子进行命名。第一个公共因子 Factor 1 在居民消费需求(cshc)和进口需求(cshim)两个基础变量上的权重较高,分别为 0.5087 和 0.7107,该公共因子称为市场需求潜力因子,表征发展中大国的本国市场需求空间。第二个公共因子 Factor 2 在人均 GDP(pgdp)和资本边际回报率(return)两个基础变量上的权重分别为 0.6095 和 0.7265,该公共因子称为动态竞争优势因子,表征发展中大国是否根据本国的要素禀赋结构,实行能够充分发

挥比较优势的技术赶超策略。市场需求潜力因子 Factor 1 和动态竞争优势因子 Factor 2 基本可以反映基础指标中 95.42% 的信息。

表 3-12　旋转后的因子载荷矩阵

指标代码	指标名称	Factor1	Factor 2	Factor 3
pgdp	人均 GDP	0.0367	0.6095	−0.1968
return	资本边际回报率	−0.0114	0.7265	−0.1713
hl	劳均人力资本存量	−0.7800	0.1445	0.2226
cshc	居民消费需求	0.5087	0.3958	−0.4083
cshg	基础设施建设需求	−0.1146	−0.3339	0.6014
cshim	进口需求	0.7107	0.1811	0.1438

(3) 因子分析与评价

根据回归方法可确定两个公共因子即市场需求潜力因子 Factor 1 和动态竞争优势因子 Factor 2 的因子 $F1$ 和 $F2$，并以经过正交旋转后的因子方差占累计方差的比例为公共因子的权重，可得发展中大国的后发优势综合因子得分为：

$$F综 = (0.5065 \times F1 + 0.4459 \times F2)/0.9524 \qquad (3-9)$$

根据式(3-9)测算的 13 个发展中大国 1990 年和 2014 年的后发优势综合因子得分如表 3-13 所示：1990 年 13 个发展中大国的后发优势差距较大，埃塞俄比亚的后发优势综合因子得分为 1.3815，居于首位，这主要是源于该国的动态竞争优势因子得分偏高。埃及、巴基斯坦和尼日利亚得益于动态竞争优势因子得分较高，三国后发优势的综合因子得分较高，排名接近，分别处于所有发展中大国中的第 2、3 和 4 位。而要素禀赋结构较为相似的印度和中国分居后发优势综合因子得分的第 5 位和第 6 位，且不同于前 4 位发展中大国后发优势主要得益于高动态竞争优势，中印两国的市场需求潜力因子对后发优势综合因子得分的贡献较大，这与两国超大人口规模和国土规模的经验事实相吻合。印度尼西亚、墨西哥、巴西和南非则处于发展中大国后发优势排名中的第 7、8、9、10 位，其中，除印度尼西亚外，剩余三国的后发优势主要是源于市场需求潜力因子。伊朗、俄罗斯和刚果(金)则居于发展中大国后发优势排名中的最后 3 位，其中，伊朗和俄罗斯两国的市场需求潜力因子和动态竞争优势因子均表现不佳,而刚果(金)居于后发优势最末名主要是基于该国的市场需求潜力因子得分过低,表明该国居民消费需求扩张空间较为狭小,难以形成有效的后发优势。

表 3-13　发展中大国后发优势的综合因子得分

国家	1990 年发展中大国的后发优势				2014 年发展中大国的后发优势			
	F1	F2	F综	排名	F1	F2	F综	排名
巴西	0.4931	−0.2929	0.1251	9	0.1122	−0.7956	−0.3128	9
中国	0.5965	−0.2332	0.2080	6	−0.1949	−0.9723	−0.5589	11
刚果(金)	−2.7441	1.5215	−0.7470	13	−2.4940	−0.4225	−1.5241	13
埃及	0.4814	1.3751	0.8998	2	0.3518	0.2158	0.2881	2
埃塞俄比亚	0.5246	2.3548	1.3815	1	−0.3035	0.1159	−0.1071	5
印度尼西亚	0.3341	−0.0119	0.1721	7	0.1905	−0.6477	−0.2020	8
印度	0.7294	0.0672	0.4193	5	0.3338	−0.3914	−0.0058	4
伊朗	−0.2444	−0.5392	−0.3824	11	0.1959	−0.4859	−0.1233	6
墨西哥	0.4549	−0.1927	0.1517	8	−0.4766	−0.8900	−0.6701	12
尼日利亚	−0.1162	1.5311	0.6550	4	0.4794	−0.0160	0.2475	3
巴基斯坦	0.5339	1.2042	0.8477	3	0.5712	0.6469	0.6067	1
俄罗斯	0.1483	−1.0337	−0.4051	12	0.2659	−0.6971	−0.1850	7
南非	0.2451	−0.2748	0.0017	10	−0.2976	−0.7794	−0.5231	10

再观察 13 个发展中大国 2014 年后发优势的综合因子得分,除俄罗斯和伊朗外,其余 11 个发展中大国 2014 年的后发优势综合因子得分均低于 1990 年的得分,表明绝大部分发展中大国已跨越追赶进程的初期阶段,且相对落后的地位有所改变,致使后发优势趋弱,对世界经济格局的话语权不断提高。在此基础上,我们将 13 个发展中大国 2014 年的后发优势综合因子得分排名与 1990 年的排名进行对比,发现:第一,后发优势综合因子得分排名保持不变的发展中大国包括巴西、刚果(金)、埃及和南非 4 个国家。第二,5 个发展中大国的后发优势综合因子得分排名下降,中国后发优势综合因子得分的排名下滑 5 位,一方面源于国内市场需求空间压缩,消费需求增速放缓,使市场需求潜力因子得分大幅下滑;另一方面,采用符合本国比较优势的技术追赶策略,提高要素供给

与技术需求的匹配能力,充分消耗技术和要素的后发优势,继而影响动态竞争优势因子得分,二者共同作用使中国成为后发优势下降程度最高的国家。同时,墨西哥和埃塞俄比亚的后发优势综合因子得分排名均下降 4 位,印度尼西亚的排名则均下降 1 位。第三,印度、伊朗、巴基斯坦和俄罗斯 4 国的后发优势综合因子得分排名上升,其中,印度的后发优势综合因子得分排名变化较小,仅上升 1 位;巴基斯坦排名上升 2 位,俄罗斯和伊朗排名则均上升 5 位,且两国的后发优势综合因子得分的数值水平也出现上升。这是因为两国的动态竞争优势因子和市场需求潜力因子均呈上升趋势,暗示两国的经济增速放缓,落后于其他发展中大国。可见,不同层次的发展中大国后发优势的变化态势趋异,一方面表明发展中大国的经济地位发生改变,另一方面反映出不同发展中大国释放后发优势的强度不同,形成技术赶超和经济追赶的速度存在较大差异。

3 发展中大国后发优势的作用及实现路径

结合上文测算的后发优势综合因子、动态竞争优势因子和市场需求潜力因子,本小节利用 13 个发展中大国 1990—2014 年的面板数据,探究后发优势对发展中大国经济增长的作用及实现路径,构建后发优势对发展中大国产出增长的影响模型,将劳动力投入、物质资本投入、人力资本存量和全要素生产率等其他产出的影响因素作为控制变量引入模型中:

$$y_{it} = \alpha + \beta_1 \text{EMP}_{it} + \beta_2 \text{POP}_{it} + \beta_3 \text{AVH}_{it} + \beta_4 \text{HC}_{it} + \beta_5 \text{CK}_{it} + \beta_6 \text{TFP}_{it} + \beta_7 F_{it} + u_{it} \quad (3-10)$$

其中,作为被解释变量的 y_{it} 表示 i 个发展中大国在第 t 年经过购买力平价调整的总产出,解释变量包括:上文利用因子分析法测算的发展中大国后发优势综合因子 F_{it},以及其组成成分市场需求潜力因子 $F1_{it}$ 和动态竞争优势因子 $F2_{it}$;发展中大国的劳动力投入包括总人口数量 POP_{it} 和总就业人数 EMP_{it},个人年均工作小时数 AVH_{it},以及物质资本投入 CK_{it},人力资本存量 HC_{it} 和全要素生产率 TFP_{it} 等变量。以上数据均来源于宾大世界表 9.0。

表 3-14 是利用式(3-10)检验后发优势对发展中大国经济增长的作用及实现路径的结果,方程①为基于随机效应的面板数据回归结果,劳动力投入、物质资本投入、人力资本存量和全要素生产率对总产出的影响均为正向,且显著性水平高达 1%;但个人年均工作小时数对产出的影响却为负向,这是因为劳动者

表 3-14 发展中大国后发优势的作用及实现路径

变量	① RE	② RE	③ RE	④ RE	⑤ FE	⑥ FE	⑦ PCSE	⑧ PCSE
EMP	6 167.23*** (0.00)		6 155.03*** (0.00)		4 930.03*** (0.00)		2 475.13*** (0.00)	6 155.03*** (0.00)
POP		2 476.72*** (0.00)		2 475.13*** (0.00)		3 670.40*** (0.00)		
AVH	−739.69*** (0.00)	−997.21*** (0.00)	−822.39*** (0.00)	−1 151.42*** (0.00)	1 635.33*** (0.00)	1 522.93*** (0.00)	−1 151.42*** (0.00)	−822.39*** (0.00)
HC	782 734.2*** (0.00)	820 224.9*** (0.00)	813 517.3*** (0.00)	877 004.1*** (0.00)	981 939.7*** (0.00)	1 052 985.5*** (0.00)	877 004.1*** (0.00)	813 517.3*** (0.00)
CK	0.1844*** (0.00)	0.1869*** (0.00)	0.1856*** (0.00)	0.1888*** (0.00)	0.1828*** (0.00)	0.1614*** (0.00)	0.1888*** (0.00)	0.1856*** (0.00)
TFP	3 091 480*** (0.00)	3 136 061*** (0.00)	3 042 513*** (0.00)	3 051 778*** (0.00)	3 376 617*** (0.00)	3 394 446*** (0.00)	3 051 778*** (0.00)	3 042 513*** (0.00)
F	361 786.7*** (0.01)	334 262.7*** (0.01)						
F1			119 098.04 (0.30)	44 244.788 (0.70)	−229 758.62 (0.16)	−235 232.1* (0.10)	44 244.788 (0.61)	119 098.04 (0.17)
F2			270 821** (0.05)	337 322*** (0.01)	375 109.1*** (0.09)	303 805.6 (0.11)	337 322*** (0.02)	270 820.7*** (0.02)
Cons	−1 828 518*** (0.00)	−1 416 867*** (0.00)	−1 647 664*** (0.00)	−1 086 581*** (0.01)	−6 936 784*** (0.01)	−7 335 938*** (0.03)	−1 086 581*** (0.03)	−1 647 664*** (0.00)
R-sq within	0.9522	0.9532	0.9522	0.9531	0.9667	0.9742	—	—
R-sq between	0.9971	0.9958	0.9978	0.9971	0.5255	0.6590	—	—
R-sq overall	0.9702	0.9704	0.9706	0.9709	0.8091	0.8023	0.9709	0.9706
obs	137	137	137	137	137	137	137	137

资料来源:宾大世界表 9.0(PWT 9.0)。*、**、*** 分别表示在 10%、5%和 1%的显著性水平上显著。

工作时间延长,是以牺牲闲暇时间降低个人效用为成本的,这势必会影响劳动力的投入效率,因而劳动时间延长反而不利于产出的提升。发展中大国后发优势综合因子对产出的影响系数亦为正,且显著性水平高达1％,验证了后发优势对发展中大国产出增长的作用。而方程②与方程①相比,差别仅在于反映劳动力投入的指标总就业人数由总人口数量替换,解释变量对产出的影响系数及显著性水平较为稳定。更进一步地,为深入剖析发展中大国后发优势的实现路径,我们检验并对比了市场需求潜力和动态竞争优势对产出增长的影响。仍采用随机效应模型,将方程①与方程②中的后发优势综合因子分解为市场需求潜力因子和动态竞争优势因子,在劳动力投入、物质资本投入、人力资本存量和全要素生产率对发展中大国产出的影响基本保持稳定的条件下,市场需求潜力因子和动态竞争优势因子对各国产出影响的差别较大,前者对产出的影响虽然为正,但未达到显著性水平,而后者在方程③和方程④中的系数符号均为正,且显著性水平分别达5％和1％,表明实现后发优势的关键在于根据本国的要素禀赋结构和技术差距,提升要素供给与有效需求的匹配能力,实行能够充分发挥比较优势的动态技术赶超策略。方程⑤—方程⑧的被解释变量和解释变量都与方程③和④一致,差别仅在于方程⑤和方程⑥是基于固定效应的回归结果,而方程⑦和⑧则是基于面板校正标准误差模型的回归结果,各个解释变量系数的符号和显著性都基本保持稳定。

综合上述方程①—方程⑧,我们得到以下结论:后发优势对发展中大国的产出增长存在显著的正向作用,且释放后发优势的关键并不在于扩张国内需求市场,而在于根据本国的要素禀赋结构和技术差距,提升要素供给与有效需求的匹配能力,实行能够充分发挥比较优势的动态技术赶超策略。

综上所述,发展中大国的后发优势存在显著的国别差异,这主要是源于不同国家市场需求潜力和动态竞争优势的异质性。基于绝大部分发展中大国已跨越追赶进程的初期阶段,且相对落后的地位有所改变,致使后发优势趋弱。后发优势对发展中大国产出增长存在显著的正向作用,且释放后发优势的关键并不在于扩张国内需求市场,而在于根据本国的要素禀赋结构和技术差距,提升要素供给与有效需求的匹配能力,实行能够充分发挥比较优势的动态技术赶超策略。

第3节 规模的视角：大国优势

1 国内外学者的理论探索

经济增长与经济发展是世界各地都经历过而且目前仍然在经历着的社会实践过程。构建长期的经济发展优势，成为一个国家经济持续良性发展的基点与关键，自然也成为备受经济学诸多学者关注的焦点。尤其是进入21世纪，"金砖国家"的迅速崛起，新兴大国经济成为世界经济发展的重要力量，对其经济发展优势的研究逐渐成为经济学关注的焦点。国家规模特征与经济增长以及经济优势形成之间是否存在一种内生或外生的关联性特征，大国在经济发展过程中与小国的发展有何异同，是否存在其自身的特殊性质等系列思考和问题，自然也就成为解释"金砖五国"发展动力以及新兴大国发展特征的关键问题之一。

国家经济优势理论最早源于16世纪的古典贸易理论及20世纪的新古典贸易理论，认为在国家经济发展过程中，各个国家由于发展基础与能力的异质性，都必然具有各自不同的优势。众多古典贸易理论学派的经济代表人物围绕这个问题进行了激烈的探讨与争论，如绝对优势理论、比较优势理论、要素禀赋论（H-O模型）、国家经济学理论体系和落后优势原理等。20世纪兴起的新古典贸易理论学派和发展经济学派的代表人物从经济增长的视角以及所提出的后发优势等研究视角进行了激烈的探讨，如后发优势论、经济起飞理论、后发国家经济发展的二元经济理论、后发国家经济增长及优势形成的趋同假说。国内学者分别从发展经济学、制度经济学、政治经济学以及技术经济学等不同研究视角对以中国为代表的后发国家的经济发展优势进行了较为深入的探讨与研究。

近年来，许多经济学者在前人对国家经济增长和竞争优势研究的基础上开始关注大国与小国经济发展的差异性以及大国经济优势等问题。钱纳里（1988）等人均以国家人口数量为规模界定标准对不同规模国家的国内生产结构、经济增长进行了比较分析。国内学者对国家规模与经济发展的研究主要集中在对以中国为代表的大国经济发展相关问题上，著名的发展经济学家张培刚

(1992)对大国发展的问题、大国的特征、大国发展的难题和大国的特殊道路等问题做了初步探讨。陈文科(1999)对以中国为代表的一类发展中大国发展中存在的主要矛盾与问题进行了相对比较系统的研究,对发展中大国内在发展逻辑中存在的十大矛盾进行了总结和分类。欧阳峣(2009)提出了大国优势概念,比较明确而系统地阐述了其内涵与特征,提出了大国经济最大的特征是多元性和适应性,多元性导致了发展层次的差异,同时提出了大国经济的优势是一种综合优势,即大国综合优势。

国家经济发展优势理论以及大国经济与综合优势基础理论经过国内外学者专家多年的探索,已经取得了较好的进展,但就一个完整的理论体系而言,还有很多内容需要进一步的研究与探索。目前,有关大国综合优势的研究主要停留在理论假说和模式路径研究方面,实证研究和比较研究文献不多,而引入国家规模变量进行比较实证的研究相对较少。实证性的文献主要集中在国家经济竞争力评价方面,如WEF(世界经济论坛)的国家竞争力评价体系、IMD(瑞士洛桑国际管理学院)的国家竞争力评价、迈克尔·波特的国家竞争优势钻石模型等。然而,目前的国家竞争力评价研究更多侧重于从某个产业、行业或企业能力的培养视角切入进行研究,大多数研究内容关注于国家某个时点的竞争能力,而不是研究国家经济发展的持续能力和稳定发展能力,而且在目前的评价研究过程中,缺乏对国家特征变量的控制。我们从经济增长与经济发展的关系切入,以欧阳峣(2009)提出的大国综合优势理论为基础,阐述分析了大国经济发展优势的形成机理,选取中国1979—2012年的经济发展数据,对中国经济发展优势的形成进行了检验和论证,从历史和经济发展效率两个方面,验证了不同国家规模与国家经济发展综合优势形成之间是否存在显著性差异。

2 大国优势的理论分析

一个国家的经济发展优势不仅仅是古典经济框架下的受资本和劳动力影响的经济增长优势,其是一项系统工程,是一种综合能力的体现,是一个国家在漫长的历史发展过程中积累形成的综合发展优势。国家经济发展优势的形成受到了国家人口规模、资源禀赋、国土面积规模,以及市场需求规模等的影响,不同规模国家的经济增长模式存在显著性差异,大国的经济增长模式更多地依赖于大国自身资源禀赋所形成的国际贸易中的比较优势和企业资源利用所形成的竞争优势,同时还依赖于大国经济增长不断积累的基础异质性而引致的互补性优势和多元结构所形成的适应性优势。小国的经济增长更多地依赖于国家在国际分工中所产生的比较性优势而形成。比如日本,更多地依赖于其在国际贸易中的特殊地位和环境而引致的国家贸易优势。大国的经济增长依托的基础来自其国内丰富的资源禀赋、多元的经济结构、互补的资源层次,以及不断适应的环境需求,其经济增长优势是一种基于大国资源禀赋而引致的综合性优势的经济增长,而小国的经济增长模式更多情况下是一种基于其国内某种特殊资源禀赋而引致的比较优势的经济增长。二者之间存在显著性差异。

此外,从短期的经济发展来看,国家经济发展优势的评价更侧重于基于国家某项技术或经济发展要素竞争优势的比较优势,但基于短期有限资源的竞争优势是很难得以维系与持续的;从长期的可持续发展来看,国家经济发展优势更多地应该来自国家规模所带来的多元经济结构所形成的竞争优势,而这种多元经济结构特征主要表现在地区多元化、经济多元化和技术多元化引致的优势、动机、主体、产业和区域的多元化等方面。欧阳峣(2009)提出了一个描述大国综合优势的模型,即新宝葫芦模型,认为一般的大国具有自然资源丰富、国土面积广阔、人口数量众多、市场潜力大的特殊国情,以及由此引申出的国家经济规模性、差异性、多元性和完整性,并进而形成了大国经济发展优势,其主要反映在经济发展的分工优势、互补优势、适应优势和稳定优势等四个方面。

(1) 基于经济规模性的大国经济发展分工优势

传统经济学中定义的国家规模更侧重于一个国家所具有的经济资源的规模大小,经济资源往往包括人口资源、自然资源、土地资源和能源资源等。任何一个国家的经济增长都要受制于其国家规模的影响。资源禀赋是国家经济发展的基础,富庶而规模的资源要素的投入势必会深化国家经济结构的分工,形成专业化生产,提高产业发展效率和产品质量;同时也会降低国家整体经济发展的成本,并利用经济规模性塑造支柱性产业优势。对于大国而言,经济规模性是其最主要的特征,也是大国与小国之间的本质区别,大国经济规模性主要体现在国家经济发展中所引入资源的规模化程度要高于中小型国家。不同维度的规模资源引入,势必会加速社会分工,进而提升社会的专业化程度,促进产业经济发展成本的降低,在国内外竞争中又利用相对社会生产率形成产业的市场竞争优势,最后构建国家的支柱性产业。

(2) 基于经济差异性的大国经济发展互补优势

大国面积广阔,无论是土地资源、环境气候,还是市场需求,不同区域间的差异很大,具有不同的资源优势、产业优势。与小国的经济发展不同,大国可以利用跨资源、跨区域、跨产业的优势资源进行经济发展互补和协调发展。在大国中存在资源消耗梯度、产业发展梯度和消费需求梯度,经济发展过程中的梯度差异和发展错位异质性,满足了不同区域、不同层次、不同偏好的市场供给与需求,给大国的经济发展带来了互补效应,进而产生了较强的大国经济互补优势。要素互补、产业互补、经济互补的态势,就是我们认为的基于经济差异性的大国经济发展互补优势。

(3) 基于经济多元性的大国经济发展适应优势

大国往往具有多元经济结构,在人力资本、技术和产品等方面展现出多元的特征,这种多元特征能够适应不同的生产和生活需求,从而形成一种适应优势。其主要表现在:第一,多元性导致人力资本的适应性,大国的人力资本丰富,拥有不同领域和不同层次的专业人才,从而使这些不同领域协调发展;第二,多元性导致技术的适应性,专业技术也居于不同的层次,大国既有适用技术,也有高新技术,这种多元的技术结构可以更好地适应国民经济发展的需求;第三,多元性导致产品的适应性,消费者对产品的需求是多元的,大国经济发展的多元产业结构、产品结构能够有效地满足异质消费主体的多样化与个性化需求。不同的技术和人力资本,可以适应不同的产业和产品的生产。

(4) 基于经济完整性的大国经济发展稳定优势

Chenery(1975)认为,中小型国家的经济增长主要依赖于出口扩大,其经济的独立性不够,而大国则恰恰相反。因为大国往往具有完整的经济体系、齐全的产业部门、较强的抗外部风险能力,可以利用内部循环系统保持经济的稳定。其主要表现在:第一,完整性导致产业的稳定性,大国的产业部门齐全,依靠国内的产业就可以支撑经济的发展,因此,各个产业部门不会因为外部因素的影响而遭受毁灭性的冲击,从而能够保持长期稳定;第二,完整性导致产品的稳定性,各个产业部门可以生产不同领域的产品,不同层次的人力资本和专业技术可以生产不同层次的产品,因此,能够满足不同消费者的需求,保持国内市场的长期增长;第三,完整性导致就业的稳定性,多层次的市场需求和产品需求,可以保持经济的繁荣,从而产生各个方面的就业岗位,保持社会就业的稳定,人民安居乐业。

3 发展中大国优势指标的构建与测算

如上文所述,发展中大国的综合经济优势并不是一个简单的指标,而是具有非常丰富的内涵和广阔的外延。为此,本小节构建的发展中大国的规模优势指标难以完全涵盖其综合经济优势的各个方面,全面体现发展中大国的大国优势。基于数据的限制,本小节仅根据上文对大国经济发展优势的判断,从基于经济规模性的大国经济发展分工优势、基于经济差异性的大国经济发展互补优势、基于经济多元性的大国经济发展适应优势和基于经济完整性的大国经济发展稳定优势四个角度,构建发展中大国规模优势的测度指标(见表3-15),以期能够大体上判定13个发展中大国的综合经济发展优势变化趋势并挖掘其时空规律。

表3-15 发展中大国规模优势的指标构建

方面指数	基础指标	指标符号	计量单位	指标属性	权重
基于经济规模性的大国经济发展分工优势	土地资源面积	X1	—	正向	0.0499
	农业用地面积	X2	—	正向	0.0527
	森林资源面积	X3	—	正向	0.0470
	总人口数量	X4	—	正向	0.0494
	全要素生产率	X5	%	正向	0.0567
基于经济差异性的大国经济发展互补优势	工业化率	X6	%	正向	0.0567
	二元对比指数	X7	—	负向	0.3719
基于经济多元性的大国经济发展适应优势	出口产品结构的HHI指数	X8	—	负向	0.0246
	出口产品结构的基尼系数	X9	—	负向	0.0048
	出口产品结构的Theil指数	X10	—	负向	0.0378
基于经济完整性的大国经济发展稳定优势	出口占GDP的比重	X11	%	负向	0.0675
	进口占GDP的比重	X12	%	正向	0.0504
	国内市场规模	X13	—	正向	0.1307

首先,基于经济规模性的大国经济发展分工优势的指标选择,一方面侧重

于反映大国在发展过程中可以使用的人口资源、土地资源和自然资源较为丰富,资源投入规模大;另一方面应当体现资源的规模引入,可加速社会分工,提高专业化程度,提高社会生产效率。因此,本小节选择土地资源面积和农业用地面积两个指标衡量大国的土地资源规模,选择森林资源面积衡量大国的自然资源规模,选择总人口数量衡量大国人口资源形成的规模优势,选择以全要素生产率代表大国因资源规模引入形成的社会分工,引致专业化程度和整体生产效率的提高。同时,测度规模优势的上述五个指标均为正向指标。

其次,可从跨资源、跨区域和跨产业等视角选择指标,测度基于经济差异性形成的大国经济发展互补优势,体现发展中大国的资源消耗梯度、产业发展梯度和消费需求梯度,以及由此形成的互补优势。然而,由于发展中大国的数据限制,亦考虑到发展中大国的二元经济结构特征,本小节仅从农业和非农业产业视角出发,衡量发展中大国在经济发展过程中所形成的主要互补优势。而在农业和非农业产业视角下,可供选择测度互补优势的指标包括:工业化率,农业、工业和服务业的比较劳动生产率,二元对比指数和二元反差指数。但由于发展中大国在各产业的就业数据连续性较差,本小节只能选择以工业增加值与GDP之比测算工业化率,工业化率越高表示互补优势越强,因而该指标为正向指标。在此基础上,再根据农业产值比重与非农业产值比重之差的绝对值衡量二元对比指数,这一指标值越大表示发展中大国中农业和非农业生产的产业互补效应越弱,因而这一指标为负向指标。

再次,基于经济多元性的大国经济发展适应优势主要表现在多元性导致人力资本的适应性、多元性导致技术适应性,以及多元性导致产品的适应性。由于数据的限制,本小节仅从产品市场的多元化视角,衡量发展中大国的适应优势。借鉴易先忠等(2014)的思路,关注国内市场的贸易理论认为,立足国内市场方能发展对外贸易,国内市场规模可以促进出口产品结构的多元化,因而出口产品结构的多元化指数在一定程度上也反映了国内本土市场产品结构的多元化。为此,本小节选择赫芬达尔-赫希曼指数(HHI)、基尼系数和Theil指数测算出口产品结构的多元化程度,评价发展中大国的适应优势。HHI指数的测算公式为 $HHI_i = \sum_m^j S_{ij}^2$,其中,$S_{ij}$代表$i$国产业$j$出口额所占比重;基尼系数的测算公式则为 $HHI_i = \sqrt{\sum_j^m S_{ij}^2}$;Theil指数的计算公式为 $T_i =$

$\sum_j^m (x_{ij}/u_i)\ln(x_{ij}/u_i)/m$,其中,$x_{ij}$代表 i 国产业 j 出口额,$u_i = \sum_j^m x_{ij}/m$。事实上,HHI 指数、基尼系数和 Theil 指数本是用于测算出口产品市场的集中度,因而指标值越大,反映产品市场的集中度越强,产品多元化越弱,故上述三个指标均为负向指标。此外,适应优势的指标均选用 SITC(国际贸易标准分类)三位码的国际贸易数据进行测度。

最后,为衡量大国经济发展稳定优势,反映其经济完整性,本小节认为,大国往往具有完整的经济体系、齐全的产业部门、较强的抗外部风险能力,可以利用内部循环系统保持经济的稳定。因而,经济增长并不依赖于出口,经济的独立性较强。根据珀金斯和赛尔昆(1975)、Li and Yue(2008)的研究思路,通过对比国际市场规模和国内市场规模,刻画大国经济的完整性特征,本小节选用出口占 GDP 的比重,进口占 GDP 的比重和国内市场规模,即 GDP 加上进口减去出口三个指标,衡量大国经济发展稳定优势。三个指标中,出口占 GDP 的比重越大表明本国经济增长对国外市场的依赖性越强,因而这一指标为负向指标;其余两个指标为正向指标,指标越大,本国经济的稳定性越强。

表 3-15 列出了本小节测算发展中大国综合经济优势,即大国优势的所有基础指标。在保证数据连续性的基础上,本小节秉着代表性、重要性和可比性的原则选取了上述 13 个基础指标,以测度发展中大国的综合经济优势。

使用的数据均来自世界银行世界发展指标数据库,联合国商品贸易统计数据,以及宾大世界表 9.0。为了保证数据的连续性和指标的完整性,本小节在欧阳峣等(2016)界定的 13 个发展中大国中,选择了中国、印度、俄罗斯、巴西、墨西哥、印度尼西亚、尼日利亚、埃及、伊朗、南非 10 个国家作为研究样本,样本期间选择 2000—2014 年。

在此基础上,本小节进一步对 13 个基础指标进行赋权,为避免 AHP 等主观赋权方法缺乏客观性的缺点,本小节采取熵值法,以指标信息量为基准确定其权重,以客观评估各类发展中大国的综合经济优势。由于各指标原始数据的性质和量纲差异,难以直接进行对比加总,因而先对各个指标进行去量纲标准化处理,公式如式(3-11)所示:

$$\begin{aligned}\text{正向指标 } y_{ijt} &= x_{ijt}/x_{\max}, \\ \text{负向指标 } y_{ijt} &= x_{\min}/x_{ijt}\end{aligned} \quad (3\text{-}11)$$

其中，x_{ijt} 代表 t 年国家 i 第 j 个指标的原始数据，$x_{\max}$ 和 $x_{\min}$ 分别表示其最大值和最小值，y_{ijt} 为标准化后的这一指标。

进一步确定各项指标的比重：$P_{ijt} = y_{ijt} \Big/ \sum_t \sum_i y_{ijt}$。在此基础上，确定各项指标的熵值：$E_j = -\ln(Tm) \sum_t \sum_i p_{ijt} \ln(p_{ijt})$，其中，$T$ 和 m 分别代表年份总数和国家数量。再核算各项指标的最终权重，$w_j = (1-E_j) \Big/ \sum_j (1-E_j)$，详见表 3-15，指标的熵值越大，说明数据的无序程度越高，提供的有用信息量越少，因而所占的权重越低；反之，指标的熵值越小，说明提供的有用信息量越丰富，因而所占的权重越高。

最后，可根据上述权重计算发展中大国的综合经济优势得分 $H_{it} = \sum_j w_j y_{ijt}$，及分工优势 H1、互补优势 H2、适应优势 H3 和稳定优势 H4 的分项指标得分。

4 发展中大国优势的测度结果评价

根据上述方法可测算 10 个发展中大国 2000—2014 年的综合经济优势得分及其分项指标得分(见表 3-16)。在 10 个发展中大国中，巴西、中国、伊朗、墨西哥和尼日利亚 5 国的综合经济优势呈波动上升趋势。其中，巴西、伊朗和尼日利亚的综合经济优势近几年上升速度较快；而中国在 2010 年达到 0.455 的峰值水平，且在该年度前后具有比较明显的综合经济优势；墨西哥的综合经济优势虽然呈上升趋势，但整体来看变化不大。而埃及、印度、印度尼西亚、俄罗斯和南非 5 国的综合经济优势则呈下滑趋势，尤其是印度的综合经济优势下滑速度较快，2000 年该国的综合经济优势为 0.402，其后呈波动下滑趋势，虽然在 2009 年曾到达 0.440 的峰值水平，但其后下滑速度较快，到 2014 年该国的综合经济优势已经下滑至 0.191；而剩余 4 国虽然综合经济优势整体呈波动下滑趋势，但总的来说变化幅度并不大。

表 3-16 发展中大国 2000—2014 年综合经济优势的变化

年份	巴西	中国	埃及	印度	伊朗	印度尼西亚	墨西哥	尼日利亚	俄罗斯	南非
2000	0.191	0.186	0.303	0.402	0.236	0.235	0.219	0.176	0.293	0.343
2001	0.244	0.397	0.218	0.300	0.233	0.325	0.222	0.184	0.185	0.302

(续表)

年份	巴西	中国	埃及	印度	伊朗	印度尼西亚	墨西哥	尼日利亚	俄罗斯	南非
2002	0.535	0.209	0.415	0.298	0.240	0.288	0.205	0.315	0.226	0.202
2003	0.192	0.397	0.314	0.194	0.237	0.317	0.243	0.205	0.243	0.297
2004	0.242	0.195	0.317	0.187	0.212	0.237	0.302	0.407	0.195	0.327
2005	0.194	0.207	0.330	0.233	0.307	0.293	0.206	0.242	0.191	0.419
2006	0.419	0.190	0.310	0.305	0.243	0.211	0.201	0.193	0.322	0.242
2007	0.429	0.191	0.249	0.212	0.215	0.325	0.203	0.313	0.241	0.308
2008	0.204	0.218	0.252	0.302	0.314	0.240	0.443	0.194	0.327	0.213
2009	0.244	0.220	0.198	0.440	0.212	0.310	0.240	0.220	0.306	0.333
2010	0.241	0.455	0.219	0.179	0.215	0.311	0.328	0.193	0.304	0.244
2011	0.470	0.308	0.313	0.192	0.215	0.181	0.244	0.239	0.323	0.211
2012	0.477	0.314	0.167	0.218	0.192	0.245	0.247	0.314	0.224	0.326
2013	0.485	0.308	0.222	0.184	0.309	0.331	0.244	0.187	0.220	0.244
2014	0.328	0.225	0.244	0.191	0.490	0.185	0.230	0.312	0.248	0.307

进一步地,表3-17列出了10个发展中大国2000—2014年综合经济优势的排名变化,以便对不同发展中大国进行横向和纵向对比。2000年综合经济优势排名前5位的国家分别是印度(1)、南非(2)、埃及(3)、俄罗斯(4)和伊朗(5),而排名后5位的国家分别是印度尼西亚(6)、墨西哥(7)、巴西(6)、中国(9)和尼日利亚(10)。而这一指标在2010年出现了较大程度的逆转,排名前5位的国家分别是中国(1)、墨西哥(2)、印度尼西亚(3)、俄罗斯(4)、南非(5),而排名后5位的国家则分别是巴西(6)、埃及(7)、伊朗(8)、尼日利亚(9)和印度(10)。2000—2010年间发展中大国综合经济优势的整体排名变化幅度很大,最初排名第1位和第3位的印度和埃及,2010年分别掉落到了第10位和第7位。而2000年排名较为靠后的中国、墨西哥和印度尼西亚到2010则分别排名前3位。不仅如此,2000—2014年间,综合经济优势曾经排名第1位的国家是巴西2002年、2006—2007年、2011—2013年共6次,中国2001年、2003年和2010年共3次,以及印度2000年和2009年共2次,伊朗、墨西哥、尼日利亚和南非分别在2014年、2008年、2004年和2005年位列综合经济优势排名第1位。

表 3-17 发展中大国 2000—2014 年综合经济优势的排名变化

年份	巴西	中国	埃及	印度	伊朗	印度尼西亚	墨西哥	尼日利亚	俄罗斯	南非
2000	8	9	3	1	5	6	7	10	4	2
2001	5 (3)	1 (8)	8 (−5)	4 (−3)	6 (−1)	2 (4)	7 (0)	10 (0)	9 (−5)	3 (−1)
2002	1 (4)	8 (0)	2 (6)	4 (0)	6 (0)	5 (−3)	9 (−2)	3 (7)	7 (2)	10 (−7)
2003	10 (−9)	1 (7)	3 (−1)	9 (−5)	7 (−1)	2 (3)	6 (3)	8 (−5)	5 (2)	4 (6)
2004	5 (5)	9 (−8)	3 (0)	10 (−1)	7 (0)	6 (−4)	4 (2)	1 (7)	8 (−3)	2 (2)
2005	9 (−4)	7 (2)	2 (1)	6 (4)	3 (4)	4 (2)	8 (−4)	5 (−4)	10 (−2)	1 (1)
2006	1 (8)	10 (−3)	3 (−1)	4 (2)	5 (−2)	7 (−5)	8 (0)	9 (−4)	2 (8)	6 (−5)
2007	1 (0)	10 (−3)	5 (−2)	8 (−4)	7 (−2)	2 (5)	9 (−1)	3 (6)	6 (−4)	4 (2)
2008	9 (−8)	7 (3)	5 (0)	4 (4)	3 (4)	6 (−4)	1 (8)	10 (−7)	2 (4)	8 (−4)
2009	5 (4)	8 (−1)	10 (−5)	1 (3)	9 (−6)	3 (3)	6 (−5)	7 (3)	4 (−2)	2 (6)
2010	6 (−1)	1 (7)	7 (3)	10 (−9)	8 (1)	3 (0)	2 (4)	9 (−2)	4 (0)	5 (−3)
2011	1 (5)	4 (−3)	3 (4)	9 (1)	7 (1)	10 (−7)	5 (−3)	6 (3)	2 (2)	8 (−3)
2012	1 (0)	4 (0)	10 (−7)	8 (1)	9 (−2)	6 (4)	5 (0)	3 (3)	7 (−5)	2 (6)
2013	1 (0)	4 (0)	7 (3)	10 (−2)	3 (6)	2 (4)	5 (0)	9 (−6)	8 (−1)	6 (−4)
2014	2 (−1)	8 (−4)	6 (1)	9 (1)	1 (2)	10 (−8)	7 (−2)	3 (6)	5 (3)	4 (2)

注:括号中代表各发展中大国综合经济优势的排名变化情况,负值代表排名下滑,且均为与上一年度对比的结果。

在此基础上,为了剖析发展中大国综合经济优势变化背后的原因,本小节对综合经济优势与其分项指标,即经济发展分工优势、经济发展互补优势、经济发展适应优势和经济发展稳定优势进行了相关性检验,如表 3-18 所示,发现分项指标与综合经济优势的相关性较强,相关性均超过了 0.5,显著性水平均达 1% 以上,尤其是经济发展分工优势和经济发展稳定优势与发展中大国综合经济优势的相关系数分别为 0.8656 和 0.8064,而这两个指标反映了大国经济的市场规模的扩张和市场结构的细分和完善,突出了市场规模利益的重要性,是最体现大国优势内涵的指标。为此,本小节进一步分析经济发展分工优势和经济发展稳定优势的变化趋势。

表 3-18 大国综合经济优势与其分项指标的相关性检验

优势指标	综合经济优势	经济发展分工优势	经济发展互补优势	经济发展适应优势	经济发展稳定优势
综合经济优势	1.0000				
经济发展分工优势	0.8656*** (0.0000)	1.0000			
经济发展互补优势	0.2573*** (0.0015)	−0.1032 (0.2087)	1.0000		
经济发展适应优势	0.5832*** (0.0000)	0.4245* (0.0000)	−0.1902** (0.0197)	1.0000	
经济发展稳定优势	0.8064*** (0.0000)	0.6680*** (0.0000)	−0.1091 (0.1839)	0.6345*** (0.0000)	1.0000

注：*、**、*** 分别表示在 10%、5% 和 1% 的显著性水平上显著。

表 3-19 和表 3-20 分别显示了 10 个发展中大国 2000—2014 年间经济发展分工优势和经济发展稳定优势的变化。首先,体现经济规模性的大国经济发展分工优势与大国综合经济优势的变化规律基本一致:在 10 个发展中大国中,综合经济优势呈上升趋势的 5 个国家巴西、中国、伊朗、尼日利亚,其经济发展分工优势亦呈波动上升趋势。同时,印度尼西亚的经济发展分工优势也呈上升趋势,由 2000 年的 0.065 增加至 2014 年的 0.070。而剩余的埃及、印度、俄罗斯和南非 4 国的经济发展分工优势则呈下滑趋势,尤其是印度和俄罗斯,前者的经济发展分工优势由 2000 年的 0.178 下降至 2014 年的 0.065,后者的经济发展分工优势也由 2000 年的 0.159 下降至 2014 年 0.075,下降幅度均超过了 50%。总的来说,大国经济发展分工优势反映了发展中大国资源投入的规模,以及在此基础上形成的社会分工和专业化程度,体现了大国市场规模的扩大,主导着大国综合经济优势的变化趋势。

表 3-19　发展中大国 2000—2014 年经济发展分工优势的变化

年份	巴西	中国	埃及	印度	伊朗	印度尼西亚	墨西哥	尼日利亚	俄罗斯	南非
2000	0.063	0.040	0.127	0.178	0.071	0.065	0.072	0.048	0.159	0.138
2001	0.071	0.173	0.072	0.164	0.070	0.131	0.071	0.040	0.051	0.121
2002	0.063	0.053	0.194	0.163	0.071	0.113	0.068	0.128	0.062	0.056
2003	0.053	0.178	0.180	0.055	0.072	0.132	0.078	0.056	0.055	0.121
2004	0.071	0.056	0.179	0.047	0.063	0.069	0.124	0.182	0.056	0.141
2005	0.053	0.058	0.145	0.067	0.171	0.116	0.069	0.069	0.058	0.190
2006	0.186	0.059	0.130	0.168	0.073	0.062	0.070	0.052	0.136	0.076
2007	0.188	0.060	0.078	0.062	0.067	0.135	0.060	0.170	0.073	0.126
2008	0.065	0.063	0.078	0.119	0.173	0.072	0.190	0.060	0.139	0.058
2009	0.074	0.055	0.065	0.185	0.065	0.171	0.075	0.064	0.121	0.139
2010	0.075	0.187	0.058	0.065	0.066	0.172	0.138	0.062	0.122	0.076
2011	0.188	0.123	0.174	0.062	0.056	0.065	0.074	0.075	0.139	0.065
2012	0.190	0.173	0.064	0.065	0.058	0.076	0.075	0.127	0.057	0.138
2013	0.190	0.128	0.054	0.067	0.166	0.142	0.074	0.061	0.066	0.073
2014	0.136	0.067	0.072	0.065	0.187	0.070	0.055	0.170	0.075	0.124

而体现经济完整性的大国经济发展稳定优势与大国综合经济优势变化规律的差异主要体现在中国和俄罗斯两国,中国的综合经济优势和经济发展分工优势均呈波动上升趋势,但其经济发展稳定优势呈波动下降趋势,由 2000 年的 0.075 下降至 2014 年的 0.072,虽然下降幅度并不大,但仍然说明中国现阶段的产品缺乏完整性,供给结构较为单一,难以满足消费者的有效需求,供需结构错配严重。亟须通过技术进步和产业结构升级改善供需结构的错配,使追求品质和个性化的中高端消费需求成为有效的消费需求,从而培育中国经济增长的新动能。俄罗斯的综合经济优势和经济发展分工优势呈下降趋势,但其经济发展稳定优势反而由 2000 年的 0.059 增长至 2014 年的 0.084,增长幅度超过 40%,体现出该国产品市场的完备性程度较高。

表 3-20　发展中大国 2000—2014 年经济发展稳定优势的变化

年份	巴西	中国	埃及	印度	伊朗	印度尼西亚	墨西哥	尼日利亚	俄罗斯	南非
2000	0.041	0.075	0.084	0.092	0.076	0.063	0.061	0.062	0.059	0.110
2001	0.065	0.095	0.061	0.064	0.076	0.100	0.065	0.071	0.068	0.086
2002	0.057	0.062	0.098	0.066	0.063	0.082	0.064	0.092	0.076	0.070
2003	0.066	0.102	0.067	0.067	0.060	0.088	0.076	0.062	0.066	0.081
2004	0.066	0.050	0.067	0.066	0.065	0.078	0.080	0.109	0.067	0.086
2005	0.068	0.066	0.088	0.078	0.065	0.082	0.050	0.068	0.060	0.112
2006	0.115	0.059	0.085	0.067	0.065	0.070	0.048	0.067	0.092	0.079
2007	0.122	0.058	0.066	0.070	0.065	0.098	0.071	0.073	0.081	0.088
2008	0.054	0.074	0.071	0.091	0.073	0.082	0.130	0.061	0.103	0.075
2009	0.067	0.072	0.065	0.140	0.066	0.074	0.079	0.068	0.093	0.112
2010	0.069	0.151	0.071	0.055	0.066	0.074	0.115	0.061	0.093	0.081
2011	0.162	0.099	0.075	0.055	0.069	0.056	0.082	0.070	0.113	0.067
2012	0.170	0.076	0.044	0.070	0.065	0.074	0.084	0.101	0.078	0.115
2013	0.179	0.096	0.075	0.062	0.079	0.118	0.084	0.057	0.072	0.075
2014	0.121	0.072	0.076	0.060	0.187	0.060	0.082	0.078	0.084	0.099

综上可知,发展中大国的综合经济优势整体上由体现经济规模性的分工优势和体现经济完整性的稳定优势两类分项指标所主导,反映了大国经济市场规模的扩张和市场结构的细分和完善,刻画了市场规模利益的重要性。大部分发展中大国的经济发展分工优势、经济发展稳定优势和综合经济规模优势呈同步变化,但中国、俄罗斯和印度尼西亚 3 国的 3 类优势指标变化出现了偏离,尤其是中国经济规模性形成的分工优势带动了综合经济优势的提升,但体现经济完整性的稳定优势反而呈下降趋势,这表明了中国的市场规模利益主要是源于市场规模的扩张而非市场结构的多元化,也反映了当前中国产品供需结构错配的现状,还解释了为何中国综合经济优势仅在 3 年位列 10 个发展中大国的第1 位。

最后,本小节分析了 10 个发展中大国综合经济优势的分布态势,测算了 2000—2014 年 10 个发展中大国综合经济优势的变异系数和 σ 系数,详见图 3-9,据此考察发展中大国综合经济优势在样本期间的变化程度,系数越大,则表明大国间的综合经济优势分异化程度越大。图 3-9 中,10 个发展中大国综合经济优势的变异系数和 σ 系数的数值水平虽然并不相同,但变化趋势基本同步,整体上呈波动上升趋势,曾在 2002 年达到峰值,并在 2003 年回落,其后基本上呈上升趋势,表明不同类型发展中大国的综合经济优势差距并未出现收敛趋势,反而不断扩大。

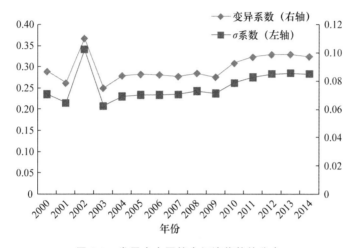

图 3-9　发展中大国综合经济优势的分布

第 4 章

发展中大国的发展型式

在分析发展中大国的发展优势之后,还需要考虑采取怎样的发展型式。美国经济学家钱纳里和赛尔昆(1988)提出了发展型式的概念,他们认为发展型式就是"在经济或社会结构的任何重要方面所出现的系统变化"。根据这个定义,发展型式不同于发展模式,后者体现了国家经济社会的整体框架,前者仅是经济社会某些领域的系统变化,而不是整体性的变化或成熟的框架。钱纳里还研究过大国型式,即规模效应在某些领域的反映,主要是在贸易结构上的反映。本章将从更加广阔的视野研究大国型式,包括体现大国规模效应的经济增长动力型式、外贸转型升级型式、基础设施建设型式和公共产品供给型式。

第 1 节 内需为主的增长型式

1 国内需求对经济增长的贡献

(1) 经济学家关于"国内市场支持大国产业发展"的命题

亚当·斯密不愧为现代经济学的鼻祖,在他 1776 年出版的《国富论》中几乎涉猎了现代经济学的各种问题,后人所做的工作主要是将他的经济思想不断地深化和细化,为他提出的经济学命题进行诠释和实证。正是在这部经济学巨著中,斯密(1972)提出了"国内市场支持大国产业发展"的命题。他在谈到中国的经济政策时指出,中国幅员是那么辽阔,居民是那么多,气候各种各样,因此各地方有各种各样的产物,各省间的水运交通,大部分又是极其便利,所以单单这个广阔的国内市场,就足够支持很大的制造业,并且能够容许很可观的分工程度。斯密分析问题的思路,就是大国市场广阔能够促进分工和专业化,从而支持制造业的发展。制造业的完善,全然依赖分工,而制造业所能实行的分工程度,又必然受市场范围的影响(斯密,1972)。过了将近二百年,美国经济学家西蒙·库兹涅茨在 1966 年出版的《现代经济增长》中比较分析了不同规模国家对国际贸易的依存度,认为大国和小国在经济增长机制和国民生产结构方面存在差别,专业化和规模经济是实现经济高增长的两个必不可少的先决条件,而"对于这些大国来说,国内市场及资源条件允许其发展专业化和规模经济"。霍利斯·钱纳里和莫伊思·赛尔昆在 1975 年出版的《发展的型式:1950—1970》中指出,大国的发展型式反映了它们对国内市场的关注,并进而提出了"大国倾向于内向政策"的命题。

总结四位经济学家的思想,"国内市场支持大国产业发展"的命题蕴含了四层意思:第一,大国的国内市场广阔,它可以相当于许多小国市场之和。中国的国内市场,也许并不小于全欧洲各国的市场(斯密,1972)。第二,广阔的国内市场为发展专业化和规模经济提供了条件,可以支持大国的产业发展。在幅员不像中国那么辽阔且国内贸易不像中国那么有利的国家,制造业亦常需要国外贸易来支持(斯密,1972)。第三,大国更加关注国内市场,往往采取一整套内向政策。除少数例外情况,大国采取了内向发展政策,这对积累和资源配置的其他方面产生了影响(斯密,1972)。第四,大国同样需要对外开放,国际贸易可以促进经济增长。假设能够在国内市场之外,再加上世界其余各地的国外市场,那么更广泛的国外贸易,必然能够大大提高中国制造品产量,大大改进其制造业的生产力(斯密,1972)。上述四个要点,构成了大国经济发展型式的基本框架。

(2) 典型大国三大需求对经济增长贡献率的经验分析

经济增长贡献率是指在一定时期内某种需求因素对经济增长的贡献百分率。一般而言,贡献率的计算方法主要有两种:一是利用计量经济模型进行因素分解来计算,二是通过三大需求各分项的增量和国内生产总值的增量比来计算,即各分项需求的经济增长贡献率=某一分项需求的增量/国内生产总值的增量。如用 C 表示国内最终消费需求,用 Y 表示国内生产总值,则国内最终消费需求对经济增长的贡献率$=\Delta C/\Delta Y\times 100\%$。由于采用计量方法计算出的三大需求对经济增长的贡献率只能看出某一时期三大需求因素的平均贡献率,而不能体现年度变化情况,因此,我们采用第二种方法测算经济增长的三大需求贡献率。

为了使研究的结论具有典型意义,我们选取美国、中国、俄罗斯、印度和巴西为典型大国,运用2000—2011年的数据进行实证分析。所有数据均来自世界银行网站数据库发布的数据(以2000年美元不变价计)。

① 美国的三大需求对经济增长的贡献率分析

美国三大需求贡献率计算结果见表4-1。

表4-1 2000—2011年美国三大需求贡献率计算表　　　　　　　　单位:%

年份	消费贡献率	投资贡献率	净出口贡献率
2000	90.2	30.8	−21.0
2001	226.8	−107.8	−19.0
2002	144.1	−5.5	−38.6
2003	93.5	25.5	−19.0
2004	74.5	45.7	−20.2
2005	80.0	28.9	−8.9
2006	81.1	20.1	−1.2
2007	93.9	−28.1	34.2
2008	−19.9	471.7	−351.8
2009	26.6	103.0	−29.6
2010	66.5	49.5	−16.0
2011	68.5	25.1	6.4

资料来源:据世界银行原始数据计算所得。

基于表4-1美国的三大需求对经济增长的贡献率,将上述结果描绘为图,如图4-1所示。

图4-1显示,在2000—2011年间,作为发达大国,美国的经济增长基本上是由消费需求和投资需求拉动的,且消费需求拉动经济增长的作用在绝大多数年份是大于投资需求的(除2008年次贷危机外),但是消费需求基本呈现出下降趋势,而投资需求呈现出逐年上升趋势。净出口需求对经济增长的拉动作用基本趋于平缓,并在大多数年份的贡献率为负,且在世界性的经济危机时期(如2008年次贷危机),对经济增长的贡献呈现出较大的负面冲击,导致净出口贡

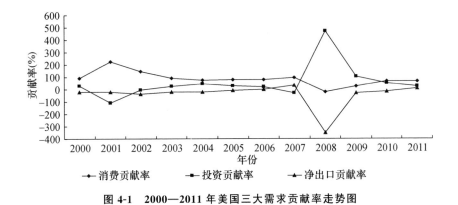

图 4-1 2000—2011 年美国三大需求贡献率走势图

献率大幅下降。

② 中国的三大需求对经济增长的贡献率分析

中国三大需求贡献率计算结果见表 4-2。

表 4-2　2000—2011 年中国三大需求贡献率计算表　　　单位:%

年份	消费贡献率	投资贡献率	净出口贡献率
2000	58.0	22.6	19.4
2001	54.4	49.4	-3.8
2002	15.8	48.4	35.8
2003	32.1	63.0	4.9
2004	39.7	54.5	5.8
2005	22.4	38.0	39.6
2006	20.6	43.2	36.2
2007	27.7	42.1	30.2
2008	24.9	46.6	28.5
2009	79.5	88.1	-67.6
2010	3.0	52.9	44.1
2011	22.2	52.6	25.2

资料来源:据世界银行原始数据计算所得。

基于表 4-2 中国的三大需求对经济增长的贡献率,将上述结果描绘为图,如图 4-2 所示。

图 4-2 显示,在 2000—2011 年间,中国的经济增长基本上是由消费需求和

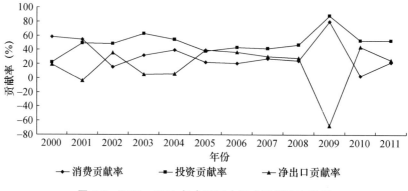

图 4-2　2000—2011 年中国三大需求贡献率走势图

投资需求拉动的,且消费需求拉动经济增长的作用在绝大多数年份是小于投资需求的,但是消费需求基本呈现出下降趋势,而投资需求呈现出逐年上升趋势。净出口需求对经济增长的拉动作用基本围绕 0 值上下波动,尤其在世界性的经济危机时期(如 2008 年次贷危机),对经济增长的贡献呈现出较大的负面冲击,导致净出口贡献率大幅下降。

③ 俄罗斯的三大需求对经济增长的贡献率分析

俄罗斯三大需求贡献率计算结果见表 4-3。

表 4-3　2000—2011 年俄罗斯三大需求贡献率计算表　　　　　　　　单位:%

年份	消费贡献率	投资贡献率	净出口贡献率
2000	34.3	88.3	−22.6
2001	90.4	61.5	−51.9
2002	100.2	−115.2	11.2
2003	53.2	37.8	9.0
2004	91.1	35.0	−26.1
2005	113.8	32.1	−45.9
2006	113.7	48.1	−61.8
2007	141.9	62.2	−104.1
2008	190.7	54.3	−145.0
2009	149.0	149.0	198.0
2010	162.5	120.9	−183.4
2011	235.8	107.9	−243.7

资料来源:据世界银行原始数据计算所得。

基于表 4-3 俄罗斯的三大需求对经济增长的贡献率,将上述结果描绘为图,如图 4-3 所示。

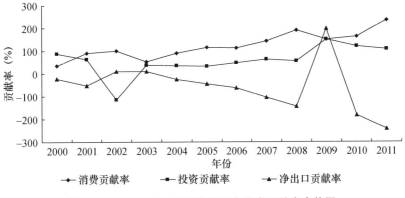

图 4-3 2000—2011 年俄罗斯三大需求贡献率走势图

图 4-3 显示,在 2000—2011 年间,俄罗斯消费需求对经济增长的拉动作用基本呈现出逐年上升趋势,且成为经济增长的第一需求动力;投资需求贡献小于消费需求,但呈现出逐年上升趋稳;净出口需求对经济增长的作用呈现出逐年下降趋势。

④ 印度的三大需求对经济增长的贡献率分析

印度三大需求贡献率计算结果见表 4-4。

表 4-4 2000—2011 年印度三大需求贡献率计算表 单位:%

年份	消费贡献率	投资贡献率	净出口贡献率
2000	110.2	−46.2	40.0
2001	42.5	54.4	3.1
2002	55.4	18.1	26.5
2003	71.7	35.3	−7.0
2004	−22.9	113.4	9.5
2005	57.1	53.2	−10.3
2006	49.7	53.9	−3.6
2007	48.1	62.4	−10.5
2008	163.0	−14.3	−48.7
2009	54.1	52.5	−6.6
2010	49.1	41.9	9.0
2011	61.4	55.0	−16.4

资料来源:据世界银行原始数据计算所得。

基于表 4-3 印度的三大需求对经济增长的贡献率,将上述结果描绘为图,如图 4-4 所示。

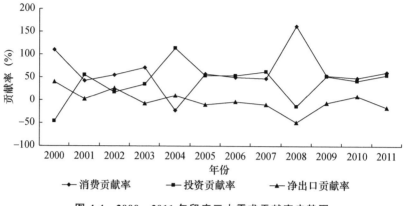

图 4-4　2000—2011 年印度三大需求贡献率走势图

图 4-4 显示,在 2000—2011 年间,印度的三大需求对经济增长的拉动作用基本与中国相似,消费需求和投资需求主导整个期间的经济增长,且消费需求拉动经济增长的作用在绝大多数年份是大于投资需求的,并呈现出下降趋势,而投资需求则呈现出上升趋势。净出口需求对经济增长的拉动作用基本围绕 0 值上下波动。

⑤ 巴西的三大需求对经济增长的贡献率分析

巴西三大需求贡献率的计算结果见表 4-5。

表 4-5　2000—2011 年巴西三大需求贡献率计算表　　　单位:%

年份	消费贡献率	投资贡献率	净出口贡献率
2000	45.5	54.6	−0.1
2001	142.0	−105.0	63.0
2002	50.2	−32.8	82.6
2003	44.4	−61.6	117.0
2004	66.6	23.1	10.2
2005	71.1	17.2	11.7
2006	96.3	37.1	−33.4
2007	90.3	36.1	−26.4
2008	96.1	44.7	−40.8
2009	−299.4	376.9	22.5
2010	100.9	48.8	−49.7
2011	110.3	33.5	−43.8

资料来源:据世界银行原始数据计算所得。

基于表4-5巴西的三大需求对经济增长的贡献率,将上述结果描绘为图,如图4-5所示。

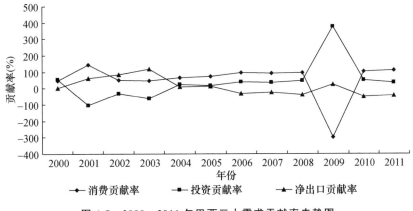

图4-5 2000—2011年巴西三大需求贡献率走势图

图4-5显示,在2000—2011年间,巴西的经济增长基本上是由消费需求和投资需求主导的,且消费需求拉动经济增长的作用在绝大多数年份是大于投资需求的,消费需求对经济增长的拉动呈现出缓慢上升趋势。投资需求对经济增长的拉动作用基本趋向于上升趋势。净出口需求对经济增长的拉动作用趋向于下降趋势。

通过对典型大国的归类分析可以得到以下结论:第一,对大国而言,在罗斯托经济增长阶段理论中的所有经济增长阶段,消费需求和投资需求始终是经济增长的主要需求动力,净出口需求对经济增长的拉动作用基本围绕0值上下波动。第二,在罗斯托所论述的第三阶段和第四阶段,消费需求对经济增长的拉动作用呈现出下降趋势,在第五阶段,消费需求对经济增长的拉动作用呈现出上升趋势;在第三阶段和第四阶段,投资需求对经济增长的拉动作用呈现出上升趋势,在第五阶段,投资需求对经济增长的拉动作用呈现出向某一稳定数值或围绕某一稳定数值上下波动趋势(如美国)。第三,中国和印度的经济增长目前处于罗斯托所论述的第四阶段,投资需求拉动经济增长具有合理性,但值得注意的是,中国和印度的经济增长已处于第四阶段中后期,两国要提前做好转换经济增长需求动力的准备。俄罗斯和巴西经济增长已处于经济增长的第五阶段,消费需求主导和保持适度的投资需求拉动经济增长是未来两国经济增长合理的选择。

2 内需拉动型式:基于消费规模效应的检验

中国经济增长取得了令人瞩目的成就,但过分依赖投资拉动,居民消费不足,成为未来困扰经济持续增长的主要问题之一。在拉动经济增长的"三驾马车"中,消费不仅直接拉动经济增长,而且通过结构效应影响经济增长。其中,投资与消费之间的合理比例以及合适的居民消费率[①],都是影响经济可持续发展的重要因素。究其原因:其一,需求结构失调导致资源配置效率下降,可能降低经济增长速度,若投资率偏低、消费率偏高,则投资通过形成资本存量而决定的长期生产能力不高,高消费不可持续;若投资率偏高、消费率偏低,则长期生产能力可能过剩,消费不足,高增长也不可持续。其二,居民消费如教育和医疗支出等因素,可以影响人力资本水平,从而影响经济增长。其三,大国国内市场对企业竞争力的培育和形成具有特殊意义,企业因为国内巨大的市场可以获得规模经济,降低经营成本,提高竞争力,因此,保持适度的投资规模或消费规模,不仅有利于企业发展,而且有利于促进宏观经济增长。其四,居民消费直观地反映了居民生活质量,特别是反映了居民共享发展成果的程度。国内外研究消费与经济增长的文献非常丰富,实证文献主要采用线性模型考察需求结构或消费规模对经济增长的影响,很少有成果讨论需求结构或消费规模对经济增长的非线性效应。为了弥补这一缺陷,我们采用阈值协整模型讨论居民消费的相对规模——居民消费率对经济增长的作用是否随居民消费相对规模超过某一水平而发生变化,以判断居民消费相对规模对经济增长的作用是否存在阈值效应。

(1)国内外研究评述

国外关于经济增长理论的研究,经历了从投资驱动向需求拉动演进的过程。古典和新古典贸易理论认为出口能够促进经济增长,但西方主流经济学并没有重视出口等需求因素对经济增长的价值。主流的经济增长理论,从 Harrod-Domar 的古典模型开始,经过 Solow-Swan 的新古典增长模型、Arrow 的"干中学"模型,再到 Romer 和 Lucas 的新增长理论,主要是从投资视角研究经

---

① 即居民消费占 GDP 的比例。

济增长的。尽管1929—1933年大萧条后,有学者认识到需求可能也是经济增长的最终动力,并且Keynes系统地阐述了有效需求对经济增长的影响。但不得不承认的是,Keynes仅强调了国内需求特别是投资需求对经济短期增长的影响。

近现代经济发展的事实,特别是发展中国家经济发展的事实表明,增长不仅是产出总量的增长,更是需求扩张及结构转换的过程(Chenery,1960)。Colm(1962)认为,需求通过影响供给来影响经济增长,仅仅从供给角度,即投资角度关注经济增长可能会得到错误的结论。沿着这条思路,不少学者以发展中国家为观察对象,将需求规模和结构变化视为其经济发展的主要特征,以及经济增长速度和发展模式的本质因素(Garegnani and Trezzini,2010)。Walker and Vatter(1999)认为,需求因素应该引入生产函数,以解释第二次世界大战后的美国经济增长现象,忽略了需求因素的生产函数根本不能解释美国20世纪60年代后经济增长速度的持续下降。Buera and Kaboski(2008)更是明确指出,应该将需求因素和供给因素结合起来理解结构变迁与经济增长过程。在此基础上,一系列文献具体分析了需求包括消费的变化与发展中国家经济发展阶段的关系,需求变动对经济增长的影响效应,以及需求结构失衡对经济长期持续均衡增长形成的不利影响(Garavaglia et al.,2012)。虽然一些文献研究发现需求结构的失衡会抑制经济增长,但是国外研究很少采用非线性模型,实证检验消费对经济增长的作用是否随消费规模超过某一水平而发生变化。

随着中国经济持续增长,消费因素对经济增长的影响引发了国内学者的思考。国内学者借鉴国外研究,结合中国实际,广泛探讨了消费因素对经济增长的影响及其效应。概括地说,现有国内研究主要沿着两条线路展开:一是将消费作为影响经济增长的因素,研究消费对经济增长的影响程度,主要集中分析消费数量变化对经济增长的效应,这方面的研究却没有考察消费规模效应的存在性及其作用机制的差异性;二是从结构分析的视角出发,探讨消费结构对经济增长的影响,但是实证研究主要局限于线性模型,无法反映消费结构对经济增长作用的非线性变化。具体的研究成果集中在两个方面:

一是消费对经济增长的影响。许多学者认为,消费是经济增长的原动力,长期拉动作用会越来越大,更能熨平经济周期,并指出国内消费不足已经成为制约经济增长的主要矛盾(洪银兴,2013)。一些实证研究考察了不同需求对中国经济增长的实际贡献,如李雪松等(2005)从需求角度检验了经济增长的动力因素,证明了国外需求,即出口及国内需求,如房地产投资是拉动经济增长的重要因素。上述研究最大的不足是,没有基于相关数据揭示需求结构变化对经济增长的作用是否随某些因素变化而变化。

二是需求规模与结构变化对经济增长的影响。采用支出法核算GDP,各类需求对经济增长的贡献表现为直接拉动。需求结构变化既可以通过直接拉动作用影响经济增长,又可以通过影响投资结构进而影响资源配置效率来间接影响经济增长。具体的研究主要有以下特征。

第一,以"钱纳里标准模式"[①]为基点,采用消费率、投资率或投资消费比作为衡量需求结构的指标,判断需求结构是否失衡、失衡程度,以及对经济增长的影响,基本结论是经济均衡增长与需求结构均衡变动是一致的,需求结构失衡会损害长期经济增长(项俊波,2008)。当然,如何确定有利于经济增长的各类需求的合适比例,需要考虑其他因素。如纪明(2010)认为,经济均衡增长与需求结构均衡变动是一致的,最终消费需求过度增长和投资需求过度增长会导致经济增长偏离均衡路径,损害经济长期增长。一些学者试图利用实证研究考察需求结构变化对经济增长的影响。李建伟(2003)的研究表明,改革开放以前,投资消费比变化对经济增长的影响并不显著,改革开放以后,投资消费比变化促进了经济增长;沈利生(2009)利用投入-产出模型研究发现,2002年以来消费拉动经济增长的作用在下降,出口拉动经济增长的作用在上升;陈杰(2011)通过实证研究发现,需求结构失衡明显制约了经济增长。理论研究和实证研究虽然强调合适的需求比例对经济增长的积极作用,并一致认为需求结构失衡会损害经济增长,但是并没有指出各种需求比例达到何种程度时,需求结构变化对经济增长的作用开始发生变化。

第二,以新古典"动态效率"理论为基础,依据 Abel et al.(1989)提出的AMSZ准则,考察需求结构与中国经济增长的关系。如黄飞鸣(2010)运用消费与劳动收入净现金流准则分析了1985—2005年的数据,认为消费不足是中国经济动态无效率的深层次原因,进而抑制了经济增长;沈坤荣等(2011)认为,中

---

① "钱纳里标准模式"是指工业化进程中的需求结构变动存在以下经验事实:工业化初期阶段的消费率和投资率水平分别为85%和15%,工业化中期阶段的消费率和投资率水平分别为80%和20%,工业化后期阶段的消费率和投资率水平分别为77%和23%。

国投资率高引起了资本过度积累及内需不足,形成了社会总需求结构矛盾,导致了经济的动态无效率,给经济增长带来了越来越大的负面影响。但是这些研究并没有计算出消费低于哪一数值时,消费率或规模变化对经济增长的作用开始减小甚至发生性质变化。

第三,考察中国经济增长中的最优消费率及合理区间(王弟海和龚六堂,2007),但研究结论差异较大。田卫民(2008)估算中国1978—2006年的最优消费率为66%,荆林波和王雪峰(2011)估算中国1992—2008年的最优消费率为57%。这些研究主要是基于生产函数或国民生产总值支出法恒等式,测算中国经济增长中的最优消费率的,但并没有讨论消费率或规模变化对经济增长的作用是否随消费率的变化而变化。

第四,将消费的规模与结构相结合,考察需求的规模与结构变化对经济增长的拉动作用。刘瑞翔和安同良(2011)通过考察最终需求对中国经济的诱发效果发现,随着中国经济总量的迅速扩大,最终需求对经济的拉动效应呈现出递减的现象,并且驱动中国经济增长的动力来源结构在2002年前后发生了重要变化:2002年之前"三驾马车"对经济增长的重要性依次是消费、投资和出口,而2002年之后变为出口、投资和消费。这项研究利用投入-产出模型对中国经济增长的原因进行了分解,揭示了消费对经济增长作用的变化,但是仅仅局限于揭示经济增长动力的变化,并没有揭示消费对经济增长作用的变化是因为消费规模的变化及作用机制的变化。赵进文等(2010)实证分析了中国保险消费的增长效应,结果表明:保险消费对经济增长的影响机制比较复杂,既存在时间上的阶段性和非线性特征,又存在空间上的巨大差异。此外,一些学者从理论上探讨了消费对大国经济增长的规模效应,并揭示了消费对经济增长的作用机制随国内市场规模变化而不断变化的特点。易先忠等(2014)通过研究发现,大国需求规模通过内生外贸发展机制对经济增长的作用随制度环境变化而变化。但是这些研究仍然没有实证分析居民消费对经济增长的作用是否随居民消费相对规模变化而变化。

综上所述,理论和实证研究肯定了消费对经济增长的拉动作用,而且不少研究成果认为不同需求对经济增长的作用可能随某些条件变化而变化。但是这些研究存在以下不足:第一,很少有文献系统地梳理需求结构变化对经济增长的作用可能随某些因素变化而变化的机理;第二,没有文献实证测算需求结构变化对经济增长的作用大小及性质可能随某一需求达到某一水平时而发生变化,即没有文献测算需求结构变化对经济增长的阈值效应。为此,在当前经济增长方式由投资驱动向需求拉动转变之际,在需求结构的矛盾已经严重制约经济持续稳定增长的背景下,深入探讨需求结构变化对经济增长的作用大小及性质可能随居民消费相对规模达到某一水平而发生变化,具有重要的理论和实践意义。

(2)居民消费规模对经济增长阈值效应的理论分析

一个国家或地区发展经济的最终目的在于提高国民生活水平和质量,居民消费直接影响国民生活水平和质量的提高,投资需求是保持现有生产能力和形成扩大再生产能力的必要条件。理论上,居民消费率与投资率是此消彼长的关系。居民消费变化包括两层含义:一是居民消费总量变化,即居民消费总量规模的扩张或收缩;二是居民消费率变化引起的需求结构变化。进一步说,居民消费对经济增长的作用大小与居民消费率直接和间接相关。居民消费对经济增长的影响主要表现为两方面:一是消费直接作用于经济,不需要中间环节①;二是居民消费对经济增长的间接作用,即居民消费通过影响其他因素,如投资和经济结构等进而影响经济增长。下面,具体分析居民消费对经济增长作用的非线性机制。

第一,居民消费率上升或下降直接导致经济增长速度加快或放缓,但是居民消费引起的投资变化对经济增长的作用则可能与居民消费的作用并不一致。也就是说,居民消费的直接作用表现为居民消费与经济增长正相关,而居民消费的间接作用可能促进或抑制经济增长,居民消费两种相反的作用可能表现为居民消费对经济增长的作用随居民消费相对规模的变化而变化。首先,居民消费规模变化直接引起消费品生产部门投资规模变化,即居民消费的变化会传导到投资需求,形成引致投资②,并间接影响经济增长,其作用大小和性质与居民消费一致。其次,居民消费规模变化影响劳动投入。居民消费对劳动投入具有正向激励作用,促使劳动投入增加,从而提升劳动效率,引致企业增加投资。不

---

① 消费需求的增长不能超出生产能力的界限,否则不会形成实际的经济增长,只会带来名义增长和通货膨胀。

② 投资有自主投资和引致投资。自主投资的动因主要是新产品和新生产技术的发明,而不是收入或消费的增长。引致投资则是由消费的增长和自主投资等经济行为所诱生出来的投资。

仅如此,随着当期消费的扩大,会让人们在未来更努力工作,以实现家庭收支预算平衡,即所谓的"支付账单"效应,从而提高未来长期生产率,有利于经济增长。再次,居民消费率上升或下降意味着投资率下降或上升,居民消费规模变化引致投资需求规模变化,即资本形成率与居民消费规模变化负相关,可能间接导致经济增长速度下降或加快。最后,居民消费规模扩大导致储蓄规模缩小,储蓄不足必然导致全社会投资不足,可能抑制经济增长;反之,居民消费规模缩小导致储蓄规模扩大,可能促进经济增长。居民消费的前两种间接作用机制表现为居民消费促进经济增长,后两种间接作用机制表现为居民消费抑制经济增长。如果居民消费对经济增长的正向作用大于负向作用,则居民消费促进经济增长;否则,抑制经济增长。当然,居民消费对经济增长的作用从促进演变为抑制,是一个渐变过程,与消费率密切相关。换句话说,只有保持需求结构协调,各类需求才能促进经济可持续增长;如果需求结构失调,各类需求不一定能促进经济可持续增长。因此,居民消费对经济增长的作用可能随居民消费率变化而变化。

第二,居民消费规模变化通过影响要素利用效率来影响经济增长,它主要通过影响规模经济、经济结构等方面来影响要素利用效率。居民消费只有达到一定比例,规模经济才能形成,需求结构才可能达到某一合理水平,要素利用效率才能提高,经济才得以增长。具体来说,居民消费率变化意味着居民消费规模变化,如果居民消费规模扩大,则可能带来居民消费品生产部门的规模经济,提高投入-产出率,促进经济增长;如果居民消费规模缩小,则可能导致居民消费品生产部门规模缩小,降低投入-产出率,抑制经济增长。特别是大国国内市场对幼稚产业发展尤为重要,市场规模不仅为企业生产提供了需求保障,而且通过规模经济效应促使产业竞争力的形成和提高。因此,居民消费规模只有达到某一水平,居民消费才能通过规模经济效应影响要素利用效率促进经济增长;否则,居民消费促进经济增长的作用不明显。

而且,居民消费规模变化也意味着生产结构变化,使得资源配置效率发生变动,从而影响经济增长。如果居民消费规模变化引发生产结构变化,例如居民消费规模扩大导致新消费品的需求增加,则新的需求结构推动产业结构不断优化,可能提高资源配置效率,进而促进经济增长。当然,居民消费规模扩大也可能导致需求结构失衡,需求结构失衡则会对产业结构产生不利影响,进而降低资源配置效率,不利于经济增长。此外,居民消费率变化会引起收入分配结构变化。如果收入分配结构趋于合理,则促进经济增长;否则,将抑制经济增长。因此,居民消费将影响结构变迁和收入分配,对经济增长的作用随居民消费相对规模变化而可能发生变化。

第三,居民消费规模变化可能影响技术创新,进而促进或抑制经济增长。居民消费需求增加,可能促进技术创新:一方面,居民消费增加转化为市场需求,扩大了未来的市场规模,激励企业进行过程创新或增量产品创新,该机制被视为"纯激励机制";另一方面,居民消费增加使得企业预期利润有保障,降低了企业预期利润的不确定性及经营风险,可进一步刺激技术创新。在引进新产品或进行产品改进时,预测其市场接受度和需求程度是很困难的,而居民消费的增加可减少预测的不确定性和难度,由此推动创新。因此,居民消费只有达到一定规模,才能形成稳定的市场需求,才能诱发技术创新,进而促进经济增长。如果居民消费低于某一规模,则市场需求不能诱发技术创新,居民消费促进经济增长的作用不明显。总之,居民消费对经济增长的作用受居民消费能否诱发技术创新的制约。

从分析中可知,居民消费规模对经济增长的作用既可能与居民消费规模变化的方向一致,也可能不一致。在某些因素影响下,居民消费规模变化对经济增长的作用可能呈现多样性,如居民消费规模对经济增长的作用可能随居民消费规模达到某一水平而发生非线性变化。居民消费率低,居民消费规模小,居民消费对经济增长的作用就小。因为消费规模小,消费不足,会出现产能过剩,部分资源闲置,资源配置效率降低,而且不利于规模经济形成,不利于企业的研发投入,并产生一系列的结构问题,致使居民消费对经济增长的作用不大。居民消费率高,居民消费规模大,居民消费对经济增长的作用就大。因为消费规模大,消费品生产部门及关联部门可以获得规模经济,提高要素的利用效率,促进经济增长;规模经济可以提高居民消费品生产部门及关联部门的竞争力,有利于扩大出口;居民消费规模大可以直接促进技术创新,推动经济增长;居民消费规模扩大可能诱发结构变迁,促进产业结构优化升级,有利于经济增长。

而且,居民消费率应该保持在合理区间,居民消费率过高或过低,都会直接导致经济结构失调,消费品生产部门和资本品生产部门不能协调发展,进而抑制经济增长。居民消费率过高,意味着资本形成率偏低,储蓄率低,则资本品生产部门不能为居民消费品生产提供必要的机器设备,储蓄不足不能满足居民消费品生产规模扩大的投资需求,从而居民消费品的扩大再生产不能实现,居民消费抑制经济增长。居民消费率过低,意味着资本形成率偏高,储蓄率高,则居民消费和生产居民消费品的机器设备相对于产出不足,直接造成居民消费品生产部门及关联部门市场需求不足,致使产能过剩、资源闲置;同时,储蓄不足不能满足居民消费品生产规模扩大的投资需求,从而居民消费品的扩大再生产不能实现,居民消费抑制经济增长。总之,居民消费规模变化对经济增长的作用可能随居民消费规模达到某一水平而发生非线性变化。

(3) 居民消费影响经济增长的阈值效应模型

① 阈值模型的初步构建

理论分析表明,三大需求比例的协调是拉动经济持续稳定增长的主要保障,任何一个因素的比例过高或过低均不利于经济持续稳定增长。如果消费率偏高而投资率偏低,则会抑制扩大再生产,高消费不能持续,经济增长无法维持;如果消费率偏低而投资率偏高,则会消费不足,扩大再生产将导致生产过剩,经济增长也无法维持。因此,理论上消费率,即消费相对规模对经济增长的长期作用可能随消费相对规模达到某一水平而发生变化。需求结构主要通过影响资源配置效率等途径影响经济增长,一些学者将需求结构引入生产函数来考察需求结构对经济增长的作用(田卫民,2008;荆林波和王雪峰,2011)。基于上述分析构建如下阈值模型:

$$g_t = c_1 + \alpha_1 \times cp_{t-1} + \beta_1 \times k_t + \varphi_1 \times l_t + \theta_1 \times \text{fisc}_t + (c_2 + \alpha_2 \times cp_{t-1} + \beta_2 \times k_2 + \varphi_2 \times l_t + \theta_2 \times \text{fisc}_t) G(cp_{t-d-1}, \lambda, \bar{\omega}) + \mu_t \quad (4-1)$$

$$g_t = c_1 + \alpha_1 \times cp_{t-1} + \beta_1 \times k_t + \varphi_1 \times l_t + \theta_1 \times \text{fis}_t + (c_2 + \alpha_2 \times cp_{t-1} + \beta_2 \times k_2 + \varphi_2 \times l_t + \theta_2 \times \text{fis}_t) G(cp_{t-d-1}, \lambda, \bar{\omega}) + \mu_t \quad (4-2)$$

其中,t 表示第 t($t=1954,\cdots,2013$)年。g 为经济增长率。cp 为居民消费占 GDP(支出法统计口径)的比例,反映居民消费的相对规模,为模型的关键解释变量,也是模型的阈值变量;因为需求结构变化通过影响生产结构来影响资源配置效率,进而影响经济增长,生产结构调整往往滞后于需求结构,因此将需求结构即居民消费占 GDP 的比例滞后 1 期。政府干预是影响经济增长的重要因素,一般采用财政支出占 GDP 的比例测度;实际上,政府常常通过税收优惠政策直接引导产业发展和影响企业行为等,税收表现为财政收入,因此财政收入也可以测度政府干预程度,分别采用财政收入占 GDP 的比例(表示为 fisc)和财政支出占 GDP 的比例(表示为 fis)测度;采用两种方法测度政府干预程度,可以考察模型估计结果是否稳健。k 为存量资本增长率,1952—2006 年存量资本直接采用单豪杰(2008)测算的数据,2007—2013 年存量资本则依据其测算方法进行测算。l 为劳动增长率,μ 为残差。上述变量测度的数据未说明来源的来自历年《中国统计年鉴》和《新中国 60 年统计资料汇编》。$G(\cdot)$ 为机制转移函数,刻画居民消费规模对经济增长的非线性效应;d 为居民消费规模对经济增长效应发生变化的时点或位置;λ 为机制转移的速度;$\bar{\omega}$ 为居民消费率变化的阈值参数。一般来说,$G(\cdot)$ 接近于 0,居民消费规模对经济增长的效应服从第一机制,效应由参数 α_1 刻画;$G(\cdot)$ 接近于 1,居民消费规模对经济增长的效应服从第二机制,效应由参数 $\alpha_1+\alpha_2$ 刻画;当 $G(\cdot)\in(0,1)$ 时,效应在两种机制间平滑转移,效应由 $\alpha_1+G(\cdot)\times\alpha_2$ 刻画。当式(4-1)和式(4-2)的所有变量为 $I(1)$ 序列且估计残差 $\bar{\mu}$ 平稳时,式(4-1)和式(4-2)则为阈值协整模型,居民消费规模与经济增长存在长期阈值协整关系。

② 共线性检验

模型(4-1)和模型(4-2)是时间序列模型,时间序列的宏观经济变量可能存在较高程度的共线性;如果解释变量存在严重的共线性,则会影响估计结果的准确性,因此模型(4-1)和模型(4-2)需要进行共线性检验。在解决模型解释变量的共线性问题之后,为判断模型(4-1)和模型(4-2)的解释变量与经济增长是否存在阈值协整关系,首先需要进行单位根检验,然后确定阈值变量的滞后阶,进而通过非线性检验判断模型(4-1)和模型(4-2)是线性模型还是非线性模型。如果是非线性模型,则检验确定机制转移函数的类型,最后利用估计残差进行阈值协整检验。

对模型解释变量进行主成分分析,以准确判断模型解释变量的共线性程度,检验结果见表 4-6。从表 4-6 中可以看出,模型(4-1)和模型(4-2)解释变量主成分分析的特征根倒数之和分别为 5.6323 和 5.5078,远远小于解释变量数目的 5 倍。因此,两个模型解释变量不存在强共线性,即共线性程度不会严重影响估计结果。

表 4-6 共线性检验

模型	特征根序号				特征根倒数之和
	1	2	3	4	
模型(4-1)	1.7253	1.0645	0.8733	0.3369	5.6323
模型(4-2)	1.6456	1.1527	0.8519	0.3498	5.5078

③ 单位根检验

只有模型变量是同阶平稳序列,且估计残差 $\bar{\mu}$ 为 $I(0)$ 序列,才意味着模型是阈值协整模型。也就是说,居民消费规模等解释变量对经济增长的长期效应,可能随居民消费规模达到某一临界值而发生变化。对模型(4-1)和模型(4-2)所有变量进行单位根检验的结果见表 4-7,g、cp、fis、fisc、k 和 l 的 ADF 统计量均大于 5% 显著性水平下的临界值,表明这些变量均存在单位根;进一步对所有变量的一阶差分进行检验,ADF 统计量均小于 5% 显著性水平下的临界值,表明这些变量的一阶差分是平稳的。因此所有变量均是 $I(1)$ 序列。

表 4-7 单位根检验

变量	检验类型	统计量	临界值(5%)	变量	检验类型	统计量	临界值(5%)
g	$(0,0,3)$	-1.3880	-1.9468	fisc	$(c,0,1)$	-1.5420	-2.9126
Δg	$(c,0,0)$	-7.8988	-2.9126	Δfisc	$(c,0,1)$	-6.4615	-2.9135
cp	$(c,0,0)$	-1.3340	-2.9117	k	$(c,t,1)$	-3.0629	-3.4892
Δcp	$(c,0,0)$	-5.6062	-2.9126	Δk	$(c,0,1)$	-5.0110	-2.9135
fis	$(c,0,0)$	-1.7423	-2.9117	l	$(c,t,4)$	-3.2514	-3.4937
Δfis	$(c,0,0)$	-6.7264	-2.9126	Δl	$(c,0,0)$	-12.8491	-2.9126

注:检验类型括号中第一项为 c,表示截距项,0 表示无截距项;第二项为 t,表示时间趋势,0 表示无时间趋势;第三项表示滞后阶。Δ 表示一阶差分。

④ 滞后阶的确定

为判断机制转移函数 $G(\cdot)$ 是否存在及函数类型,需要确定 $G(\cdot)$ 发生转移的位置,也就是确立阈值变量 fisc_{t-d-1} 和 fis_{t-d-1} 的滞后阶 d。机制转移函数有 Logistic 型和 Exponential 型两种类型。两种机制转移函数,假设均在原点按三阶泰勒展开,如式(4-3):

$$G(\mathrm{cp}_{t-d-1}, \lambda, \bar{\omega}) = \tau_1 \mathrm{cp}_{t-d-1}^1 + \tau_2 \mathrm{cp}_{t-d-1}^2 + \tau_3 \mathrm{cp}_{t-d-1}^3 \qquad (4\text{-}3)$$

将式(4-3)分别代入模型(4-1)和模型(4-2),可以利用 OLS 估计结果来判断模型(4-1)和模型(4-2)的机制转移位置 d(Dijk et al., 2002),即主要依据 AIC 信息准则,同时参考模型的显著水平及调整的 $\bar{R}^2$ 来确定阈值变量的滞后阶(赵进文和范继涛,2007)。为便于分析,取 d 最大值等于3。从表4-8的检验结果可知,当 $d=1$ 时,模型(4-1)和模型(4-2)的 AIC 均是最小,分别为 -168.601 和 -170.357;模型的显著水平及调整的 $\bar{R}^2$ 均达到最大。因此,模型(4-1)和模型(4-2)的阈值变量滞后阶均为1;相应地,模型(4-1)和模型(4-2)的样本期调整为1955—2013年。

表 4-8　阈值变量滞后阶的确定

	模型(4-1)			模型(4-2)		
	AIC	$\bar{R}^2$	F 统计量	AIC	$\bar{R}^2$	F 统计量
$d=1$	-168.601	0.4601	6.491	-170.357	0.4759	6.852
$d=2$	-159.145	0.4067	5.341	-159.270	0.4079	5.364
$d=3$	-157.814	0.425	5.591	-157.850	0.4249	5.598

⑤ 模型类型和机制转移函数形式的检验

将 $d=1$ 代入式(4-3),再将式(4-3)分别代入模型(4-1)和模型(4-2),检验模型(4-1)和模型(4-2)的机制转移函数 $G(\cdot)$ 是否为0。具体来说,检验拒绝 $\tau_1=\tau_2=\tau_3=0$,模型(4-1)和模型(4-2)为非线性模型。如果机制转移函数 $G(\cdot)$ 不为0,则进一步检验机制转移函数 $G(\cdot)$ 的具体形式。简单来说,拒绝 $\tau_3=0$ 或者 $\tau_1=0 \mid \tau_3=0, \tau_2=0, G(\cdot)$ 为 Logistic 型机制转移函数;拒绝 $\tau_2=0 \mid \tau_3=0, G(\cdot)$ 为 Exponential 型机制转移函数。从表4-9的检验结果可知,模型(4-1)和模型(4-2)在5%的显著性水平下均拒绝 $\tau_1=\tau_2=\tau_3=0$ 的 Z_0 假设,也就是说拒绝模型(4-1)和模型(4-2)为线性模型。模型(4-1)和模型(4-2)在5%的显著性水平下拒绝 $\lambda_3=0$ 的 Z_{01} 假设,由此可以判断模型(4-1)和模型(4-2)的 $G(\cdot)$ 均为 Logistic 型机制转移函数。

表 4-9　机制转移函数 G(·)形式的检验

假设	模型(4-1)			模型(4-2)		
	LM	临界值		LM	临界值	
		5%	10%		5%	10%
Z_0	78.4564	46.8509	37.1764	78.9825	29.8374	29.0876
Z_{01}	14.0921	8.6073	7.8489	17.5141	13.1090	10.0648
Z_{02}	14.8430	7.6631	5.6246	12.6692	14.2585	10.2895
Z_{03}	29.6521	13.2453	11.4806	28.5899	11.2691	8.7918

注：Bootstrap 的循环次数为 1 000 次。

⑥ 阈值协整检验

由检验可知，模型(4-1)和模型(4-2)为非线性模型，居民消费规模等变量与经济增长存在非线性关系。但是居民消费规模等变量与经济增长的关系是否为阈值协整关系，则取决于非线性模型(4-1)和模型(4-2)估计的残差 $\bar{\mu}_t$ 是否平稳。当 $\bar{\mu}_t$ 为 $I(0)$ 序列时，居民消费规模等变量与经济增长存在阈值协整关系；当 $\bar{\mu}_t$ 存在单位根时，居民消费规模等变量与经济增长不存在阈值协整关系。将机制转换函数 G(·)分别代入模型(4-1)和模型(4-2)，运用动态非线性最小二乘法(DNLS)估计分别得到模型(4-1)和模型(4-2)的 $\bar{\mu}_t$。因为在非线性条件下，统计量的分布依赖未知参数而无法利用全部残差进行协整检验，从而采用不依赖未知参数的部分残差检验法进行阈值协整检验。简单来说，通过蒙特·卡罗(Monte Carlo)仿真试验来计算较为精确的临界值；当统计量小于相应的临界值时，则不能拒绝 $\bar{\mu}_t$ 为平稳序列的原假设，否则，拒绝 $\bar{\mu}_t$ 为平稳序列的原假设。模型(4-1)和模型(4-2)阈值协整结果表明，统计量分别为 1.566 和 1.565，显著小于显著水平 1% 的临界值，伴随概率分别为 0.993 和 0.996，这就是说模型(4-1)和模型(4-2)估计残差 $\bar{\mu}_t$ 均是平稳序列，居民消费规模等变量与经济增长均存在阈值协整关系。

(4) 阈值模型估计结果及其解释

采用 DNLS 估计法分别对模型(4-1)和模型(4-2)进行估计，得到估计结果式(4-4)和式(4-5)。由估计结果可知，模型(4-1)和模型(4-2)中 θ_1 在式(4-4)和式(4-5)的估计值均不显著，模型(4-1)中 α_2 在式(4-4)的估计值的显著性水平为 10%，其余系数的显著性水平均达到了 1% 或 5%。除式(4-4)和式(4-5)

第二机制中的截距项和 cp 的系数差异较大外,其余系数估计、阈值和机制转移速度没有显著差异。可以说,估计结果在不同方法测度政府干预程度的模型中基本一致,模型估计结果是稳健的。因此,居民消费规模对经济增长的作用随居民消费规模变化而显著不同。

① 实证结果

从估计结果式(4-4)和式(4-5)中可以看出,当机制转移函数 $G(\cdot)$ 趋近于 0 时,居民消费规模对经济增长的效应服从第一机制,效应值约为 0.77,显著性水平为 1%,这就是说居民消费规模对经济增长具有显著的正向效应。图 4-6 中,$G(\cdot)$ 趋近 0 对应的年份是 1961—1962 年、1973 年、1977 年和 1979—2013 年。在其他因素不变的条件下,$t-1$ 年居民消费规模增加(或减少)0.01,t 年经济增长率上升(或下降)约 0.0077;1961—1962 年、1973 年、1977 年和 1979—2013 年居民消费规模对经济增长的偏效应最小值约为 0.77。

$$g_t = \underset{(-39.30)}{-0.555} + \underset{(24.47)}{0.775} \times \mathrm{cp}_{t-1} + \underset{(22.22)}{2.497} \times k_t + \underset{(5.75)}{0.414} \times l_t + \underset{(1.95)}{0.034} \times \mathrm{fisc}_t$$
$$+ (\underset{(-11.56)}{-0.745} + \underset{(5.78)}{0.511} \times \mathrm{cp}_{t-1} - \underset{(-19.15)}{2.494} \times k_t + \underset{(3.26)}{0.855} \times l_t$$
$$+ \underset{(10.08)}{1.973} \times \mathrm{fisc}_t)\{1 + \exp[-306(\mathrm{cp}_{t-2} - 0.5383)]\}^{-1} \quad (4\text{-}4)^{①}$$

$$g_t = \underset{(-33.19)}{-0.553} + \underset{(21.07)}{0.774} \times \mathrm{cp}_{t-1} + \underset{(19.52)}{2.489} \times k_t + \underset{(4.98)}{0.414} \times l_t + \underset{(1.32)}{0.027} \times \mathrm{fis}_t$$
$$+ (\underset{(-8.00)}{-0.632} + \underset{(4.68)}{0.512} \times \mathrm{cp}_{t-1} - \underset{(-16.22)}{2.611} \times k_t + \underset{(3.24)}{1.069} \times l_t$$
$$+ \underset{(7.27)}{1.574} \times \mathrm{fis}_t)\{1 + \exp[-241(\mathrm{cp}_{t-2} - 0.5396)]\}^{-1} \quad (4\text{-}5)$$

当机制转移函数 $G(\cdot)$ 趋近 1 时,居民消费规模对经济增长的效应服从第二机制,居民消费规模对经济增长的正向效应扩大;图 4-6 中,$G(\cdot)$ 趋近 1 对应的年份是 1955—1960 年、1963—1971 年。式(4-4)效应值为 $\alpha_1 + \alpha_2 = 0.775 + 0.511 = 1.286$,式(4-5)效应值为 $\alpha_1 + \alpha_2 = 0.774 + 0.512 = 1.286$,说明在第二机制下,居民消费规模对经济增长具有显著的正向效应。在其他因素不变的条件下,$t-1$ 年居民消费规模增加(或减少)0.01,式(4-4)和式(4-5)t 年经济增长率上升(或下降)0.0129。居民消费规模对经济增长的偏效应图 4-6 中对应的年份为 1955—1960 年、1963—1971 年。

---

① 括号内数为 t 统计值,以下均相同。

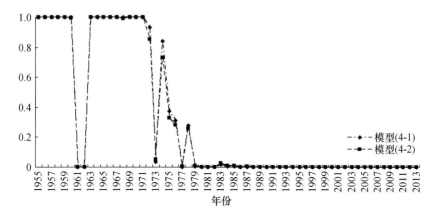

图 4-6 机制转移图

注：机制转移函数中阈值变量为 $t-2$ 期的 cp。

当机制转移函数 $G(\cdot) \in (0,1)$ 时，居民消费规模对经济增长的效应服从混合机制，式(4-4)中居民消费规模对经济增长的效应由 $0.775 + 0.511 \times G(\cdot)$ 刻画，式(4-5)中居民消费规模对经济增长的效应由 $0.774 + 0.512 \times G(\cdot)$ 刻画，$G(\cdot) \in (0,1)$ 对应年份为 1972 年、1974—1976 年和 1978 年。居民消费规模对经济增长的偏效应图 4-7 中，1971 年、1973—1975 年和 1977 年式(4-4)的偏效应分别为 1.25、1.2、0.97、0.93、0.91，1971 年、1973—1975 年和 1977 年式(4-5)的偏效应分别为 1.21、1.15、0.94、0.92、0.91。阈值参数估计值约为 0.539，表明居民消费规模大约低于 0.539 时，居民消费规模对经济增长的效应服从第一机制；居民消费规模大约等于或高于 0.539 时，居民消费规模对经济增长的效应发生了非线性转移，即服从混合机制或第二机制；式(4-4)中 $\lambda=306$，式(4-5)中 $\lambda=241$，表明机制转移速度较快。

② 主要结论及解释

从上述分析可知，当居民消费规模大约低于 0.539 时，居民消费规模对经济增长的效应服从第一机制，居民消费规模增加 0.01，经济增长率提升 0.008；当居民消费规模大约等于或高于 0.539 时，居民消费规模对经济增长的效应服从混合机制或第二机制，居民消费规模对经济增长的效应明显扩大。也就是说，居民消费规模对经济增长的长期效应随居民消费规模大约等于或高于 0.539 时明显增大。其主要原因是：居民消费规模下降意味着消费不足，消费

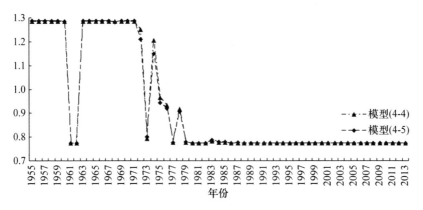

图 4-7 居民消费对经济增长的偏效应

对经济增长的拉动作用缩小。从图 4-8 中可以看出,居民消费比例与最终消费比例的变化趋势一致,1953—1959 年和 1963—2013 年均呈下降态势,1960—1962 年则呈上升态势,而政府消费比例则变化不大。也就是说,居民消费比例变化是最终消费变化的主要原因,即居民消费比例下降不仅直接导致了最终消费比例下降,而且也导致居民消费规模对经济增长的贡献下降。

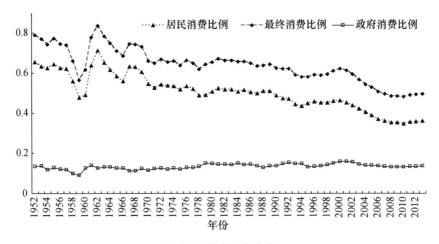

图 4-8 需求结构变化

居民消费规模影响经济增长的机制演变可从五个方面理解:

第一,居民消费规模缩小将会直接导致居民消费品生产部门产能过剩,居民消费品生产部门规模缩小,进而导致经济结构失衡,可能使经济增长速度放缓。

第二,居民消费规模缩小将会诱发生产结构发生相应变化,可流动的生产要素从居民消费品生产部门流向非居民消费品生产部门,非居民消费品生产部门生产要素边际生产率下降,资源配置效率降低。由于资本的专属性和人力资本形成的长期性,居民消费品生产部门的一些生产要素并不能及时流向非居民消费品生产部门,致使居民消费品生产部门的产能过剩,部分资源闲置,资源配置效率降低。进一步说,居民消费规模缩小因降低了要素配置效率致使经济增长速度放缓。

第三,居民消费规模缩小不仅直接导致居民消费品生产规模缩小,而且进一步导致规模经济效应下降甚至消失;也就是说,在投入不变的条件下,居民消费品生产部门的产出水平下降,或者在产出水平不变的条件下,居民消费品生产部门的投入水平上升,两种情况都意味着居民消费品生产部门因居民消费规模缩小而降低资源利用效率,在资源有限条件下,居民消费对经济增长的贡献下降。

第四,居民消费规模缩小不利于居民消费品生产部门专业化分工的深化,进而缩小居民消费对经济增长的贡献。具体来说,居民消费规模缩小,不利于居民消费市场规模扩大,企业只有选择生产更多的中间投入品以生产最终产品,因为市场需求规模制约了中间投入品的专业化生产,因此在居民消费规模较小的情况下,居民消费对经济增长的作用缩小。

第五,居民消费规模缩小容易促使经济增长过度依赖投资驱动和出口拉动。从世界银行网站的数据来看,2000—2013年,中国居民消费率从47%下降到了36%,资本形成率从35%上升到了48%;而全世界居民平均消费率保持在60%的水平,资本形成率从23%下降到了22%;低收入国家居民消费率从79%下降到了78%,资本形成率从29%上升到了27%;中等收入国家居民消费率从59%下降到了55%,资本形成率从25%上升到了32%;高收入国家居民消费率从60%上升到了61%,资本形成率从23%下降到了20%。这些数据说明,居民消费对中国GDP的贡献较低,投资对中国GDP的贡献较高,也就是说中国经济增长是典型的投资驱动型。投资驱动经济增长方式虽然会导致资本边际生产率下降,但是资本报酬份额偏高,劳动份额偏低,如中国劳动报酬占GDP的比例不断下降,从1983年的70%下降到了2013年的46%,资本报酬份额持续上升,从10.7%上升到42%[①],这说明居民消费规模缩小导致的投资驱动经济增长方式会扩大收入差距,进而引发消费不足,经济增长速度下滑。

消费、投资和出口是拉动经济增长的"三驾马车"。理论上,三者只有保持合理的比例才能促进经济持续稳定增长。如消费比例偏高而投资比例偏低,则不利于扩大再生产,高消费不可持续,长期经济增长无法维持;如消费比例偏低而投资比例偏高,则导致消费不足,扩大再生产不可持续,长期经济增长也不能维持。因此,保持合理的需求结构才能维持经济持续稳定增长。利用中国1955—2013年的数据,运用阈值协整模型进行实证检验,其结果表明,中国居民消费规模对经济增长的长期效应随居民消费率的变化而变化,这证明中国居民消费存在规模效应,且该效应在不同的消费相对规模下形成了不同的作用机制,导致了不一样的影响效应。居民消费规模对经济增长的长期效应随居民消费规模大约达到0.539时而发生变化:居民消费规模约低于0.539时,居民消费规模对经济增长的效应服从第一机制,居民消费规模增加一个单位,经济增长率上升较小;居民消费规模约等于或高于0.539时,居民消费规模对经济增长的效应服从混合机制或第二机制,居民消费规模增加一个单位,经济增长率上升较大。中国改革开放以来,居民消费规模不断缩小,经济增长主要依赖投资和出口,居民消费对经济增长的贡献不断下降,这一事实与实证研究结论是吻合的。

研究结论对于发展中大国实现经济转型,走以内需为主的道路,有着极为重要的启示。研究结论清晰地表明,消费规模特别是居民消费规模是大国经济持续稳定增长的必要条件,要解决制约中国经济持续稳定增长的需求结构矛盾,通过扩大居民消费,充分发挥大国优势是重要的突破口之一。在寻求经济增长的持久动力方面,大国与小国存在明显的差异,小国可以通过专业化生产具有某些国际竞争力的产品,依靠世界市场需求保持经济持续稳定增长,但是大国只能依靠内需来保持经济持续稳定增长。因此,上述理论和实证研究结论对中国经济的持续稳定增长具有重要启示:内需是大国经济保持持续稳定增长的根本动力,在不同的发展阶段,不同类型的内需对大国经济增长的作用不同。就现阶段而言,随着居民消费规模的扩张,经济增长的内生动力得到加强,但是

---

① 按吕冰洋和郭庆旺(2012)在"中国要素收入分配的测算"中提出的方法测算。

现实中却出现了消费需求作用递减的现象,需求结构失衡是深层次原因。在居民收入不断提高的背景下,需求结构失衡在很大程度上归结于供给结构失衡,供给侧在消费品的结构和质量方面不能满足居民生活质量提高的需要而及时调整结构,从而产生了国内产能过剩和国内消费者到国外购买大量消费品的奇怪现象。当前,中国居民消费率偏低,规模较小,这不仅表现为居民消费率不断呈下降趋势,而且远远低于世界平均水平,居民消费对经济增长的贡献偏低,是中国经济增长动力不足的根源。因此,扩大居民消费规模是中国当前及其以后相当长时期内的重要战略方针,但是扩大消费规模应与供给侧结构性改革结合起来。具体措施包括以下方面:其一,应该努力理顺中国居民收入分配关系,防止居民收入差距过大,从而提高居民的购买力水平,并完善社会保障制度,改变居民消费的预期;其二,应该积极推进供给侧结构性改革,优化产品质量和结构,使国内供给更好地满足国内需求,增强居民消费对经济增长的拉动作用,从而促进经济可持续发展。

第2节 内需驱动的出口型式

1 发展中国家外贸转型升级问题的提出

2008年全球金融危机加速了全球消费终端市场从发达国家向以中国、印度和巴西为代表的发展中大国转移,这势必会对全球贸易格局产生重大影响,并为发展中大国本土企业在全球生产中的定位重构创造重要机遇(Staritz et al.,2011)。一个重要的原因在于,发达国家通过对核心技术和需求终端的控制,并以需求市场引致其本土企业内生创新的动态机制,牢牢把握在全球分工与贸易中的主导地位。而受到国内需求不足和与前沿技术存在差距限制的发展中国家,难以在技术、品牌、营销渠道等环节形成高层次竞争优势,只能立足要素禀赋低层次竞争优势、以发达国家为出口市场的垂直分工模式分享全球红利(刘志彪和张杰,2007)。这样,就在产品间分工上形成了高收入国家出口高质产品、低收入国家出口低质产品,在产品内分工上形成了高收入国家的跨国公司控制研发和销售等高端价值链环节、低收入国家本土企业被俘于价值链低端环节的全球贸易分工格局。在这一贸易分工格局下,发达国家攫取大部分贸易利益,而发展中国家出口的增长绩效低,由此也形成了"出口什么比出口多少更重要"的理论共识(Hausman et al.,2007)。因此,通过培育高层次竞争优势以谋求贸易结构升级进而改善出口的增长绩效,成为发展中国家外贸转型升级的本质内涵。[①] 而全球消费终端市场的大转移和发展中大国国内需求在全球市场中地位的提升,为发展中大国依托国内需求培育高层次外贸竞争优势,进而突破发达国家通过控制核心技术和在需求终端市场实行的"结构封锁"提供了可能(Staritz et al.,2011)。因为利用本土市场优势,根据消费者需求创造价值是本土企业通过创新、创业和策略管理创造可持续竞争优势的根本途径(Priem et al.,2007)。根植于国内市场的本土企业的能力建设和技术进步才是发展中国家新优势形成和结构升级的关键(Poncet and Waldemar,2013)。而把这一可能性转变为现实,则意味着发展中大国需要由以外需为导向的传统要素驱动出口型式向依托国内大市场的内需驱动出口型式转变。那么,一个有待澄清的问题是,大国外贸发展的主要驱动因素以及由此决定的出口型式有何特殊性?

回答"大国外贸发展的主要驱动因素以及由此决定的出口型式有何特殊性"这个问题,实际上也是在更宽广的分析框架和多国家经验中探寻破解中国外贸转型困境的"大国之路"。因为把握撬动中国外贸转型升级的杠杆,需要认清驱动中国外贸发展的在位优势和潜在优势,以及由此决定的出口型式。在中国经济发展的前一阶段,遵循新古典贸易理论,立足要素禀赋比较优势参与国际分工造就了中国的"出口奇迹"(Hanson,2016),由此也形成了脱离国内需求的以外需为导向的出口型式。但正如Porter(1990)所指出的那样,要素禀赋比较优势在解释产业竞争力上贫乏无力。在要素驱动出口型式下,中国外贸绩效差,突出表现在本土外贸企业缺乏核心竞争力、被俘于全球价值链低端环节、出口产品质量低、贸易摩擦频繁等方面。转变外贸发展方式已是多年来达成的共识,中国政府自2005年以来出台了多项政策措施以推进外贸发展方式转变,特别是2011年的《政府工作报告》将"切实转变外贸发展方式"作为对外经济贸易首位工作。然而,转型效果不尽如人意,中国的外贸发展陷入了路径依赖和转型困境。尽管大量研究从价值链攀升与治理、制造业服务化、中间品贸易和要

[①] 外贸转型升级的落脚点不是出口升级,而是改善出口的增长绩效。正如Poncet and Waldemar(2013)实证研究所指出的那样,加工贸易和外商直接投资虽然能够带动出口升级,但并不能带动长期经济增长,只有根植于国内市场的本土企业的出口升级才是长期增长的驱动力。

素升级等方面探讨了破解中国外贸转型升级困境的路径和方法,但一个有待探究的根本性问题是,能够促使中国外贸转型升级的新优势来源是什么？在发达国家控制核心技术和在需求终端市场实行"结构封锁"的贸易格局中,高层次外贸竞争优势是中国外贸转型升级的立足点。正因为如此,2015年国务院出台的《国务院关于加快培育外贸竞争新优势的若干意见》强调"传统竞争优势明显削弱,新的竞争优势尚未形成"。外贸竞争新优势"断点"使得中国外贸转型升级成为"无源之水",应该"加快培养外贸竞争新优势"。

与新古典贸易理论不同,以"斯密定理"为核心的古典贸易理论和新兴古典贸易理论关注国内需求这一外贸竞争新优势的根本性来源,强调国内需求是一国对外贸易产生的基础,国际贸易是由国内贸易内生演进形成的。新贸易理论进一步明确了一个国家通常会出口国内需求较大的产品(Crozet and Trionfetti,2008)。新兴贸易理论则广泛认为,出口企业比非出口企业在国内市场上销售得更多,因为市场"自选择"机制使得只有"更好"的企业才能出口(Melitz and Ottaviano,2008)。国内需求通过规模效应(Weder,2003)、向本土消费者学习(Bhaumik et al.,2016)、出口产品多元化(Fernandes et al.,2015)、改善产品质量和异质性消费偏好(Osharin and Verbus 2016)等途径,深刻影响一个国家的出口能力。这意味着一国对外贸易的发展是依托国内需求逐步培养动态比较优势的过程。Weder(2003)把这种由国内需求驱动的外贸发展模式称为内需驱动型贸易模式(Demand-driven Trade Model)。与发达国家市场需求不振形成鲜明对比的是,中国国内市场规模高速扩张,2015年居全球第二位,并且需求结构不断升级,预计到2030年中国国内需求将是美国市场的三倍。这使得中国内需与外贸之间的联动关系,从纵深历史脉络来看,已步入两个阶段的过渡期。中国改革开放前三十年通过立足要素禀赋比较优势的出口型式取得了长足发展,国内市场容量大幅度扩张。而当前中国国内市场已成为众多商品的全球最大消费市场,这使得中国外贸发展可以也需要步入依托国内市场提升出口竞争力的战略阶段。近年来,"两头在外"加工贸易出口比重的持续下降和一般贸易出口比重的持续上升,也彰显了这一过渡特征。[①] 依托国内需求培育

[①] 近年来中国一般贸易出口占整体出口比重持续提升,2015年一般贸易出口比重上升为53.4%,而"两头在外"的加工贸易出口比重下降为35.1%。这一定程度反映了从外需导向出口型式向内需驱动型出口型式的转变已成必然。

外贸竞争新优势,有望成为破解中国外贸竞争新优势"断点"和外贸转型困境的现实选择。鉴于国内需求对外贸发展的基础性作用,大量研究从区域、产业和企业层面检验了本地市场效应的存在性(如钱学锋和黄云湖,2013),以此证明国内需求是否已成为推动中国出口的新优势来源。这些关注内需与出口因果关系的重要研究,为实施内需驱动出口型式提供了证据支撑。也有大量研究从市场分割、要素扭曲、市场环境等视角,分析了中国外需导向出口型式形成的机制(如陆铭和陈钊,2009;张杰等,2010;施炳展和冼国明,2012),加深了我们对中国出口型式形成原因的理解。但这些关注国内需求的重要研究,由于没有摆脱中国"特例"困境,从而无法从国际经验视角判别中国国内需求对外贸发展的促进程度和潜力,也无法解答"对于不同规模的国家而言,其外贸发展的主要驱动因素以及由此决定的出口型式是否有所差异"这一影响推进中国外贸转型升级战略转换的关键问题。

鉴于此,我们摆脱中国"特例"困境,在更宽广的分析框架和多国家经验中探寻破解中国外贸转型困境的"大国之路"。通过构建51个经济体的内需驱动出口指数,从国际经验视角探寻大国出口型式的一般性规律。在此基础上,进一步剖析中国出口型式与大国经验的一致性问题及其原因,以期为新常态下中国的外贸转型升级提供符合大国外贸发展一般规律的新思路。在逻辑一致的分析框架下发现,大国内需规模和多层次需求结构是本土企业培育高层次外贸竞争优势进而实现贸易结构升级的立足点,依托本土需求的出口型式能够改善大国出口的增长绩效,所以大国比小国更加偏向内需驱动出口型式。而中国却明显背离了这一基本的国际经验,深层次原因在于内需引致出口功能缺位。这一发现在全球消费终端市场大转移与中国国内需求扩张升级态势下,对重塑中国外贸转型的根本性动力和探索具有"大国特色"的中国外贸转型之路具有重要的启发意义。

2 大国内需驱动出口型式的分析框架

根据两百多年国际贸易理论与实践的发展,要素禀赋和国内需求是一个国家外贸发展的两个主要驱动因素,由此也形成了要素驱动出口型式和内需驱动出口型式。固然,经济发展阶段所决定的与前沿技术水平的差距、要素禀赋结构的特征,以及国内需求的规模和层次,对一个国家外贸发展的主要驱动因素及由此决定的出口型式具有重要影响。但两种出口型式不仅在外贸竞争优势来源上有根本性差异,在出口结构及其升级机理上也具有明显差异,更为重要的是,两种出口型式对不同规模国家的适宜性也不尽相同,使得即使在相同发展阶段,大国比小国更加偏向内需驱动出口型式。

(1) 要素驱动出口型式对大国外贸发展的欠适宜性

在要素驱动出口型式下,出口产品结构会集中在少数具有要素禀赋比较优势的产品和生产环节上,出口产品以国外需求为导向,与国内需求的关联性不强。发展中国家立足要素禀赋比较优势通过出口低质产品和嵌入全球价值链低端环节,与发达国家形成垂直型贸易格局,对发达国家市场的依赖程度较低。相反,内需驱动出口型式遵循国际贸易的产生是依托国内需求培育动态比较优势的过程,是由国内贸易内生演进形成的。内需驱动出口型式下的出口结构虽然受到国外需求影响,但根植于国内需求,与国内市场的联动性较强,对国外市场的依赖程度相对较低。

对于小型经济体而言,依托要素禀赋、以国外需求为导向的出口型式遵循比较优势战略理论,以要素禀赋比较优势参与国际分工可以取得更多的经济剩余,从而有利于要素禀赋结构升级,而要素禀赋结构升级又会带动技术和产业结构升级,进而取得良好的经济增长绩效,由此形成要素驱动出口型式下外贸转型升级的内在机理。对于缺少本土市场需求容量的小国而言,要素驱动出口型式通过谋求要素结构的快速升级和高度融入全球分工获得技术学习机会,可能是在全球化背景下实现快速发展的有效战略。但对于发展中大国而言,以总体要素禀赋比较优势介入国际分工,会受到大国效应制约而恶化贸易条件,降低可供要素结构升级的经济剩余,从而导致产业(贸易)结构升级刚性。而且,大国巨大的外向型供给难以通过国际市场得到消化,加剧贸易摩擦,外贸发展的绩效也较差。此外,依托要素禀赋、以国外需求为导向的出口型式的国内"植根性"不强,对国内相关产业的带动力和辐射作用弱,出口的乘数效应低,当要素禀赋比较优势弱化时也容易出现产业大规模跨国转移现象。因此,要素驱动出口型式对大国的适宜性比小国更差。

更为重要的是,在发达国家主导的"结构封锁"型贸易格局中,要素驱动出口型式会使大国失去国内需求这一重要的外贸竞争优势来源,从而囿于外贸转型困境。因为寻求以技术、品牌为核心的高层次竞争优势,是外贸转型升级的立足点,而要素禀赋比较优势在解释企业持续竞争力上贫乏无力,企业创造和维持高层次竞争优势通常是一个依托国内需求的本土化过程。并且国内较大的市场需求和较为完整的产业体系内生决定了其偏向内向型发展型式,突出表现在大国比小国对国际市场的依赖程度更低。这种由国家规模内生决定的发展型式也要求大国充分利用国内需求优势。而脱离本土需求的要素驱动出口型式,一方面由于贸易结构与国内产业结构脱节,出口贸易对促进国内技术进步和改进企业生产效率的作用有限,从而使得出口与国内产业无法形成良性互动和相互促进;另一方面也使大国出口结构升级缺乏国内市场需求这一重要优势的支撑力,从市场空间上掐断了本土企业利用本土需求构建和提高其创新能力的转化路径,加大了被锁定于俘获型发展型式的风险。

(2) 内需驱动出口型式下大国外贸转型升级的内在机理

大国偏向内需驱动出口型式不仅是由于要素驱动出口型式对大国外贸发展的欠适宜性,更重要的原因是在于内需驱动出口型式遵循"国内需求—本土企业竞争优势内生演进—贸易结构升级—出口增长绩效改善"的良性内生机制。在发达国家控制核心技术和在需求终端市场实行"结构封锁"的贸易格局下,本土企业在依托国内需求进行技术创新和品牌建设方面具有天然优势,因为本土企业在国内市场具有成本优势、信息优势,并且面临的贸易壁垒也较少,熟悉本土文化、制度又使得本土企业更容易把握国内需求特征,所以本土企业贸易一般具有"本土偏好"(Wolf,2000),以至于几乎所有的国际成功品牌都是依托国内需求,在国内市场的激烈竞争中慢慢成长并被成功推向世界的(Porter,1990;刘志彪,2011)。而大国国内需求规模和多层次需求结构能够支撑起以技术、品牌为核心的高层竞争优势,有利于本土企业出口产品结构升级和突破在全球价值链中的"低端锁定",从而取得良好的出口增长绩效。

以技术、品牌为核心的高层次外贸竞争优势是外贸转型升级的立足点,而大国国内需求为本土企业培育高层次外贸竞争优势提供了压力和可行性。

第一,大国国内市场可摆脱规模效益与竞争机制的两难冲突,激励本土企业寻求高层次外贸竞争优势。对于小国而言,为达到有效经济规模就需要减少厂商数量,而厂商数量的减少又会降低市场竞争程度,进而弱化厂商培育高层次外贸竞争优势的动力。而大国国内市场可摆脱这一规模效益与竞争机制的两难冲突,大国国内需求的多层次性和巨大的需求规模可以支撑起"小众产品"

的规模经济,从而容纳更多的企业,形成更加拥挤的产品空间,使得大国市场竞争更加激烈。为了避免在激烈的市场竞争的"自选择"中被淘汰,本土企业被迫寻求更高层次的竞争优势。并且大国国内市场上拥挤的产品空间也会导致产品的替代性更强,面临多样性选择的消费者就会更加挑剔,而专业、挑剔的消费者是本土企业追求高质产品和精致服务的压力来源。同时,由于大市场容纳的众多本土企业在要素成本、市场地缘、上游供应商等条件上都相同,激烈的国内市场竞争和挑剔的消费者就会迫使本土企业摆脱对低层次优势资源条件的依赖,寻求以技术、品牌为核心的更高层次、更具持久力的竞争优势,因此形成了"本土市场越大,创新也越多"的理论预期。

第二,巨大的国内需求为以技术、品牌为核心的高层次外贸竞争优势的生成提供了可能。创新是高层次外贸竞争优势的决定性因素,而需求是创新的重要引致因素。由于创新本质上是一个为消费者创造价值的过程,真正成功的创新被认为是消费者驱动而非资源和技术驱动的。较大的国内需求规模可以摊销创新费用,需求的多层次提高了差异产品创新的预期收益,为创新活动创造了内生激励机制。向消费者学习是本土企业创新的重要源泉和方向,而本土企业相对于外资企业对本土文化和制度更加熟悉,在国内市场具有交流成本和信息方面的优势,使得本土企业比外资企业能更好地把握本土消费者知识,从而更好地利用这一国家特定优势。同时,有效的消费者反馈效应是技术市场化(新产品推广)和品牌建立的重要基础。本土企业凭借对本土市场知识的把握,能更好地与消费者有效互动,快捷、低成本地把握国内消费者诉求,从而推进新产品的市场渗透和品牌建设。再者,大国国内多层次的需求结构所容纳的"前瞻性需求"和"领先用户"也比小国更加普遍,而代表需求质量的"前瞻性需求"和"领先用户"是本土企业改进产品和服务质量的重要方向。因此,本土需求在产业及企业竞争优势的塑造过程中具有"火车头"的作用,并且即使企业拥有普通的技术和资源,对消费者知识的把握也能创造本土企业可持续的竞争力,而大国国内需求也被广泛认为是一国本土企业可利用的国家特定优势。

第三,国内大市场的虹吸效应为大国高层次外贸竞争优势的培育奠定了高质的要素基础。大国国内需求支撑的获利空间通过吸引产业集聚形成以知识溢出为主要内容的外部经济,进而又会吸引更高质量的外资、更先进的管理经验和更高端的人才流入,这一对全球优质要素的虹吸效应为以技术、品牌为核心的高层次外贸竞争优势的生成奠定了高质的要素基础。

大国国内需求催化了本土企业高层次外贸竞争优势,进而为产业间、产业内和产品内的贸易结构升级提供了内生动力。

第一,对于产业间和产业内贸易而言,贸易结构升级主要体现在从低质产品向高质产品的转换和出口产品结构的多元化,而大国巨大的市场空间和多层次的需求结构为高质品和差异产品提供了盈利空间,强化了对高质产品和差异产品的研发动力。同时,国内大市场通过容纳更多的本土企业,导致了更为激烈的市场竞争,也压缩了低质产品和同质产品的利润空间,加大了本土企业以高质产品和差异产品获利的压力。再者,大国国内市场对全球创新要素的虹吸效应,为高质产品和差异产品的生产和研发提供了高质的要素保障。当高质产品和差异产品的生产成为现实,大国国内需求规模支撑的规模经济就可以形成成本优势,国内便捷的消费反馈驱动效应又进一步提升高质产品和差异产品的质量,进而促进大国贸易结构从低质产品向高质产品的升级和出口产品结构的多元化。

第二,对于产品内贸易而言,贸易结构升级主要是通过本土企业自身技术能力建设实现向"微笑曲线"两端攀升的。正如 De Marchi et al.(2016)所指出的那样,在"俘获型"贸易格局中,忽视国内技术能力建设的发展中国家企业在全球价值链中很难实现价值链攀升。而研发能力和市场能力是本土企业技术能力建设的两个方面,因为任何一项企业的创新活动都是技术的市场化。大国国内需求空间为本土企业技术投入的价值实现提供了保障,同时"需求引致创新"功能和消费反馈效应也为培育本土企业的技术研发能力提供了现实途径。并且在个性化消费趋势下,许多产品和服务具有"量身定制"的特征,研发设计和产品销售等高端价值链环节一般都接近终端消费者,以便降低"量身定制"所需要的信息搜索、采集,以及获取和处理消费者反馈信息的成本。因此,高端消费服务倾向于集中在大城市,而普通城市与市场规模较小的国家则主要分工制造业与基本消费服务业。加上本土企业对国内需求产品的研发设计和产品销售具有信息便捷和文化临近等优势,更容易把握本土需求特征,更容易在这些高端价值链环节形成本土市场竞争优势。正如 Staritz et al.(2011)所指出的那样,国内需求对价值链升级具有决定性影响。① 利用大国巨大的市场空间和多层次的需求结构,突破发达国家"结构封锁型"价值链是发展中大国价值链升级的关键。

(3) 大国内需驱动出口型式生成的市场环境

内需驱动出口型式的实质是实现"国内需求—本土供给—出口产品"的双重有效对接,即本土企业依托国内需求进行生产,并在国内需求支撑下形成竞争力,而这一有竞争力的产品又是国外需求的产品,由此实现"内需引致出口"机制。为此,需要两个方面的市场环境以保障"内需引致出口"机制的实现。

其一,国内较大需求能够被本土企业供给并能够国际化的市场环境。注重国内市场的经典贸易理论,无论是新兴古典贸易理论,还是新贸易理论以及新兴贸易理论,都有国内较大需求能够被本土企业供给和国内需求国际化的两个基本隐含假设。而当市场体制不完善和市场失灵时,国内较大的需求,特别是引致出口升级的高端需求,并不一定能够由本土企业供给。不完善的价格机制使得本土企业无法捕捉到高端需求产品的供给关系,没有弥补的"正外部性"使得适应需求升级的新技术、新产业无法生成,行政性垄断和套利空间也会弱化对高端需求产品的供给动力,知识产权保护不力和对高质人力资本及资金的流动限制也会降低对高端需求产品的供给能力等。另外,国内需求较大的产品也不一定是国外需求的产品。一个国家的需求既有与国际需求同质化的特征,也有一个国家独有的差异化特征。特别是国内标准与国际标准的一致性,消费信息的流通率,对国内高端消费课以重税等不合理的本地制度等都会强化本土需求的特质,进而影响国内外"重叠需求"的对接程度。

其二,国内较大需求引致本土企业竞争力提升的市场环境。竞争激烈、规范有序的市场环境是国内需求引致本土企业竞争力提升的根本性前提。在激烈而有序的国内市场环境下,为了避免在市场竞争的"自选择"中被淘汰,本土企业会被迫依托国内需求以创新和品牌建设方式寻求更高层次和不可复制的竞争优势。经济中没有"非创新获利"空间是国内需求转化为本土企业竞争力的又一前提。由于创新具有高风险、高成本特征,当经济中存在"非创新获利"

---

① 在全球消费终端市场转移的背景下,本土需求与价值链关系是一个有待研究的新命题。正如 Staritz et al.(2011,p.5)三位研究全球价值链的专家所指出的那样,"尽管治理结构和领先企业在价值链升级中得到普遍关注,但终端市场的作用却没有被明确讨论"。

空间时,就会抑制本土企业依托国内需求进行创新的积极性。本土市场上的消费反馈是驱动本土企业提升竞争力的重要机制。这就需要良好的消费环境和高端挑剔的消费者,使得本土企业有压力对消费者的诉求做出解读和回应,及时把握国内需求特征及其变化趋势。否则,大的国内市场所保障的获利空间,不仅不能提升本土企业的竞争力,反而可能弱化本土企业依托国内需求培育高层次外贸竞争优势的动力。

3 大国内需驱动出口型式的国际经验

(1) 内需驱动出口型式的测度与典型事实

根据理论分析,要素驱动出口型式与内需驱动出口型式的本质区别在于贸易优势来源的根本性差异。在内需驱动出口型式下,出口与内需的较强关联性源于国际贸易的形成过程。根据以"斯密定理"为核心的古典贸易理论,在国际贸易由国内贸易内生演进形成的过程中,由国内市场大小决定的分工深化程度进而决定的内生比较优势是一国对外贸易的基础。因此,一个国家的出口是国内需求在国际市场上的拓展,出口结构取决于国内生产结构,并服务于国内消费结构。这一出口与内需的关联程度在新贸易理论框架下更为明确,即一个国家出口本国需求较大的产品。相反,在要素驱动出口型式下,出口产品会集中在有要素禀赋比较优势的产品上,而这些出口产品与国内需求的关联程度较高。因为立足要素禀赋比较优势的出口产品与国内需求并没有必然联系。[①] 也正因为如此,新兴古典贸易理论明确指出,"要素禀赋比较优势无法解释国内贸易如何发展到国际贸易"。据此,可以根据一个国家出口与内需的总体关联程度设计内需驱动出口指数,见式(4-6)。

$$\text{ddtm} = \exp\left(-\sum_{i=1}^{n}\left|\frac{x\text{fei}_i}{\sum_{i=1}^{n}x\text{fei}_i} - \frac{\text{chk}_i}{\sum_{i=1}^{n}\text{chk}_i}\right|\right) \quad (4\text{-}6)$$

其中,ddtm 为一个国家内需驱动出口指数,介于 0—1。括号内为一国出口产品结构与国内需求结构总体背离程度的相反数,即出口与内需的总体关联程度。$x\text{fei}_i$ 为这个国家产业 i 的国内需求,由国内生产量和进口量之和计算,chk_i 为

[①] 正如南非大量出口黄金(占出口的 7.7%),而其国内需求却很小。

这个国家产业 i 的出口额，n 为产业总数。可见，内需驱动出口指数（ddtm）同出口与内需的总体关联程度成正比。出口结构与国内需求结构的总体背离程度越低，出口与内需的总体关联程度就越高，ddtm 指数就越大[①]，说明国内需求成为这个国家出口的重要优势来源，这种外贸发展型式为内需驱动出口型式。反之，出口结构与国内需求结构的总体背离程度越高，出口与内需的总体关联程度就越低，ddtm 指数就越小，说明要素禀赋等非内需因素是驱动这个国家出口的主要因素。

采用联合国工业发展组织（UNIDO）四分位国际标准产业分类（ISIC）数据，测算 51 个国家 1997—2010 年的内需驱动出口指数。国家规模与内需驱动出口指数的关系如图 4-9 所示。以 GDP 度量的国家规模与内需驱动出口指数呈显著正相关关系，相关系数达到了 0.5438。说明与小国相比，大国更加偏向内需驱动出口型式。目前市场规模较大的发达国家，基本上都采用内需驱动出口型式，如美国和德国等。而对于小国而言，由于国内市场狭小，需要在国际大市场上实现规模经济，所以其出口并不一定依托国内需求。如韩国为弥补国内市场狭小的不足，面向国际市场设计其产业结构，重点发展了钢铁、造船、石油化工、汽车、电子等产业。这一宏观层面的国际趋势也符合微观企业国际化的一般性经验，成功企业大都依托国内需求培育竞争力，然后进行跨国经营。如日本较大的国内需求是日本企业国际竞争力形成的关键要素，机器人、复印机、半导体、电子消费品、钟表和相机等行业在较大国内需求支撑下，通过激烈的国内市场竞争，培育了国际竞争力，然后实现了国际化（Sakakibara and Porter，2001）。中国比较成功的企业如华为、联想、比亚迪，都以国内市场销售为基础培育了竞争力，逐步走向国际市场（裴长洪等，2011）。

对于图 4-9 所描述的国家规模与内需驱动出口指数的关系，一个潜在的问题是，国家规模小的国家大都可能是处于经济发展初期的国家，国家规模大的国家大都可能是发达国家，所以图 4-9 呈现的可能恰恰是经济发展阶段与内需

[①] 对于内需驱动出口指数设计，一个可能的质疑是，"本土市场效应越明显，越存在超常需求，出口与内需背离的绝对值就会越大，ddtm 反而越小"。这一质疑的根源在于，只是考虑了本地市场效应这一种贸易驱动因素。而式（4-6）在本研究分析框架下考虑了要素和内需两个主要外贸优势来源，从国家对比层面来看，内需驱动出口型式比要素驱动出口型式有更高的 ddtm 指数总是成立的。这与林毅夫（2002）的技术选择指数，在指标设计思路、计算方法上，本质上是一致的，类似于"遵循比较优势的发展战略，技术选择指数低，而违背比较优势的发展战略，技术选择指数高"。

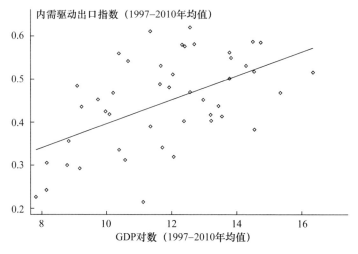

图 4-9　国家规模与内需驱动出口指数

驱动出口指数的正向关系。为此,我们进一步以式(4-7)剥离出经济发展阶段(真实人均 GDP)对内需驱动出口指数的影响,式(4-7)中的残差 e_{it} 表示经济发展阶段不能解释的内需驱动出口指数。同理也可以剥离要素禀赋(制造业每小时工资率)①对内需驱动出口指数的影响。

$$\text{ddtm}_{it} = \lambda \log y_{it} + e_{it} \qquad (4-7)$$

图 4-10 表明,发展阶段残差(均值)和要素禀赋残差(均值)趋近为零,说明经济发展阶段和要素禀赋是一个国家出口型式重要的决定性因素。但同时,经济发展阶段残差(均值)和要素禀赋残差(均值)与国家规模正相关,相关系数分别为 0.28 和 0.419。由于发展阶段残差(均值)和要素禀赋残差(均值)表示发展阶段和要素禀赋不能解释的内需驱动出口指数,其残差与国家规模的正相关关系说明,在同一发展阶段和要素禀赋条件下,大国比小国更加偏向内需驱动出口型式。

(2) 大国偏向内需驱动出口型式的实证检验

理论分析表明,不同出口型式对不同规模国家的适宜性不同,大国内需驱动出口型式依托国内需求培育高层次外贸竞争优势,有利于贸易结构升级,从而取得良好的出口增长绩效。根据这一理论逻辑,出口对经济增长的贡献受到

---

①　制造业工资率数据来源于 Passport 数据库。

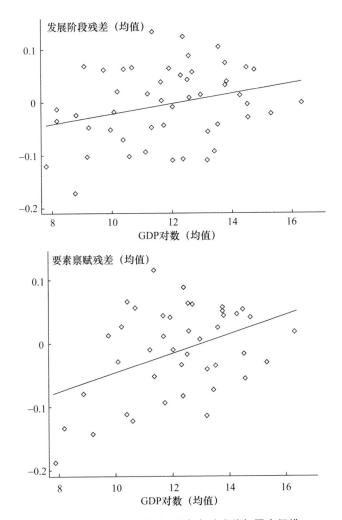

图 4-10 发展阶段残差、要素禀赋残差与国家规模

出口型式的影响,相对于小国而言,大国实施内需驱动出口型式则能够取得更好的出口增长绩效。因此,有待进一步检验的命题是,内需驱动出口型式对出口增长绩效的影响在大国和小国间具有显著差异,内需驱动出口型式对大国出口增长绩效的影响比小国强。为检验这一命题,遵循林毅夫(2002)的研究,考虑如下方程:

$$\log y_{it} - \log y_{i(t-1)} = C + \beta_1 f(\text{ddtm}) \log(\text{export}_{it}) + \sum X_{it} + e_{it} \quad (4\text{-}8)$$

这里，y_{it} 是 i 国在 t 年的真实人均 GDP，出口（export）对经济增长的作用受到 f(ddtm)的影响，f(ddtm)是出口模式的函数，X 是控制变量，e_{it} 是扰动项，常数项 C 可以分解为特定国家效应和特定时间效应，即 $C=\mu_i+\kappa_t$。出口的经济增长绩效受到出口型式的影响，将其设定为：

$$f(\text{ddtm}) \triangleq \alpha_1 + \alpha_2 \text{ddtm} \qquad (4\text{-}9)$$

出口对经济增长的作用已经取得广泛的经验支撑，因而 $\alpha_1>0,\alpha_2>0$。我们将 α_1 看作出口对经济增长的基础性作用。这样，对于大国而言，任何由于遵循内需驱动出口型式引致的对 ddtm 的改善将提高出口对经济增长的绩效。将式(4-9)代入式(4-8)，可以得出下面的设定式：

$$\log y_{it} + \log y_{i(t-1)} = C + \gamma_1 \log(\text{export}_{it}) + \gamma_2 \text{ddmt}_{it} \times \log(\text{export}_{it})$$
$$+ \sum X_{it} + e_{it} \qquad (4\text{-}10)$$

这里，$C=\mu_i+\kappa_t$；$\gamma_1=\beta_1\alpha_1$；$\gamma_2=\beta_1\alpha_2$。

根据我们的理论分析，相对于小国而言，大国内需驱动出口型式能够提高出口的经济增长绩效，为此，将特别关注 γ_2 的回归结果，并预期 γ_2 在大国和小国有所差异。

遵循既有的相关研究，采用国内市场规模度量有效国家规模（size），国内市场规模以 GDP 加上进口减去出口度量。将国家规模大于均值的经济体（logsize＞median）划分为大国，国家规模小于等于均值的经济体（logsize≤median）界定为小国。控制变量主要包括：经济发展的初始水平（y_{t-1}）、投资份额（investshare）、政府消费份额（gover_spend）、人力资本（education）和贸易开放度（openness）。数据来源于宾大世界表 7.1（PWT 7.1）和世界银行数据库（World Bank Database）。以常用的 Hausmann 的方法计算出口产品技术复杂度，使用到的贸易数据来源于联合国 Comtrade SITC 四位数分类贸易统计数据。进出口值、贸易开放度、人均 GDP 等以 2005 年为不变价格。尽管本研究的核心变量——内需驱动出口指数的时间跨度为 1997—2010 年，但由于实证分析中使用了滞后项，为减少样本损失，将其他变量跨期延长到 2011 年（见表4-10）。

表 4-10　主要变量的描述统计

变量名称	变量含义	均值	最小值	最大值	标准差	样本个数
logy	真实人均 GDP 对数	9.237	6.066	10.68	0.040	735
log(export)	总出口对数	17.37	12.17	21.36	0.072	784
ddtm	内需驱动出口指数	0.460	0.217	0.634	0.005	548
investshare	投资份额	23.23	5.070	58.08	0.260	735
openness	贸易开放度	78.60	14.93	220.4	1.500	735
education	人力资本:大学生入学比例	41.90	0.507	95.07	0.840	747
gover_spend	政府消费份额	8.115	0.930	21.07	0.119	735
log(size)	国内市场规模对数	11.83	7.044	16.58	0.074	784
upgrading	出口产品技术复杂度对数	9.418	8.024	9.872	0.312	539

资料来源:宾大世界表 7.1(PWT 7.1)和世界银行数据库(World Bank Database)。

在对式(4-10)检验前,我们采用两种方法为待检验命题提供初始证据。第一种方法是,从长期视角观测出口对经济增长的长期影响效应是否与内需驱动出口型式相关,且这一相关性是否在大国和小国间有所差异。利用 51 个国家 1997—2011 年的时间序列数据,可估计式(4-11)中每个国家的出口对其经济增长的长期影响效应,即长期内出口($\overline{\log export}$)对人均 GDP($\overline{\log y}$)的边际贡献 ρ_i,再观测 ρ_i 与内需驱动出口指数($ddtm_i$)的相关性在大国和小国间的差异。

$$\overline{\log y_i} = b_i + \rho_i \overline{\log(\text{export}_i)} \tag{4-11}$$

图 4-11 给出了 51 个国家内需驱动出口指数($ddtm_i$)与出口对人均 GDP 的边际贡献 ρ_i 的关系图。很明显,出口对人均 GDP 的边际贡献 ρ_i 与内需驱动出口指数($ddtm_i$)的关系在大国和小国间具有显著差异。对于大国而言,出口对人均 GDP 的边际贡献与内需驱动出口指数呈正相关,且内需驱动出口指数对出口边际贡献 ρ_i 的解释力度为 0.036(见图 4-11)。与之相对应的是,对于小国而言,出口对人均 GDP 的边际贡献与内需驱动出口指数呈弱负相关,并且内需驱动出口指数对出口边际贡献 ρ_i 的解释力度更弱,仅为 0.019。这一差异初步说明,出口对经济增长的长期影响效应与内需驱动出口型式相关,且这一相关性在大国和小国间有所差异,内需驱动出口型式能够提高大国出口对经济增长的长期影响效应,而小国却不能。这为大国比小国更加偏向内需驱动出口型式提供了初始证据。

为待检验命题提供初始证据的第二种方法是,从短期视角观测出口与经济

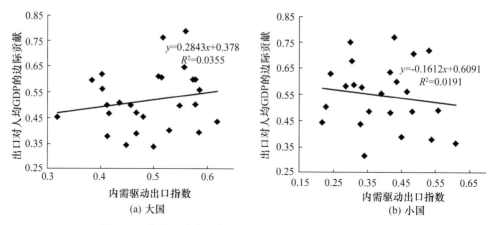

图 4-11 内需驱动出口指数与出口对人均 GDP 的边际贡献

增长短期变化的相关性是否在不同国家规模和内需驱动出口指数条件下有所差异。根据表 4-11，在不同国家规模和内需驱动出口指数条件下，出口增长（$\Delta\log\text{export}$）与经济增长（$\Delta\log y$）的相关程度不同。在大国情形下（logsize＞median），当内需驱动出口指数大于均值时（ddtm＞median），出口增长与经济增长的相关系数为 0.6277；而当内需驱动出口指数小于等于均值时（ddtm≤median），出口增长与经济增长的相关系数仅为 0.4808，两者相差 0.1469。说明大国实施内需驱动出口型式，会提高出口增长与经济增长的相关性。在小国情形下（logsize≤median），内需驱动出口指数较高国家（ddtm＞median）的出口增长与经济增长相关系数为 0.6047，内需驱动出口指数较低国家（ddtm≤median）的出口增长与经济增长相关系数为 0.5340，两者仅相差 0.0707，远低于大国两种情况下的差距。说明小国是否实施内需驱动出口型式远没有大国重要。这进一步为"大国比小国更加偏向内需驱动出口型式"提供了初始证据。

表 4-11 出口与经济增长的条件相关性

变量	条件 1	条件 2	与 $\Delta\log y$ 的相关系数	显著性水平	观测值
$\Delta\log(\text{export})$	log(size)＞median=11.83	ddtm＞median=0.489	0.6277	0.000	187
$\Delta\log(\text{export})$	log(size)＞median=11.83	ddtm≤median=0.489	0.4808	0.000	187
$\Delta\log(\text{export})$	log(size)≤median=11.83	ddtm＞median=0.396	0.6047	0.000	182
$\Delta\log(\text{export})$	log(size)≤median=11.83	ddtm≤median=0.396	0.5340	0.000	150

注：Δ 表示增加值，即 $x_t - x_{t-1}$。

进一步估计回归方程式(4-10),以确定内需驱动出口型式对出口增长绩效的影响在大国和小国间的差异性。首先以 Hausman 检验判定个体效应是否独立于扰动项,Hausman 检验支持固定效应。为规避内生性问题,同时采用广义矩估计法对式(4-10)进行估计。本研究的较长时间序列数据更适合差分广义矩估计(GMM)方法。为规避两步 GMM 估计的标准差向下偏倚问题,使用一步 GMM 估计方法。把时间效应设定为严格外生变量,其他变量设定为内生变量。采用 Sargan 统计量检验工具变量的整体有效性,以 AR(2)检验判定残差项是否存在二阶序列相关。重点关注出口与内需驱动出口指数的交互项($\log \text{export}_{it} \times \text{ddtm}_{it}$)对经济增长的影响是否在大国($\log \text{size} > \text{median}$)和小国($\log \text{size} \leqslant \text{median}$)间存在显著差异。两种估计方法的检验结果见表 4-12。

表 4-12　内需驱动出口型式的增长效应:大国与小国的差异

	被解释变量:$\log y_{it} - \log y_{i(t-1)}$					
	固定效应估计			广义矩估计		
	所有样本	大国	小国	所有样本	大国	小国
$\log(\text{export}_{it})$	0.0602***	0.0431***	0.0617***	0.0751***	0.0465***	0.0738***
	(0.0068)	(0.0091)	(0.0106)	(0.0059)	(0.0070)	(0.0086)
$\log(\text{export}_{it})$ $\times \text{ddtm}_{it}$	0.0009	0.0023**	0.0002	0.0014	0.0027**	0.0011
	(0.0014)	(0.0010)	(0.0024)	(0.0012)	(0.0013)	(0.0019)
$\log(y_{it-1})$	−0.1254***	−0.1530***	−0.1286***	−0.1294***	−0.1547***	−0.1363***
	(0.0152)	(0.0245)	(0.0233)	(0.0125)	(0.0186)	(0.0185)
investshare_{it}	0.0022***	0.0036***	0.0019***	0.0028***	0.0045***	0.0023***
	(0.0003)	(0.0007)	(0.0005)	(0.0003)	(0.0005)	(0.0004)
$\log(\text{openness}_{it})$	0.0078	0.0128	0.0080	0.0085	0.0150	0.0130
	(0.0111)	(0.0182)	(0.0158)	(0.0096)	(0.0141)	(0.0129)
$\log(\text{education}_{it})$	0.0086	0.0330**	0.0096	0.0024	0.0314***	0.0281**
	(0.0094)	(0.0143)	(0.0150)	(0.0083)	(0.0109)	(0.0123)
gover_spend_{it}	−0.0023***	−0.0029	−0.0017	−0.0016**	−0.0034**	−0.0009
	(0.0008)	(0.0021)	(0.0011)	(0.0007)	(0.0016)	(0.0009)
_cons	−0.0213	0.3301	0.1308			
	(0.1126)	(0.2254)	(0.1617)			
N	510	275	235	478	251	207

(续表)

	被解释变量：$\log y_{it} - \log y_{i(t-1)}$					
	固定效应估计			广义矩估计		
	所有样本	大国	小国	所有样本	大国	小国
R-sq: within	0.4696	0.5597	0.4766			
AR(2)检验				0.42	0.63	-0.15
P 值				[0.675]	[0.527]	[0.877]
Sargan 检验				14.29	30.61	23.21
P 值				[0.647]	[0.202]	[0.565]
F/Wald 检验	19.714***	14.850***	8.722***	354.66***	311.35***	174.68***
年虚拟变量	是	是	是	是	是	是

注：实证结果由 stata 2.0 计算并整理。圆括号内数字为考虑异方差稳健性标准误，方括号内数字为检验对应的 P 值。* $p<0.1$，** $p<0.05$，*** $p<0.01$。固定效应估计中联合显著性检验为 F 检验，GMM 估计中联合显著性检验为 Wald chi2 检验。

根据表 4-12，与既有关于经济增长的研究较为一致的是，$\log(y_{it-1})$ 显著为负，说明经济增长存在后发优势，投资增长和人力资本改善都有利于经济增长。比较差分 GMM 估计结果和固定效应估计结果，解释变量的估计系数在差分 GMM 估计中大都有所增大，说明没有考虑内生性问题的固定效应估计存在向下偏误问题。无论是在差分 GMM 估计还是在固定效应估计中，我们重点关注的出口与内需驱动出口指数的交互项（$\log export_{it} \times ddtm_{it}$）系数，在大国和小国间存在显著差异。在所有样本和小国样本估计中，固定效应估计和差分 GMM 估计结果都显示，这一交互效应估计系数不能拒绝显著为零的原假设。而在大国样本估计中，固定效应估计和差分 GMM 估计结果都显示，出口与内需驱动出口指数交互效应估计系数在 5%的显著性水平下为正。这一稳健结论说明，内需驱动出口型式对出口增长绩效的影响在大国和小国间确实存在显著差异，内需驱动出口型式对大国出口增长绩效的影响比小国强，所以大国比小国更加偏向内需驱动出口型式。

（3）大国内需驱动出口型式的机制检验

进一步需要检验的是，大国内需驱动出口型式为什么能够取得更好的出口增长绩效？根据理论分析，在大国内需驱动出口型式下，本土企业能够依托国内需求培育高层次外贸竞争优势从而实现贸易结构升级，而这一由根植于国内

市场的本土企业实现的贸易结构升级,必然改善出口的增长绩效。为检验这一内在机制,考虑如下方程组:

$$\log y_{it} - \log y_{i(t-1)} = C + a_1 \text{upgrading}_{it} + \sum X_{it} + \xi_t + \mu_i + e_{it} \quad (4\text{-}12)$$

$$\text{upgrading}_{it} = C + \lambda_1 \text{ddtm}_{it} + \xi_t + \mu_i + e_{it} \quad (4\text{-}13)$$

其中,ξ 代表时间效应,μ 度量不同经济体的个体差异,e 为随机扰动项。upgrading 代表贸易结构升级,以常用的出口产品技术复杂度度量贸易结构升级。而大国内需驱动出口型式有利于贸易结构升级,故而有式(4-13),联合式(4-12)和式(4-13)可检验"内需驱动出口型式—出口升级—经济增长"机制。我们预期这一机制在大国更加明显。为增强结论的稳健性,联合式(4-12)和式(4-13)可检验"国内需求—出口升级—经济增长"机制。因为根据理论分析,大国内需驱动出口型式能够依托国内需求实现贸易结构升级的原因在于,大国内需规模和多层次需求结构是本土企业培育高层次外贸竞争优势,进而实现贸易结构升级的立足点,即大国国内需求可通过促进本土企业出口升级的途径促进经济增长。为解决联立方程之间存在的相关性和同期性问题,遵循 Alesina et al. (2005)的研究,用似无关回归估计法(SUR)进一步对由式(4-12)与式(4-13)、式(4-12)和式(4-14)所组成的方程组进行系统估计,可规避对式(4-12)单独估计而产生的联立性偏误,即逆向因果关系,同时为缓解式(4-13)与式(4-14)中 ddtm 和 marketsize 的内生性问题,以其滞后一期为 ddtm 和 marketsize 的工具变量,从而获得渐进有效的估计量。

$$\text{upgrading}_{it} = C + \lambda_1 \text{maketsize}_{it} + \xi_t + \mu_i + e_{it} \quad (4\text{-}14)$$

大国内需驱动出口型式的机制检验见表 4-13,在"内需驱动出口型式—出口升级—经济增长"机制检验中,所有样本估计结果显示,贸易结构升级能够显著促进经济增长,但内需驱动出口指数对贸易结构升级的效应并不显著。在小国(logsize≤median)情形下,内需驱动出口指数对贸易结构升级的效应不显著,贸易结构升级对经济增长的影响效应也不显著,说明在小国实施内需驱动出口型式谋求贸易结构升级从而实现经济增长的机制并不成立。只有在大国(logsize＞median)情形下,内需驱动出口指数能够显著促进贸易结构升级,而贸易结构升级有利于促进经济增长。说明相对于小国而言,大国实施内需驱动出口型式能够通过贸易结构升级促进经济增长。"内需驱动出口型式—出口升级—经济增长"的机制检验也表明,只有当国内需求规模较大时,国内需求才通过促进贸易结构升级的途径促进经济增长。这一稳健结论说明,大国国内需求是贸易结构升级的优势来源,依托国内大市场的内需驱动出口型式有利于贸易结构升级,而这一由国内市场驱动的贸易结构升级能够改善出口的增长绩效。这一研究结论从外贸优势的根本性来源视角深化了 Poncet and Waldemar(2013)的研究。虽然出口升级不一定能够改善出口的增长绩效(Poncet and Waldemar,2013),但根植于国内市场的出口升级能够改善出口的增长绩效,而依托本土需求培育高层次外贸竞争优势从而实现出口升级、进而改善出口的增长绩效,是大国外贸转型升级的内生机制。

总之,无论是典型事实,还是基于长期和短期分析提供的初始证据,以及基于跨国面板的实证检验,都有力证明了大国比小国更加偏向内需驱动出口型式。究其根源,也正如理论分析和机制检验所揭示的那样,相对于小国而言,大国国内需求的多层次性和巨大的内需规模是本土企业培育高层次外贸竞争优势进而实现贸易结构升级的重要优势来源,由本土需求驱动的出口升级可以改善大国出口的增长绩效。所以,大国比小国更加偏向内需驱动出口型式。

表4-13 大国内需驱动出口型式的机制检验(SUR 估计)

机制	"内需驱动出口型式—出口升级—经济增长"			"国内需求—出口升级—经济增长"		
	(1)	(2)	(3)	(4)	(5)	(6)
	所有样本	大国	小国	所有样本	大国	小国
经济增长方程	被解释变量:$\log y_{it} - \log y_{i(t-1)}$			被解释变量:$\log y_{it} - \log y_{i(t-1)}$		
upgrading$_{it}$	0.137***	0.388***	0.053	0.094***	0.237***	0.006
	(0.038)	(0.059)	(0.058)	(0.032)	(0.061)	(0.046)
$\log(y_{it-1})$	−0.065***	−0.049***	−0.091***	−0.033***	−0.021***	−0.040***
	(0.021)	(0.014)	(0.015)	(0.008)	(0.007)	(0.006)
$\log(\text{openness}_{it})$	0.039***	0.029**	0.111***	0.034***	0.007	0.054**
	(0.014)	(0.013)	(0.031)	(0.012)	(0.012)	(0.024)
gover_spend$_{it}$	−0.001	−0.007**	−0.005*	−0.001	−0.006***	−0.001
	(0.002)	(0.003)	(0.002)	(0.001)	(0.002)	(0.002)
investshare$_{it}$	0.002***	0.003***	0.002**	0.002***	0.004***	0.002***
	(0.001)	(0.001)	(0.001)	(0.000)	(0.001)	(0.001)

(续表)

机制	"内需驱动出口型式—出口升级—经济增长"			"国内需求—出口升级—经济增长"		
	(1)	(2)	(3)	(4)	(5)	(6)
	所有样本	大国	小国	所有样本	大国	小国
经济增长方程	被解释变量:$\log y_{it} - \log y_{i(t-1)}$			被解释变量:$\log y_{it} - \log y_{i(t-1)}$		
$\log(education_{it})$	0.009	0.021	0.039	0.013	0.052***	0.000
	(0.016)	(0.018)	(0.025)	(0.012)	(0.016)	(0.019)
个体效应	是	是	是	是	是	是
时间效应	是	是	是	是	是	是
出口升级方程	被解释变量:upgrading			被解释变量:upgrading		
$ddtm_{it}$	0.084	0.345***	0.032			
	(0.054)	(0.045)	(0.086)			
$\log(size_{it})$				0.014	0.044***	0.051
				(0.011)	(0.009)	(0.047)
_cons	9.358***	9.247***	9.215***	9.064***	8.953***	9.932***
	(0.028)	(0.021)	(0.050)	(0.418)	(0.572)	(0.215)
个体效应	是	是	是	是	是	是
时间效应	是	是	是	是	是	是
N	454	248	206	547	274	273
R^2	0.514	0.652	0.510	0.455	0.558	0.457
chi2-p	0.000	0.000	0.000	0.000	0.000	0.000

注:实证结果由 stata2.0 计算并整理。圆括号内数字为考虑异方差稳健性标准误,* $p<0.1$,** $p<0.05$,*** $p<0.01$。

4 中国出口型式与大国经验的背离

理论分析和国际经验都表明,大国更偏向内需驱动出口型式,这为中国外贸发展提供了一条特殊的大国途径。那么,中国外贸发展是否遵循了这一国际经验?

(1) 中国背离大国经验的程度测算及因素分析

以式(4-6)测度的内需驱动出口指数表明,1997—2010 年中国内需驱动出口指数均值为 0.384,而同期世界 51 个国家的平均指数为 0.446,大国的平均指数为 0.489。中国内需驱动出口指数不仅远低于大国的平均水平,甚至低于小国和全球的平均水平(见表 4-14)。说明从总体上来看,国内需求对中国出口的贡献程度很低,巨大的国内需求没有成为中国出口的重要驱动因素,国内需求促进中国出口的潜力较大。这一结论与既有关注中国本地市场效应的研究具有较大差异,究其根源,既有关注中国本地市场效应的研究只能证明国内需求与出口之间的因果关系,无法判别国内需求对出口的促进程度与潜力。而基于内需驱动出口指数的国际比较表明,中国外贸发展背离了"大国偏向内需驱动出口型式"这一基本国际规律,中国与大国平均水平的偏离程度为21.56%。

表 4-14　不同规模经济体内需驱动出口指数的国际比较(1997—2010 年均值)

	中国(1)	世界平均	大国(2)	小国	美国(3)	德国	中国背离大国程度	中美背离度之比
ddtm	0.3838	0.4456	0.4893	0.4002	0.515	0.585	21.56%	3.98
non_ddtm1	−0.0339	5.96e-17	0.0052	−0.0059	−0.003	0.062	751.92%	4.80
non_ddtm2	−0.0172	−2.46e-17	0.026	−0.033	−0.033	0.067	166.15%	0.75
经济自由度	52.9	62.172	64.244	60.003	78.363	69.062		
国家规模	14.526	11.829	13.461	10.128	16.295	14.714		

注:中国与大国的背离程度计算公式为 $100\times|(1)-(2)|/(2)$;中美背离度之比计算公式为 $|(1)-(2)|/|(3)-(2)|$。公式中的(1)(2)(3)对应表 4-14 中相应列的数值。

但进一步的问题是,中国外贸发展背离大国经验是中国特定经济发展阶段的合理现象吗?诚然,国内需求能否成为一个国家出口的重要优势来源,可能是一系列综合因素影响的"正常现象",其中经济发展阶段和加工贸易是两个明显的合理因素。正如 Hobday(1995)所指出的那样,对于发展中国家的后发企业而言,不仅面临与前沿技术差距的竞争劣势,另外一个重要的竞争劣势在于,发展中国家的后发企业在发展过程中遭遇较小的本地市场规模和欠高端客户,由于高端客户主要集中在发达国家,从而使得后发企业与国际主流市场相脱离。并且比较优势战略理论也强调,一个国家经济发展阶段的要素禀赋结构对其技术和产业结构具有决定性作用(林毅夫,2002)。因此,由经济发展阶段所决定的与前沿技术水平的差距、国内需求层次与国际主流市场的差异、要素禀赋结构的特征,是影响国内需求能否成为外贸优势来源、进而影响内需驱动出口型式形成的重要因素。这也是中国外贸发展在经济发展初期需要立足要素禀赋比较优势,形成脱离国内需求的外需导向型贸易型式的客观原因。同时,大量的加工贸易可能也是内需驱动出口型式无法形成的客观原因。正如不少学者所指出的那样,中国大量"两头在外"的加工贸易使中国对外贸易结构呈现出超前发展的虚幻性,导致了对外贸易结构的"镜像"并不反映产业结构的"原像"。而加工贸易在解决就业、促进外贸增长等方面发挥了重要作用。因此,如果是由于经济发展阶段和加工贸易导致了中国外贸发展背离了大国偏向内需驱动出口型式的国际经验,这也是特定经济发展阶段的"合理现象"。为鉴别中国外贸发展背离大国经验是否是特定经济发展阶段的"合理现象",我们将经济发展阶段(真实人均GDP)和产品内分工(iner)[①]导致的结构背离按照如下方法剥离出来:

$$\widehat{ddtm}_{it} = \alpha_0 + \alpha_1 \log y_{it} + \alpha_2 iner_{it} + \alpha_3 iner^2 + e_{it} \quad (4\text{-}15)$$

$$non\_ddtm1_{it} = ddtm_{it} - \widehat{ddtm}_{it} \quad (4\text{-}16)$$

其中,$\widehat{ddtm}$为根据经济发展阶段和产品内分工拟合的内需驱动出口指数,我们称之为"合理性"内需驱动出口指数,non_ddtm1为实际内需驱动出口指数与"合理性"内需驱动出口指数之差,代表剥离了经济发展阶段和产品内分工后的内需驱动出口指数。

比较中国与不同规模经济体的non_ddtm1指数发现(见表4-14),中国的non_ddtm1指数为−0.0339,说明中国的实际内需驱动出口指数低于由经济发展阶段和产品内分工决定的"合理性"内需驱动出口指数。而与之相对应的是,大国的non_ddtm1指数均值为0.0052,小国的non_ddtm1指数均值为−0.0059,说明大国实际内需驱动出口指数高于由经济发展阶段和产品内分工决定的"合理性"内需驱动出口指数,而小国却相反。这进一步说明大国确实比小国更加偏向内需驱动出口型式,而中国却背离了这一基本国际规律。更为重要的是,以实际内需驱动出口指数(ddtm)计算的中国与大国的背离程度仅为21.56%,而剥离经济发展阶段和产品内分工等"合理"因素后,以non_ddtm1指数计算的背离程度高达751.92%。这与我们的直觉形成了较大反差。一个可能的原因在于式(4-15)中根据经济发展阶段和加工贸易估计的"合理性"内需

[①] 加工贸易是产品内分工的产物而中间产品贸易是产品内分工的本质特征。故以中间产品出口占总出口的比例度量一国融入全球产品内分工的程度,反映加工贸易的影响,数据来自Comtrade数据库中的广义经济分类法(Broad Economic Categories,BEC)下的中间品贸易数据(Intermediate Goods)。分析发现,产品内分工与内需驱动出口指数呈现出倒"U"形关系,故而在式(4-15)中加入产品内分工的平方项,以增强解释力。

驱动出口指数是有偏的。为此,进一步以中美背离度之比规避有偏估计的影响。这样做的理由是,即便式(4-15)的估计是有偏的,但这一有偏估计在中美两个国家应该是对称的。以实际内需驱动出口指数(ddtm)测度的中美背离度之比为3.98,而以 non_ddtm1 指数测度的中美背离度之比为4.80,说明剥离经济发展阶段和产品内分工等"合理"因素后,中国相对于美国的背离程度并没有降低。这进一步说明经济发展阶段和产品内分工并不能解释中国与大国经验的背离。原因在于,尽管经济发展阶段和产品内分工确实影响内需驱动出口型式的形成,但经济发展阶段和产品内分工在其他大国具有一般性,并不是中国的特殊元素,故而不能解释中国与大国经验的背离。①

究竟是什么因素导致拥有巨大国内需求的中国并没有遵循大国外贸发展的一般性经验,形成内需驱动出口型式?理论分析表明,内需驱动出口型式的形成需要特定的市场环境,以保障"国内需求—本土供给—出口产品"的有效对接。我们将市场环境(institution)导致的结构背离按照如下方法剥离出来:

$$\widehat{ddtm2}_{it} = \alpha_0 + \alpha_1 \text{institution}_{it} + e_{it} \quad (4\text{-}17)$$

$$\text{non\_ddtm2}_{it} = \text{ddtm}_{it} - \widehat{ddtm2}_{it} \quad (4\text{-}18)$$

采用常用的由美国传统基金会(Heritage Foundation)提供的总体经济自由度指数度量国内市场环境(易先忠等,2014)。剥离了市场环境的内需驱动出口指数见表4-14,中国的 non_ddtm2 指数为 -0.0172,比 non_ddtm1 指数(-0.0339)更加趋近为零,说明市场环境比经济发展阶段和产品内分工更能解释中国的出口型式。更为重要的是,以 non_ddtm1 指数计算的中国与大国的背离程度高达751.92%,而以 non_ddtm2 指数计算的中国与大国的背离程度下降为166.51%。并且规避有偏估计影响的中美背离度之比也显著降低,以 ddtm、non_ddtm1 和 non_ddtm2 测度的中美背离度之比分别为3.98、4.80 和0.75,这进一步说明,排除市场环境的影响后,中国与大国的背离程度会显著降低。

进一步考察五个方面的市场环境(见表4-15),以经济自由度指数中的"投

---

① 为了更加明确地剥离加工贸易的影响,我们以 8 类电子消费品全球 1 252 家民族品牌企业的数据刻画中国国内市场对民族品牌企业出口竞争力的贡献程度。分析发现,中国国内市场相对大小与本土品牌企业出口份额背离程度的总体均值远远高于世界平均水平,2003—2012 年间偏离程度的均值为 746.42%,这与以 non_ddtm1 指数计算的偏离程度(751.92%)很相似。

资自由"来度量政府对投资领域的限制、"产权保护"度量市场的法治环境、"无腐败程度"度量经济中的寻租获利空间、"商业自由"度量政府对企业的干预程度、"金融自由"度量资本市场的完善程度。[①] 中国五个方面的市场环境指数都低于世界平均水平,也远低于大国平均水平。剥离各个方面的市场环境后,中国与大国的背离程度都低于以 non_ddtm1 指数计算的偏离程度(751.92%),并且规避有偏估计影响的中美背离度之比也低于以 ddtm 和 non_ddtm1 测度的中美背离度之比(分别为 3.98 和 4.80)。说明中国市场环境不完善是导致中国出口型式背离大国经验的深层次原因。其中,市场的法治环境、政府对企业的干预程度和对投资领域的限制、资本市场的完善程度对中国出口型式背离大国经验的解释力更强。相对而言,腐败程度的解释力较弱,这可能与"腐败的润滑剂效应"有关。

表 4-15 剥离市场环境后中国与大国经验的背离程度(1997—2010 年均值)

市场环境	中国	世界平均	大国	美国	中国与大国的背离程度	中美背离度之比
投资自由	35.31	57.76	60.80	72.50	80.17%	1.58
产权保护	26.88	58.36	66.22	89.38	36.79%	0.21
无腐败程度	32.19	49.26	58.98	76.31	333.85%	2.97
商业自由	52.59	68.75	72.37	87.59	78.62%	0.45
金融自由	36.25	55.88	59	79.38	131.97%	1.24

资料来源:作者整理。

(2) 市场环境的"中国特征"与中国背离大国经验的进一步解释

以上分析说明,经济发展阶段和加工贸易等现实因素并不能降低中国与大国经验的背离程度,不完善的市场环境是影响中国内需驱动出口型式形成的更深层次原因。理论分析也表明,大国内需驱动出口型式的形成,需要内需引致本土企业竞争力提升和国内较大需求能够被本土企业供给并能够国际化的市场环境,这样才能够保障"国内需求—本土供给—出口产品"的双重对接。而中国渐进式改革中的市场不完善,使得这两个方面的市场环境难以满足,抑制了内需驱动出口型式的形成。

---

① 各个指数的定义见 Miller, Ambassador Terry, and Anthony B. Kim, "Defining Economic Freedom", http://www.heritage.org/index/book/chapter-7。

第一,国内需求引致本土企业竞争力提升功能缺位。内需驱动出口型式建立在国内需求较大、产品具有国际竞争力的基础之上,而无序竞争、非创新获利空间和要素扭曲等市场环境的不完善等抑制了内需引致本土企业竞争力提升功能。首先,无序竞争弱化了本土企业依托国内需求培育高层次外贸竞争优势的压力。激烈而有序的国内市场竞争形成的市场"自选择"机制,是本土企业依托国内需求寻求更高层次外贸竞争优势的压力来源。而由"产权保护"度量的市场法治环境,中国指数仅为 26.88,远低于大国平均水平(66.22)(见表 4-15)。中国目前虽然在加大市场监管力度,整顿市场行为及规范市场秩序方面取得了一定成效,但由于管理部门职能交叉导致的多部门重复监管或监管不到位、选择性执法和弹性执法的存在,以及对惩戒企业失信等机制的缺失等,助长了无序竞争,"三无产品""山寨产品""劣币驱逐良币"现象依然突出,无序竞争使得市场的"自选择"机制无法实现,弱化了本土企业依托国内需求以创新和品牌建设方式寻求更高层次外贸竞争优势的压力。其次,"非创新获利"空间弱化了本土企业依托国内需求提升竞争力的动力。根据"无腐败程度"度量的经济中的寻租获利空间,中国指数仅为 32.19,远低于大国平均水平(58.98)(见表 4-15)。中国渐进式改革过程中,由于体制不完善和市场进程的不均衡推进等原因,产生了多种形式的"非创新获利"空间,如由要素扭曲导致的"低、同质产品获利"空间、由行政性垄断导致的"投机获利"空间,以及由政府职能改革滞后和法制不健全导致的"寻租获利"空间等(易先忠等,2016),都极大地抑制了本土企业依托国内需求进行创新的动力。再次,不完善的消费环境下本土企业没有压力也没有能力把消费者的诉求转变为产品竞争力。在良好的消费环境下,本土企业通过与消费者的有效互动,对消费者的诉求做出解读和回应,及时把握国内需求特征及其变化趋势,不仅是其追求高质量和精致服务的压力来源,也是其进行技术创新和产品升级的重要方向。但目前国内消费环境不完善,消费者满意度不高,消费侵权问题依然突出。在本土企业没有压力对消费者诉求做出回应的环境下,大多数企业还没有建立以消费者为中心的企业经营模式,个性化定制、柔性化生产和为消费者增值的管理模式尚未成为主流,使得本土企业没有压力也没有能力把消费者的诉求转变为产品竞争力。最后,在出口导向政策下,要素扭曲和市场分割固化了本土企业对低成本要素优势的依赖。在出口导向政策下,为了实现以出口带动地方 GDP 高速增长的目标,政府对出口企业普遍采用出口退税、出口补贴,以及税收返还政策,以压低生产要素价格,也因此扭曲了出口企业的生产要素投入成本差异与投入比例(施炳展和冼国明,2012),固化了出口企业对低成本要素优势的依赖。并且出口导向政策激励了地方政府利用出口优惠政策来促进出口继而实现本地经济增长,同时通过"以邻为壑"的市场分割保护本地区产业发展(陆铭和陈钊,2009)。这种通过国际贸易的规模经济效应替代国内市场的规模经济效应的地方保护政策,抑制了本土企业依托国内需求培育内生性竞争力的机会。市场分割与要素扭曲固化了本土企业以要素成本优势和国际市场上的规模经济获取低层次竞争力的行为,弱化了本土企业依托内需培育高层次外贸竞争优势的动力,进而导致本土企业与主要出口市场(发达国家)的"技术差距"难以缩小。在出口导向政策下,本土出口企业只能采取"为出口而进口"的策略,即通过进口国外先进机器设备来弥补其"技术差距"(巫强和刘志彪,2009),由此又进一步固化了与国内需求关联不强的"体外循环"出口型式。

第二,由本土企业供给的国内外"重叠需求"对接程度低。在内需驱动出口型式下,出口产品应当反映国内外的"重叠需求",并由本土企业供给这种"重叠需求"产品。诚然,由于经济发展阶段的差异导致的国内需求与国际主流市场需求的差异,是影响中国国内需求与国际需求有效对接的一个重要因素。但中国巨大的国内需求优势不仅体现在需求规模上,也体现在需求的多层次上,使得中国国内并不缺少与国外的"重叠需求"。问题在于,对国内高层次需求的有效本土供给不足和产品质量标准等原因,导致了国内外"重叠需求"难以通过本土企业供给进行对接。首先,市场不完善和供给端的转换滞后导致了本土企业对国内高层次需求的有效供给不足。无序竞争、投机与寻租空间弱化了本土企业通过改进产品和服务质量满足高层次需求的动力,知识产权保护不严和较高司法成本导致了具有"正外部性"的新技术、新产业难以生成等,使得国内的高层次需求难以由本土企业供给。通过本土企业的国内供给和出口对接国内外的"重叠需求"更无从谈起。经济新常态下,国内需求结构已处于升级过程中,表现在从基本满足过渡到品质需要。但供给端的转换滞后于需求端的转换,使得大量国内需求较大的高端产品在国内没有本土企业的供给。一个突出的表现是,根据2014年《中国奢侈品报告》,中国是全球最大的境外奢侈品消费国,但却没有一个世界公认的民族品牌。其次,影响国内外"重叠需求"对接程度的另外一个重要因素是产品质量标准的国际化程度。一个国家的产品质量标准反映了国际需求的趋势,不仅会对改善国内需求质量产生重要影响,也是国内产品国际化的先决条件。但由于中国标准化工作起步较晚,"标准缺失老化滞后""标准与生产脱节"及执行力度差等问题突出,使得产品质量标准改善国内需求质量和提升产品质量的作用有限。长期以来,国内标准与国际标准难以对接,造成国内产品难以国际化,突出表现在技术性贸易壁垒成为中国出口面临的第一大贸易壁垒,如 2014 年有 23.9% 的出口企业遭受国外技术性贸易壁垒。

5 中国外贸转型升级的立足点与出口型式回归

(1) 中国外贸转型升级的立足点

没有依托国内需求的出口型式是中国外贸竞争新优势"断点"进而囿于转型困境的深层次原因,在发达国家控制核心技术和在消费终端市场实行"结构性封锁"的贸易格局下,根植于本土市场需求的创新能力的发展,才是落后国家本土企业在开放条件下获得竞争优势的来源(路风和慕玲,2003),也只有根植于国内市场的本土企业的出口升级才能驱动经济长期增长(Poncet and Waldemar,2013)。在脱离国内需求的出口型式下,本土企业无法依托国内需求培育以技术、品牌为核心的高层次外贸竞争新优势,进而导致中国贸易结构无法快速升级和本土企业"被俘"于全球价值链的低端。对于中国这样拥有巨大本土市场空间的发展中大国而言,国内市场规模扩张和需求结构升级为摆脱对发达国家市场和技术的依赖提供了现实条件,如果一味地强调开放市场和利用外资,而忽视国内大市场对本土企业高层次外贸竞争优势培育的基础性作用,虽然能够促进粗放型经济增长,但会造成国外竞争企业对本国国内市场的"蚕食",压缩本土企业成长的市场空间,导致本土企业高层次外贸竞争优势的"集体缺失"(刘志彪,2011;路风和余永定,2012)。经济新常态下,中国参与全球经济的发展战略应该是立足于国内大市场的开放型发展战略,把利用国内需求与促进出口有效地结合,本土企业依托国内市场努力地建立高层次外贸竞争优势,在国内市场锤炼竞争力,然后"走出去"。在此过程中,充分利用国内外市场的联动和全球产品的内分工,最大限度地"虹吸"全球高级创新要素和进口技术型中间品,通过创新要素的"进口"和庞大国内市场规模的"培育",提升本土企业参与全球竞争的新优势。在当前"俘获型"贸易格局和发达国家将战略重心从全球经济转向国内经济的态势下[①],巨大的本土需求不仅是与发达国家进行市场相互开放的"交换筹码",也是培养本土企业高层次外贸竞争优势进而推进外贸转型升级的"立足点"。

中国遵循大国外贸发展的一般性规律,回归内需驱动出口型式,既是为了修正由内外部经济环境变化导致的外需导向出口型式无法持续的经济行为,同样也是为了把握可能稍纵即逝的"战略机遇"。一方面,13.7亿人口有效需求的释放和城镇化带来的巨大的消费"累积效应"不断凸显,为提升"中国制造"的品牌价值提供了市场空间,国内需求结构的不断升级为技术、产品结构的升级提供了强有力的需求保障。利用巨大的国内需求市场获得发展机会,成为中国本土企业缩小与国外企业竞争力差距的重要途径。但另一方面,在全球消费终端市场从发达国家向发展中大国转移的背景下,国外跨国公司对中国巨大的市场需求这一重要战略资源的竞争加剧。近年来,中国经济高速增长所创造的高端市场需求,面临国外企业、外资企业高质品牌的竞争替代,从市场空间上掐断了中国本土企业利用国内高端需求来构建高层次外贸竞争优势的转化路径,从而固化了本土企业的能力缺口,使粗放型发展方式顽固地延续甚至恶化,也使中国经济越来越容易受到外部力量的左右(路风和余永定,2012)。因此,立足快速扩张与升级的国内需求,培育本土企业高层次外贸竞争新优势,是推进中国外贸转型升级需要把握的重要"战略机遇"。

(2)中国回归内需驱动出口型式的途径分析

回归大国内需驱动出口型式,有效利用高速增长的本土市场空间和不断升级的本土需求结构,培育和发展自主创新能力与品牌等高端竞争优势,是推动中国外贸转型升级需要遵循的"大国经验"。回归内需驱动出口型式,需要满足三个序列条件以实现"国内需求—本土供给—出口产品"的双重有效对接:对国内需求较强的本土供给能力、国内需求引致本土企业竞争力提升、本土企业有竞争力的产品能够国际化。

第一,通过供给侧结构性改革提升对国内需求的本土供给能力。对国内需求较大的产品具有较强的本土供给能力是内需驱动出口型式得以实现的初始

---

① 发达国家制造业回流、英国脱欧、"特朗普现象",以及中国被拒TPP(跨太平洋伙伴关系协定)等,都说明了这一态势。

条件。当前国内需求结构已处于从基本满足过渡到品质需要转换的过程中,但大量国内需求较大的高端产品没有本土企业供给,反而给国外竞争者提供了无限商机。供给侧结构性改革是改善本土供给能力的有效途径,供给侧结构性改革的重心在于实现供需对接,提高对国内需求的本土供给能力。这就需要通过理顺各类产品、要素的市场价格和梳理流通环节等,以完善的价格机制适时实现市场出清,实现供需的动态平衡;通过打破行政垄断,完善市场竞争的"自选择"机制,以市场的"自选择"催化有效供给,实现供需匹配;同时以"有形之手"弥补市场失灵,弥补新技术、新产业生成过程中的"外部性";以及通过深入推进"中国制造+互联网"和实施高技术服务业创新工程等,催生适应消费升级的新产品、新服务。在通过供给侧结构性改革提升对国内需求的本土供给能力的过程中,不容忽视的是,通过全球产品内分工下的中间品进口,可有效地利用发达国家的技术优势,提升本土企业对国内需求的供给能力。因为高质量中间品的进口不仅能够放松本土企业的技术约束,便利本土企业根据国内需求进行产品生产,还能够引发国际技术溢出和本土企业的学习效应,获得更快的生产率增长。同时,中间品引发的供给能力和供给质量的提升会给国内竞争企业带来压力,以"倒逼机制"促使本土企业降低生产成本,提高产品质量,改善对国内需求的本土供给能力(如 Amiti and Khandelwal,2013;Bas and Strauss-Kahn,2015)。

第二,完善创新导向的市场环境,强化内需引致本土企业竞争力提升功能。国内需求引致本土企业竞争力提升功能缺位是当前国内需求难以引致出口的重要原因。培育高层次外贸竞争优势的政策措施,不能仅仅局限于激励企业加大创新投入的优惠政策,而应该把视角放宽到国内需求对微观企业竞争力的诱致功能方面。首先,最为重要的莫过于形成竞争激烈、规范有序、创新导向的市场环境。就中国目前而言,需要加快构建企业失信惩戒机制,治理层出不穷的"山寨产品",规避恶性价格竞争,通过有序竞争实现市场的"自选择",优化企业创新环境,发挥国内大市场的"需求引致创新"功能。同样重要的是,规避渐进式转型过程中各类"寻租空间"和"投机空间",压缩"非创新获利"空间,迫使本土企业依托国内需求寻求以技术、品牌为核心的竞争优势。其次,通过加强质量监管,完善消费维权法规,畅通消费维权渠道等途径,营造良好的消费环境,这样不仅有利于释放有效需求,更为重要的是,可以把消费者的诉求,特别是专业而挑剔的消费者诉求转化为本土企业改进产品和服务的压力和方向,发挥国内大市场的消费反馈驱动效应。最后,市场分割和收入差距是决定有效需求规模的重要因素,其削弱了有效需求对本土企业竞争力的引致效应。这就需要通过清理地方保护和部门分割政策,消除商品流动的跨部门、跨行业、跨地区的制度障碍等途径,建设全国统一的大市场。依托国内中等收入阶层的文化和市场,培育立足本土市场的国际品牌,是世界品牌发展过程的基本经验。这也需要通过治理"灰色收入",扩大劳动收入份额等措施,改变中国目前"哑铃型"的收入结构,壮大中产阶层,释放对本土品牌规模庞大的需求空间。

第三,鼓励高端需求和推进标准国际化,提高国内外"重叠需求"的对接程度。本土企业依托国内需求供给的有竞争力的产品能否转为出口产品,取决于国内外"重叠需求"的对接程度。诚然,由经济发展阶段差异导致的国内外需求的差异,影响了国内外需求的一致性。而经济新常态下,国内需求结构正快速升级,为内需引致出口提供了广阔的空间。应把握国内需求升级的机遇,通过鼓励高端需求和推进标准国际化,提高国内外"重叠需求"的对接程度,最终实现"国内需求—本土供给—出口产品"的对接。首先,国内高端需求是国内需求与国际需求的有效结合点,并且国内高端需求内含的需求引致创新功能,对于中国本土企业摆脱发达国家利用其市场势力与技术势力设置的"结构性封锁"具有关键作用。应当认识到,只有国内消费者的"精致需求"才会有本土企业的"工匠精神"。而培育高端需求市场不仅在于提高工人在企业利润中的收入分配份额,促进社会中产阶层的壮大,同样,通过降低高质产品的税收以鼓励高端需求、提高消费信息的流通率以发挥国内外高端需求的示范效应,以及引导正确的消费观念,都有利于培育国内高端需求市场,进而提高国内需求的国际化程度。其次,积极推进国内标准与国际标准的统一,是提高国内外"重叠需求"对接程度的重要手段。正如美国经济学家保莱·塞罗所指出的那样,21世纪国内市场潜力最大的国家将参与并领导制定国际市场运行的各种规则。中国国内需求和供给规模的大国优势,为推进中国标准国际化提供了条件。同时也应该重视产品标准在引领消费和创新方面的重要作用。产品安全、技术标准、环境质量、能源效率等相关法规,应该起到鼓励国内消费者对新产品、新技术的需求,并反映国际主流消费趋势的作用。在基础产品标准上增加竞争优势的标准,不仅可以加速国内产品的改善和发展,起到本土企业引领国际竞争力的作用,而且对引导国内消费也有重要影响。当严格的国内标准扩散到全球时,也会使本土企业领先开发的新产品乘势扩散到全球。应该认识到,严格的产品标准及其严格执行,不但与民生质量有关,更是中国能否在新一轮国际竞赛中取胜的重要因素。

第3节　基础设施建设的型式

1　基础设施建设与大国发展的关系

大国因其"大"而成为一种优势。大国经济的发展相对于中小国家而言具有明显不同的特点和发展规律。20世纪八九十年代以来,中国、印度、俄罗斯、巴西4个新兴大国经济几乎同时崛起,这应当不是偶然的事情。如何理解大国经济发展成为经济增长中的一个新兴的热点问题。相关研究指出,市场规模是大国经济优势的重要来源,这其中,市场交易成本、经济结构差异和国家开放程度是大国效应得以发挥的重要因素。

根据世界银行(World Bank, 1994)的报告,基础设施作为经济活动的"齿轮",提供了经济活动最基本的服务,为物质和人力资本积累提供了便利,通过联结市场来促进贸易、降低交易成本以及保护环境。同时,基础设施投资直接增加了就业,并且可以为落后地区带来先进技术、资本,联结性基础设施还便利了劳动力转移,产生了有利的收入分配效应。事实上,新兴经济体政府将大量的支出用于基础设施投资,而发达国家也正经历基础设施升级的过程。在2016年10月份,国际货币基金组织号召发展中国家和发达国家都进行基础设施投资的大推进(Big Push),以避免出现萨默斯等人提出的长期经济增长停滞(IMF, 2014)。此外多边开发银行(如世界银行和亚洲开发银行)也将其70%的贷款投入区域基础设施建设当中,而2015年成立的亚洲基础设施投资银行(AIIB),单从其名字便可窥知基础设施投资的重要性。中国政府所倡导实施的"一带一路"倡议,则更是与基础设施密切相关。具体地,我们关注基础设施在中国这一发展中大国中的经济效应。之所以关注中国,是因为在由投资驱动的中国经济增长型式中,基础设施投资扮演着非常重要的角色。在改革开放初期(1978年),基础设施投资仅占GDP的5.44%。2010年,这一比例增长了两倍多,达到18.19%。这两倍多的增长放在中国年均将近10%的经济增速的背景下则更令人瞩目。

那么,基础设施在大国经济发展的过程中究竟起到怎样的作用呢?我们通过实证分析来回答这一问题。我们发现,基础设施可以促进市场融合,使企业拓宽市场边界,实现企业和国家的市场规模扩张,有利于大国经济效应的发挥。紧接着,我们进一步探究基础设施扩大企业和发展中大国市场规模的内在机制。研究发现,基础设施之所以能够拓宽企业的市场边界,原因在于基础设施降低了运输成本和交易成本,使得企业可以将产品销售到原来销售不到的地方去,使得整体市场规模比原先没有基础设施时的整体市场规模更大。由此,我们揭示了基础设施在发展中大国中的重要作用,并与以往大国经济效应的研究遥相呼应。事实上,根据以往的研究,市场交易成本是大国效应得以发挥的重要因素,而运输成本显然是市场交易成本的一个重要方面。根据我们的研究,基础设施水平的提高可以显著地降低运输成本,进而扩大企业和国家的市场规模,这为大国经济的进一步发展创造了条件。

相较于以往的研究,本节也在实证策略上进行了突破。首先,我们采用的数据主要为微观工业企业层面的数据以及城市层面的基础设施数据。往常研究基础设施与经济发展的关系通常采用加总数据的方法,例如一大批文献顺着Aschauer(1989)的思路,直接估计基础设施的产出弹性。然而,分析基础设施的经济发展效应时常会面临诸如反向因果等内生性的问题,因为经济发展的同时也会对更高水平的基础设施提出需求,因而基础设施水平的提高既可能是因,也可能是果,很难在加总层面上对基础设施和经济发展的关系做比较清晰的检验。因此,从微观企业层面来探讨基础设施与企业运营的关系,有助于缓解反向因果问题。其次,企业层面的固定效应也使得企业异质性在很大程度上被吸收,减小了估计的遗漏变量偏误。事实上,宏观政策到微观企业的传导问题越来越受到学术界的重视。同时,我们还采用了拟自然实验的方法进一步消除了基础设施内生性的干扰,即根据行业或企业的不同特性,讨论基础设施在这些不同企业属性中可能发挥的不同作用。一般而言,企业属性可视为外生,如果基础设施对企业的影响因企业属性而不同,则可以在很大程度上排除内生性问题。

2 基础设施建设的大国经济效应假说

本研究首先与大国经济发展及其影响因素相关。大国经济效应最早由Kremer(1993)提出,他的实证证据表明了大国经济效应是显著存在的。张培刚(1992)也指出,发展经济学应以大国的特征、大国发展的难题和大国的特殊道路为研究问题。关于大国经济优势的来源,斯密(1972)、Young(1928)、Yang and Ng(1993)认为,分工本身即受到市场容量的限制,因而市场规模是大国经济优势的重要来源。后续的研究指出,市场规模还可以通过规模经济(Krugman,1991)、产品多样化(彭向和蒋传海,2011)等渠道影响大国经济效应的发挥,使得大国通常拥有相对完整和互补的产业体系。这些研究背后暗含的关键逻辑链条在于,国家内部的交易成本较小,运输成本可以得到大大降低,从而有利于实现市场一体化,使得规模效应、知识溢出等功效可以发挥作用。李君华和欧阳峣(2016)的最新研究从一般均衡和实证分析的角度正式检验了大国经济效应的存在性,他们的研究也发现,市场交易成本的下降是大国经济效应得以发挥的重要因素。

根据以上相关研究,可以预期,基础设施能够在大国经济效应中发挥重要作用。首先,基础设施被多数文献证实具有显著的经济增长效应。基础设施与经济增长最早的理论研究可追溯到Barro(1990),其认为政府的公共支出具有外部性,可以实现内生增长。规范性实证研究基础设施与经济增长的文献最早见之于Aschauer(1989),他采用了美国1949—1985年的时间序列数据,发现基础设施存量提高10%,可带来生产率提升4%。他同时发现,1970—1985年美国基础设施投资规模的下滑是导致经济衰退(滞涨)的最主要原因。与Aschauer(1989)的研究结论类似,Morrison and Schwartz(1996)针对发达国家的研究也发现基础设施与生产率和经济增速正相关。针对发展中国家的研究也大多数发现了基础设施能够促进经济增长,见之于Binswanger et al.(1993)以及Hulten et al.(2006)。反过来,落后的基础设施已经成为发展中国家经济增长的主要障碍。Lee and Anas(1992)采用尼日利亚的数据,发现基础设施的落后,尤其是电力供应紧张,阻碍了企业进一步投资扩张,这正说明了基础设施对经济增长的重要性。对于中国的情形,刘生龙和胡鞍钢(2010)认为,基础设施在中国的经济增长中具有技术溢出效应。张光南等(2010)验证了基础设施投资对中国就业、产出和投资的促进效应。

本节重点关注基础设施在大国经济发展中的作用,因此需要更细致地落脚到基础设施促进大国经济发展的具体机制。根据相关研究,国家的市场规模是大国经济效应的关键性因素。那么,基础设施能否起到扩大市场规模的作用呢?以往的文献对此有一定的讨论,主要结论是基础设施有利于促进贸易和市场的融合。Banerjee et al. (2012)发现,交通网络的可得性会显著影响中国各地的人均GDP水平,认为发达的道路网络主要通过促进要素的流动性而对经济增长产生贡献。Duranton et al. (2014)的研究验证了美国州际高速公路对贸易的促进作用。Faber(2014)发现,高速公路网能够促进贸易的融合,提高路网节点地区的工业化程度。Cosar and Demir(2015)利用土耳其省级层面的数据估计了国内道路基础设施质量的改善对出口的正向作用。Donaldson(2015)利用印度殖民时期的数据,发现铁路的修建减少了两地之间的价格差异,增加了双边贸易流,提高了人均收入。

根据以上研究,基础设施可以促进市场融合,更进一步推论,基础设施水平的提高,或许能使企业拓宽市场边界,实现企业和国家的市场规模扩大,有利于大国经济效应的发挥。这是第一个研究假说。

研究假说1:基础设施有利于扩大企业的市场规模,从而也扩大了发展中大国的市场规模,使得大国经济效应能够充分发挥。

紧接着的一个问题是,基础设施扩大企业和发展中大国的市场规模,发挥大国经济效应的内在机制是什么?事实上,基础设施之所以能够拓宽企业的市场边界,最本质的原因在于基础设施降低了运输成本和交易成本,使得企业可以将产品销售到原来销售不到的地方去,使得整体市场规模比原先没有基础设施时的整体市场规模更大。

有关基础设施与运输成本和交易成本的关系,Keeler and Ying(1988)提供了直接的证据,表明交通基础设施可以显著地降低交通运输企业的运营成本。Fernald(1999)通过考察行业数据发现,那些较为依赖交通运输的行业的生产率受交通基础设施投资变动的影响更大。Bougheas et al. (1999)以及Jacoby and Minten(2009)发现,基础设施可以显著地降低企业的交通及贸易成本,进而促进贸易和经济增长。Li and Li(2013)发现,中国的交通基础设施也显著地降低了运输成本,由此降低了企业库存需求量。张光南和宋冉(2013)的分析表明，中国的交通基础设施有利于降低中国制造业的生产成本和要素投入。因此，基础设施实现发展中大国市场规模的扩大，背后机制应植根于运输成本或交易成本的降低。而根据李君华和欧阳峣(2016)的研究，运输成本或交易成本的降低，正是大国经济效应得以发挥的重要条件。据此，我们提出第二个研究假说。

研究假说2：基础设施有利于实现发展中大国的市场规模扩大和大国经济效应的发挥，其内在机制是基础设施有利于降低企业的运输成本或交易成本。

3 大国基础设施建设经济效应的实证分析

上面对基础设施在大国经济发展中的作用进行了详尽分析，并提出了相应的研究假说，下面针对假说进行实证检验。

(1) 变量和数据

为了研究基础设施对大国经济发展的作用，我们选取了企业层面的数据与城市层面的基础设施数据相结合的方法。企业层面的数据全部来自工业企业数据库，城市层面的基础设施数据来自《中国城市统计年鉴》与《中国统计年鉴》。

根据研究假说1和2，被解释变量为企业的市场规模及企业的运输成本。市场规模表现为企业的销售收入，因此我们采用销售收入的对数值对企业的市场规模进行衡量。我们采用企业商品运输时间的对数值对运输成本进行衡量，运输时间采用企业的运输时间前置期(Lead Time)进行估计。核心解释变量是交通基础设施水平，我们采用本市和邻近城市的总公路面积与城市面积之比的对数值来衡量。Li and Li(2013)的实证证据显示，基础设施存在显著的溢出效应(Spillover Effect)，即一个地区周围的基础设施会与本地的基础设施存在联结效果，从而也可能对本地企业的存货调整产生影响。因此我们同时考虑本市和邻近城市的基础设施变量。实证分析中还包含了影响企业市场规模和运输成本的控制变量，包括企业的毛利润率、行业的竞争程度(用赫芬达尔指数衡量)，以及经济活动的活跃度(用单位公路里程的车辆数目和地区的通货膨胀率衡量)。此外，我们还控制了企业年龄的虚拟变量。我们选用的变量的定义见表4-16。

表 4-16 变量定义

变量	定义
Infra	公路面积与城市面积比值的对数值
Market	企业销售收入的对数值
Cost	企业运输时间的对数值,计算为 365/(销售成本/应付账款)
Margin	毛利润率
Busy	经济活动的活跃度,计算为单位公路里程的车辆数目
Inflation	地区的通货膨胀率
Competition	行业的竞争程度,每年每个城市每个行业计算的赫芬达尔指数

实证模型设定如下:

$$y_{it} = \alpha_0 + \alpha_1 \text{Infra}_{It} + \text{Controls} + \theta_i + \gamma_t + u_{it} \quad (4-19)$$

其中,y_{it}代表被解释变量,即企业市场规模及运输成本。Infra_{It}表示企业i所属地区I的基础设施水平,该地区包括企业所属的城市及邻近城市。θ_i表示企业层面的个体效应,γ_t为时间效应,u_{it}为随机扰动项。在具体的回归分析中,由于基础设施是城市层面的变量,因此需要将标准误聚类(Cluster)到城市层面。

在进行实证分析之前,还需要对表 4-16 所定义的变量数据进行处理。由于城市层面的交通基础设施数据从 2001 年开始,而工业企业库的数据是从 1998 年到 2007 年的,所以我们截取 2001—2007 年的数据作为分析的样本。我们进一步剔除了前置期的值小于或等于 0 的样本,并将剩余的样本与城市数据进行匹配。表 4-17 是变量的基本统计描述。

表 4-17 统计描述

变量	样本数	平均值	标准差	最小值	最大值
Infra	856 870	−6.355	1.093	−10.969	−4.186
Market	863 463	10.089	1.270	0.000	19.047
Cost	853 500	4.893	1.256	−8.275	17.408
Margin	863 463	0.139	0.117	−1.000	1.000
Busy	823 194	3.650	1.065	−0.701	6.344
Inflation	863 463	0.022	0.018	−0.018	0.066
Competition	863 463	4.800	1.019	0.314	6.580

(2) 基础设施与企业市场规模

作为分析的起点,我们考虑基础设施与企业市场规模的基准关系,即检验研究假说1。我们采用时间和企业层面的双重固定效应进行回归分析。表4-18报告了回归结果。

在表4-18的第(1)栏,我们考虑了企业市场规模与基础设施的单变量回归,在此基础上控制了企业年龄、企业个体和时间的固定效应,并将标准误聚类到城市层面。我们发现,基础设施的系数是显著为正的,表明基础设施的确有利于扩大企业的市场规模。在表4-18的第(2)栏中,我们进一步加入了控制变量,基础设施的系数仍然显著为正,证实了基础设施与市场规模的正向关系是稳健的,即基础设施可以促进市场的融合,使得企业进一步拓宽市场边界,实现企业和国家的市场规模扩大。

为了进一步验证结论的稳健性,我们在表4-18的第(3)栏中剔除了城市面积最大的5个城市的企业样本,即鄂尔多斯、赤峰、酒泉、呼伦贝尔和重庆。剔除这5个城市主要是考虑到城市面积过大,基础设施可能无法完全为企业所享有。剔除这5个城市之后,我们发现,相应的回归结果并没有发生显著改变。综合来看,基础设施规模提高1%,可以使市场规模提高0.17%—0.18%,这在经济上是十分显著的,有利于大国经济效应的顺利发挥。

表4-18 基础设施与市场规模:基准分析

	(1)	(2)	(3)
	Market	Market	Market
Infra	0.184**	0.172**	0.173**
	(0.076)	(0.075)	(0.076)
Margin		0.014	0.004
		(0.106)	(0.108)
Busy		−0.031*	−0.033*
		(0.018)	(0.018)
Inflation		−0.134	−0.108
		(0.848)	(0.866)

（续表）

	(1)	(2)	(3)
	Market	Market	Market
Competition		0.056***	0.055***
		(0.009)	(0.009)
Age FE	Yes	Yes	Yes
Firm FE	Yes	Yes	Yes
Year FE	Yes	Yes	Yes
N	856 870	816 941	805 077
R-squared	0.905	0.907	0.907

注：1. 括号内为稳健标准误，并聚类到城市层面。* $p<0.1$，** $p<0.05$，*** $p<0.01$。

2. 第(1)和(2)栏为全样本回归，第(3)栏剔除了5个面积最大的城市的企业样本，进行子样本回归。

(3) 基础设施与企业运输成本

接下来，我们分析基础设施扩大企业市场规模的背后机制。根据研究假说2的相关讨论，基础设施之所以能够拓宽企业的市场边界，发挥大国经济效应，最本质的原因在于基础设施降低了运输成本和交易成本，使得企业可以将产品销售到原来销售不到的地方去，使得整体市场规模比原先没有基础设施时的整体市场规模更大。因此，基础设施实现发展中大国市场规模的扩张，背后机制应植根于运输成本的降低。因此，我们进一步验证基础设施扩大市场规模的机制，即运输成本的降低效应。

在表4-19中，我们检验了基础设施与企业运输成本的实证关系。与表4-18一致，在所有的回归中，我们控制了企业年龄、企业个体和时间的固定效应，并把标准误聚类到城市层面。在表4-19的第(1)栏中，我们同样仅考虑单变量回归，发现基础设施的系数是显著为负的，表明基础设施有利于降低运输成本，从而有助于企业扩大市场规模，从而实现基础设施在大国经济发展中的重要作用。在第(2)栏中，我们加入了控制变量；第(3)栏中，我们进一步剔除了城市面积最大的5个城市的企业样本，相应的结果仍是稳健的。

表 4-19　基础设施与运输成本

	(1) Cost	(2) Cost	(3) Cost
Infra	−0.199***	−0.209***	−0.210***
	(0.072)	(0.071)	(0.072)
Margin		1.326***	1.335***
		(0.117)	(0.119)
Busy		0.062**	0.064**
		(0.026)	(0.027)
Inflation		0.416	0.413
		(0.702)	(0.725)
Competition		−0.043***	−0.044***
		(0.010)	(0.010)
Age FE	Yes	Yes	Yes
Firm FE	Yes	Yes	Yes
Year FE	Yes	Yes	Yes
N	847 014	807 626	795 805
R-squared	0.810	0.817	0.817

注：1. 括号内为稳健标准误，并聚类到城市层面。* $p<0.1$，** $p<0.05$，*** $p<0.01$。
2. 第(1)和(2)栏为全样本回归，第(3)栏剔除了 5 个面积最大的城市的企业样本，进行子样本回归。

(4) 内生性讨论：拟自然实验

在以上的实证分析中，我们证实了基础设施可以降低企业的运输成本，实现发展中大国的市场规模扩大，使大国经济效应得以显现。不过，以上的实证分析可能存在潜在的内生性问题。一种可能性是政府选择在特定的城市或企业集聚地投资公路，由此引致了内生性问题。因此，我们借鉴 Li and Li(2013) 所采用的拟自然实验的方法，根据行业或企业的不同特性，讨论基础设施在这些行业中可能发挥的不同作用。这种拟自然实验分析方法的潜在假设是企业很难改变自身的属性，因而企业属性可视为外生，如果基础设施对企业的影响因企业属性而不同，则可以在很大程度上排除因政府的投资具有选择性而产生的内生性问题。

我们选用的第一种企业属性是企业的所有制结构，具体地，我们比较基础设施对运输成本和市场规模的作用在不同所有制结构的企业中的作用是否不同。事实上，中国的国有企业通常存在预算软约束问题，使得其自身的目标不一定是利润最大化。此外,国有企业可能也承担着国家战略方面的任务,这也使得其行为往往与私有企业存在偏离。因此,一种可能性是,基础设施的市场规模扩大效应仅仅在私有企业中存在,国有企业的市场行为受基础设施的影响弹性几乎为0。

表4-20为我们分别对市场规模和运输成本两类因变量实施所有制结构的拟自然实验结果。在每一类因变量中,我们将样本分为国有企业和非国有企业。其中,国有企业定义为国有资本占比大于50%的企业。在表4-20的第(1)和(3)栏中,我们报告了基于国有企业样本的回归结果,发现基础设施的系数都是不显著的,表明基础设施对国有企业的作用不明显。在第(2)和(4)栏的非国有企业样本中,我们发现基础设施可以显著地降低运输成本,扩大企业的市场规模。表4-20的实证结果符合我们的预期,在克服内生性问题下,证实了基础设施在发展中大国经济中的重要作用。

表4-20 基础设施、运输成本与市场规模:所有制结构的拟自然实验

	Market		Cost	
	(1)	(2)	(3)	(4)
	国企	非国企	国企	非国企
Infra	0.228	0.163**	−0.204	−0.206***
	(0.148)	(0.072)	(0.158)	(0.074)
Margin	0.124	−0.013	1.007***	1.372***
	(0.146)	(0.114)	(0.176)	(0.126)
Busy	0.029	−0.041**	0.004	0.067**
	(0.021)	(0.020)	(0.026)	(0.029)
Inflation	1.146	−0.251	−2.028	0.714
	(2.057)	(0.921)	(2.240)	(0.756)
Competition	−0.006	0.058***	−0.004	−0.045***
	(0.022)	(0.009)	(0.022)	(0.010)
Age FE	Yes	Yes	Yes	Yes
Firm FE	Yes	Yes	Yes	Yes
Year FE	Yes	Yes	Yes	Yes
N	43 161	773 780	42 771	764 855
R-squared	0.960	0.903	0.887	0.810

注:1. 括号内为稳健标准误,并聚类到城市层面。* $p<0.1$,** $p<0.05$,*** $p<0.01$。
2. 第(1)和(3)栏为国有企业样本的分析;第(2)和(4)栏中为非国有企业样本的分析。

我们进一步从行业属性上来检验基础设施的大国经济效应。根据上文的分析,基础设施可以显著地降低企业的运输成本。因此,从行业属性来看,如果某个行业更依赖于交通运输,则意味着基础设施对运输成本的效应更强。因此,可以对行业进行基础设施依赖度的划分。

我们参考 Fernald(1999)的研究,采用中国 42 个行业的投入-产出表计算运输投入在总投入中的比重,对行业的基础设施依赖度进行衡量。紧接着,我们计算出基础设施依赖度的行业中位数,根据该中位数,我们将样本分为两部分,即运输投入较多的行业和运输投入较少的行业。表 4-21 的第(1)和(2)栏中,我们基于这两个样本实施拟自然实验。结果显示,基础设施对这两类行业都具有显著的运输成本下降效应。在系数的数值和显著性上,越依赖于基础设施的行业效果越大,初步验证了我们的猜想。

为了进一步判别系数的差别是否显著,在第(3)栏中,我们对全样本进行回归,但进一步加入了运输投入较多的行业的虚拟变量以及其与基础设施的交互项,结果显示,基础设施与该虚拟变量的交互项系数显著为负,意味着基础设施对运输投入较多的行业,运输成本的下降效应在统计上更为明显。进一步地,我们在第(4)栏中换用运输投入占总投入的比例以及其与基础设施的交互项。我们同样发现交互项系数显著为负,与我们的预期是一致的。综上,通过运输投入的拟自然实验,我们确认了基础设施可以显著地降低运输成本,扩大企业的市场规模,有利于大国经济效应的发挥。

表 4-21 基础设施与运输成本:运输投入的拟自然实验

	Cost		Cost	
	(1)	(2)	(3)	(4)
	运输投入较多的行业	运输投入较少的行业	交互项效应	
Infra	−0.238***	−0.173**	−0.201***	−0.158**
	(0.082)	(0.071)	(0.072)	(0.076)
Infra×D(运输投入较多的行业)			−0.017*	
			(0.009)	
D(运输投入较多的行业)			−0.117*	
			(0.063)	

（续表）

	Cost		Cost	
	(1)	(2)	(3)	(4)
	运输投入较多的行业	运输投入较少的行业	交互项效应	
Infra×运输投入占总投入比例				−0.089**
				(0.034)
运输投入占总投入的比例				−0.536**
				(0.228)
Margin	1.254***	1.413***	1.325***	1.324***
	(0.116)	(0.130)	(0.116)	(0.116)
Busy	0.058**	0.045	0.061**	0.062**
	(0.027)	(0.030)	(0.026)	(0.026)
Inflation	0.134	0.182	0.414	0.412
	(0.830)	(0.815)	(0.707)	(0.711)
Competition	−0.034***	−0.056***	−0.043***	−0.043***
	(0.012)	(0.013)	(0.010)	(0.010)
Age FE	Yes	Yes	Yes	Yes
Firm FE	Yes	Yes	Yes	Yes
Year FE	Yes	Yes	Yes	Yes
N	406 788	400 838	807 626	807 626
R-squared	0.839	0.841	0.817	0.817

注：括号内为稳健标准误，并聚类到城市层面。* $p<0.1$，** $p<0.05$，*** $p<0.01$。

我们试图从基础设施建设的角度理解大国经济优势的来源。基础设施作为经济活动的"齿轮"，得到了多数发展中国家和发达国家的重视。实证分析首先发现，基础设施可以促进市场融合，使企业拓宽市场边界，实现企业和国家的市场规模扩大，有利于大国经济效应的发挥。根据以往的研究，市场交易成本是大国经济效应得以发挥的重要因素，而运输成本显然是市场交易成本的一个重要方面。我们发现，基础设施之所以能够拓宽企业的市场边界，发挥大国经济效应，原因在于基础设施降低了运输成本，使得整体市场规模比原先没有基础设施时的整体市场规模更大，这为大国经济的进一步发展创造了重要条件。在实证上，我们通过宏观政策的微观传导策略和拟自然实验方法，克服了基础设施的内生性问题。

就政策含义而言,我们建议进一步提升基础设施的数量和质量。根据实证分析结果,基础设施能够促进大国经济效应的发挥。因此,衡量基础设施的投资效果时,不能只看其对经济总量的直接影响,还要考虑其通过大国经济效应,进一步带来的规模经济和分工效益。特别是在当前世界经济恢复疲弱,国内经济"三期叠加"困难重重的情况下,适度扩大基础设施投资,还能起到拉动国内需求,防止经济进一步下滑的作用。

当然,对于中国的东、中、西部三个地区,由于经济发展阶段的不同,基础设施投资的侧重点应有所不同。东部地区的基础设施相对比较普及,应将政策重点放在降低其使用成本,提高这些设施的硬件质量尤其是相关的软件质量上,以进一步促进大国经济效应的发挥。中西部地区的基础设施投资需要数量和质量并重,尤其是西部地区基础设施的经济效应尚没有得到充分发挥,应加大投资,并特别照顾贫困地区。

第4节 公共产品供给的型式

与小国相比,大国经济运行有着自身的特点与优势。例如,欧阳峣(2009)提出了"大国综合优势"概念,认为:"大国综合优势的形成主要源于由'大'而导致的规模经济、差异性、多元结构和独立系统,以及由此而产生的分工优势、互补性优势、适应性优势和稳定性优势。"此外,2013年欧阳峣还提出了"大国内生能力"概念用于阐述大国经济的优势,他认为,在超大规模的国家里,由于具有资源丰富和市场范围广阔的优势,依靠国内资源和国内市场可以较好地推动经济自主协调发展(欧阳峣,2013)。目前,虽然有一些学者研究大国的公共产品供给问题,例如,Bierbrauer and Hellwig(2010)采用贝叶斯分析方法,探讨大国经济的公共产品供给机制。Kakinaka and Kotani(2011)研究大国经济中公共产品的自愿捐款问题。Konishi and Shinohara(2014)探讨大国经济中具有自愿参与行为的公共产品供给问题。但是,鲜有学者从公共产品供给的角度来探讨大国经济的优势。大国的显著特征之一就是人口规模大,根据大国的定义与公共产品的特征,本节提出了"大国公共产品供给优势"的概念,用以深刻理解大国经济的优势,丰富大国经济理论的研究。与人口规模较小的小国相比较而言,在公共产品供给方面大国具有自身的优势。该优势的经济学逻辑如下:在相同条件下,人口规模超大的国家将会获得更多的财政收入,更多的财政收入意味着政府可以向社会提供更多的公共产品,又由于公共产品具有非竞争性,对于每个人而言,他从公共产品获得的效用不会因为人口规模大而被平均掉,因此大国在公共产品供给上更具有优势,每个人将能享受到更多的公共产品。

1 "大国公共产品供给优势"的概念

分析"大国公共产品供给优势"的概念之前,首先要理解什么是大国,以及什么是公共产品。目前,关于大国的定义,学术界还没有统一的标准。例如,库兹涅茨(2005)在《各国的经济增长》一书中,把人口数量大于1 000万的国家称为大国。钱纳里和赛尔昆(1988)在《发展的型式:1950—1970》一书中,把人口数量大于2 000万的国家称为大国。国内著名经济学家张培刚(1999)认为,大国应该是幅员广阔、人口众多与资源丰富。欧阳峣和罗会华(2010)综合已有的相关研究,筛选出国家幅员、人口规模、经济总量三个易于量化的初始条件来定义大国,其中人口规模标准为大于4 000万。李君华和欧阳峣(2016)认为,人口规模和国土面积是大国最主要的自然特征。此外,Alberto and Wacziarg(1998)与Alberto et al.(2005)在研究国家规模相关问题时,均用国家人口规模来衡量国家规模的大小。考虑到大国公共产品供给优势主要来源于大国的人口规模,因此,这里将人口规模超大的国家定义为大国。关于公共产品,萨缪尔森给出了权威定义,将该商品的效用扩展于他人的成本为零;无法排除他人参与共享。例如,国防、国家公路和环境保护等。根据这一定义,公共产品具有两个特征:非竞争性和非排他性。非竞争性是指某人对这一产品的消费不会影响到其他人对该产品的消费;非排他性是指消费过程中的受益不能为某个人所专有,无法排除他人共同消费该产品。正是由于非竞争性与非排他性特征,公共产品通常由政府来供给,即政府通过向居民征税获得收入,然后向社会提供公共产品。

根据大国的定义与公共产品的特征,我们提出大国公共产品供给优势概念。所谓大国公共产品供给优势,是指在人口规模超大的国家,政府容易获得更多的税收收入,从而能够向社会提供更多的公共产品,又由于公共产品的非竞争性,每个人从公共产品获得的效用不会因为人口规模大而被平均掉,因此在大国每个人都能够享受到更多的公共产品。根据大国公共产品供给优势的概念可以发现,它与居民个人税负成本有着密切的关系:大国公共产品供给优势可以引申出居民个人税负成本优势。在其他条件相同的情况下,如果两个国家公共产品的供给数量相同,那么,人口多的国家,其居民个人税负成本将低一些,而人口少的国家,其居民个人税负成本将高一些。从本质上来讲,大国公共产品供给优势的形成基础是:大国的超大人口规模与公共产品的非竞争性。众人拾柴火焰高,大国人口规模超大,使得政府能够获得更多的财政收入。更多的财政收入意味着政府能够提供更多的公共产品。又由于公共产品具有非竞争性,某个居民对公共产品的消费不会影响到其他人对该公共产品的消费,从而使得每个居民从公共产品获得的效用不会因为人口规模大而被平均掉。

大国公共产品供给优势的思想,最早可以追溯到17世纪英国古典政治经济学创始人配第(1663)关于赋税问题的研究。在《赋税论》一书中,配第认为,人口少是真正的贫穷。有八百万人口的国家,要比面积相同而只有四百万人口的国家不仅富裕一倍。因为行政官吏是需要很多经费来维持的,可是同一个人数的行政官吏,管辖人口多与管辖人口少一样,差不多都能同样地执行任务。虽然配第没有明确提出大国公共产品供给优势概念,但是他已经认识到,公共产品的非竞争性使得大国的居民在分摊公共产品的供给成本上更具有优势。此外,刘易斯(1972)在《经济增长理论》一书中也提到,人口越多,公共事业的设备和设施利用得越好。可以发现,刘易斯也认识到:由于公共产品的非竞争性,使得大国能够更加充分地利用其政府所提供的公共产品。

需要说明的是,大国公共产品供给优势概念不能仅仅理解为国家人口众多,政府容易获得更多的税收。因为税收收入并不代表公共产品,将税收收入转化为公共产品还需要一个过程。所以,大国公共产品供给优势应该包含两部分内容:第一部分,依据人口规模优势,政府容易获得更多的税收收入;第二部分,政府利用获得的税收收入,向社会提供公共产品。这两部分合在一起,才是大国公共产品供给优势。

2 "大国公共产品供给优势"的形成过程

大国公共产品供给优势的经济学逻辑在于:依据人口规模优势,政府容易获得更多的税收收入,利用获得的税收收入,政府可以向社会提供更多的公共产品。在这中间,又由于公共产品具有非竞争性,对于每个人而言,其从公共产品获得的效用不会因为人口规模大而被平均掉。因此,它的形成过程包括两部分内容:首先利用人口规模优势,政府获得更多的税收收入;其次增加财政支出,向社会提供更多的公共产品。下面,我们将对这个形成过程进行详细分析,并探讨影响大国公共产品供给优势形成的一些因素。

为了清晰地展示利用人口规模优势容易获取更多税收收入这一过程,下面利用政府预算方程式来进行说明:

$$G_t = \omega \tau y n_t \tag{4-20}$$

其中,G_t 为财政支出,$\omega \tau y n_t$ 为剔除征税成本后的税收收入,政府要保持收支平衡,即财政支出等于其税收收入。在现实经济中,有时短期内财政支出不等于其税收收入,但是从长期来看,一个国家的财政支出是等于其税收收入的,所以这里假设财政支出总是等于其税收收入是合理的。式(4-20)中,τ 表示比例税税率,数值越大表示个人税负越重,取值范围是(0,1);y 表示个人收入水平;n_t 表示人口数量;ω 表示用于衡量征税成本的参数,也是体现征税效率的参数,数值越大表示征税成本越小(征税效率越高),ω 的取值范围是(0,1)。$(1-\omega)\tau y n_t$ 为一国政府征税过程中的成本消耗。可以发现,在收入水平 y、税负水平 τ 与征税成本 ω 相同的条件下,n_t 越大,G_t 就越大,即国家人口规模越大,其税收收入就会越多。因此,依据人口规模优势,大国的政府部门容易获得更多的税收收入。从式(4-20)中也可以发现:如果假设 G_t、y 与 ω 保持不变,那么,n_t 越大,τ 就越小,即人口越多,个人税负就低。这说明,大国公共产品供给优势可以引申出居民个人税负成本优势。

在现实经济中,式(4-20)的假设条件可能过强,因为个人收入水平通常会受到人口数量 n_t 影响,即 $y_t = y_t(n_t)$。此时,式(4-20)就变成:

$$G_t = \omega \tau y_t(n_t) n_t \tag{4-21}$$

对 n_t 求导可得:

$$\frac{dG_t}{dn_t} = \omega \tau y_t \left(1 + \frac{n_t}{y_t} \frac{dy_t}{dn_t}\right) \tag{4-22}$$

式(4-22)中,要满足人口数量与税收收入成正比例关系的条件是:$\left(1 + \frac{n_t}{y_t} \frac{dy_t}{dn_t}\right) > 0$,即 $\frac{n_t}{y_t} \frac{dy_t}{dn_t} > -1$。这里,$\frac{n_t}{y_t} \frac{dy_t}{dn_t}$ 是一个弹性的概念,用于衡量个人

收入水平对人口数量变动的反应程度。根据新古典经济增长理论,人口数量的增加可能会带来经济总量的增加,而由于存在报酬递减规律,个人收入水平通常是下降的,即 $\frac{n_t}{y_t}\frac{\mathrm{d}y_t}{\mathrm{d}n_t}<0$。但是,从式(4-22)中可以发现,只要满足 $\frac{n_t}{y_t}\frac{\mathrm{d}y_t}{\mathrm{d}n_t}>-1$,那么就能实现 $\frac{\mathrm{d}G_t}{\mathrm{d}n_t}>0$。从经济学上讲,$\frac{n_t}{y_t}\frac{\mathrm{d}y_t}{\mathrm{d}n_t}>-1$ 的含义是:个人收入水平下降的幅度小于人口数量增加的幅度。言外之意,$\frac{n_t}{y_t}\frac{\mathrm{d}y_t}{\mathrm{d}n_t}>-1$ 也可以理解为,人口数量增加不带来经济总量下降。通常条件下,一国经济均满足这一条件。另外,根据克鲁格曼的新经济地理理论,假如市场存在规模收益递增效应,那么人口数量增加不仅不会降低个人收入水平,反而会提高个人收入水平,即 $\frac{n_t}{y_t}\frac{\mathrm{d}y_t}{\mathrm{d}n_t}>0$,此时,随着人口数量的增加,个人收入水平也会提高,国家将获得更多的财政收入。

在式(4-21)中,除个人收入水平受人口数量影响外,有时候征税成本也会受人口数量影响,即 $\omega_t=\omega_t(n_t)$,此时式(4-21)就变为:

$$G_t = \tau\omega_t(n_t)y_t(n_t)n_t \tag{4-23}$$

对 n_t 求导可得:

$$\frac{\mathrm{d}G_t}{\mathrm{d}n_t} = \tau\omega_t y_t\left(1+\frac{n_t}{\omega_t}\frac{\mathrm{d}\omega_t}{\mathrm{d}n_t}+\frac{n_t}{y_t}\frac{\mathrm{d}y_t}{\mathrm{d}n_t}\right) \tag{4-24}$$

这里,$\frac{n_t}{\omega_t}\frac{\mathrm{d}\omega_t}{\mathrm{d}n_t}$ 也是一个弹性的概念,用于衡量征税成本对人口数量变动的反应程度。其中,$\frac{n_t}{\omega_t}\frac{\mathrm{d}\omega_t}{\mathrm{d}n_t}$ 的值既可能大于 0,也可能小于 0。如果 $\frac{n_t}{\omega_t}\frac{\mathrm{d}\omega_t}{\mathrm{d}n_t}<0$,则表示随着人口数量的增加,征税成本将会提高,反之则亦然。从式(4-24)中可以发现,如果 $\frac{n_t}{\omega_t}\frac{\mathrm{d}\omega_t}{\mathrm{d}n_t}<0$ 成立,即随着人口数量增加,征税成本上升,则有可能导致 $\frac{\mathrm{d}G_t}{\mathrm{d}n_t}$ 小于 0。但是,对式(4-24)而言,只要保证 $\left(\frac{n_t}{\omega_t}\frac{\mathrm{d}\omega_t}{\mathrm{d}n_t}+\frac{n_t}{y_t}\frac{\mathrm{d}y_t}{\mathrm{d}n_t}\right)>-1$,那么 $\frac{\mathrm{d}G_t}{\mathrm{d}n_t}>0$ 就能成立。换言之,随着人口数量的增加,只要征税成本不出现大幅度上升,以及个人收入水平不出现大幅度下降,政府的税收收入就会增加。可以发现,利用人口规模优势政府获取更多的税收收入,这一过程是有条件的:个人收入水

平不出现大幅度下降,征税成本不出现大幅度上升。从静态角度来看,即征税成本不能太高,居民收入水平不能太低。另外,现实中税率变动也是影响税收收入的主要因素之一,但是,根据拉弗曲线,税率与税收之间存在非线性关系,该问题比较复杂,因此这里假设税率是一个常数,不受其他因素影响。

政府利用获得的税收收入,向社会提供公共产品,这一过程可以利用公共产品累积方程进行描述:

$$K_{t+1}^g = (1-\delta)K_t^g + \eta G_t \tag{4-25}$$

其中,K_t^g 是社会的公共资本存量,也是公共产品的代理变量,δ 是折旧率,G_t 是财政支出。η 是衡量财政支出效率的参数,取值范围是$(0,1)$,η 越大代表财政支出效率越高。η 越大,相同的财政支出形成的公共产品就越多;η 越小,相同的财政支出形成的公共产品就越少。可以发现,政府利用获得的税收收入,向社会提供公共产品,这一过程也是有条件的:财政支出效率不能太低。

综上所述,大国公共产品供给优势的形成与征税成本、居民收入水平、财政支出效率等因素有关。如果征税成本低、居民收入水平高、财政支出效率高,则大国公共产品供给优势就明显;如果征税成本高、居民收入水平低、财政支出效率低,则大国公共产品供给优势就不明显。

3 "大国公共产品供给优势"的影响机制

对于大国经济而言,大国公共产品供给优势的存在能够对其经济增长产生显著的影响,这是因为公共产品供给增加,可以改善市场环境,提高生产效率,提升要素收益率,促进经济增长。因此,大国公共产品供给优势可以视为推动大国经济增长的源泉之一,即大国公共产品供给优势能够形成一种经济发展的动力,促进经济增长。这不同于欧阳峣提出的大国综合优势与大国内生能力,这是一个新的概念,是对已有大国优势理论的补充。

为了清晰地展现大国公共产品供给优势对其经济增长的影响,下面利用一个简要的经济增长模型来进行说明。

假设代表性厂商的生产函数为一个包含公共产品的柯布—道格拉斯生产函数:

$$y_t = Ak_t^\alpha (\phi K_t^g)^{1-\alpha} \tag{4-26}$$

其中,考虑到公共产品质量对其经济增长的影响,这里设置一个参数 ϕ,用于衡量公共产品的质量水平，ψ 越大代表质量越好，取值范围为 $(0,1)$。另外，在式 (4-26) 中，A 是衡量技术水平的常数，y_t 是代表性厂商的产出，k_t 是私人资本存量，K_t^g 是社会公共资本存量，也是公共产品的代理变量，α 是私人资本存量产出弹性系数，$(1-\alpha)$ 是公共产品产出弹性系数，α 的取值范围是 $(0,1)$。其中，私人资本存量和公共产品的变化如下：

$$\dot{k}_t = i_t - \delta k_t \tag{4-27}$$

$$\dot{K}_t^g = \eta G_t - \delta K_t^g \tag{4-28}$$

其中，i_t 是私人投资，δ 是折旧率，G_t 是财政支出，η 是衡量财政支出效率的参数。假设居民就是产品生产者，社会人口规模为 n，忽视人口增长。代表性居民是无限期存在的拉姆齐（Ramsey）居民，其效应函数为：

$$U(c_t) = \int_0^\infty u(c_t) \times e^{-\rho t} dt = \int_0^\infty \frac{c_t^{1-\sigma} - 1}{1-\sigma} \times e^{-\rho t} dt \tag{4-29}$$

其中，c_t 是代表性居民的消费量。$\frac{1}{\sigma}$ 为跨期替代弹性，$\sigma > 0$。ρ 是时间偏好率，且 $\rho > 0$，即面对相同的消费量，消费得越晚其获得的效用就越少。代表性居民的资源约束条件为：

$$y_t = A k_t^\alpha (\psi K_t^g)^{1-\alpha} = c_t + i_t + \frac{1}{n\omega} G_t \tag{4-30}$$

式 (4-30) 中的 ω 与式 (4-21) 中的 ω 的含义一样，是衡量征税成本的参数，$\frac{1}{n\omega} G_t$ 是代表性居民交纳的税款。为了简化处理，这里假设财政支出 G_t 是通过非扭曲性税融资获得的，而式 (4-21) 是一种扭曲性税融资方程，这种简化处理并不影响本模型的主要结论。

在式 (4-27)、式 (4-28) 与式 (4-30) 的约束下，代表性居民最大化其效用函数式 (4-29)。为了获得代表性居民的最优选择，构建汉密尔顿方程进行求解：

$$H_t = \frac{c_t^{1-\sigma} - 1}{1-\sigma} \times e^{-\rho t} + \nu_t (i_t - \delta k_t) + \mu_t (\eta G_t - \delta K_t^g)$$

$$+ \lambda_t \left(A k_t^\alpha (\psi) 1-\alpha - c_t - i_t - \frac{1}{n\omega} G_t \right) \tag{4-31}$$

横截条件为：

$$\lim_{t \to \infty} [\nu_t \times k_t] = 0 \tag{4-32}$$

$$\lim_{t\to\infty}[\mu_t \times K_t^g] = 0 \qquad (4\text{-}33)$$

其中，ν_t 和 μ_t 分别是 $\dot{k}_t$ 和 $\dot{k}_t^g$ 的影子价格，而 λ_t 是与式（4-30）相关的拉格朗日乘子。令 H_t 关于 c_t、i_t 与 G_t 的偏导数为 0，以及 $\dfrac{\mathrm{d}H_t}{\mathrm{d}k_t}+\dot{\nu}_t=0$、$\dfrac{\mathrm{d}H_t}{\mathrm{d}K_t^g}+\dot{\mu}_t=0$。经过一系列推导可得：

$$\gamma_c = \frac{1}{\sigma}[A(1-\alpha)^{(1-\alpha)}\alpha^{\alpha}(\eta\omega n\psi)^{(1-\alpha)}-\delta-\rho] \qquad (4\text{-}34)$$

$$y_t = A\left(\frac{(1-\alpha)n\eta\omega\psi}{\alpha}\right)^{(1-\alpha)}k_t \qquad (4\text{-}35)$$

式（4-34）为代表性居民的消费增长率 γ_c。式（4-35）为生产函数，可以发现，该生产函数实质上为 AK 型生产函数，因此，在横截条件满足的条件下，居民消费增长率与厂商产出增长率相等：

$$\gamma_y = \gamma_c = \frac{1}{\sigma}[A(1-\alpha)^{(1-\alpha)}\alpha^{\alpha}(\eta\omega n\psi)^{(1-\alpha)}-\delta-\rho] \qquad (4\text{-}36)$$

可以观察到，在式（4-36）中，产出增长率 γ_y 与变量 k_t 与 K_t^g 均无关，是一个常数，即这是一种内生经济增长模型，该结论与 Barro（1990）的观点基本保持一致。假设参数满足 $\gamma_y>0$，即经济会以 γ_y 的速度持续增长，这说明大国公共产品供给优势能够成为经济增长的动力，促进经济持续增长。

由式（4-36）知 $\dfrac{\mathrm{d}\gamma_y}{\mathrm{d}n}>0$，其经济意义是：人口规模扩大，能够提高经济增长的速度。这是因为当人口规模较大时，政府可以获得更多的税收收入，从而能够向社会提供更多的公共产品，提升要素收益率，促进经济增长。由式（4-36）知 $\dfrac{\mathrm{d}^2\gamma_y}{\mathrm{d}n\mathrm{d}\omega}>0$，其经济意义是：征税成本的上升（征税效率的下降），能够降低人口规模对经济增长的正向影响。这意味着，即使大国拥有超大的人口规模，但是如果征税成本很高，就会抑制人口规模对其经济增长的推动作用，即征税成本高会削弱大国公共产品供给优势对其经济增长的促进作用。由式（4-36）知 $\dfrac{\mathrm{d}^2\gamma_y}{\mathrm{d}n\mathrm{d}\eta}>0$，其经济意义是：财政支出效率的下降，能够降低人口规模对经济增长的正向影响。这意味着，即使大国拥有超大的人口规模，但是如果财政支出效率很低，就会抑制人口规模对其经济增长的推动作用，即财政支出效率低会削弱大国公共产品供给优势对其经济增长的促进作用。由式(4-36)还知 $\frac{d^2\gamma_y}{dnd\phi}>0$，其经济意义是：公共产品质量差，能够降低人口规模对经济增长的正向影响。这意味着，即使大国拥有超大的人口规模，但是如果政府所提供公共产品的质量较差，就会抑制人口规模对其经济增长的推动作用，即公共产品质量差会削弱大国公共产品供给优势对其经济增长的促进作用。

可以发现，大国公共产品供给优势能够成为经济持续增长的动力，其中，人口规模越大其经济增长速度就越快，但是，当征税成本高、财政支出效率低、公共产品质量差时，人口规模对经济增长的正向影响就会变小，即削弱了大国公共产品供给优势对其经济增长的正向影响。

4 结论和启示

随着巴西、俄罗斯、印度、中国等大国在世界经济发展过程中迅速崛起，越来越多的学者开始研究大国经济现象。根据大国的定义与公共产品的特征，本节提出了大国公共产品供给优势概念，并对其形成过程进行了分析。在人口规模超大的国家，政府容易获得更多的税收收入，从而能够向社会提供更多的公共产品，又由于公共产品的非竞争性，每个人从公共产品获得的效用不会因为人口规模大而被平均掉，因此在大国每个人都能够享受到更多的公共产品，这就是大国公共产品供给优势。大国公共产品供给优势的形成与征税成本、居民收入水平、财政支出效率等因素有关。如果征税成本低、居民收入水平高、财政支出效率高，则大国公共产品供给优势就明显；如果征税成本高、居民收入水平低、财政支出效率低，则大国公共产品供给优势就不明显。最后，本节还分析了大国公共产品供给优势对其经济增长的影响，结果显示：大国公共产品供给优势能够成为经济持续增长的动力，其中，人口规模越大其经济增长速度就越快，但是，当征税成本高、财政支出效率低、公共产品质量差时，就会削弱大国公共产品供给优势对其经济增长的促进作用。

大国公共产品供给优势是一个新的概念，是对已有大国优势理论的补充。中国有13多亿人口，世界排名第一，是一个典型的大国，因此，就中国的经济增长问题，大国公共产品供给优势理论能够提供一些启示。第一，大国公共产品供给优势可以视为中国经济增长的源泉和动力之一，利用该优势能够推动中国经济的持续增长。从现实经济状况来看,改革开放以来中国在基础设施、教育、社会保障等公共产品供给方面有了明显改善,这也是中国经济能够实现长期增长的重要原因之一。但是,与西方发达国家相比,中国公共产品供给在数量与质量上均存在很大的差距,因此,未来很长的一段时间内大国公共产品供给优势在促进经济增长的过程中依然能够发挥重要作用。第二,降低征税成本,提高财政支出效率,提升公共产品质量,进一步突显中国大国公共产品供给优势。目前,中国征税成本远远高于一些发达国家,例如,美国的征税成本大约为2%,而中国则高达8%左右(廖雄军,2008)。中国财政支出效率也低于一些发达国家(辛璐璐和刘雪华,2015)。与此同时,在公共产品质量方面,中国也存在不少问题,"豆腐渣"工程连续不断,层出不穷,路面坍塌、公路路基沉降、桥梁垮塌等事件时有发生(黄寿峰,2016)。因此,虽然中国人口规模大,具有大国公共产品供给优势,但是,其高的征税成本、低的财政支出效率与差的公共产品质量均会抑制该优势的发挥,当前中国政府应当尽量降低征税成本,提高财政支出效率,提升公共产品质量。

我们虽然提出了大国公共产品供给优势概念,并对其形成过程与影响进行了分析,丰富了大国经济理论的研究,但也存在不足与改进之处。第一,我们所讲的大国公共产品供给优势,是指在其供给数量上的优势,没有考虑公共产品质量的问题。公共产品供给质量通常与政府公共管理能力、政府廉洁度有关,如果人口规模与政府公共管理能力、政府廉洁度之间也存在相关关系,那么,未来可以进一步探讨大国在公共产品供给质量上是否也具有优势。第二,我们所研究的公共产品是一种纯公共产品,同时具有非竞争性与非排他性,没有考虑混合公共产品。现实经济中,有些公共产品可能是一种混合公共产品,兼备公共产品和私人产品的性质,那么,对于这类混合公共产品,大国在供给上是否具有优势,都是值得进一步探讨的问题。

第 5 章

发展中大国的经济转型

前面分析了发展中大国的发展型式,即反映规模效应的型式。本章研究发展中大国的经济转型,主要有两种含义:一是大国经济发展有着特定的型式,由于经济发展战略和政策的原因,某些国家的经济发展并没有采用这种特定的型式,因而需要转型发展;二是大国经济发展具有阶段性,先前为适应初级阶段的现状采用了某种发展战略,现在经济发展到了新的阶段,因而需要转型升级。本章将从农业工业化、新型城市化、提高全要素生产率、改善人力资本结构和跨越"中等收入陷阱"的角度,专题研究发展中大国的经济转型。

第 1 节 农业工业化和规模经营

1 国内外学者的讨论

农业与工业二元结构是发展中大国的重要特征。目前,发展中国家已经普遍进入工业化发展时期,推进农业工业化、促进农业转型已经成为亟待解决的问题。所谓农业工业化,是指用现代化的工业设备和技术装备农业,提高农业的生产效率和管理水平,其实质是由传统手工操作的小农业向工业化的大农业转型。然而,农业经营规模小是当前制约发展中大国农业工业化的主要因素,利用大国优势推进农业规模经营,实现生产经营的工业化,可以提高农业生产效率,增加农民收入,进而实现农业的优化转型。

农业工业化思想的最早提出者是张培刚先生,他在《农业与工业化》(Agriculture and Industrialization)一书中提出工业化包括农业及工业两个方面生产的现代化和机械化(张培刚,1949),这为发展中大国的农业发展指明了方向。之后,国内学者关于"何为农业工业化,如何推进农业工业化"展开了进一步的定性和定量分析。在定性分析方面,刘茂松和彭新宇(2005)认为,农业工业化是农业生产过程中基要生产函数连续发生变化,并最终实现农业与工业高级形态的产业综合的过程,同时他们认为,制度创新是推进农业工业化的一个决定性因素;于亚文(2006)根据中国的现实国情,从农业产业化经营、制度创新、城镇化加速、政府宏观调控等方面提出了农业工业化的政策措施;张孝德(2011)认为,新型农业工业化应当认识到资本化与市场化带来的弊端以及传统工业化技术在农业领域的失灵与危机,需要走中国特色生态化农业发展道路。在定量分析方面,曾福生等(2008)在对农业工业化进程进行指标体系评价的基础上提出了加快农业工业化进程的措施,并提出用工业化理念和思路从组织形式和经营行为入手逐步推进农业工业化;邓彬(2008)用实证分析的方法对县域农业工业化进行了比较分析,并提出应以壮大龙头企业为依托按照"龙头连农户"的运作模式,促使主要优势产业尽快形成比较完整的产业链,形成符合工业化大生产要求的集群经济,进而推动农业工业化。

规模经营对农业经济发展的影响效应如何?国内外学者持两种相反的观点:一方面,学者们认为规模经营不一定可以促进农业经济的增长,如 Schultz (1968)、Hayami and Ruttan(1986)等人认为促进农业经济增长的是要素与产品价格的相对变化诱致的技术和制度变迁,并认为农业经济增长不一定借助于一个固定模式的规模经济概念。另一方面,学者们认为规模经营可以有效地促进农业经济增长,如许庆等(2011)认为,扩大土地经营规模对单位产量及生产总成本均有显著的负面影响,而在其他条件不变的情况下,成本降低与经济效益提高实质上是一致的,因此,农业经营规模的扩大有利于促进农民增收;李文明等(2015)认为,规模较大的农户更接近"理性经济人"假设,水稻规模经营在不同目标导向下存在差异化的适宜标准,现代生产要素的重要性更加凸显,农业劳动力富余现象趋于消减,知识、经验和技能对水稻生产具有显著的促进作用;何秀荣(2016)认为,只有把农场规模扩大到具有农场经济可持续性的底线之上,才有机会再来缓解农业中的一系列其他问题,否则任何农政措施实际上只是治标不治本。

那么,对于发展中大国而言,规模经营可以推进农业工业化吗?其推进路径如何?在本节中,我们将以中国和印度为典型代表,通过理论分析和经验实证研究规模经营对农业工业化的影响效应和路径,并提出相应的对策建议。

2 一个理论分析框架

(1) 发展中大国农业的重要特征:人均耕地不足

国土面积广阔和农业人口众多是发展中大国农业规模特征的主要内容,这两个特征既为发展中大国的农业发展提供了有利因素,也阻碍了其农业转型。一方面,广阔的国土面积为农业发展提供了高基数的耕地面积,众多的农业人口为农业发展提供了丰富的劳动力要素,这在农业社会及工业化初级阶段,奠定了发展中大国农业经济发展的先天优势。2015年的数据显示,中印两国的耕地面积分别为 13 500 万公顷和 15 600 万公顷,合计占到了世界耕地总面积的 20.67%;中印两国的农业劳动力数量分别为 21 500 万人和 20 560 万人,合计占到了世界人口总数的 5.72%。与之相对应的是,两国的谷物产量分别达到了 56 538 万吨和 23 500 万吨,合计占到了世界谷物总产量的 28.41%。

但另一方面,庞大的农业人口数量拉低了耕地面积的人均占有量,使得农户不具备进行大规模机械化和集约化生产的条件,不利于高新农业技术的推广应用和经营模式的调整。由于无法发挥规模经济效应和技术进步效应,发展中大国农户不能通过降低成本或者提高收益的形式实现资金积累,进而造成农户人均收入水平持续低下。低水平的人均收入使得大量的农业人口脱离农业进入非农产业,农业劳动力数量和人力资本水平不断下降,农业产业竞争力和国际竞争力受到限制,由此形成了发展中大国农业发展的劣势地位。以中国为例,2000—2015年人均耕地面积下降了 0.003 公顷,与之相对应的是,农业劳动力数量下降了 39.19%,农村农户固定资产投资额的年增速下降了 7.7%,第一产业增加值占比下降了 5.9%。

(2) 发展中大国的规模经营、农业工业化与农业发展

如前所述,人均耕地不足是发展中大国农业的重要特征,同时也是农业工业化的重要制约因素。农业的适度规模经营,不仅为发展中大国推进农业工业化提供了基础条件,还从效率和收入两个视角促进了农业的转型发展(见

图 5-1)。

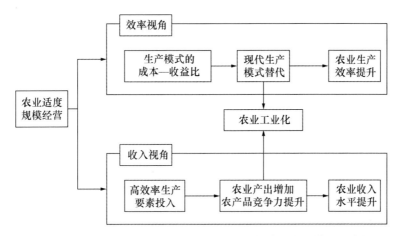

图 5-1 发展中大国的规模经营、农业工业化与农业发展的机理路径

第一,效率视角下规模经营、农业工业化与农业发展。用现代化的工业设备和技术装备农业是发展中大国农业工业化的重要表征,而其实质是现代高效率生产模式对传统低效率生产模式的替代,具体体现为生产方式和管理方式的转变。生产方式的转变主要表现为高效的农业机械设备的使用、高技术含量的农药化肥的投放、农业人力资本水平的提升等。管理方式的转变主要表现为粗放式管理模式向集约化管理模式的转变。生产方式和管理方式的转变是生产效率提升的过程,同时也是经营成本上涨的过程。在农户的耕地占有量不足的情况下,农业生产效率提升所带来的收益的增长远远跟不上经营成本的上涨,农户对现代高效率生产模式的需求乏力。反之,如果农户进行适度的规模经营,可以有效地降低每单位耕地使用现代高效率生产模式的经营成本,在每单位耕地产出不变的情况下成本—收益比发生改变,进而强化农户使用现代高效率生产模式替代传统生产模式的动力,有利于农业工业化的推进和农业生产效率的提升。另外,现代高效率生产方式和管理模式的运用都应当以规模经营为前提。目前,中国工业完全具备了装备现代农业的能力,如中国和印度平均每千公顷耕地上拖拉机的使用量分别达到了 6.9 和 3.0 部,但土地经营规模不足使得农用机械的生产能力得不到发挥,不利于农业生产的工业化。

中国、印度、俄罗斯和巴西均是典型的发展中大国,可以把它们分成两组:中国和印度采用的是农户模式,农业经济活动人口的平均耕地面积仅为 0.5931

公顷和 0.7588 公顷;俄罗斯①和巴西②采用的是规模经营的农场模式,农业经济活动人口的平均耕地面积达到了 25.2599 公顷和 5.2321 公顷。表 5-1 表明,发展中大国的农业经营规模同农业劳动生产率呈显著的正向关系:人均耕地占有量较高的俄罗斯和巴西的农业劳动生产率相对较高,分别为 11 540.05 美元和 11 149.67 美元;而人均耕地占有量较低的中国和印度的农业劳动生产率相对较低,分别为 1 465.44 美元和 1 156.21 美元。这印证了前面的分析,即农业规模经营可以有效地提升农业劳动生产率。从农业机械化水平来看,虽然中国和印度的平均每千公顷耕地上拖拉机使用量显著高于俄罗斯和巴西,但其生产率水平却依然较低,究其原因在于,中印两国的农业经营规模较小,先进的农业机械设备缺少推广应用的条件。

表 5-1 效率视角下规模经营、农业工业化与农业发展

	农业经济活动人口平均耕地面积(公顷/人)	平均每千公顷耕地上拖拉机使用量(部/千公顷)	农业劳动生产率(农业工人人均增加值,以 2010 年美元不变价计)	农业经营模式
中国	0.5931	6.9	1 465.44	家庭承包
印度	0.7588	3.0	1 156.21	农户经营
俄罗斯	25.2599	0.7	11 540.05	现代农场
巴西	5.2321	0.8	11 149.67	家庭农场

资料来源:通过《金砖国家联合统计手册(2015)》原始数据计算而得,其中,农业劳动生产率由农业增加值和农业经济活动人口指标结合计算得出。

第二,收入水平视角下规模经营、农业工业化与农业发展。通过物质资本和人力资本的有效积累促进农业产出水平显著提高是发展中大国农业工业化的重要路径,而提高农户收入水平是实现这一路径的前提。在农户耕地占有量不足的情况下,既使单位耕地面积的产出水平提高,农户的总产出和总收入也得不到提高,同时也不利于物质资本的有效积累。另外,为拓展收入渠道,农村大量青壮年劳动力向非农产业转移,导致农业人力资源流失、人力资本下降,不利于人力资本的有效积累。就"量"而言,适度的规模经营使得农户在单位产出

---

① 俄罗斯积极推进农业土地私有化,允许农场成员组建私人家庭农场,农业土地流转问题得到初步解决,大型农业在不断发展。

② 巴西农业实行以合作社为基础的产业化运作,具有以出口为导向的外向型特色。

不变的情况下的总产出水平提高,收入水平也相应提高。就"质"而言,适度的规模经营使得农业生产中的机械化、科技化水平提高,规模经济效应下农业生产效率提高,农业产出水平提高,农户的收入水平也相应提高。同时,随着农业先进技术在农业生产中的应用,农产品的质量更有保障、产品附加值更高、市场竞争能力更强,农户的收入水平也随之提高(冯蕾,2013)。另外,随着农户收入水平的提高,农户更加愿意通过购买先进设备优化农业生产方式,同时愿意通过教育培训提高人力资本水平和经营管理能力,农业工业化水平进一步提高。

表 5-2 表明,对于实行现代农场和家庭农场模式的俄罗斯和巴西而言,农业产出水平相对较高,农业经济活动人口年均谷物产量分别为 21.8919 吨和 7.1481 吨;农产品的国际市场竞争力较高,农业原料出口占货物出口总额的比例分别为 2.15% 和 4.70%。而对于实行家庭承包和农户经营模式的中国和印度而言,农业产出水平相对较低,农业经济活动人口年均谷物产量分别为 2.4452 吨和 1.1625 吨;农产品的国际市场竞争力较低,农业原料出口占货物出口总额的比例分别为 0.40% 和 1.53%。这印证了前面的分析,即农业规模经营可以有效地提升农业产出水平和农产品竞争力,进而提升农户的收入水平。

表 5-2 收入水平视角下规模经营、农业工业化与农业发展

	农业经济活动人口平均耕地面积(公顷/人)	农业经济活动人口年均谷物产量(吨/人)	农业原料出口占货物出口总额的比例(%)	农业经营模式
中国	0.5931	2.4452	0.40	家庭承包
印度	0.7588	1.1625	1.53	农户经营
俄罗斯	25.2599	21.8919	2.15	现代农场
巴西	5.2321	7.1481	4.70	家庭农场

资料来源:通过《金砖国家联合统计手册(2015)》原始数据计算而得。

基于上述分析可提出以下两个假说:

假说 1:对于发展中大国而言,适度的规模经营可以通过农业现代高效率生产模式对传统生产模式的替代促进农业工业化,进而提高农业的生产效率。

假说 2:对于发展中大国而言,适度的规模经营可以通过提高农业产出水平和农产品竞争力促进农业工业化,进而提高农户的人均收入水平。

3 实证检验

(1) 规模经营影响农业生产效率的实证检验

① 变量选取与模型构建

被解释变量:农业生产效率(agp)。本节以农业工人人均增加值(以2010年美元不变价计)指标衡量农业生产效率。该指标值越大,说明每单位农业经济活动人口的产出能力越强,即生产效率越高。数据来源于世界银行数据库。

解释变量:a. 农业规模经营(scm)。农业规模经营是指在保证土地生产率有所提高的前提下,使每个务农劳动力承担的经营对象的数量(如耕地面积),与当时当地社会经济发展水平和科学技术发展水平相适应。基于此,本节以"单个农业经济活动人口所经营的农业用地数量"指标对其进行衡量。该指标值越高,说明农业规模经营水平越高。b. 产业结构(ids),本节以农业增加值占国内生产总值的比例(%)指标对其进行衡量。该指标值越高,说明农业对该国经济产出的贡献越高,该国对农业的重视程度越高。c. 农用土地资源(nat),本节以农业用地占土地面积的比例(%)指标对其进行衡量。该指标值越高,说明该国农业土地资源越丰富。d. 农产品对外依赖程度(grd),本节以农业原料进口占货物进口的比例(%)指标对其进行衡量。该指标值越高,说明该国对外的农产品进口比例越高,农产品的对外依赖程度越高。上述指标数据来源于对世界银行数据库原始数据的处理。

实证样本为 2000—2015 年中国、印度、俄罗斯和巴西 4 国的面板数据。为消除指标的单位差异和可能存在的异方差,我们对各项指标进行了取对数处理。根据上述理论分析直接构造实证分析的回归模型如下:

$$\ln(\text{agp}) = \beta_0 + \beta_1 \ln(\text{scm}) + \beta_2 \ln(\text{ids}) + \beta_3 \ln(\text{nat}) + \beta_4 \ln(\text{grd}) + \mu_t$$

(5-1)

其中,β_i 为第 i 个变量的系数,μ_t 为干扰项。为验证在农业工业化的不同阶段规模经营作用效应的差异,本节进行了分位数回归分析。分位数回归方法由 Koenker and Bassett(1978)提出。该方法主要用来估计一组自变量 X 与因变量 Y 在 $(0,1)$ 之间不同分位点的线性关系,分位数回归估计的计算是基于一种非对称形式的绝对值残差最小化。假设条件分布 $y|x$ 的总体 q 分位数 $y_q(x)$ 是 x 的线性函数,即:

$$y_q(x) = x_i'\beta_q \tag{5-2}$$

其中，β_q 为 q 分位数条件下的估计系数，其估计量 $\hat{\beta}_q$ 可以由以下最小化问题来定义：

$$\min_{\beta_q} \sum_{i:y_i \geqslant x_i'\beta_q}^{n} q \mid y_i - x_i'\beta_q \mid + \sum_{i:y_i < x_i'\beta_q}^{n} (1-q) \mid y_i - x_i'\beta_q \mid \tag{5-3}$$

通过采用加权最小绝对离差和法对分位数回归系数进行估计，可得：

$$\beta_q = \underset{\beta \in R^k}{\operatorname{argmin}}\Big[\sum_{i:y_i \geqslant x_i'\beta_q}^{n} q \mid y_i - x_i'\beta_q \mid + \sum_{i:y_i < x_i'\beta_q}^{n} (1-q) \mid y_i - x_i'\beta_q \mid\Big] \tag{5-4}$$

本节将在 0.25、0.50 和 0.75 的分位数条件下，通过目标函数和约束条件函数均为线性函数的线性规划方法计算 β_q 的系数估计量。

② 实证结果分析

表 5-3 报告了面板混合回归和分位数回归方法下规模经营影响农业生产效率的计量结果。

表 5-3 规模经营影响农业生产效率的计量结果

变量	混合回归	QR_25	QR_50	QR_75
ln(scm)	0.7919***	0.7039***	0.8987***	0.9838***
	(0.0559)	(0.0808)	(0.0400)	(0.0282)
ln(ids)	0.3222***	0.0260	0.4961***	0.5696***
	(0.1066)	(0.1288)	(0.0746)	(0.0586)
ln(nat)	0.4683***	0.5761***	0.5709***	0.6405***
	(0.0648)	(0.0933)	(0.0470)	(0.0365)
ln(grd)	−0.4873***	−0.6009***	−0.4665***	−0.3348***
	(0.0462)	(0.0795)	(0.0337)	(0.0245)
_cons	4.5593***	4.9688***	3.6422***	3.0897***
	(0.4787)	(0.6969)	(0.3420)	(0.2420)
R^2	0.6543	0.8701	0.9154	0.9043

注：括号内为标准误，*** 表示 t 值在 1% 的显著性水平上显著。

表 5-3 的计量结果具有如下经济含义：

第一，规模经营有利于提高农业生产效率，且农业工业化程度越高，规模经营对农业生产效率的正向影响越强。在混合回归方法下，规模经营指标在 1% 的显著性水平上显著为正(0.7919)，这印证了假说 1 的观点，即适度的规模经营可以有效地促进发展中大国农业生产效率的提高。由于数据的欠缺,我们无法计量验证规模经营提高农业生产效率的路径是现代高效率生产模式对传统生产模式的替代。但在农业人力资本水平外生的情况下,现代高效率生产模式的应用是提高农业生产效率的唯一路径,这也是规模经济效应的重要体现。随着分位数的增加,规模经营指标的系数呈现上升趋势,在 0.25、0.5 和 0.75 的分位数条件下,规模经营指标的系数分别是 0.7039、0.8987、0.9838(见图 5-2)。这表明,农业工业化程度越高(即农业生产效率越高),规模经营对农业生产效率的提升作用越强。究其原因,农业工业化程度越高,现代高效率生产模式的应用程度越高,对农业规模经营的需求程度也越高,在此路径下,农业规模经营对农业生产效率的提高具有更为显著的作用;反之,如果农业工业化程度较低,现代高效率生产模式的应用程度较低,规模经营程度的提高仅仅能在一定程度上降低单位经营成本,不能显著地提升生产效率。

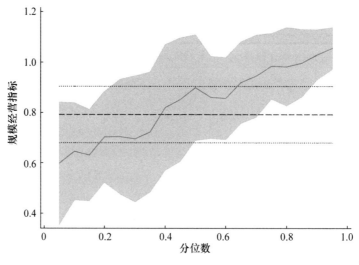

图 5-2　分位数回归的系数变化趋势

第二,其他变量的解释。a. 农业产业结构占比越高,农业生产效率相对越高。对于发展中大国而言,资源在产业间的配置是产业结构形成的重要机制。农业产业结构占比较高,表明资源在农业的配置比重相对较高。资本、劳动、技术及社会资本等资源在农业的集聚,使得农业的生产效率不断提高。表 5-3 的计量结果印证了这一点,在混合回归方法下,农业产业结构指标的系数为

0.3222,且在1%的显著性水平上显著。分位数回归结果显示,农业工业化程度越高,农业产业结构占比对农业生产效率的提升作用越强。b. 农用土地资源越丰富,农业生产效率相对越高。幅员辽阔是发展中大国的重要特征,但农用土地资源丰富才是农业发展的关键。一般而言,农用土地资源越丰富,农业实施规模经营的可能性越强,进而会对农业生产效率产生正向影响。表5-3的计量结果印证了这一点,在混合回归方法下,农用土地资源指标的系数为0.4683,且在1%的显著性水平上显著。c. 农产品对外依赖程度越高,农业生产效率相对越低。市场规模庞大是发展中大国的重要特征,若农产品对外依赖程度较高,表明农产品的生产和销售无法满足本地市场的需求,这表明国家农产品生产力不足,农业生产也存在效率低下的情况。表5-3的计量结果印证了这一点,在混合回归方法下,农产品对外依赖程度指标的系数为-0.4873,且在1%的显著性水平上显著。分位数回归结果显示,农业工业化程度越高,农产品对外依赖程度对农业生产效率的负向作用越弱。

(2) 规模经营影响农业产出水平和农产品竞争力的实证检验

① 规模经营对农业产出水平的影响

在实证中,本节以世界银行数据库"农作物生产指数"指标衡量农业产出水平(aop)。农作物生产指数是指相对于基期2004—2006年的每年农业产量,包括除饲料作物以外的所有作物。该指标值越高,表示该国农业产出水平越高。

通过对式(5-1)进行调整,本节构建了以农业产出水平为被解释变量的计量模型。表5-4报告了规模经营影响农业产出水平的计量结果。需要说明的是,实证中采用的是固定效应的面板回归分析方法,没有采用分位数回归方法说明影响效应的阶段性差异。

表5-4 规模经营影响农业产出水平的计量结果

变量	模型1	模型2	模型3	模型4
ln(scm)	0.6402***	0.9146***	0.7228***	0.5800***
	(0.1679)	(0.1166)	(0.2017)	(0.1748)
ln(ids)	-0.0485		-0.2279	-0.3377**
	(0.1944)		(0.1958)	(0.1688)
ln(nat)	4.8610***			5.6976***
	(1.1845)			(1.1995)

（续表）

变量	模型1	模型2	模型3	模型4
ln(grd)	−0.2267**			
	(0.0859)			
_cons	−13.3669***	3.1479***	3.9634***	−15.7493***
	(4.0936)	(0.1980)	(0.7281)	(4.1966)
R^2	0.6953	0.5106	0.5218	0.6574

注：括号内为标准误，***、**分别表示t值在1%、5%的显著性水平上显著。

第一，规模经营有利于提高农业的产出水平。在4个模型中，规模经营指标的系数分别是0.6402、0.9146、0.7228、0.5800，且均在1%的显著性水平上显著。这印证了假说2的观点，即发展中大国农业适度的规模经营可以显著提高农业的产出水平。那么，为什么产出水平的提高一定会促进农户收入水平的提高呢？农业不存在产能过剩吗？对于市场规模较小的小国和农产品市场成熟的发达大国而言却是存在这个担忧的，但对于发展中大国而言可以不用考虑这一影响。因为发展中大国具备市场规模效应，往往农业无法完全满足国内市场对农产品的需求，需要国外农产品填补空白。国内农业产出水平的提高可以实现价值转换，使得产出水平提高变成农户收入水平提高。

第二，其他变量的解释。农业产业结构占比对农业产出水平的影响显著性不强。在模型1中，农业产业结构指标的系数为−0.0485，但显著性不强。农用土地资源越丰富，农业产出水平相对越高。在模型1中，农用土地资源指标的系数为4.8610，且在1%的显著性水平上显著。农产品对外依赖程度越高，农业产出水平相对越低。在模型1中，农产品对外依赖程度指标的系数为−0.2267，且在5%的显著性水平上显著。

② 规模经营对农产品竞争力的影响

在实证中，本节以"农业原料出口占货物出口总额的比例"指标衡量农产品竞争力(cap)。一般而言，农业原料出口占比越高，表明农产品不仅能有效地满足本地市场的需求，而且满足国外需求的水平也在不断提升，在国际市场上具有较强的竞争力。

通过对式(5-1)进行调整，本节构建了以农产品竞争力为被解释变量的计量模型。表5-5报告了规模经营影响农产品竞争力的计量结果。需要说明的是,实证中采用的是随机效应的面板回归分析方法。

表 5-5 规模经营影响农产品竞争力的计量结果

变量	模型 1	模型 2	模型 3	模型 4
ln(scm)	1.5073***	0.1520	0.7720***	1.8730***
	(0.1080)	(0.2292)	(0.1356)	(0.1481)
ln(ids)	2.6170***	0.8461***	1.7916***	3.1184***
	(0.2060)	(0.2663)	(0.3165)	(0.2948)
ln(nat)	1.2975***			1.2365***
	(0.1251)			(0.1863)
ln(grd)	−0.7706***		−0.7183***	
	(0.0893)		(0.1485)	
_cons	−11.7904***	−1.5690	−4.2026***	−13.7595***
	(0.9248)	(0.9858)	(0.9422)	(1.3368)
R^2	0.1867	0.2676	0.1372	0.2742

注:括号内为标准误,*** 表示 t 值在1%的显著性水平上显著。

第一,规模经营有利于提高农产品的竞争力。在 4 个模型中,规模经营指标的系数分别是 1.5073、0.1520、0.7720、1.8730,除模型 2 外,其他模型均在 1%的显著性水平上显著。这印证了假说 2 的观点,即发展中大国农业适度的规模经营可以显著地提高农产品的竞争力。

第二,其他变量的解释。农业产业结构占比对农产品竞争力的影响显著为正。在模型 1 中,农业产业结构指标的系数为 2.6170,且在 1%的显著性水平上显著。农用土地资源越丰富,农产品竞争力相对越高。在模型 1 中,农用土地资源指标的系数为 1.2975,且在 1%的显著性水平上显著。农产品对外依赖程度越高,农产品竞争力相对越低。在模型 1 中,农产品对外依赖程度指标的系数为−0.7706,且在 1%的显著性水平上显著。

4 政策建议

研究表明:对于发展中大国而言,适度的规模经营,一方面可以通过农业现代高效率生产模式对传统生产模式的替代促进农业工业化,进而提高农业的生产效率;另一方面可以通过提高农业产出水平和农产品竞争力促进农业工业化,进而提高农户人均收入水平。另外,农业工业化程度越高,规模经营对农业生产效率的提升作用越强。因此,从中国现实情况出发,应该着眼于农业工业化的目标,积极探索以规模经营带动发展中大国农业发展的路径。

(1) 优化农村土地资源配置制度,推进农业的适度规模经营

作为典型的发展中大国,小农经济在中国扎根很深,农村人口数量也是十分庞大的。虽然改革开放以来,大量的农民工进城有利于部分降低农村人口压力,但受制于当前的土地制度,农村的土地规模经营效应依然受限。那么,中国可以采用何种土地规模经营方式呢?基于农村庞大的人口基数,大型农业模式在中国,至少是目前阶段是无法实现的。但是我们可以在家庭承包的基础上适度地扩大经营规模,优化农村土地资源配置制度——"家庭农场"。

所谓家庭农场,是指这样一种农场模式,每个农场经营50—100亩的土地,以家庭成员为主要劳动力,在需要的情况下可以聘请适当的劳动力。家庭农场模式的推动,可以扩大小型农业机械的使用,推进农业工业化,从而促进农业劳动生产率的提高。从家庭承包到家庭农场是制度的演变过程,这种演变过程在制度上和观念上的跨越幅度不大,因而易于被农业和农村各主体所接受。农地分布较为分散是中国农业发展面临的一大难题,通过家庭农村模式可以迎合这一现实问题,实现规模化的经营和工业化生产方式的转变。管理经验欠缺是农民实现农业工业化的重要限制性因素,家庭农场的适度规模经营不至于给农民带来管理困扰,因而适合中国的农村发展实际。

推进家庭农场模式的政策思路:

① 优化土地资源配置制度

土地流转机制是优化土地资源配置、实现农业规模经营的关键举措。虽然,2008年通过的《中共中央关于推进农村改革发展若干重大问题的决定》中已经提出,要"建立健全土地承包经营权流转市场,按照依法自愿有偿原则,允许农民以转包、出租、互换、转让、股份合作等形式流转土地承包经营权,发展多种形式的适度规模经营"。但农村土地产权的不清晰,所有权与经营权的分离,使得土地流转得不到很好的实现,土地资源无法规模化导致农业规模化经营受到了极大的限制。同时,政府既期望通过土地流转推动农业规模经营,又担忧农民失去土地影响社会稳定,这种犹豫的态度导致土地流转的推动力不足。面对这一形势,中国政府应该从国家层面进行战略思考和总体设计,在对土地流转的原则和要求进行调整优化的前提下,制定一套可操作的政策措施,如在县

乡两级政府成立农村土地流转公司,作为非营利性组织拥有土地优先收购权,并将收购的土地整治成标准农场,保本低价转让给农民办家庭农场。同时,为家庭农场提供低息贷款,采取优惠政策予以扶助(欧阳峣,2013)。

② 加快农村剩余劳动力转移

农村剩余劳动力转移使得农民脱离土地的束缚,一方面为农业规模经营和工业化提供了规模化的土地资源,另一方面为非农产业发展提供了劳动力资源。目前,农民进城受到政策限制,多数农民采取"兼业"方式,这种"进退两难"的局面阻碍了土地流转的进程。面对这一形势,政府部门应当加快户籍制度改革,加速新型城镇化建设,解决农民进城所面临的各种社会经济问题,进而加快农村剩余劳动力的转移。

(2) 基于区域异质性视角,推行差异化的农业规模经营模式

前文提到的家庭农场模式是针对农地分散这一特征提出的,然而中国地大物博,土地布局也形成了区域异质性,针对一些土地利用率较低、土地布局较为集中的地区(如中国西北地区等),应当积极推广以现代农场为主要形式的大型规模化农业生产经营模式。中国西北地区的土地资源丰富,拥有10亿亩耕地和25亿亩草原,具有发展大型规模化农业生产经营模式的潜力。但受到交通和水资源等条件的限制,该地区的土地利用率很低,农业工业化程度不高,农业转型受到制约。中国应当采取有效措施推动西北地区的农业开发,努力建设一批现代化的大型规模化农场。要实现大型规模化农业生产经营模式,必须做到以下几点:其一,加强交通基础设施建设,为农业工业化生产方式转变创造条件;其二,在土地规模化的同时确保配套资源的可达性,如通过大通道项目中的大西线调水工程改善西北地区的水资源状况,从而改善动植物的生存条件和农业的生产条件;其三,为大型规模化农业生产经营提供政策匹配,这就需要对全国的土地状况进行调查,对存在发展大型规模化农业生产经营模式潜力的区域,提供土地流转制度便利,制定切实可行的规划和措施,加大推进的力度和速度。

(3) 加快生产要素的城乡配置转移,为农业规模经营创造条件

具体思路如下:

① 加快劳动力要素的城乡配置转移

农村人口比重大、耕地资源少是目前中国农业发展所面临的一个现实困

境。加快农村剩余劳动力向非农产业的转移可以有效地增加农民收入、增加耕地相对供给,进而提升农村市场规模优势,实现农业工业化,推进农业转型。而解决农村剩余劳动力在转移过程中所面临的经济待遇、子女教育、家庭稳定和身心健康等方面的问题,是加快劳动力要素城乡配置转移的关键所在,这需要通过户籍制度改革、外来务工人员市民化等措施给予外来务工人员同城市职工平等的经济待遇和社会保障条件,进而在保持农民剩余劳动力向城市转移稳定性的同时加快转移的进程。

② 加快人力资本和存量资本的城乡配置转移

从事现代农业开发和经营管理现代化农场,不仅需要具有经营管理能力的优秀农业企业家(人力资本),还需要大量的资金投入(存量资本)。然而农村很缺乏农业经营管理人才,特别是缺乏经营管理现代化农场的农业企业家,缺乏资金投入,这也是制约中国农业转型的关键问题之一。从某种意义上来说,中国农民并不是不愿意承包经营大规模的土地,而是缺乏巨额的资金投入,更缺乏经营管理的素质和能力。面对这一形势,政府部门应当采取措施鼓励有经营管理能力的乡镇企业家从事农业开发,同时加大农民的培训教育工作,不断优化农村地区的人力资本。针对规模经营,应当鼓励和支持城镇的企业家到农村承包经营。同时,应当在加大农村地区政府投资的同时,鼓励城镇资金向农村地区流动,为农业工业化和规模经营提供资金支持。

第 2 节　城市化和产业结构升级

1　问题的提出

自人类工业革命以来,工业部门就成为区域经济发展的主导部门,各国的经济发展过程既是工业化过程,也是城市化过程,城市化与工业化被许多发展理论几乎视为同义词,二者的依存关系得到了广泛论证。从经济结构变迁来看,城市化过程是农业活动逐步向非农业活动转化和产业结构升级的过程。从各国城市发展实践来看,产业结构的演变深刻影响着城市的可持续发展与竞争力,城市化与产业结构演变只有实现有效联动,二者之间才能互促互进、良性发展;否则城市化滞后或过度城市化难以避免。拉丁美洲的巴西、墨西哥、阿根廷以及亚洲的印度等发展中大国,均因没有协调好工业化发展与城市化的关系,导致陷入了"中等收入陷阱"或者城市化停滞不前。中国也正面临协调好产业结构升级与城市化的关系以避免陷入"中等收入陷阱"的挑战。表5-6选取巴西、墨西哥、中国、印度4国产业结构、就业结构与城市化的数据,并与美国进行了对比,通过比较分析为中国推动产业结构升级与城市化良性互动发展提供了理论与经验的判断。

表5-6利用各国1995、2005、2015三个年度三个产业的GDP比重与劳动力比重数据,计算了各国产业结构合理化指数。鉴于印度统计数据不连贯,选取的年份略有不同。产业结构合理化发展的经验表明各个产业对GDP的产值贡献与其对就业的贡献应是相匹配的,产业结构由工业向服务业的合理演进并达到高级阶段,是有效吸纳劳动力就业与推动城镇化的基础。库兹涅茨(1999)等通过研究各国产业结构转变,发现随着各国经济的增长或人均收入水平的提升,工业化的演进导致了产业结构的转变与高度化,必然伴随着相应的城市化进程。且随着产业结构的升级与经济发展水平的提高,城市化会超越工业化的发展速度,第三产业对城市化的作用将更突出。从上述4个发展中大国来看,产业结构都不同程度地偏离合理状态,4国农业发展都相对落后,农业劳动力比重都较高。从工业化发展与城市化的关系来看,巴西、墨西哥属于典型的城市化过度发展的国家,中国、印度属于城市化发展相对滞后的国家。

印度在4国中城市化率最低。2013年该国城市化率不到32%,同期农业部门的产值贡献不到20%,劳动力比重却高达49.7%,落后的农业无法对城市化产生推力,同时工业、服务业吸纳的劳动力比重不足40%,工业无法对城市化产生拉力。由于缺乏坚实的工业基础和经济发展作为支撑,近年来城市化停滞不前,2005—2013年仅提高了2.75个百分点。尽管整体城市化率很低,但孟买等大城市却畸形膨胀,出现了过度城市化与大片贫民窟。

巴西、墨西哥两国在早期的经济起飞过程中,通过内向型发展战略促进了国内民族工业的发展,并通过工业化推动了城市化的发展,但从20世纪60年代开始,在尚未完成工业化过程时,城市化却快速膨胀,到1988年,两国的城市化率均超过了70%,1995年巴西的城市化率超过了77%,墨西哥的城市化率也接近74%,从表5-6来看,两国当年的城市化率与美国不相上下,但两国的人均GDP分别仅为美国的16.8%、12.7%,农业产值与劳动力比重也远落后于美国,经济发展水平低、工业基础薄弱必然无法支撑城市化的健康高速发展,20世纪80年代以来,两国人均收入停滞不前从而陷入"中等收入陷阱"。过去10来年,尽管两国政府在努力调整,但城市化过度发展与产业发展滞后的矛盾仍将长期存在。

表 5-6 代表性国家产业结构与城市化演变比较　　　　单位:%

		GDP比重			劳动力比重			产业结构合理化指数				城市化率
		一产	二产	三产	一产	二产	三产	一产	二产	三产	TL	
巴西	1995	5.77	27.53	66.7	26.07	19.59	54.34	−8.70	9.37	13.67	14.34	77.61
	2005	5.48	28.47	66.05	20.45	21.39	57.92	−7.22	8.14	8.68	9.60	82.69
	2015	4.97	22.35	72.68	10.29	22.2	67.34	−3.62	0.15	5.55	2.08	85.69
墨西哥	1995	4.36	32.47	63.16	23.84	21.49	54.21	−7.41	13.40	9.65	15.65	73.37
	2005	3.37	35.17	61.45	14.85	25.67	58.87	−5.00	11.07	2.64	8.71	76.3
	2015	3.61	32.69	63.7	13.45	24.93	61.06	−4.75	8.86	2.70	6.81	79.25
中国	1995	19.6	46.75	33.65	52.2	23.0	24.8	−19.20	33.16	10.27	24.23	30.96
	2005	11.64	47.02	41.33	44.8	23.79	31.4	−15.69	32.04	11.36	27.70	42.52
	2015	8.83	40.93	50.23	28.3	29.3	42.4	−10.28	13.68	8.51	11.91	55.63
印度	2005	19.51	33.59	46.89	55.82	18.96	25.2	−20.51	19.21	29.12	27.82	29.24
	2010	18.88	32.43	48.69	51.06	22.38	26.57	−18.78	12.03	29.49	22.74	30.93
	2013	18.33	30.81	50.86	49.70	21.50	28.70	−18.28	11.09	29.10	21.90	31.99
美国	1995	1.5	22.6	75.6	2.75	23.44	73.8	−0.91	−0.82	1.82	0.09	77.26
	2005	1.18	21.93	76.89	1.55	20.63	77.81	−0.32	1.34	−0.91	0.10	79.93
	2015	1.05	20.03	78.92	1.63	18.45	79.92	−0.46	1.65	−0.99	0.19	81.62

注:表中TL为反映产业结构合理化的泰尔指数,为一产、二产和三产的泰尔指数之和。当TL=0时,表明各个产业之间的生产效率相同且产业结构非常合理;当TL≠0时,表明已经偏离均衡状态。

相对而言,中国在过去20年来是产业结构优化速度最快、城市化率提高最快的国家,平均每年提升超过1个百分点,但中国农业劳动力比重仍然较高,服务业产值比重较低,工业与服务业吸纳的劳动力比重较低。具体来说,目前服务业的产值贡献比工业较高,而其就业贡献则比工业、农业较高,但后两者的就业贡献都接近了30%。因而农业劳动生产率较低、服务业发展滞后已明显制约了城市化进程。

上述4国中,巴西、墨西哥两国城市化快速发展都开始于经济起飞时期,经济的高速增长使这些国家的居民蜂拥般涌入城市,但国家却忽视了城市的发展是以产业发展与升级为前提的,以城市能够创造的就业、提供的公共设施与服务为前提的,当城市化进程远超工业化速度时,这种城市化就会使国家变得无序与贫穷。而中国与印度城市化的发展相对滞后,但两国城市化滞后的原因又有差异,印度极度落后的农业、城乡差距与土地政策,既是城市化滞后的原因,也是大城市产生贫民窟的原因。中国城市化发展滞后基本成为学术界的共识,有不少学者从重工业优先发展、户籍制度约束等角度对城市化滞后进行了解释。通过对上述4国的分析,不难发现,城市化的基础是合理且现代化的产业结构,只有实现了农业与工业的现代化,才能促进服务业的发展并使得服务业部门的产值、就业等与城市化率相协调,与美国等发达国家的工业化与城市化对比分析更能证明这一点。本研究通过总结上述国家产业结构合理化演变与城市化的关系,为分析中国产业结构与城市化滞后问题提供借鉴,并为解决中国城市化滞后问题从产业结构转型升级角度提出对策建议。

本研究运用大量数据,对中国20世纪90年代以来产业结构与城市化的关系进行了经验分析,得到的直观结论是:中国城市化率滞后于二、三产业产值比重(主要是服务业产值比重)是由两种因素共同作用的结果,其中约20个百分点由二、三产业劳动力比重低于二、三产业产值比重来解释,说明产业结构不合理或升级缓慢没有形成足够的就业吸纳力,是导致城市化率滞后的主要因素;约15个百分点由城市化率低于二、三产业劳动力比重来解释,这是由于户籍制度或其他行政性约束等使得进入了二、三产业就业的部分农业剩余劳动力不能真正成为城市人口,从而制约了城市化。整体上中国的产业结构优化程度还有待提高,服务业的产值贡献与就业贡献还有较大的提升空间,农业转移人口的非农化主要在于服务业的吸纳能力,中西部地区一、二、三产业间的优化升级是释放劳动力、提升城市化率的主要渠道。运用相关数据进行计量检验,也验证了提升中国产业结构合理化、高度化有助于解决中国城市化滞后问题。

2 研究文献综述

城市与产业的关系,大多是从研究城市与工业化的关系开始的。梳理相关文献,主流观点主要为以下几点:

一是根据较多国家甚至是世界性的发展经验,众多学者论证了工业化对城市化的拉动作用,而工业前端的农业与后端的服务业也是重要的推动力量。

Weber(1929)通过研究19世纪欧洲的城市化发现,工业化促进了空间上的劳动力分工,进而推动了城市化。刘易斯(1954)基于二元经济结构模型,强调了集中精力发展城市工业可以实现农村剩余劳动力的产业间转移以及工业化与城市化的同步发展。Acemoglu et al. (2005)等总结了各国工业化演进促进城市化发展的规律性现象。

不仅如此,世界上绝大多数的经济体经历的城市化是农业生产率增长的推力或工业生产率提高的拉力共同作用的结果。劳动力"推动论"认为,发达国家产业结构变化源于农业生产率的提高减少了食品问题,为现代部门解放了劳动力(Nunn and Qian, 2011; Michaels et al., 2012)。劳动力"拉动论"认为,非农产业部门生产率的提高吸引了剩余劳动力从农业转移到工业部门(Alvarez-Cuadrado and Poschke, 2011)。国内不少研究发现,当工业化发展到中后期时,第三产业对城市化的贡献将越来越大。陈晨子等(2012)认为,当工业化接近和进入中期阶段之后,以服务业为主体的第三产业发展或经济服务化对城市化进程将产生越来越明显的主导作用。生产性服务业和制造业基于规模关联效应,对中国城市化的发展具有显著的促进作用(陈健和蒋敏,2012),生产性服务业专业化和多样化集聚对城市化具有显著的技术溢出效应,且对西部地区的影响大于东、中部地区。工业就业份额的驼峰曲线预测了中国服务业部门将在未来几年逐步吸纳中国劳动力就业的80%,成为新型城市化的基础。Hofmann and Wan(2013)等在研究中国与印度等地区城市化的决定因素时发现,城市化与GDP增长之间存在因果互动关系,同时工业化与教育对城市化也有十分显著的正向作用。

二是认为城市化发展起来后会极大地促进工业化进程与产业结构的升级;城市化与工业化相互促进,劳动力的转移、聚集经济被认为是产业与城市化互动发展的桥梁。城市具有的聚集经济效应十分有利于促进工业化的发展(巴顿,1986),劳动力在部门之间的转移使企业和工人聚集到城市,形成规模经济,促进了城市化发展并进一步推动了产业升级(Davis and Henderson, 2003)。城市化的发展促进了当地经济的增长,带动了产业结构的升级调整,使第二、三产业得到了发展,从而促进了劳动力在产业间的转移来推动城市化发展(Bertinelli,2007)。干春晖(2003)通过系统分析指出,产业结构的升级会使城市化水平提升,同时城市化水平的高低也会影响产业结构的演变。优化产业结构有利于推动城镇转型发展和城市化质量提高;同时提高城市化质量又有利于拉动产业结构调整升级并促进产业合理布局,二者存在互促互动的关联机制(沈正平,2013)。杨仁发和李娜娜(2016)研究了影响城市化发展的因素,发现产业发展是城市化发展的动力机制,产业转移、产业与要素的聚集则是产业结构转型升级与城市化互促互动的实现机制。同时也有研究指出,传统的工业化道路带来了显著的城市问题,对传统城市发展模式做出相应调整,需要处理好城市与产业的关系,通过产业结构转型升级实现产业与城市融合发展(刘名远和李桢,2013)。

三是研究中国城市化的文献普遍认为,中国的城市化滞后于工业化与经济发展水平,滞后于世界同水平发展中国家(叶裕民,1999)。关于中国城市化滞后的解释,主要集中在三个方面。第一,改革开放前,中国实行的是优先发展重工业的战略(叶裕民,1999),改革开放后,经济增长压力和财政分权体制使得中国的投资明显侧重于资本密集型产业,城市部门的资本深化使得吸纳劳动力的能力不足,无法有效地提升城市部门对劳动力的需求(沈可等,2013)。第二,行政性规定与地方政府政绩考核方式导致了城市化滞后。长期以来,中国的户籍制度、粮食供应制度以及城市建制等行政性规定限制了人口的流动(陈斌开和林毅夫,2010);同时,在现有的城市建设监管、政绩考核、土地使用制度下,地方政府发展经济的动力远远大于促进城市化水平提高的动力,从而导致了城市化滞后(蔡军,2006)。第三,经济结构、产业结构落后制约了城市化,如庞大的农村剩余劳动力的压力和二元经济结构导致了中国城市化滞后(陈仲常和王芳,2005)。陶宏和郭三化(2005)认为,"掠夺农民"的积累模式,城乡隔离和二元社会结构,对城市化冒进的反思,以及中国农业基础薄弱也是导致中国城市化滞后的重要原因。城市化政策的重点要放在非农产业的城市化并加以落实(范建刚,2005)。程莉和周宗社(2014)通过研究发现,三个产业的结构偏差是城市化滞后的主要因素。倪鹏飞等(2014)研究发现,在开放经济体系下,城市化率滞后于工业化率的程度与净出口比例显著正相关。也有人认为中国城市化和服务业发展双重滞后,其根源在于整个经济体的"分工刚性"与长期停滞于低水平的分工结构。在这种结构中,制造业企业自我提供服务,限制了服务业的专业化发展,从而导致了城市化和服务业发展的"双重滞后"(张松林等,2010)。

综上所述,几乎所有关注各国工业化进程与城市化进程的文献,都剖析了工业化、产业结构升级与城市化之间互为载体、相辅相成的关系。关于中国工业化与城市化关系的研究也形成了不少观点,大多数研究偏重于从工业或服务业发展本身讨论其对城市化的影响,很少有研究基于三个产业分析产业结构的整体演进状态及发展规律与城市化的关系,也没有基于不同规模城市、不同地区剖析产业结构的合理性,缺乏产业结构发展指标与城市化滞后量化指标的实证估计。本研究基于发展中大国产业结构演进规律,计算与分析中国整体产业结构状况、分区域产业结构状况及不同人口规模城市产业结构状况,判断中国产业结构演进状态及其对城市化的影响,并利用地级以上城市产业结构合理化指标与城市化滞后量化指标进行检验,为促进中国产业结构与城市化协调发展提供经验判断与理论指导。

3 产业结构演进规律及其影响城市化的经验事实

库兹涅茨(1999)结合各国国民收入和劳动力在产业间的分布,分析了经济结构演进与经济发展关系的一般规律:随着经济的发展,农业部门的产值份额与劳动力份额趋于下降,工业部门和服务业部门的产值份额与劳动力份额都趋于上升,但在这两个部门中,产值份额与劳动力份额的变化趋势略有不同,工业部门在产值份额持续上升的同时,劳动力份额呈现出大体不变或略有上升的趋势,服务业部门在产值份额大体不变或略有上升的同时,劳动力份额呈现出大幅上升的趋势。库茨涅茨把这种趋势称作产业结构的"工业化"和劳动力结构的部分"工业化"和部分"服务化"。在一个连续均衡的国民经济中,城市化可能表现为因果链条上各类事件的最后结果,以导致工业化的贸易和需求的变化为开端,以农村劳动力向城市就业的平缓移动为结果(库兹涅茨,1999)。

(1) 中国产业结构演变的总体特征与趋势

按照库兹涅茨总结的经济结构演进规律,中国工业演进超前,农业、服务业演进滞后,因而城市化进程缓慢。图5-3表明,中国工业、服务业产值占比均高于就业占比,而农业的就业占比远高于产值占比,工业的产值占比近二十多年来变化不大,相对稳定,2012年后被服务业产值超过,工业就业占比自2002年以来有小幅上升但2013年后稳定且趋于回落。从服务业来看,其就业占比2011年超过农业,其产值占比2012年超过工业并在2016年达到了51.6%,但不论是产值还是就业份额都需要较大幅度的上升。城市化正常演进的国家,如美国 2010 年农业产值占比为 1.17%,就业占比为 1.6%;同年服务业产值占比为 78.4%,而就业占比为 81.2%。整体来看,中国基本完成了库茨涅茨所描述的工业化,尽管在中西部的一些地区工业化还处于中期阶段。因而工业部门对就业的贡献将处于大体不变或略有上升的趋势。而农业的产值占比目前已经不高,但就业占比与工业接近,在工业不能进一步吸纳劳动力的情况下,农业人口只能通过服务业吸纳,才能实现库茨涅茨所描述的劳动力结构的部分"服务化"。

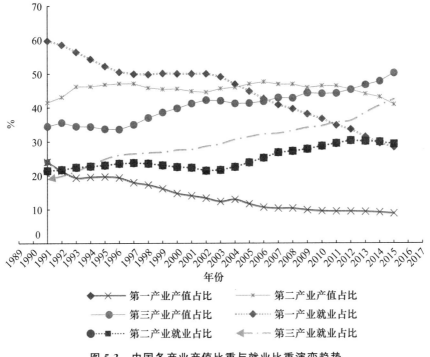

图 5-3　中国各产业产值比重与就业比重演变趋势

进一步地,通过测算产业结构合理化与产业结构高级化指标,可以更为精确地了解中国现行的产业结构优化程度。本研究借鉴干春晖等(2011)改造的泰尔指数(用 TL 表示)来测度产业结构合理化。

$$\mathrm{TL} = \sum_{i=1}^{n}\left(\frac{Y_i}{Y}\right)\ln\left(\frac{Y_i/L_i}{Y/L}\right) \tag{5-5}$$

其中,TL 为反映产业结构合理化的泰尔指数,Y、L、i、n 分别代表产值、就业、产业和部门数,Y_i/Y、L_i/L 分别代表产业结构和就业结构。

当各个产业部门之间的生产效率相同时,TL＝0,表示产业结构合理,否则表示产业结构不合理。产业结构高级化以产业结构合理化为基础。目前研究者经常使用的度量产业结构高级化的指标有两个：一是采用非农产业占 GDP 的比重作为度量产业结构高级化的指标,简记为 TN；二是根据三大产业变动关系,运用第三产业产值和第二产业产值之比作为度量产业结构高级化的指标,简记为 TS。两个指标都有其合理性,主要运用第一个指标。

运用式(5-5),本研究测算了中国 1991—2015 年间产业结构合理化与高度化指标值(见图 5-4)。图 5-4 中,TL 与 TN 基本上处于不断改善状态,TL 值在 2003 年前出现小幅波动,但自 2003 年以来一直趋于下降,TN 值基本上一直缓慢上升,说明非农产业产值一直在上升。非农产业产值上升意味着非农就业人口的增加与城市化率的上升。图 5-4 中,二、三产业就业占比基本上保持上升趋势,且与 TL 值有类似反向变化特征,自 2003 年后,产业结构合理化改善的同时,二、三产业就业占比与二、三产业产值占比(TN)的差距也在逐渐缩小,但到 2015 年二者还相差将近 20 个百分点。城市化率(urb)1991 年以来也一直保持上升趋势,2015 年达到了 56.1%,但与二、三产业就业占比对照来看,其多年来一直落后 10 多个百分点。这意味着从事二、三产业就业的部分农业剩余劳动力没有成为城市人口,职业转换与身份转换没有同步。

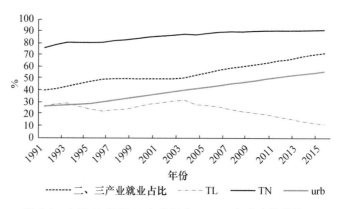

图 5-4　中国 20 世纪 90 年代以来 TL、TN 与非农就业状况

整体来看,中国城市化率滞后于二、三产业产值占比约35个百分点,其中约20个百分点由二、三产业就业占比低于二、三产业产值占比来解释,约15个百分点由城市化率滞后于二、三产业就业占比来解释。因而,从统计数据的直观分析可以发现,中国城市化滞后一方面是由于产业结构不够合理优化以吸纳足够的非农就业,另一方面可能是由于户籍制度或其他行政性约束等使得进入二、三产业就业的农业剩余劳动力没有真正成为城市人口,从而制约了城市化。本研究侧重探讨产业结构因素。

(2) 中国不同地区内部城市产业结构演变对城市化的影响

鉴于工业与服务业主要布局在城市,本研究将不同地区内部城市的相关指标汇总,分析区域内部城市产业结构演变状况。表5-7选择2004年、2009年和2014年三个时间点,统计了东、中、西部三个地区主要城市(257个地级市及以上城市)的产业结构与就业结构。表5-7表明,三个地区主要城市的农业产值份额和就业份额均趋于下降,到2014年农业产值份额占比均不超过5%,就业份额不超过1%,表明中国主要城市地区产业结构的工业化与服务化程度较高。

具体来看,中部地区到2014年三个产业中工业产值占比相对最高,其次是西部地区,东部地区在2009年前服务业产值占比超过工业产值占比,2014年达到了53.94%,中国区域差异在产业结构上表现得也十分明显。从整体来看,工业产值比重普遍偏高,中、西部地区还占了约一半的比重,服务业产值占比普遍偏低。从发达国家的经验来看,日本从2002年以后服务业产值占比超过70%,美国则从20世纪90年代开始服务业产值占比超过70%。服务业是吸纳劳动力就业的主要部门,中国无论是从主要城市还是全国范围来看,服务业产值还有很大的上升空间,2014年中国服务业对就业贡献仅为40.6%,这是中国提高城市化率的主要通道。按照库兹涅茨描述的产业结构的"工业化"和劳动力结构的部分"工业化"和部分"服务化",中国东部地区的工业产值还未降低到某一个稳定的值,服务业产值也未增长到上限,中西部地区相对而言更慢一步,真正意义上的劳动力结构的部分"工业化"和部分"服务化"还未出现。这说明城市本身的产业结构是制约城市化进程的基础。

表 5-7 中国东、中、西部地区主要城市产业结构与就业结构 单位:%

东中西部		农业		工业		服务业		工业、服务业总和	
		产值	就业	产值	就业	产值	就业	产值	就业
东部地区	2004	3.30	0.64	53.51	48.44	43.20	51.08	96.70	99.52
	2009	2.09	0.40	47.21	47.68	50.67	51.92	97.88	99.60
	2014	2.16	0.35	43.90	51.60	53.94	48.06	97.84	99.65
中部地区	2004	5.65	2.18	54.27	50.95	40.08	46.87	94.35	97.82
	2009	3.98	1.34	52.13	48.73	43.88	49.93	96.01	98.66
	2014	3.50	0.97	51.49	51.39	45.01	47.64	96.50	99.03
西部地区	2004	7.38	2.27	49.40	46.65	43.22	51.08	92.62	97.73
	2009	5.54	1.07	48.98	44.37	45.49	54.56	94.46	98.93
	2014	4.66	0.67	47.27	43.54	48.07	55.78	95.34	99.33
全国整体	2004	12.90	46.89	45.90	22.50	41.20	30.60	87.10	53.10
	2009	9.80	38.00	45.90	27.80	44.30	34.09	90.20	61.89
	2014	9.10	29.50	43.10	29.90	47.80	40.60	90.90	70.50

资料来源:根据2004年、2009年及2014年《中国城市统计年鉴》、各年统计公报整理得出。

与此相对应的是,中国东、中、西三个地区主要城市劳动力就业结构基本上是二、三产业对开,其中,东部地区服务业就业占比超过了工业就业占比,但2014年有所回落。中部地区工业就业占比稍高于服务业就业占比,这与上述产值结构分析相对应,说明中部地区主要还处于完成与推进工业化阶段。西部地区则出现了服务业就业占比高于工业的情况,说明中、西部地区的很多城市产业结构偏于重工业与低端的服务业,服务业对就业的贡献较大,但产值低。若从全国情况来看,中国工业的就业占比自20世纪90年代以来基本上保持在30%以下,这与美国、日本等国的差距不大,但服务业的就业占比差距十分明显(见表5-6)。

在城市化过程中,从农业排斥出来的劳动力,大多数为服务业所吸收。这是因为服务业的需求收入弹性大,人们消费"服务"这种无形商品的需求也越来越大,支持着服务业附加值的提高。但服务业中有许多行业进入门槛较低,竞争激烈,不容易形成垄断,在价格上处于较低的状况。在很多发展中国家包括中国,比较容易进入的是一些传统的为消费者服务的产业领域,相当多的为企业及公共服务的产业领域,被人为垄断进入困难,从而形成了服务业中严重的结构非均衡状态,一方面,传统服务业竞争激烈,劳动力价格低廉,形成了劳动力供给大于需求的市场;而另一方面,具有垄断优势的服务业因进入不足,企业没有竞争压力,价格高、效率低,吸纳劳动力不足。这在很大程度上解释了中国服务业就业占比不高的原因。同时,由于中国服务业发展区域不平衡,高端服务业与低端服务业之间发展不平衡,服务业内部产值与就业的占比不平衡,因而服务业在吸纳剩余劳动力与促进城市化方面的作用没有充分发挥。

(3) 中国不同规模城市产业结构演变对城市化的影响

本部分将上述各地区的257个地级市及以上城市,按照2014年《中国城市统计年鉴》进行分类[1],然后依据类别测算每个城市产业结构合理化(TL)与产业结构高级化(TN)指标,考察不同规模城市产业结构的演进。从统计数据来看,目前中国城市规模以中等城市和大城市为主,二者占比80.15%。超大城市、特大城市与小城市占比19.85%。通过分析超大城市、特大城市(总人口在500万以上)TL、TN指标与城市人口规模的关系,发现产业结构与城市人口规模具有一定的关联性,城市规模越大产业结构优化程度越高。具体来看,随着城市规模的扩大,TL指标呈下降趋势,TN指标呈上升趋势(类似于图5-5的形状),其中,上海、北京的TL值在0.1以下,武汉与天津在1.0以下,且这几个城市的TN值都在99%以上,说明这类城市各产业产值的贡献与就业的贡献比较匹配,产业结构的演变为吸纳剩余劳动力创造了有利条件。

图5-5反映了大城市的产业结构与城市人口规模增长的关系,整体来看,TL、TN两条趋势线分别呈下降与上升趋势,但偏离趋势线的样本数较多,TL值在20%以上的不少,TN值在90%以下的比重也较大。其中,人口在230万以上的27个城市(南昌排最后),除石家庄、佛山、贵阳、苏州等8个城市TL值在10以上,剩下19个城市TL、TN指标都较理想。而人口在230万以下的城市则出现了两极化发展,一部分城市产业结构的两个指标值都较理想,但另一部分城市产业结构极不合理,主要集中在中、西部地区,如商丘、六安、益阳、广

---

[1] 本节以2014年公布的《国务院关于调整城市规模划分标准的通知》为据,界定城区常住人口50万以下的城市为小城市;城区常住人口50万以上100万以下的城市为中等城市;城区常住人口100万以上500万以下的城市为大城市,其中300万以上500万以下的城市为Ⅰ型大城市,100万以上300万以下的城市为Ⅱ型大城市;城区常住人口500万以上1 000万以下的城市为特大城市;城区常住人口1 000万以上的城市为超大城市。

安、漯河、聊城、抚州、贺州、永州等。这部分城市普遍第一、二产业产值较高,但对就业的贡献较低,而第三产业产值较低,但对就业的贡献最大,表明这部分城市产业结构偏于重工业与低端的服务业,服务业生产效率很低,虽然创造了就业,但产值低。

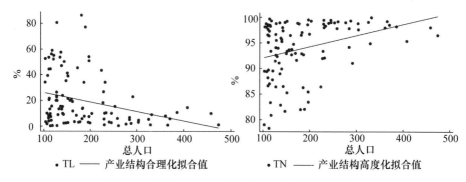

图 5-5 大城市 TL、TN 指标与人口规模增长的关系

图 5-6 反映了中等城市产业结构与城市人口规模增长的关系。中等城市是所有城市中数量占比较高的,从图 5-6 中的趋势线来看,随着不同城市人口规模的增加,各城市产业结构合理化、高度化指标基本上围绕某一水平值波动,表明人口在 50 万—100 万区间的这部分城市,产业结构差异性不大,具有大而全、小而全特征,各城市主导产业、发展特色不够明显,因而这部分城市在城市化过程中若结合自身优势突出专业化优势与特色,则对城市化的贡献将会进一步增加。小城市主要以某单一产业为主,产业结构的升级转型对城市人口的增加也有一定的帮助,不过各样本分散性明显(图形略)。

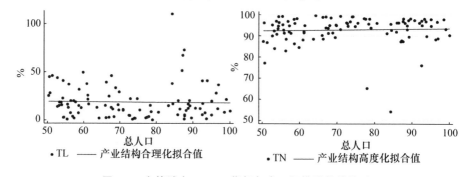

图 5-6 中等城市 TL、TN 指标与人口规模增长的关系

整体来看,城市规模越大,TL 指标、TN 指标相对而言越优化。特大城市与超大城市的产业结构优化与城市协同发展呈现出了较好的状态。除此之外,各类城市的 TL 值都较大,个别城市的 TL 值甚至高达 100% 之多,绝大多数城市 TL 值偏大,说明该城市某个产业对产值的贡献与其对就业的贡献不匹配,进一步细化来看,50% 以上城市工业的泰尔指数 TL2 为负数,服务业的泰尔指数 TL3 为正数,这表明中国城市整体上重工业产值或工业产值占比较高,服务业产值占比较低,未能有效吸纳更多的劳动力就业。中等城市与小城市人口规模较小,普遍存在农业合理化指数(TL)为正值且较高,服务业合理化指数(TL)为负值且偏高现象,说明中小城市产业结构低端,各产业产值贡献与就业贡献不匹配。而这些城市在提升服务业占比的同时,更为紧迫的是降低农业占比,提升工业占比,尽快推动工业化进程,并与特大城市、大城市间建立制造业有序转移承接的时空关系。

而从 TN 指标来看,大部分城市的这一指标保持在 90% 左右,但有少数城市不足 70%,说明大部分城市的非农产业占比具有优势,处于工业化中期或后期阶段。结合 TL 指标一起来看,发现中国大部分城市在非农产业占比具有优势的情况下,工业对产值的贡献大于其对就业的贡献,那意味着产业的服务化比重不够,工业化或重工业化比重较高,这对吸纳中国农业转移人口不利,也说明了中国城市化滞后的原因。

4 中国产业结构影响城市化滞后的实证检验

通过前面的理论与经验分析,本研究发现,中国产业结构的区域差异明显,产业的服务化比重较低,工业化或重工业化比重较高,产业结构不够合理优化以吸纳足够的非农就业成为制约中国城市化发展的重要因素。下面结合理论与以往的研究文献,构建产业结构影响城市化滞后的实证模型进行实证检验。

(1) 模型与变量设计

根据前述分析,构建计量模型如下:

$$LU_{it} = \beta_0 + \beta_1 TL_{it} + \beta_2 TN_{it} + \beta_3 PGDP_{it} + \beta_4 FDI_{it} + \beta_5 MI_{it} + \beta_6 PD_{it} + \beta_7 UEP_{it} + \mu_{it} \tag{5-6}$$

其中,i 代表城市,t 代表时期。LU_{it} 是不同度量标准下滞后城市化的代理变量。

TL_{it}、TN_{it}(TS_{it})分别是 i 城市 t 时期产业结构合理化与高度化的代理变量。$PGDP_{it}$、FDI_{it}、MI_{it}、PD_{it}、UEP_{it} 分别是人均 GDP、外商直接投资、市场化指数、人口密度以及失业率的代理变量。

(2) 变量说明与数据来源

对于滞后城市化水平 LU,不同研究者在研究城市化与工业化的时序关系时,会选择不同的指标,考虑到数据的可得性和结果的稳健性,本节采用以下两种指标来衡量滞后城市化:其一,滞后城市化=工业增加值/GDP—城市人口/全部人口;其二,滞后城市化=非农就业人口/全部就业人口—城市人口/全部人口。此处工业增加值以第二产业产值替代,非农就业人口以二、三产业就业人口替代。

产业结构合理化(TL)与产业结构高级化(TN、TS)这两个指标的具体算法和意义前文已列出,此处不再赘述。度量产业结构高度化的指标 TN 以非农产业产值占 GDP 的比重来度量,该指标越大产业结构高度化越明显;TS 以第三产业产值与第二产业产值之比来度量。考虑到中国工业化的区域差异,我们选取 TN 来度量产业结构高度化。

控制变量:人均 GDP(PGDP)是推动城市化和工业化的重要因素。人口密度(PD)不仅能够反映城市规模对新增城镇人口的承载力度,还能够反映城市的产业集聚程度,即人口密度越大,产业集聚程度相对越高,其对新增城镇人口的吸引力度也就越大。为避免计量过程中产生的异方差问题,对两个指标取对数处理。外商直接投资(FDI)在劳动力无限供给的情况下,其流入有助于一国工业化的发展,促进工业化超前城市化。但是,在先发国家并不存在外部资金流入的条件下,劳动力无限供给情况下的工业化也可因国际贸易导致工业化超前城市化。在中国工业化和城市化的过程中,政府的行政性管制、户籍制度等行政性约束对城市化有重要影响。本研究以政府预算内收支占当地 GDP 的比重(MI)来衡量,该指标越大说明政府的干预越强。Todaro(1969)在研究拉丁美洲国家城市化超前等现象时发现,城市失业率(UEP)较高,代表本国城市化率已相对较高,失业率越高,滞后城市化越弱,因此城市失业率也是重要的控制变量。

本研究选取 2003—2014 年中国除拉萨和巢湖以外的 285 个地级市及以上

城市数据①。个别城市数据缺失,实际样本3 420组,数据来源于《中国城市统计年鉴》。主要变量的定义和统计量描述见表5-8。

表5-8 主要变量的定义和统计量描述

变量	定义	样本数	平均值	标准差
LU1(%)	工业增加值/GDP—城市人口/全部人口	3 420	62.21494	24.68859
LU2(%)	非农就业人口/全部就业人口—城市人口/全部人口	3 420	14.88739	24.70671
TL	$TL = \sum_{i=1}^{n} \left(\frac{Y_i}{Y}\right) \ln\left(\frac{Y_i/L_i}{Y/L}\right)$,$Y$和$L$分别代表产值和就业	3 420	27.26623	21.5437
TS(%)	第三产业增加值/第二产业增加值	3 420	80.74658	41.76106
TN(%)	非农产业增加值/GDP	3 420	85.06089	9.211103
lnPGDP(元)	ln(人均GDP)	3 420	9.958571	.8105292
FDI(%)	实际利用外资额/GDP	3 420	2.126695	2.418751
MI(%)	政府预算收支/GDP	3 420	21.19378	10.52867
lnPD(人/平方千米)	ln(人口密度)	3 420	5.71319	.9100121
UEP(%)	城镇登记失业人数/单位就业人数	3 420	5.085796	5.085796

资料来源:历年《中国城市统计年鉴》。

(3) 计量检验与结果分析

① 全国地级市及以上城市样本的检验

现利用全国地级市及以上城市样本数据对模型(5-6)进行固定效应和2SLS(两阶段最小二乘法)估计,结果见表5-9。

表5-9 全国样本固定效应和2SLS估计回归结果

	(1) FE	(2) FE	(3) 2SLS
TL	0.0797***	0.106***	0.152***
	(7.64)	(9.99)	(6.70)
TN	−0.824***	−1.101***	−1.272***
	(−29.76)	(−26.84)	(−21.40)

---

① 此处使用285个地级市及以上城市数据,与前文经验分析部分257个城市在范围上扩大,是因为前文使用的是城市常住人口,本处使用的是全市人口,各城市数据相对更完整,因而剔除的城市很少。

(续表)

	(1) FE	(2) FE	(3) 2SLS
lnPGDP		−1.349***	−2.240***
		(−4.98)	(−6.40)
FDI		0.583***	0.650***
		(9.56)	(8.57)
MI		−0.0300*	−0.0225
		(−2.06)	(−1.50)
lnPD		−2.147**	−2.094**
		(−3.06)	(−2.99)
UEP		0.0507*	0.0671**
		(2.45)	(3.02)
_cons	25.03***	53.23***	62.71***
	(52.95)	(11.04)	(11.39)
N	3 420	3 420	3 135
Hausman 检验	447.65	197.77	
	(0.0000)	(0.0000)	
Within-R	0.2223	0.2638	

注：*、**、*** 分别表示在10%、5%、1%的显著性水平上显著。

从表5-9中可以看出，无论是固定效应模型还是工具变量法，TL系数均为正，且通过了1%的显著性水平检验。说明TL值越大，滞后城市化越严重。从前文构建TL指标可知，TL值越大说明产业结构偏离产业均衡越严重，TL值越小说明各产业趋于均衡。因此，上述估计结果也表明，产业结构合理化有利于缓解滞后城市化。TN系数均显著为负，且通过了1%的显著性水平检验，说明产业结构高度化程度越高，滞后城市化程度越小，与理论和现实相符。因为产业结构高度化程度越高，意味着二、三产业产值占比越高，非农产业对就业的需求越大，在不存在人口流动限制的情况下将会促进城市化率的提升。

从控制变量来看，lnPGDP系数为负，且通过了1%的显著性水平检验，说明人均GDP可以缓解滞后城市化。这是因为人均GDP提高，从微观层面来看，劳动力为了追求更好的生活或者生存环境往往会迁移至公共服务更好、生活质量更高的城市生活并从事非农工作。从宏观层面来看，人均GDP提高对服务业需求增加也会助推城市化率的提升。FDI系数为正，且通过了1%的显著性水平检验，说明FDI会加剧中国城市化滞后于工业化的问题。这是因为前期 FDI 虽然以劳动密集型产业为主,但由于各种限制,农村劳动力难以通过在外企就业而在城市安家落户;后期 FDI 以资本、技术密集型产业为主,但很难为农村低端劳动力提供较多的就业岗位。因此,FDI 对城市化的推动作用有限甚至为负。MI 系数显著为负,但系数较小,表明市场化程度提高,城市化滞后可以得到缓解。反之也说明政府的不合理干预是造成滞后城市化的重要原因,已有大量文献发现政府政策的偏向性导致了资源配置不合理及部分行业产能过剩,造成了产业结构不合理;同时,社会保障长期二元结构及户籍制度严重制约着中国农村人口向城市转移。lnPD 系数为负且系数绝对值大,说明人口密度越大,滞后城市化程度越小。因为人口密度越大,市场容量越大,产业容易集聚,创造的就业岗位就越多,因而人口密度提高有利于缓解滞后城市化,这与理论相符。UEP 系数为正且显著,说明失业率越高,城市化滞后现象越严重,这与 Todaro(1969)的研究结果不同。因为在中国经济服务化程度不高的背景下,失业率高说明服务业发展不充分,没有创造出有效的就业,因此降低城市失业率是推进服务业发展与城市化的过程。

② 东、中、西部地区地级市及以上城市样本的检验

由于中国城市存在明显的区域差异,使用全国样本估计中国产业结构升级与滞后城市化的关系存在一定的偏差,忽略了城市间的异质性。考虑到区域发展水平非均衡的现实,产业结构升级对中国不同区域滞后城市化的作用也存在差异,我们将区分东、中、西部地区分别进行实证检验。另外,计量中可能存在两方面的内生性问题:第一,遗漏变量引起的内生性。考虑到数据的可得性,我们构建模型时未独立设置户籍制度、自然禀赋等变量,这将导致解释变量与随机扰动项之间存在相关性的内生性问题。第二,滞后城市化与产业结构升级两个变量之间存在双向因果关系,滞后城市化会影响产业结构升级,产业结构升级也会影响滞后城市化。内生性问题的存在将使固定效应模型和随机效应模型估计有偏和不一致。为了得到无偏一致估计,一般采用工具变量法和广义矩估计(GMM)。GMM 估计很好地克服了工具变量难找这一问题,且更适合"大 N(截面)小 T(时间)"特征的微观数据,其估计偏误在 T 固定的情况下,随着 N 的增加而减少,本研究采用 2003—2014 年 285 个地级市及以上城市的面板数据,样本结构符合以上特征。因此,本研究在模型(5-6)的基础上构建动态面板模型(5-7):

$$\mathrm{LU}_{it} = \beta_0 + \beta_1 \mathrm{LU}_{i,t-1} + \beta_2 \mathrm{TL}_{it} + \beta_3 \mathrm{TN}_{it} + \beta_4 \mathrm{PGDP}_{it}$$
$$+ \beta_5 \mathrm{FDI}_{it} + \beta_6 \mathrm{MI}_{it} + \beta_7 \mathrm{PD}_{it} + \beta_8 \mathrm{UEP}_{it} + \mu_{it} \quad (5\text{-}7)$$

其中,$\mathrm{LU}_{i,t-1}$是指滞后城市化变量滞后一期,先区分东、中、西部样本,利用模型(5-7)进行系统 GMM 估计,估计结果见表 5-10。

表 5-10 分地区滞后城市化与产业结构升级 GMM 估计结果

	东部地区	中部地区	西部地区
$\mathrm{LU}_{i,t-1}$	0.966***	0.969***	0.969***
	(0.000)	(0.000)	(0.000)
TL	0.0522	0.0813***	0.0336*
	(0.210)	(0.000)	(0.062)
TN	−0.187*	−0.229***	0.148**
	(0.088)	(0.001)	(0.021)
lnPGDP	−2.216***	−1.396***	1.006*
	(0.001)	(0.002)	(0.059)
FDI	0.162**	0.0662	0.0348
	(0.045)	(0.580)	(0.796)
MI	−0.0302	−0.0270	−0.0232**
	(0.252)	(0.312)	(0.011)
lnPD	−0.818**	−1.154***	−0.205
	(0.020)	(0.003)	(0.352)
UEP	0.0480***	0.0880	0.111***
	(0.008)	(0.169)	(0.001)
_cons	28.57***	22.60***	−11.57*
	(0.001)	(0.000)	(0.081)
N	572	1 100	924
Wald 检验	22 947.77	12 819.06	24 481.52
	[0.000]	[0.000]	[0.000]
Hansen 检验	49.17	92.84	80.12
	[0.985]	[0.059]	[0.266]
AR(1)检验	−1.46	−4.15	−2.40
	[0.144]	[0.000]	[0.016]
AR(2)检验	1.04	−1.22	1.90
	[0.299]	[0.224]	[0.058]

注:系统 GMM 估计采用"xtabond2"程序完成,均为 Two-step;内生变量为 TL、TN;圆括号中系统 GMM 估计为 z 统计值,其他估计方法为 t 统计值,方括号中为统计量的伴随概率;*、**、*** 分别表示在 10%、5%、1%的显著性水平上显著。

在进行主要变量估计前,对模型(5-7)进行 Hansen 检验。三个地区的检验统计量与伴随概率分别为 49.17[0.985]、92.84[0.059]和 80.12[0.266]。AR(2)检验的统计量和伴随概率分别为 1.04[0.299]、-1.22[0.224]和 1.90[0.058],这表明模型工具选择与估计结果是合理的。

从估计结果来看,$LU_{i,t-1}$ 系数在东、中、西部地区均为正,且都通过了1%的显著性水平检验,说明滞后城市化有严重的作用惯性。TL 系数均为正,但在东部地区不显著,说明中、西部地区产业结构合理化程度提高有利于缓解滞后城市化问题。东部地区产业结构合理化程度相对合理,产业之间较为均衡,因此 TL 对于滞后城市化的边际作用较小。TN 系数虽然都通过了显著性水平检验,但在东部地区和中部地区系数为负,西部地区显著为正,说明东部地区和中部地区产业结构高度化程度提高有利于缓解滞后城市化问题,而西部地区产业结构高度化则加剧了当地滞后城市化问题,这是因为西部地区还未真正完成工业化而服务业却超前发展。

从控制变量来看,lnPGDP 系数在东部地区和中部地区显著为负,且在1%的显著性水平下显著,而在西部地区则显著为正,说明人均 GDP 水平的提高可以缓解东部地区和中部地区的滞后城市化问题,而加剧了西部地区的滞后城市化问题。东、中、西部地区存在巨大的差距,不同人均 GDP 水平下的滞后城市化问题存在差异,这与已有研究认为人均 GDP 与滞后城市化呈倒"U"形关系的结论相符。FDI 对东部地区滞后城市化问题有显著的加剧作用,而对中、西部地区作用不显著。因为 FDI 主要集中在东部地区,且在东部发达地区,外溢效应对工业化的作用远大于中、西部地区。MI 系数均为负,但只有西部地区通过了显著性检验。东部地区和中部地区市场制度相对于西部地区而言较为完善,政府对市场的干预相对较少。因此减少政府干预对于西部地区而言可以显著地缓解滞后城市化问题,而对于东部地区和中部地区则作用不大。lnPD 系数在东部地区和中部地区显著为负,且均通过了5%的显著性水平检验,而在西部地区为负但不显著。这是因为东、中部地区经济较发达,公共服务水平较高,往往是人口迁入地,而西部地区相对而言人口密度较低,因而人口密度对滞后城市化作用不大。UEP 系数均为正,与全国样本估计结果一致,但中部地区不显著。

(4) 稳健性检验

前文采用工业增加值占 GDP 比重与城市人口占全部人口比重的差值作为滞后城市化的代理变量,为了检验结果的稳健性,现采用全部就业人口中非农就业人口占全部就业人口比重与城市人口占全部人口比重的差值作为滞后城市化的代理变量,用同样的方法对模型(5-7)分地区进行系统 GMM 估计,结果见表 5-11:

表 5-11 变换滞后城市化变量的分区域系统 GMM 估计结果

	东部地区	中部地区	西部地区
$LU_{i,t-1}$	0.977***	0.971***	0.965***
	(0.000)	(0.000)	(0.000)
TL	0.0651**	0.0542**	−0.00543
	(0.018)	(0.027)	(0.641)
TN	−0.184**	−0.0283	0.143
	(0.045)	(0.504)	(0.231)
lnPGDP	−0.983	0.170	0.829
	(0.109)	(0.549)	(0.362)
FDI	0.0613	0.117*	−0.0791
	(0.269)	(0.100)	(0.382)
MI	0.00780	−0.0107	0.0102
	(0.552)	(0.610)	(0.359)
lnPD	−0.61***	−0.673**	0.0125
	(0.005)	(0.050)	(0.955)
UEP	0.0385	0.00311	0.0373
	(0.232)	(0.944)	(0.446)
_cons	15.00**	3.146	−8.629
	(0.047)	(0.418)	(0.451)
N	572	1 100	924
Wald 检验	47 304.5	28 984.8	13 843.4
	[0.000]	[0.000]	[0.000]
Hansen 检验	45.74	71.50	79.15
	[0.995]	[0.528]	[0.291]
AR(1)检验	−2.21	−2.64	−1.43
	[0.027]	[0.008]	[0.154]
AR(2)检验	0.08	0.73	1.27
	[0.936]	[0.468]	[0.203]

注:系统 GMM 估计采用"xtabond2"程序完成,均为 Two-step;内生变量为 TL、TN;圆括号中系统 GMM 估计为 z 统计值,其他估计方法为 t 统计值,方括号中为统计量的伴随概率;*、**、*** 分别表示在 10%、5%、1%的显著性水平上显著。

从检验结果来看,各个地区系统 GMM 估计中 Hansen 检验的统计量与伴随概率分别为 45.74[0.995]、71.50[0.528]和 79.15[0.291]。AR(2)检验的统计量和伴随概率分别为 0.08[0.936]、0.73[0.468]和 1.27[0.203],检验结果表明模型工具选择与估计结果是合理的。核心解释变量 TL 和 TN 系数东部地区和中部地区均与前文方向一致,且通过了显著性水平检验,西部地区结果存在差异但不影响结果的稳健性。

5 研究结论及政策启示

基于上述经验分析与实证检验,本研究得出以下结论:从全国总体来看,产业结构合理化(TL)程度的提高有利于缓解中国滞后城市化问题。产业结构不合理,产业结构合理化指数越大,滞后城市化程度越严重。产业结构高度化(TN)能显著地降低中国滞后城市化程度,这是由于随着二、三产业在国民经济中的占比越来越高,其对农村就业人口的吸纳能力也就越强,因而可以加速城市化进程,缩小城市化与工业化的差距。人均 GDP(lnPGDP)、市场化指数(MI)、人口密度(lnPD)均与滞后城市化有反向关系,人均 GDP 的提高、市场化程度的提高以及人口密度的提高都有利于缓解中国滞后城市化问题。而失业率(UEP)和外商直接投资(FDI)的提高在一定程度上不利于中国城市化的推进,不利于中国城市化与工业化的协调发展。

由于中国各地区发展差异显著,以全国样本来估计产业结构演进与滞后城市化之间的关系存在一定的偏差,我们通过分地区估计发现,不同地区各变量对滞后城市化的影响不同。就东部地区和中部地区而言,其估计结果与全国样本估计结果基本一致,但西部地区估计结果存在一定的差异。具体而言,西部地区产业结构高度化(TN)程度的提高对滞后城市化有加剧作用,说明西部地区工业化进程尚未完成,低端服务业的超前发展对城市化的发展反而不利,因为创造的就业岗位与潜在的吸纳劳动力就业的能力不足;人均 GDP 也对滞后城市化有显著的加剧作用,这与已有的研究相反,我们认为,人均 GDP 水平的提高使西部地区农村劳动力为了追求更好的公共服务与生活质量往往迁往东、中部地区城市,进而导致本地区城市化落后于工业化。外商直接投资对东部地区滞后城市化有显著的加剧作用,而对中、西部地区作用不显著。因为外商直接投资主要集中在东部地区,且在东部发达地区,外溢效应对工业化的作用远大于中西部地区。东部地区和中部地区市场制度相对于西部地区而言更加完善,政府对市场的干预相对较少。因此减少政府干预对于西部地区而言可以显著地缓解滞后城市化问题,而对于东部地区和中部地区则作用不大。人口密度是影响滞后城市化的重要因素,东、中部地区经济较发达,公共服务水平较高,往往是人口迁入地,而西部地区人口密度低,市场潜力有限,产业难以集聚,因此不利于城市化率的提高。东中西部地区失业率系数均为正,与全国样本估计结果一致,但只有中部地区不显著。

总体而言,产业结构转型升级有利于缓解中国滞后城市化问题,但在推进产业结构高度化的同时还应当注意产业结构的合理化。分地区来看,东部地区城市应当加大外商直接投资,提高经济服务化程度以降低失业率,以及提高人均GDP水平来缓解滞后城市化问题;中部地区城市应当努力提高人均GDP水平,加大力度吸引农村劳动力或者外来劳动力以提高本地区城市人口密度来缓解滞后城市化问题;西部地区城市不能盲目地大力发展第三产业,应当努力推进工业化进程,因地制宜调整本地区产业结构来缓解滞后城市化问题,同时应当努力完善本地区的公共服务与社会保障以减少人口的外流。本研究结果显示,降低政府的行政干预、提高市场化程度也是缓解各地区滞后城市化问题的一种重要手段。

第3节 分工模式和全球化红利

1 发展中大国的分工模式选择

随着人口老龄化进程的加快和"人口红利"的逐渐消失,对中国经济持续增长新动力的探究引起了理论界和政策研究领域的高度关注,人们普遍认为全要素生产率的提升是未来中国经济增长的重要支撑。与此同时,中国的分工模式也随着经济的发展和劳动力比较优势的改变发生了重大转型。从大部分生产工序依赖企业或者行业自身的内部制造完成,到凭借大国庞大的国内市场进行国内分工,转变为依靠改革开放政策和要素禀赋特殊优势,通过大量承接来自欧美、东亚等国家和地区的国际产业转移参与国际分工。许多学者研究发现,中国全要素生产率的提升与劳动力分工具有很强的关联性。同时,相关研究也引发了诸多争议,特别是针对作为发展中大国的中国在国内分工和国际分工的侧重问题上,学术界存在不同的看法。鉴于此,我们试图对如下主要问题进行探讨:第一,中国目前的分工模式是以大国效应形成的国内分工为主导还是主要表现为利用全球化红利的国际分工模式?第二,国内外分工对中国全要素生产率有无影响及其影响程度如何?第三,中国该如何选择分工模式寻求大国内需优势和全球化红利的契合点以促进内外平衡?在分工日益深化以及国内经济发展步入新常态的背景下,通过对这些问题的分析,力求对中国的分工模式和地位进行较为全面、准确的评价,为未来中国经济实现内外平衡的健康增长提供相关建议。

目前,国内外已有相关文献侧重于对国际分工进行测度并基于此研究中国参与全球分工对劳动生产率的影响。虽然与本研究密切相关的文献——唐东波(2014)运用企业数据将国内分工变量引入了理论和计量模型中,考察了分工对中国劳动生产率的影响。但文章重点探讨的是中国参与国际垂直专业化分工对单要素生产率的影响,同时,对分工环节性质如何影响分工生产率效应的分析相对缺乏。在已有研究的基础上,我们利用投入-产出模型考察了中国全要素生产率及其国内、国际分工的影响因素。与以往的研究相比,我们的拓展之处主要体现在以下几个方面:第一,不仅对中国进行国内分工和国际分工的程度进行了测度和比较,并根据分工环节的性质对比了两类分工模式内容的差异,而且分析了工业和服务业参与分工的异质性特征。第二,将国内分工和国际分工放在同一分析框架中,并结合分工环节特点及分工对象国不同,考察了其对中国全要素生产率的影响机制和行业差异。这种综合性分析不仅能够避免对单一的国内或者国际分工生产率效应的高估,而且能够比较在不同生产环节分工、与不同对象国展开分工对中国全要素生产率的影响程度和差异。第三,采用世界投入-产出数据库(WIOD)编制的(进口)非竞争型投入-产出表进行了研究。WIOD 提供了 40 个国家 1995—2011 年的投入-产出表。和标准的投入-产出表不同,WIOD 针对各行业的中间投入品区分了进口品和国产品,可以口径一致地计算不同行业的国内和国际分工比重。同时,WIOD 区分了投入品的来源,有利于我们考察不同来源地的进口投入品对全要素生产率影响的异质性,从而深入分析一些结构性问题。该投入-产出表的社会经济账户也给出了测算全要素生产率所需变量的数据,可以避免对不同数据库提供的数据进行归口统一带来的遗漏和偏误。

2 分工模式影响全要素生产率的理论假说

学术界有关分工对生产率影响的理论和实证研究已较为成熟,从规模经济理论到国际贸易理论,均对分工的生产率效应给出了广受认可的结论,即分工对生产率的提升有积极影响。进一步地,分工对生产率的影响基于分工模式的不同是否存在差异?现代经济学研究表明,相对而言,中国作为典型的发展中大国,人口众多,资源丰富,有着依靠国内市场在许多行业达到规模经济的优势,数量众多的本土企业也会增强市场竞争的活力。因此,在存在国际贸易摩擦和交易成本较大的现实条件下,中国偏向于选择依赖本国市场的国内分工模式以达到经济增长的目标。但是,随着经济全球化的深入,从国外进口中间投入品更有可能促进生产率的提升。一方面,中国通过发挥劳动力和资源的比较优势,与发达国家进行分工合作,引进吸收进口品中的关键技术使其边际生产率相对较高;另一方面,外国企业的加入促进了本土企业竞争力的提升,使其获得了更多的学习机会,创新活力也随之增,最终使得国内生产率提升。如上所述,不论是国际分工还是国内分工,都可以通过多种途径发挥其促进生产率提升的作用。因此,在本研究中,我们期望分工和全要素生产率之间呈现正向相关关系。但是不同分工模式对生产率影响的大小则取决于本土规模优势和比较优势的相互比较和差异。

假说1:国内分工和国际分工都能够提升全要素生产率水平,但影响大小不确定。

在假设分工程度一定的条件下,不同分工环节的性质和特点会影响到分工的生产率效应大小。

根据本研究的定义,非核心环节的分工程度是指来自其他行业的中间投入占总产出的比重。因此,相较于核心环节,非核心环节是该行业不具备比较优势或者缺乏效率的生产环节,将这些生产环节转由国内或者国际其他行业去生产,可以把原来非核心环节所使用的要素释放出来,投向更具优势和竞争力的核心环节生产,这种要素的再配置效应可以有效地促进全要素生产率的提升。因此,企业进行非核心环节的分工更有利于生产率的提高。

相较于物质投入品环节的分工,在服务投入品环节开展分工合作更有利于企业进行重组和结构变革,且由于物质投入品环节的分工具有规模报酬递减规律,使得服务品环节的分工对生产率的作用大于物质投入产品环节的分工(Amiti and Wei,2006)。当一个国家进行物质投入品环节分工的水平较高时,行业从物质投入品环节的分工中获取的利益将趋于最大化,以至于这种分工的生产率效益趋于下降。

新增长理论认为,中间投入品质量和技术升级是内生技术进步的源泉。企业通过购买高质量中间投入品参与国内外分工是实现技术赶超和生产率提升的重要途径。因此,生产环节的质量或技术密集度是分工生产率效应发挥作用的一个重要渠道。综上,提出假说2。

假说2:就分工环节的性质来看,把非核心环节、服务环节以及技术水平较高的环节进行分工,其对全要素生产率的影响将更大。

此外,国际分工对行业生产率的影响程度还可能与对象国有关。无论是资源禀赋理论还是比较优势理论都认为,国家之间技术差异和资源禀赋差异是形成国际分工的基础。在这一理论范式下,发展中国家与发达国家因要素禀赋和比较优势的巨大差异,进行国际分工的程度会大于发展中国家之间的分工程度。同时,发展中国家与发达国家的"南北"分工有利于技术进步和结构转换,从而更有利于生产率的提升。相较于发展中国家,欧美等发达国家在资本和技术密集型生产环节上具有比较优势。因此,中国与发达国家进行分工,通过进口质量或技术密集度更高的中间投入品,将会导致更大的学习效应和技术扩散效应。但是,重叠需求理论以及强调规模经济和产品差异的新贸易理论却认为,贸易和分工的利益通过相似国家的产业内贸易获得。内含于"北方"发达国家的新技术生产工艺和成品不适合发展中国家的要素禀赋和消费模式,发展中国家之间的贸易和分工环节具有相对较高的技术密集度,有助于"南方"国家和地区实现工业化和产品差异化,且具有更大的学习效应和技术扩散效应。特别是对"金砖国家"的研究中,欧阳峣等(2012)认为,中国与其他"金砖国家"在经济与贸易结构中互补性明显,与"金砖国家"之间的贸易更有利于技术进步和结构转换。根据这些理论,发展中国家之间的"南南"贸易和分工合作具有比"南北"贸易更大的基础。综上,我们提出假说3。

假说3：分工对象国对国际分工的生产率效应影响不确定。

3　中国国内分工和国际分工的测度及比较

（1）测度方法及数据来源

在本研究中，国际分工定义为进口的中间投入品占总产出的比重，而国内分工则定义为总产出中本土中间投入品所占比重。计算公式如下：

$$\text{OFF}_{it} = \frac{\sum_j M_i^j}{Y_i} \tag{5-8}$$

$$\text{DOM}_{it} = \frac{\sum_j D_i^j}{Y_i} \tag{5-9}$$

其中，OFF_{it} 和 DOM_{it} 分别代表 i 行业 t 时期的国际分工和国内分工的程度，M_i^j 和 D_i^j 则代表 i 行业购买的来自国外和本国的中间投入品 j，Y_i 表示 i 行业的总产出。

根据进口投入品的性质，还可以定义三种不同形式的分工：第一，核心环节分工与非核心环节分工。核心环节分工表示中间投入品来自购买者同行业（$i=j$），非核心环节分工表示中间投入品来自本行业之外的其他行业（$i \neq j$）。第二，物质投入品分工和服务投入品分工，一个行业的物质投入品分工被定义为原材料投入品的购买比例，即(5-8)式和(5-9)式中的 j 是指各种原材料等物质投入品，例如农产品或者工业品。一个行业的服务投入品分工则被定义为服务投入品的购买比例，即(5-8)和(5-9)式中的 j 指各种服务投入品，如金融中介、教育业等。第三，低、中等和高技术含量产品分工。我们参考了 Peneder(2007)对产品进行分类的方法，将中间产品分为三类。其中，高技术含量产品对应 Peneder(2007)分类中的 1 和 2，中等技术含量产品对应分类中的 3—5，低技术含量产品对应分类中的 6 和 7。[①]

同时，根据分工对象国的不同，将国际分工划分为与高收入国家（比如OECD(经济合作与发展组织)国家）之间开展的分工和与低收入国家之间开展的分工。

[①] 我们将 Peneder(2007)中的"Very high""High"和"Med-high"产品归入高技术含量产品中，把"Very low""Low"和"Med-low"产品归入低技术含量产品中，把"Interm"产品归入中等技术含量产品中。

按照 Schworer(2013)的方法,用增加值占总产出的比重作为衡量行业内部制造的程度。因此,产出的构成基本分解为三个部分:内部制造、国内分工和国际分工。①

我们所用数据来自 WIOD 提供的中国 1995—2011 年的投入-产出表以及社会经济数据。同时,我们剔除了"机动车销售及维修、燃料销售"和"有雇工的私人住户"两个数据不全的行业,剩下 33 个行业。②

(2) 总体分析

表 5-12 列出了 1995—2011 年间,内部制造、国内分工和国际分工分别占总产出的比重。

表 5-12　中国:内部制造、国内分工和国际分工　　　　　　　　单位:%

	1995 年	2011 年	平均值	增长率
INTER	40.009	37.233	38.877	−6.938
DOM	54.072	56.550	55.112	4.583
Core	9.065	12.988	11.336	43.279
Non-core	45.007	43.562	43.775	−2.736
Material	39.201	41.516	39.854	5.885
Services	14.863	15.258	10.803	2.654
H-tech	13.455	16.928	15.205	25.812
M-tech	16.675	16.076	15.933	−3.592
L-tech	23.942	23.546	23.974	−1.654
OFF	5.565	5.907	5.674	6.164
Core	1.383	1.084	1.301	−5.957
Non-core	4.181	4.824	4.373	15.356
Material	4.886	4.986	4.984	2.039
Services	0.679	0.922	0.690	35.853

---

① 三者之和为 100%,但由于本研究剔除了数据不全的两个行业,使得国内分工和国际分工的计算值偏小。

② 这 33 个行业分别为:H1 农林牧副渔;H2 采掘;H3 食品、饮料及烟草;H4 纺织及纺织品;H5 皮革与制鞋;H6 木材及木制品;H7 纸浆、纸及印刷出版;H8 焦炭、炼油及核燃料;H9 化工及化学制品;H10 橡胶及塑料;H11 其他非金属矿物;H12 基本金属及金属制品业;H13 未列入其他分类的机器;H14 电器及光学设备;H15 运输设备;H16 未列入其他分类的制造业、回收利用;H17 电力、煤气及供水;H18 建筑;H19 除机动车外的批发贸易及佣金贸易;H20 除机动车外的零售贸易、家庭用品维修;H21 住宿和餐饮业;H22 内陆运输;H23 水运;H24 空运;H25 其他支持及辅助运输活动、旅行社活动;H26 邮政与电信;H27 金融中介;H28 房地产活动;H29 机器设备租赁及其他商务活动;H30 公共管理与国防、社会保障;H31 教育;H32 健康及社会工作;H33 其他社区服务、社会及个人服务。

(续表)

	1995年	2011年	平均值	增长率
H-tech	1.464	1.838	1.780	25.546
M-tech	2.115	2.876	2.457	35.981
L-tech	1.985	1.139	1.437	−42.620

资料来源：根据 WIOD 提供的数据，经作者计算所得。(Core、Non-core、Material、Services、H-tech、M-tech 和 L-tech 分别表示核心环节、非核心环节、物质投入品、服务投入品、高技术含量产品、中等技术含量产品和低技术含量产品。)

由表 5-12 可知，到 2011 年，中国各行业内部制造及国内分工约占总产出的 94%。其中，37.23%来自内部制造，56.55%来自国内分工，国际分工占总产出的比重约为 6%。根据欧阳峣(2014)对发展中大国的界定以及数据的可获得性和可比性，我们测算了同期内主要发展中大国（俄罗斯、印度、巴西、墨西哥）的分工情况，计算结果见表 5-13。表 5-13 显示，这些发展中大国内部制造和国内分工约占总产出的 90%左右，而欧洲国家这一比重约为 60%（Schworer，2013）。这是从分工的角度对欧阳峣(2014)等研究发现的佐证，后者发现，大国具有两个初始条件，即人口规模和国土规模，由此出发可以推演出市场规模和经济规模较大。中国作为发展中大国，正是由于这种规模优势的存在，相较于小国来说，国内行业分工更细，降低了对中间投入品进口或国际分工的依赖。

表 5-13 发展中大国：内部制造、国内分工和国际分工 单位：%

		1995年	2011年	平均值	增长率
俄罗斯	INTER	49.157	44.491	46.913	−9.492
	DOM	43.714	46.554	44.309	6.497
	OFF	5.419	5.610	5.994	3.525
印度	INTER	46.750	48.301	47.683	3.318
	DOM	44.946	40.895	42.379	−9.013
	OFF	4.993	8.066	6.956	61.546
巴西	INTER	48.835	47.253	47.096	−3.239
	DOM	42.875	41.656	43.211	−2.843
	OFF	3.599	5.676	4.785	57.710
墨西哥	INTER	50.866	52.398	52.379	3.012
	DOM	37.600	33.639	34.975	−10.534
	OFF	9.748	12.270	10.736	25.872

资料来源：根据 WIOD 提供的数据，经作者计算所得。

从分工环节或者中间投入品的性质来看,我们发现了如下事实:首先,无论是国内分工还是国际分工,核心环节分工的比重均低于非核心环节。从总体上来看,中国各行业更倾向于将不具备比较优势的非核心环节分工给国内或者国际其他行业生产,而将核心环节留在企业内部进行。其次,国内和国际的物质投入品环节的分工远远高于服务投入品环节。这表明中国各行业将服务活动进行国内和国际分工的程度较小,有两个原因可以解释:一是中国第二产业对第一产业的依赖程度不高,国内分工主要表现为产业内部分工。二是中国服务业的发展相对落后。全国服务投入品在地区以及国家之间的进口规模远远小于货物等物质投入品的进口规模,进口规模偏小直接导致其占总产出的比重偏低。最后,我们进一步分析三类技术含量不同的产品国内和国际分工的程度。表 5-12 的数据表明,中国各行业国内分工主要表现为行业之间或者行业内部进行低技术含量产品的购买。1995—2011 年,中国各行业低技术含量产品国内分工的比重平均为 23.97%,占国内分工的份额为 44%,均高于中等技术含量产品和高技术含量产品的国内分工程度。国际分工则主要表现为中等和高技术含量产品的进口,二者国际分工的比重平均为 2.46% 和 1.78%,分别占总国际分工的 43.30% 和 31.37%。即相较于国内分工,中国各行业倾向于从更高发达水平的国家进口高技术含量产品。

从总体变化趋势来看,1995—2011 年,中国所有行业内部制造的比重从 40.01% 下降到了 37.23%。同期国内分工的比重上升 4.58%,国际分工的比重上升 6.16%。这在一定程度上反映了如下事实:外包亦或是中间投入品来自其他产业,已经成为中国产业内分工的典型特征和未来趋势。表 5-12 显示不同类型的分工差异较为明显,主要表现为三个方面:其一,无论是物质投入品还是服务投入品的生产都由内部制造转向国内和国际分工,但服务投入品进行国际分工的比重上升较快,增长了 35.85%。这主要由于工业企业内部功能不断得到深化,越来越多的服务活动被外部化,如产品的售后、运输服务等。同时,服务投入品进行国际分工的基数小,且 2001 年加入世界贸易组织带动了服务贸易的增长,从而提升了其在国际分工中的比重。其二,非核心环节由国内分工转向国际分工,核心环节则由国际分工转向国内其他行业生产,说明中国各行业进行国际分工的趋势更多地表现为利用劳动力和资源优势进行核心环节产品的生产,把非核心环节产品生产外包给国外其他企业进行。其三,高技术含量产品的国内分工和国际分工比重都在提升,而低技术含量产品的国内和国际分工比重都趋于下降。分工环节的技术含量上升,一方面反映了国内中间投入品生产商技术创新能力的提升,另一方面也表明了中国进口的中间投入品技术含量逐步提升,这都有利于中国生产率的提升。同时,我们也应该注意到,中国中间投入品进口最多以及增长较快的不是技术含量最高的产品,而是次高的产品,这与樊纲等(2006)和魏浩(2014)等学者的研究一致。

(3) 行业分析

我们首先分析了33个细分行业国内外分工的程度,结果见表5-14。从表5-14中可以看出,内部制造程度最高的前五个行业分别是房地产活动(H28)、金融中介(H27)、农林牧副渔(H1)、邮政与电信(H26)和教育(H31)行业,这五个行业基本上属于服务业和农业。国内分工程度最高的前五个行业分别是皮革与制鞋(H5)、建筑(H18)、食品、饮料与烟草(H3)、运输设备(H15)和基本金属及金属制品业(H12)。国际分工程度最高的前五个行业分别是焦炭、炼油及核燃料(H8)、电器及光学设备(H14)、化工及化学制品(H9)、橡胶及塑料(H10)以及未列入其他分类的机器(H13)。国内分工和国际分工程度最高的十个行业都属于工业行业。该数据反映了一个基本事实:中国工业行业进行分工的程度高于农业和服务业。

表5-14 中国细分行业:内部制造、国内分工和国际分工 单位:%

行业代码	INTER	DOM	OFF	行业代码	INTER	DOM	OFF
H1	58.961	38.420	2.471	H18	24.855	70.378	4.501
H2	51.083	44.456	4.190	H19	55.414	41.694	2.775
H3	27.134	69.765	2.914	H20	55.414	41.694	2.775
H4	24.402	68.484	6.712	H21	39.727	58.184	1.977
H5	20.724	71.806	6.927	H22	55.403	41.691	2.722
H6	26.128	67.946	5.561	H23	40.620	55.009	4.085
H7	29.029	64.188	6.355	H24	33.041	60.911	5.739
H8	18.975	57.685	22.475	H25	41.107	55.351	3.384
H9	24.698	65.962	8.844	H26	57.735	36.497	5.408
H10	22.375	68.783	8.359	H27	64.776	33.164	1.989
H11	30.316	65.293	4.122	H28	78.074	20.668	1.215

(续表)

行业代码	INTER	DOM	OFF	行业代码	INTER	DOM	OFF
H12	21.672	69.422	8.361	H29	41.945	50.796	6.793
H13	27.487	64.867	7.165	H30	50.872	46.321	2.688
H14	20.335	62.870	15.695	H31	57.408	39.194	3.226
H15	23.362	69.567	6.599	H32	38.327	53.961	7.292
H16	37.402	57.029	5.230	H33	45.748	49.444	4.544
H17	38.400	57.184	4.147				

资料来源：根据 WIOD 提供的数据，经作者计算所得。

接下来，我们考察了工业行业和服务行业进行国内外分工的差异，结果见表 5-15 和表 5-16。研究发现，1995—2011 年间，中国工业行业产出构成中，内部制造的比重为 27.55%，远远低于服务行业内部制造的比重(50.37%)。但工业行业国内分工和国际分工的比重为 64.45% 和 7.54%，均高于服务行业的分工比重。这一数据与细分行业的分析结果一致，即在三个产业中，中国工业行业参与国内外分工的程度最高。这一方面是由于新兴工业化的快速推进以及企业制度的创新，导致工业企业国内分工不断深化；另一方面是由于中国的工业化进程是以外资的大量进入为特征的，因此，工业行业是参与国际分工最深入的部门，最终形成了工业行业的国内外分工程度均高于服务行业的不平衡状态。

表 5-15 中国工业行业：内部制造、国内分工和国际分工　　　　单位：%

	1995 年	2011 年	平均值	增长率
INTER	29.662	24.105	27.552	−18.734
DOM	62.888	67.122	64.452	6.732
Core	14.777	21.846	18.595	47.837
Non-core	48.111	45.276	45.857	−5.893
Material	51.277	57.268	53.649	11.684
Services	11.610	9.854	10.803	−15.125
H-tech	11.314	13.634	12.531	20.506
M-tech	20.747	21.755	20.656	4.859
L-tech	31.906	32.247	32.019	0.354

(续表)

	1995年	2011年	平均值	增长率
OFF	6.992	8.317	7.539	18.950
Core	2.533	1.872	2.358	−26.096
Non-core	4.459	6.446	5.180	44.562
Material	6.635	7.511	7.021	13.203
Services	0.356	0.807	0.518	126.685
H-tech	1.399	1.695	1.701	21.158
M-tech	2.452	4.775	3.553	94.739
L-tech	3.140	1.848	2.284	−41.146

资料来源:根据 WIOD 提供的数据,经作者计算所得。

表 5-16　中国服务行业:内部制造、国内分工和国际分工　　　单位:%

	1995年	2011年	平均值	增长率
INTER	50.303	50.690	50.374	0.771
DOM	45.290	45.756	45.639	1.209
Core	2.204	2.939	2.885	33.348
Non-core	43.086	42.817	42.754	−0.624
Material	26.142	24.315	24.772	−6.989
Services	19.148	21.441	20.867	11.975
H-tech	16.231	21.167	18.672	30.411
M-tech	14.146	11.056	12.236	−21.844
L-tech	14.912	13.533	14.730	−9.248
OFF	4.158	3.400	3.774	−18.23
Core	0.130	0.201	0.146	54.615
Non-core	4.028	3.200	3.629	−20.556
Material	3.081	2.302	2.858	−25.283
Services	1.077	1.098	0.916	1.950
H-tech	1.555	2.051	1.901	31.897
M-tech	1.863	0.905	1.369	−51.422
L-tech	0.740	0.444	0.504	−40.000

资料来源:根据 WIOD 提供的数据,经作者计算所得。

从分工环节的性质和特点来看,相较于核心环节和服务投入品环节的分工,工业行业和服务行业的非核心环节和物质投入品环节的分工程度都较高,这与总体行业的表现是一致的。从分工环节的技术含量来看,1995—2011年间,工业行业进行国内分工主要通过外购低技术含量的中间投入品实现(32.02%,占总国内分工的 49.10%),而服务行业国内分工则主要表现为购买高技术含量的中间投入品(18.67%,占总国内分工的40.91%)。中国工业行业和服务行业进行国际分工则主要通过进口中等或高技术含量中间投入品实现。总体来看,相较于工业行业,服务行业更倾向于从国内外购买质量和技术含量水平更高的中间投入品,这可能与服务行业发展相对落后有关。

(4)国际分工国别分析

最后,我们考察了中国进行国际分工的对象国差异及其变化趋势(见表5-17)。结果发现,中国从OECD国家进口中间投入品的比重远远高于从其他国家和地区进口的比重,这说明中国倾向于与较高收入水平的经济体进行国际分工(程大中,2015)。从变化趋势来看,中国向OECD等高收入国家进行分工的比重由1995年的68.44%下降到了2011年的64.78%,而同期向非OECD国家进行分工的比重则由6.41%提高到了14.86%,且向其他三个"金砖国家"(巴西、印度和俄罗斯)进行分工的比重上升得最快,增长率高达407.41%。和世界其余地区(ROW)进行分工的比重也出现了下降。该数据从一个侧面反映出当前中国参与国际分工的格局发生了细微的变化,由原来的"南北模式"逐步向"南南模式"转化。中国企业从20世纪90年代通过进口和吸收发达国家的先进技术进行国际分工逐渐转变为主动根据比较优势进行分工的对象国调整和转移。特别是近年来,随着劳动力比较优势的丧失,越来越多的中国企业开始把一些低技术含量生产环节分工给更低收入水平的发展中或者落后国家和地区生产。另外,"金砖国家"之间的"南南分工"模式之所以增长迅速,其原因在于这些国家的资源禀赋条件和产业优势也有明显差异,发展模式差别较大,经济结构也具有较强的互补性,这种共享式外贸增长的基础(即基于资源禀赋差异所形成的互补性贸易)以及广泛的贸易利益源导致了"南南分工"模式发展潜力巨大。

表5-17 中国国际分工的地区占比 单位:%

	1995年	2011年	增长率
OECD国家	68.437	64.782	−5.34
非OECD国家	6.411	14.861	131.81
金砖国家	2.174	11.031	407.41
世界其余地区(ROW)	25.151	17.828	−34.62

资料来源:根据WIOD提供的数据,经作者计算所得。

4 国内外分工影响全要素生产率的实证分析

接下来,我们建立固定效应的行业面板数据模型考察不同分工模式对中国全要素生产率的影响,该模型如下:

$$\text{TFP}_{it} = \beta_0 + \beta_1 \text{DOM}_{it} + \beta_2 \text{OFF}_{it} + \beta_3 \text{Hr}_{it} + \beta_4 \text{Open} + \mu_i + \mu_t + \varepsilon_{it} \tag{5-10}$$

同时,我们考察了分工环节的差异性以及和收入水平不同国家展开国际分工对全要素生产率影响的差异性。

TFP 表示全要素生产率。我们用柯布-道格拉斯生产函数估算全要素生产率:

$$\text{VA}_{it} = \alpha + \beta_1 K_{it} + \beta_2 L_{it} + \text{TFP}_{it} \tag{5-11}$$

其中,VA、K 和 L 分别表示增加值、资本和劳动力的对数值,数据来自 WIOD 的社会经济账户。增加值和资本以 1995 年为基期进行折算,劳动力为劳动时间。i 和 t 则代表行业和年份,β_1 和 β_2 分别衡量资本和劳动力对产出的贡献度,则残差 ε_{it} 即是对全要素生产率的估算。DOM 和 OFF 分别表示国内分工和国际分工的比重。Hr 和 Open 分别表示高技能劳动力数量和外贸依存度,我们引入这两个变量以控制人力资本和贸易开放对全要素生产率的影响。μ_i 代表行业或国家固定效应,控制了不随时间变化的行业或者国家特征。μ_t 则代表年份固定效应。

(1) 基本回归结果

表 5-18 报告了中国行业总体以及工业行业回归方程的面板最小二乘估计结果。列(1)显示,在只控制年份效应和行业效应的情况下,国内分工和国际分工显著地促进了全要素生产率的提升,但国际分工系数大于国内分工系数,这意味着国际分工对行业生产率水平的正向促进作用更为显著和强烈。

考虑到国际分工对生产率的积极影响,以及中间投入品的异质性会影响到分工的生产率效应大小,我们在列(2)至列(4)考察了不同性质分工环节对全要素生产率的影响差异。列(2)中,我们将国际分工环节分为核心环节和非核心环节,以考察其对生产率影响的差异。结果显示,非核心环节的国际分工显著地促进了中国行业总体全要素生产率的提升,而核心环节的国际分工对生产率有消极影响但不显著。这说明中国企业倾向于把不具备比较优势的非核心环

表 5-18　面板最小二乘估计结果

	(1)	(2)	(3)	(4)	(5)	(6)
Dom	0.0077*	0.0069*	0.0086**	0.0020	0.0012	0.0014
	(1.82)	(1.65)	(2.04)	(0.49)	(0.30)	(0.50)
Off	0.0315***					0.0423***
	(3.96)					(4.21)
Offcore		−0.0029				
		(−0.16)				
Offnoncore		0.0384***				
		(4.50)				
Offmaterial			0.0198**			
			(2.16)			
Offservice			0.1463***			
			(3.15)			
Offhtech				0.1468***		
				(4.80)		
Offmtech				0.0404***		
				(4.80)		
Offltech				−0.1081***		
				(−4.23)		
OffOECD					0.0048	
					(0.30)	
OffBRICKS					0.071***	
					(2.79)	
OffROW					−0.0016	
					(−0.13)	
Hr	0.0001***	0.0001***	0.0001***	0.0001***	0.0001***	0.0001***
	(10.48)	(10.56)	(9.13)	(8.90)	(10.54)	(9.21)
Open	0.0072***	0.0094***	0.0057**	0.0041*	0.0069*	0.0051**
	(3.21)	(3.84)	(2.47)	(1.82)	(1.80)	(2.04)

资料来源：利用 stata12 经作者整理所得。其中，括号内为 t 值。*、**、*** 分别表示在 10%、5%和 1%的显著性水平上显著。

节分工给其他国家生产，而专注于生产具有竞争力的核心环节，通过有效率的要素配置提升生产率水平。列(3)中，我们将国际分工环节分为物质投入品环节和服务投入品环节，以考察二者对全要素生产率影响的差异。结果显示，无论是物质投入品环节还是服务投入品环节的国际分工，都显著地推动了中国行业总体全要素生产率的提升,但服务投入品环节分工的影响大于物质投入品环节,这与Gorg and Hanley(2010)等的结果一致。列(4)中,我们将国际分工环节区分为高技术、中等技术和低技术三类,以考察将技术含量不同的生产环节分工出去对全要素生产率影响的异质性。结果显示,高技术、中等技术环节的国际分工对全要素生产率的影响显著为正,且高技术环节国际分工的正向作用更强。同时,低技术环节的国际分工对全要素生产率的影响显著为负。研究结果表明,发展中国家外购更高技术含量的中间投入品,并模仿、吸收和采用外部先进技术去参与全球分工,对生产率的影响较大。以上回归结果也验证了假说2。

列(5)中,我们将进口中间投入品按照其来源地分为三种类型:OECD国家,"金砖国家"和其他国家,以考察国际分工对行业全要素生产率的影响机制是否与进口中间投入品来源地本身的发展水平有关。回归结果显示,中国与OECD国家的国际分工对全要素生产率的影响为正但不显著,与"金砖国家"的国际分工对全要素生产率的影响则显著为正,与其他国家的国际分工对全要素生产率有不显著的负向影响。该计量结果说明,虽然中国全要素生产率的提升在一定程度上依赖于发达国家的技术追随和吸收,但"金砖国家"之间的"南南分工"具有相对较高的技术扩散效应和学习效应,且"金砖国家"在科技方面各具优势和特点,互补性较强,有利于贸易和产业结构升级,因此,对中国全要素生产率的提升作用更为明显。

上述结果说明,中国作为典型的发展中大国,通过比较优势展开国际分工,促进了全要素生产率的提升。通过发展开放型经济,利用国外的资金和市场,有力地拉动了制造业的发展,使劳动力比较优势由潜在优势转变为现实优势,赢得了世界制造业大国的地位。

控制变量的回归结果基本符合我们的经济学直觉,即行业的劳动技能和开放度提高有利于全要素生产率的提升。

(2) 内生性问题讨论

基本结果可能存在以下内生性问题:一是分工模式与行业全要素生产率之间存在双向因果关系。相较于低生产率企业,高生产率企业更倾向于进行国际分工。二是测量误差问题。我们采用柯布-道格拉斯生产函数法对全要素生产率进行测算,但残差项中除包含生产率外,还包括一些影响行业产出、但无法分离出来的因素。三是遗漏变量问题。由于控制了国内分工因素，我们的研究在一定程度上降低了遗漏变量偏误，但是还存在其他遗漏变量。例如行业研发投入是影响全要素生产率的关键因素，而世界投入-产出表并未给出行业研发投入的数据，考虑到行业合并和归口统一带来的数据删截以及分类不明晰，我们在模型中并未控制该因素，而是选取高技能劳动力工作时间衡量人力资本对生产率的影响。

考虑到国际分工对全要素生产率的显著影响，我们采用世界国际分工变量作为工具变量。该变量根据 WIOD 提供的 40 个国家的投入-产出数据，测算 40 个国家的平均分工水平。回归结果见表 5-18 列(6)。总之，国际分工能够显著地提升中国行业全要素生产率的结论在考虑了内生性问题后依然成立。

我们利用 WIOD 提供的投入-产出表，在对中国 1995—2011 年 33 个行业的国内外分工比重进行测度的基础上，运用计量模型对国内分工和国际分工的全要素生产率效应进行了研究。在计量模型分析中，我们发现，分工能够提升行业的全要素生产率水平，但国际分工的生产率效应更大。在考虑分工环节的性质和分工对象国时，我们还获得了一些有益的发现，譬如企业围绕非核心环节、服务投入品环节以及高技术含量环节进行分工，更有利于全要素生产率的提升。中国与"金砖国家"进行国际分工的生产率效应更大。

本研究的结论具有以下政策含义。首先，正如亚当·斯密在《国富论》中所指出的，"分工是国民财富增进的源泉"，不论是国内还是国际分工，对中国行业全要素生产率的提升异常重要。因此，我们需要继续坚持市场化改革方向，降低交易成本和各行业的进入门槛，为国内外分工创造条件。其次，当前国际分工趋势对中国全要素生产率的提升有利。发达国家逐渐把价值链中的一些中、高端环节转移到中国，国际分工使得中国国内的技术水平产业关联得到了加强，促进了国内高技能劳动力就业，从而提升了全要素生产率水平。同时，我们更应该利用丰富的自然资源、广阔的国内市场以及区域间发展水平的差异，充分推动国内分工来促进经济增长。最后，在讨论中国经济增长的过程中，不应该忽视通过与发展中国家特别是"金砖国家"进行国际分工对中国全要素生产率提升的影响。特别是在中国劳动力成本优势逐步消失的情况下，强化中国与其他"金砖国家"互补性占主导的国际分工关系，实现"共享式"增长，并通过消化吸收国外技术和加快自主研发来培育本土企业核心环节以及技术密集型环节的生产能力,是未来中国实现内外平衡和经济增长的重要方向和现实选择。

第4节 跨越"中等收入陷阱"

一般来说,大国具有生产率较高和收入差距较大的特征,后发大国在跨越"中等收入陷阱"的过程中,应该发挥生产率较高的优势和抑制收入差距较大的劣势。中国要根据后发大国的国情,认真研究和吸取那些落入"中等收入陷阱"的国家的经验教训,通过完善市场经济体制,有效地维持较好的经济发展速度,并从投资驱动型模式转变到消费引领型模式。

1 国家规模、生产率和收入分配

国家规模和经济增长之间存在关系的观点,至少可以追溯到亚当·斯密;而西蒙·库兹涅茨认为,以人口数量衡量的国家规模与国民生产总值中对外贸易的份额呈反比例关系;随后的研究表明,一个国家的大小与其他变量也是相关的。除这些统计关系之外,还出现了种种猜测:为什么大国的规模可能导致更好或更坏的经济表现?一方面,有人认为,美国经济得益于大规模的国内市场;另一方面,也有人认为,中国和印度的经济受到其规模的负面影响,管理这样规模庞大和民族多样的国家是困难的,管理上存在的问题对经济政策和制度造成了影响。我们主要关注效率和公平问题,如大国的发展速度比小国快吗?不平等在一定程度上是规模大小造成的吗?

我们运用一些国家在1960—1982年间的经验,通过索洛经济增长模型的增长计算法框架,分析了大国输入更多的人力和资本导致的生产率的提高,从中得出了两个结论:第一,从总体上来看,大国和特大国在1960—1982年间的发展速度比小国要快,但是那些发展速度飞快的是小国或中等大小的国家。在大型的经济体中,有一个内部平均数,可以掩盖各个地区之间的极端情况,而研究表明,小国之间经济表现的差异大于大国之间的差异。第二,根据国家规模排名的发展速度之间的差异,在很大程度上可以通过生产率提高的差异来解释,而不是投入速度之间的差异。虽然对于是否因为规模成就了高速度的发展问题,还不可能找到确切的答案,但上述数据提供了某些证据。在表5-19中,我们对所采用的资本份额和人力份额采取了不同的假设,这些假设对收入份额进行了调节,目的是顾及随着这些份额的变化导致人均收入水平上升的情况。

表 5-19 按国家规模排序的生产率增长情况(剩余比重为年百分比)

	1960—1970 年		1970—1982 年	
	A	B	A	B
所有国家	2.7	2.3	1.2	0.7
特大国家	3.2	3.0	1.8	1.5
其他大国	3.5	3.1	1.5	1.0
小国	2.4	2.0	1.0	0.5
某些国家(按大小顺序)				
中国	1.2	0.2	1.4	0.1
印度	1.5	0.7	1.1	0.2
美国	2.3	2.3	1.0	1.0
印度尼西亚	2.8	2.5	4.3	3.6
巴西	1.9	1.6	3.3	2.9
日本	6.4	6.4	0.8	0.8
孟加拉	2.4	2.0	2.7	2.3
尼日利亚	3.6	3.2	1.1	0.4
巴基斯坦	4.7	3.9	3.3	2.7
墨西哥	4.4	4.1	2.4	2.1
德国	2.4	2.4	0.4	0.4
意大利	4.1	4.1	1.3	1.3
英国	1.7	1.7	0.6	0.6
法国	3.4	3.4	1.0	1.0

注:假定 A:资本边际产出是 0.12(12%)的常数,资本产出率和折旧率具有系统相关性;假定 B:资本产出率是 3.0 的常数,但是资本的边际产出的折旧率与收入具有系统相关性。根据假定 A 和假定 B,可以认为劳动产出的弹性随收入增加而增大。

在国家规模和收入差异之间,并没有单一的或主要的关系;虽然国家规模不是导致差异的主要原因,但还是有理由说规模确实影响到了这种差异的程度,主要是在收入方面大国比小国的地区差异更大。在表 5-20 中,可以看到国家规模和收入差异的关系。此外,国家规模也许可以成为解释中国农村收入差异大于韩国农村的部分原因,在 20 世纪 70 年代,这两个国家上层 20% 的人口获得了 40% 的总收入,而底层 40% 的人口仅获得了 20% 的总收入,中国通过集体化消除了家庭之间的差异,但中国农村的地区差异似乎比韩国农村的地区差异大很多。同样地,国家规模也可以解释巴基斯坦的收入差异小于印度的事实。

表 5-20 大国的收入分布 单位:%

国家(年份)	占总收入的比例		
	上层 20% 的人口	中层 40% 的人口	底层 40% 的人口
巴西(1972)	66.6	26.4	7.0
墨西哥(1977)	57.7	32.4	9.9
印度(1975—1976)	49.4	34.4	16.2
印度尼西亚(1976)	49.4	36.2	14.4
孟加拉(1976—1977)	46.9	36.0	17.1
法国(1975)	45.8	37.8	16.4
巴基斯坦(1964)	45.0	37.5	17.5
意大利(1977)	43.9	38.6	17.5
美国(1980)	39.9	42.9	17.2
英国(1979)	39.7	41.8	18.5
德国(1978)	39.5	40.1	20.4
日本(1979)	37.5	40.6	21.9

2 跨越"中等收入陷阱"的国际经验

在世界经济发展进程中,发展中国家(地区)进入中等收入阶段后,经济增长率就会减慢,有很多国家(地区)并没有持续发展到高收入阶段,反而在经历多年的高增长后,停滞在中等收入阶段。一些亚洲、拉丁美洲地区的大国,也出现了这种情况。这些国家(地区)无法摆脱"中等收入陷阱",可能有以下原因:

第一,有些国家(地区)经历了一段时间的高速增长,主要是源于自然资源的高价格,如石油、棕榈油和铜等。当这些资源的市场价格上涨的时候,经济增长的速度就较快;而当这些资源的市场价格下跌的时候,经济增长就不可避免地减速。有些国家(地区)在经济上几乎全部依赖于自然资源,如尼日利亚以及很多非洲国家和沙特阿拉伯国家。有些国家(地区)经济增长的驱动力在这个方面,如印度尼西亚。当然,中国在这方面的相关性不大,因为中国不是主要的自然资源出口国。

第二,有些国家(地区)的政治局势不稳定,阻碍了经济的可持续发展。由于这些国家(地区)发生国内战争,政治局势动荡,影响了国外和国内的投资者大胆投资。如缅甸持续的战争使得这个国家的经济难以增长,印度支那半岛的战争就更具有破坏性。中国1911—1949年的外敌入侵及国内战争也影响了经济的增长,如果没有这段时间的战争中国将会获得更快的增长。在20世纪50年代,菲律宾是亚洲发展得很好的国家,后来,由于大规模的腐败和民粹主义政策,导致经济变得越来越落后。

第三,有些国家(地区)采取不适当的发展战略,影响了产业结构的转型升级。有些国家(地区)主要依赖低成本劳动力发展制造业,而在低成本劳动力优势消失之后出现了经济增速放缓现象;有些国家(地区)在发展过程中忽视了建立一流的教育和科研系统,仅仅依赖模仿发达国家(地区)的技术难以从中等收入阶段发展到高收入阶段。在增长战略方面,第二次世界大战以后的最大失误,就是一些国家采取"进口替代"战略,如中国在1978年以前采用苏联式的封闭发展模式,而拉丁美洲在20世纪上半叶工业化的过程中则是没有选择地采取了"进口替代"模式,也不利于出口。

第四,有些国家(地区)在经济政策方面的失误,也可能导致经济的停滞或者衰退。比如,汇率估值过高就是发展中国家(地区)常见的问题;有些国家(地区)由于政治介入和寻租等,过分地依赖国有企业,不可避免地产生了低效率;此外,如果不能及时地对金融体系进行改革,改善经济发展中的结构性问题,也将对中等收入国家(地区)产生负面影响。

在最近的几十年里,落入"中等收入陷阱"的国家(地区)大部分在拉丁美洲。由于收入分配的高度不平等,导致了社会的不稳定,甚至出现了掠夺性政府、高通货膨胀,无法实现从"进口替代"产业向出口产业的转变。然而,东亚和东南亚地区已经达到中等收入的国家(地区),如日本、韩国、新加坡等,却都发展成了高收入经济体。马来西亚和中国已经达到中等收入水平,能否进入高收入阶段,还需拭目以待。从东亚经济中已经成功地进入高收入阶段的国家(地区)来看,往往具有以下特征:

首先,由于缺乏自然资源,其在经济发展的初期阶段不得不依靠发展制造业和出口加工品,而不是采取"进口替代"战略。

其次,由于其大力发展教育事业,提高教育质量和人才培养质量,所以有足够合格的人力资源,可以满足现代生产和服务业的需要,并且可以同高收入国家(地区)竞争。

再次,这些国家(地区)具有政治稳定性和政策连续性,具有良好的投资环境,有利于吸收国外投资,其中的新加坡则非常依赖外商直接投资。

最后,由于建立和健全市场机制,主要依赖民营经济,虽然韩国也曾一度有大型的国有企业,经济发展具有活力。

在图5-7和表5-21中,我们分别统计了GDP增速放缓的经济体的人均国民收入以及高收入经济体GDP增长的情况。值得注意的是,这些东亚国家(地区)在从中等收入阶段发展到高收入阶段的过程中,没有一个增长速度达到6%—7%;在这些高收入经济体中,没有一个人均GDP增长率超过2%。如果我们把开始时间从1985年推移到1990年,则其人均GDP增长率都下降到3%。其中有两个属于城市经济体,由于没有较大的农业部门,所以比其他国家(地区)发展得要快。

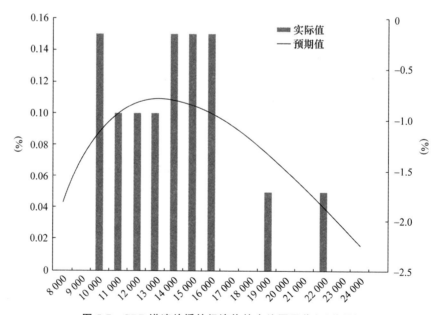

图 5-7　GDP 增速放缓的经济体的人均国民收入(美元)

表 5-21 高收入经济体的 GDP 增长(1985—2015)

	GDP		人均 GDP
	年增长率(%)		人均 GDP(以 2010 年美元不变价计)
OECD 国家	2.3	1.5	37 368
欧元区	1.8	1.5	38 341
欧盟	1.9	1.7	34 861
法国	1.8	1.3	41 330
德国	1.8	1.6	45 270
日本	1.6	1.4	44 657
韩国	5.9	5.1	25 023
意大利	1	0.8	33 705
新加坡	6.4	3.9	51 855
西班牙	2.4	1.7	30 588
美国	2	1.6	51 486
英国	2.3	1.8	40 933

为什么这些经济体在从中等收入阶段发展到高收入阶段的过程中,发展速度会放缓?其中有一些重要的因素,有些具有可测性,有些则不具有可测性:可测的因素包括农村的人口红利,制造业在 GDP 中的份额增加和随后的回落并逐渐被服务业取代,而服务业的发展速度低于制造业;不可测的因素主要是在从模仿创新到自主创新的过程中,发展的速度将会下降,而且难免会犯一些错误。所以,关键的问题就在于,这些经济体能否实行正确的发展战略或模式,及其经济体系和政治体系能否有效地驾驭这种模式,具体的政策是否适合这个经济体的实际情况及所处的发展阶段。

3 跨越"中等收入陷阱"的中国路径

国家规模可以影响经济增长,大国具有生产率较高和收入差距较大的特点。因此,后发大国在跨越"中等收入陷阱"的过程中,既要利用好大国生产率较高的优势,推动经济可持续发展;又要抑制大国收入差距较大的劣势,努力改善国民的收入分配状况。前文分析了一些国家(地区)难以跨越"中等收入陷阱"的诸多因素,中国应该认真思考这些因素,并做出正确的战略选择。

首先,在中国的经济变得愈益复杂的条件下,其体系能否有效地维持一个较好的经济发展速度。我们可以先来观察中国以前发展的原因,然后再分析中国的改革能否使全要素生产率达到支持GDP增长率6%左右的速度。

从20世纪80年代到2000年左右的高全要素生产率的增长,主要是因为计划体制的瓦解,然后,这个过程要比在商业社会中设计和建立一个有效的、公平的、完善的法律体系或者对国有企业进行改革显得更容易一些。因此,与摒弃计划经济体制相比,建立和完善市场经济体制更加重要。从表5-22和表5-23中可以看出,中国这些年的全要素生产率在大幅度地降低,从20世纪50年代的4.7%下降到了2012年的1.0%,而增长率则主要来自高投资率以及由此产生的高资本存量增长率。人们普遍认为,投资驱动型的增长模式并不适合维持高增长速度,因为投资的效率下降得很快,其原因在于以前的投资弥补了发展的空档,满足了发展的需要,比如交通和住房建设,这些东西在计划经济时期被忽略了,需要加大投资来发展,而现在的中国已经建成了一流的交通系统和住房体系。

表5-22 中国供给源要素的增长 单位:%

时期	增长率					对增长的贡献率		
	GDP	固定资本	初级劳动者	受过教育的劳动者	全要素生产率	资本	受过教育的劳动者	全要素生产率
1953—1957	5.5	1.9	1.2	1.7	4.7	12.7	14.9	72.4
1958—1977	3.9	6.7	2	2.7	−0.5	73.7	39.7	−13.4
1978—2005	9.5	9.6	1.9	2.7	3.8	43.7	16.2	40.1
2006—2011	11	15.2	0.4	2.1	3.3	59.4	10.9	29.7
2012—2014	7.6	12.6	0.4	2.1	1.0	71.3	15.8	12.9

表5-23 中国:增量资本产出比(1979—2014)

时期	增量资本产出比	投资/GDP
1979—1984	3.6	33.7
1985—1988	3.3	37.2
1989—1991	6.2	35.4
1992—1996	3.2	39.8
1997—1999	4.4	36.4
2000—2006	4.0	39.6
2007—2010	4.2	45.7
2011	5.1	47.3
2012—2014	6.1	46.1

如果这种投资模式要继续沿用,那么,中国需要找到比目前的资本回报率更高的领域。在图5-8中,我们可以看到预估的资本回报率,这是利用增长方程式计算的。对于这种过分依赖投资驱动型的增长模式,最显而易见的解决办法就是增加家庭消费在GDP中的份额,建立消费引领型的增长模式。通过出口推动经济增长的驱动作用在下降,因为中国在世界经济贸易中占有很大的份额,而且在廉价劳动力方面已经逐渐丧失竞争力,无论采用哪种方式计算,从图5-9中可以看出,中国家庭消费在GDP中的份额都太低了。

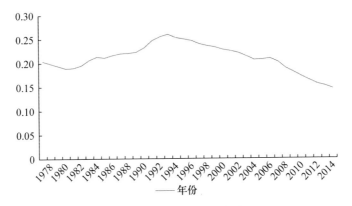

图5-8 预估的资本回报率

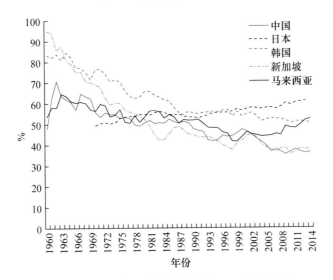

图5-9 东亚一些国家家庭消费在GDP中的份额

现在的问题是,要改变家庭消费所占的份额并不是件容易的事情。有两种办法可以考虑:第一,提高家庭收入的增长率,使之高于 GDP 的增长率。近些年,中国已经这样做了,但需要具有可持续性。第二,降低过高的储蓄率。从目前来看,中国通过家庭调查得到的储蓄率是 27.8%,通过资金流转表得到的储蓄率是 38.5%,如果这种数据的差异是因为家庭调查无法收集到上层 1%—2% 的人群的收入数据,那么,这部分人群的储蓄率是超过 60% 的,而他们的收入占到了总收入的 30% 左右。怎样降低储蓄率,一是要降低收入的不平等,二是要完善社会保障体系,中国已经在做这两件事情,但是在近几年很难做到完善。

这是中国面临的两难问题,一方面,投资驱动型模式越来越不起作用,另一方面,要切换到消费引领型模式也非常困难。中国能否解决这个两难问题,我认为是可以解决的,但是必须做得很好,应该维持在 5% 的增长率。如果增长率出现下滑,也不必惊慌,毕竟中国还处在追赶高收入国家阶段。

目前在中国已经形成一种共识,即需要放缓经济增长速度,过去十多年 GDP 增长率在 9%—10% 的年代已经过去,将来的增长速度可能会慢很多,按照中国政府的计划,未来的增长率为 6.5%,这仍然是很高的速度,那些跨越了"中等收入陷阱",并且继续向高收入目标发展的国家,一般的年增长率在 2%—4% 或 3%—5%。中国很重视教育,自 20 世纪 80 年代以来在教育方面投入了大量资源,将来应该有足够的人力资本,可以向更先进的技术和产业发展,转变到现代服务业和高技术领域(欧阳峣等,2016)。

中共十八届三中全会提出了推进改革的详细清单。假如中国能够继续进行充满活力的改革,落实完善市场体制的各项措施,中国的政策能够在未来 10—20 年内真正支撑 5%—6% 的增长率,那么,我们相信,中国将在 20 年内实现从中等收入国家发展成为高收入国家的目标。

第6章

发展中大国的创新战略

经济学家曾经提出大国具有研究和开发优势的假说,认为大国市场广阔和技术需求规模庞大,可以引致创新和节约成本,应该利用和发展这种创新优势,推动技术进步和经济增长。同时,发展中大国还具有后发优势,可以通过学习和模仿发达国家的先进技术获得后发利益。本章研究发展中国家的经济发展怎样实施创新战略,怎样利用规模优势和后发优势,新兴大国怎样培育国家创新能力。并对这些问题做出合理的回答,用经济学原理解释中国的大国创新道路及其路径。

第1节 市场规模和技术创新优势

1 技术创新驱动因素的假说

自1912年约瑟夫·熊彼特提出创新理论以来,技术创新作为创新理论的重要分支,受到了学术界的普遍关注。技术创新驱动因素一直是学术界研究的焦点,目前主要形成了三种观点:一是"供给推动"假说,认为技术创新是由科技的重大突破、研发的大量投入等要素供给所推动的(Dosi,1988);二是"需求驱动"假说,认为技术创新源自市场需求,即需求导向、需求规模与盈利能力的变化是决定技术创新活动的最根本因素(Schmookler,1966;冯伟等,2014);三是在前述两类观点基础上的"双因素"假说,认为技术创新是供给推动与需求驱动共同影响的结果(Lee and Chansoo,2006;范红忠,2007)。而在 1957 年的国际经济协会海牙会议上,有的经济学家提出了国家规模促进技术创新的假说,认为大国拥有技术创新优势,主要是指需求规模和市场规模导致的研发成本优势。

上述研究促使我们进一步思考,国家规模真的能够影响技术创新吗？根据前述观点,国家规模越大,则其提供的要素供给越多,市场需求越大,因此其技术创新效果越好。但从最能反映一国技术创新能力的三方专利[①](2015 年)来看,OECD 国家中,丹麦、芬兰、挪威、瑞士等国,无论是从人口还是国土面积来看,都属于小国,但其三方专利数(项/万人)分别达到了 0.53、0.53、0.17、1.44,尽管它们是小国,却成为典型的创新大国;而世界上的五个特大国(美国、俄罗斯、中国、印度、巴西)中,只有美国是发达国家,其三方专利数在全球遥遥领先,俄罗斯的三方专利数(项/万人)仅为 0.002,中国也只有 0.020,远低于上述欧洲小国。可见,并不是国家规模越大,技术创新效果就越好。

是不是国家规模越小,技术创新效果就越好呢？显然也不是。2010 年世界创新竞争力排名显示,排在最后十位的国家依次为:塞内加尔、坦桑尼亚、巴拉圭、吉尔吉斯斯坦、巴基斯坦、尼日利亚、马里、埃塞俄比亚、莫桑比克、马达加斯加,这十国中除巴基斯坦、尼日利亚、埃塞俄比亚外,其余七国均为小国。

是不是国家规模对技术创新没有影响？如果说没有影响,那为什么美国、日本、德国、法国、韩国、英国等大国的专利数却在全球遥遥领先？如果说有影响,那为什么芬兰、瑞典、瑞士等北欧小国能够成为创新大国？

国家规模是否影响技术创新？学术界围绕这一主题的研究文献较少,白旻(2009)基于国家规模的视角,将大国优势与边界效应相结合来探讨后发大国产业发展的自主创新战略问题。多数学者是从市场规模或人口规模等单一层面来分析一国规模对技术创新的影响的。王俊(2009)以新产品为研究对象,实证检验了新产品需求规模能够推动国家自主创新能力的提升。徐康宁和冯伟(2010)提出了基于本土市场规模效应的技术创新的第三条道路。李平等(2012)认为,有效需求是提升国家技术创新能力的主要驱动力。汪立鑫(2008)认为,后发国家"蛙跳"是由制度参数与国家规模(人口规模)参数共同决定的。

---

① 三方专利:指在世界上最大的三个市场(美国、欧盟和日本)寻求保护的专利。

上述研究仅从市场规模或人口规模等单一层面研究了国家规模对技术创新的驱动作用,但国家规模不仅包括市场规模、人口规模,还包括地域规模、贸易规模、治理规模等维度。鉴于国家规模的衡量维度目前还没有一个公认的统一标准,我们主要选取人口规模、市场规模和贸易规模三个指标来衡量国家规模,具体探讨其对技术创新的影响,并利用静态面板回归模型和动态向量自回归 PVAR 模型对它们之间的内在作用关系进行实证对比分析。

2 国家规模影响技术创新的研究假设

(1) 人口规模与技术创新

在直接推动技术创新的各项因素中,最根本、最活跃的因素是人才,尤其是创新型人才。通常,一国人口规模越大,创新型人才的储备相对越多,做出科学发现和技术创新的可能性和成功率也就越大、越高。林毅夫(1994)的传统社会技术进步说,论证了大国也就是人口多的国家"天才和多才多艺的人"也多。因此,人口规模对技术创新具有供给效应。人口规模也能为技术创新带来需求效应。人口的规模越大,技术创新的潜在用户规模就越大。Romer(1990)认为,一个国家的人口越多越能刺激该国技术的进步,因为有更多的人能够无偿地使用这些技术。张敏和白旻(2011)则认为,人口规模既具有需求效应,又具有供给效应。他们通过构建大国人力资本优势理论模型,提出了大国优势在研发方面的体现,即大国的人力资本优势,因为国家规模取决于一国的劳动力数量,由于大国人口众多,所以为技术创新提供的市场就越大,从而提高了技术创新带来的收益(需求效应);另外,人口越密集的经济体肯定会有越多潜在的技术创新者,而从事技术创新的人越多,就越有更多的发明创造(供给效应)。因此,人口规模越大的经济体技术进步就越快。

(2) 市场规模与技术创新

市场规模是创新主体进行技术创新的动力,离开了市场规模,技术创新就会失去方向和动力。Davis and Weinstein(2001)通过对日本 40 个地区进行实证研究,得出市场规模的扩大将会促进地区生产率(技术创新能力)的提高。Desmet and Parente(2010)提出,市场规模越大,其越容易提高企业的竞争力,从而促进企业生产工艺的技术创新。Bonilla et al.(2014)通过对经济合作与发展组织发动机专利进行实证研究,得出市场规模会促进提升发动机效率的创新活动。事实上,市场规模的扩大会带来消费需求的增加,从而进一步扩大生产规模,提高劳动生产率,进而形成规模经济,这一方面,能够使单位产品的研发成本和市场成本不断降低,给技术创新带来成本优势;另一方面,规模经济能够带来资本、劳动力和技术等生产要素聚集,形成集聚效应,这有利于知识或技术的溢出,即形成MAR外部性和Jacobs外部性,从而提升技术创新能力。市场规模的扩大,也能够使企业的数量随之增加并使其展开激烈的竞争,形成竞争效应,从而有效推动企业不断进行技术创新。因此,市场规模越大,技术创新的动力就越强。

(3) 贸易规模与技术创新

内生增长理论认为,技术进步是经济增长的最终源泉,而国际贸易和研发投资都是技术进步的发动机。国际贸易对技术创新的影响,一方面体现为国际贸易能够延伸技术创新成果的市场规模。技术创新拥有者在占据国内市场份额的同时,能够通过国际贸易参与国际竞争,将其成果延伸至国外市场,扩大其市场规模,从而带来规模经济效应。另一方面体现为国际贸易也是技术溢出的重要途径。Coe and Helpman(1995)最早实证分析了国际贸易的技术溢出效应,他们基于对进口商品种类和数量的研究,发现一个国家进口的种类越多,数量越大,国外技术在国内生产中被使用得越多,技术溢出的机会就越大,其技术进步的增长速度就越快。Barro and Sala-I-Martin(1995)在研究中发现,积极参与国际贸易的国家以及开放度比较高的国家有更强的吸收先进国家技术进步的能力;对于技术处于领先地位的发达国家来说,通过对外贸易占领国外市场,扩大贸易额,既有利于拓展技术的市场份额,又能够提升技术的影响力和控制力,从而使其在技术创新中处于绝对竞争优势地位。此外,国际贸易还具有"出口中学"效应。出口者能够从国外消费者处获得许多信息:改进制造工业、产品设计和产品质量的各种建议。许多研究都证实检验了"出口中学"效应的存在(Bigsten et al.,1999)。因此,国际贸易规模越大,技术创新能力就越强。

综上所述,国家规模各要素中,人口规模通过需求效应和供给效应,市场规模通过集聚效应、竞争效应和成本优势,国际贸易通过延伸市场规模、技术溢出效应和"出口中学"效应影响技术创新。国家规模越大,则其对技术创新的影响力和控制力就越大。因此,我们提出假说:国家规模是影响技术创新的重要因素,在技术创新中存在大国效应。

3 国家规模影响技术创新的计量检验

(1) 模型设计

我们主要研究国家规模(人口规模、市场规模和贸易规模)对技术创新的影响,而且从静态面板和动态PVAR回归的对比分析来检验其关系,因此设定以下计量模型:

$$\text{inn}_{it} = \beta_0 + \beta_1 \text{pop}_{it} + \beta_2 \text{mar}_{it} + \beta_3 \text{tra}_{it} + \beta_4 l_{it} + \beta_5 k_{it} + \varepsilon_{it} \quad (6-1)$$

其中,inn 表示技术创新绩效,为被解释变量;pop、mar、tra 分别表示人口规模、市场规模和贸易规模,为解释变量;k 表示研发资本投入,l 表示研发人员投入,为控制变量。β_1、β_2、β_3、β_4、β_5 为弹性系数,ε 为随机误差项,$i(=1,2,3,\cdots,40)$ 表示国家;t 表示年份,跨度为 2000—2015 年。

可以根据式(6-1)建立滞后二阶的 PVAR 模型:

$$Y_{it} = \alpha_i + \beta_t + A_1 Y_{i(t-1)} + A_2 Y_{i(t-2)} + \mu_{it} \quad (6-2)$$

其中,$Y_{it} = (\text{inn}_{it}, \text{pop}_{it}, \text{mar}_{it}, \text{tra}_{it})^T$ 表示基于面板数据 7×1 的变量向量,$Y_{i(t-1)}$,$Y_{i(t-2)}$ 分别表示滞后 1 期、2 期的 7×1 的变量向量,A_1,A_2 分别表示滞后 1 期、2 期变量的系数矩阵,α_i 为 7×1 的各国个体效应向量,β_t 为 7×1 的时间效应向量,μ_{it} 为随机扰动项。PVAR 模型即面板 VAR,它把所有的变量视为内生变量,通过误差项的正交化处理,可分解出一个变量对另一个变量冲击的响应,从而能够有效地反映变量间的动态互动关系。为了减少异方差,同时使回归结果具有较强的解释力,所有变量都做取对数处理。

(2) 变量选择与数据来源

技术创新绩效(inn):我们在梳理现有研究成果的基础上,采用三方专利授权量来衡量。其数据直接来源于 OECD 数据库及美国《科学与工程指标》。

研发人员(l):选用研发人员全时当量。其数据来源于 OECD 数据库及联合国教科文组织统计研究所(UNECSO Institute for Statistics)。

研发资本存量(k):各国历年研发资本存量经永续盘存法计算而得,其计算公式为:

$$\text{RD}_{it} = E_{i(t-1)} + (1-\delta)\text{RD}_{i(t-1)} \quad (6-3)$$

其中,RD_{it}、$\text{RD}_{i(t-1)}$ 分别表示第 i 个国家第 t 和第 $t-1$ 年的研发资本存量,$E_{i(t-1)}$ 表示第 i 个国家第 $t-1$ 年折算 2005 年不变价格的实际研发支出,其名义研发支出来源于OECD数据库及联合国教科文组织统计研究所。δ为研发资本折旧率,依据吴延兵(2008)等的研究,我们取$\delta=15\%$。

人口规模(pop)、市场规模(mar)、贸易规模(tra):根据前文理论分析,我们选择总人口、GDP和真实贸易额三个指标来衡量。其中,GDP和真实贸易额均以2005年不变价格指数进行平减。其数据来源于OECD数据库、联合国教科文组织统计研究所及联合国贸发会议统计手册(UNCTAD Handbook of Statistics)。

基于数据可获得性,样本国选择美国、日本、法国、德国、英国、意大利、加拿大、韩国、西班牙、中国、俄罗斯、巴西、印度、墨西哥、阿根廷、南非、奥地利、比利时、捷克、丹麦、芬兰、希腊、匈牙利、冰岛、爱尔兰、卢森堡、荷兰、新西兰、挪威、波兰、葡萄牙、斯洛伐克、斯洛文尼亚、瑞典、土耳其、罗马尼亚、新加坡、智利、以色列、拉脱维亚共40个国家,样本时间跨度为2000—2015年。

(3)静态面板回归结果与分析

对面板数据的回归,一般可以选择以下三种基本的估计方法:混合面板模型(OLS)、随机效应模型(RE)、固定效应模型(FE)。首先,本研究在混合面板模型与随机效应模型的选取上,采用拉格朗日乘数检验方法,发现LM检验结果拒绝了"个体效应方差为零"的假设,即应该选择随机效应模型;其次,在混合面板模型与固定效应模型的选取上,采用F检验方法,结果表明不能接受"个体效应为零"的假设,即应该选择固定效应模型;最后,在固定效应模型和随机效应模型的选取上,进一步采用Hausman检验,检验结果拒绝了"固定效应与随机效应估计量没有实质性差异"的假设,即应该采取固定效应模型。根据LM检验、F检验和Hausman检验的综合结果,固定效应模型是最适合本研究的计量模型。

根据面板数据容易产生异方差问题的特征,为了消除异方差可能带来的不良影响导致估计失效的问题,本研究接着利用Wald检验进行组间异方差的检验,结果表明面板数据存在显著的组间异方差,因此采用比面板固定效应和随机效应更为有效的回归方法FGLS(可行性广义最小二乘法)来对上述问题进行修正,因显示采用固定效应,从而运用FGLS的固定效应模型进行估计,具体的回归结果见表6-1。

表 6-1 面板回归结果

	lninn				
	模型 1	模型 2	模型 3	模型 4	模型 5
ln l	-1.119***	0.024	-1.200***	-1.083***	-0.019
	(-10.79)	(0.19)	(-11.88)	(-10.37)	(-0.16)
ln k	2.088***	1.663***	1.742***	1.885***	1.096***
	(20.8)	(18.52)	(14.76)	(15.58)	(9.36)
lnpop		-0.735***			-0.843***
		(-13.33)			(-13.23)
lnmar			0.499***		0.911***
			(4.90)		(8.01)
lntra				0.294***	-0.131
				(3.58)	(-1.62)
c	-1.010**	-2.847***	-3.471***	-3.342***	-6.274***
	(-2.43)	(-7.42)	(-5.46)	(-4.24)	(-8.71)
Wald chi2	1 356.21***	2 554.33***	1 450.72***	1 365.20***	2 365.04***
观测值	640	640	640	640	640

注：括号内为 t 检验值，***、**、* 分别表示在 1%、5% 和 10% 的显著性水平下通过了 t 检验。

表 6-1 是仅包括控制变量的回归结果。从各控制变量的回归结果来看，研发资本对技术创新具有显著的正向影响，而研发人员则正好相反，负向影响显著。这表明，目前各国技术创新主要依赖于研发资本来推动，研发人员还没有成为技术创新的主力军。

当仅考虑人口规模时，根据模型 2，人口规模与技术创新显著负相关，这与我们的研究假设是相背离的。根据人口规模的供给效应，人口规模越大，技术创新所需的创新型人才储备相对越多。但事实并非尽然。如印度 2015 年的总人口是日本的 10 倍、德国的 16 倍，但其研发人员仅为日本的 58%、德国的 87%。再结合模型 1，研发人员与技术创新负相关，说明人口质量确实存在问题。而从人口规模的需求效应思考，人口规模越大，其市场需求相对也越旺盛。但人口规模影响的是潜在的市场需求，它并不必然转化为真正的有效需求，有效需求才是影响一国技术创新的主要因素。

当仅考虑市场规模时，根据模型 3，市场规模对技术创新具有显著的正向影响,说明市场规模是促进技术创新的重要因素。该结论与 Crépon et al. (1998) 等的研究高度一致。Crépon et al. 根据法国 4 164 家企业的技术创新数据,发现研发强度、专利数量和创新销售收入都受到需求规模的驱动。

当仅考虑贸易规模时,根据模型 4,贸易规模与技术创新显著正相关,说明贸易规模对技术创新有正向影响。基于国际贸易,一国能够通过其技术溢出效应、"出口中学"效应从而获得先进技术以促进技术进步。

当综合考虑国家规模各要素对技术创新的影响时,根据模型 5,人口规模的影响系数从单独作用时的 −0.735 变为 −0.843,市场规模从 0.499 变为 0.911,贸易规模从 0.294 变为 −0.131,其中,人口规模与市场规模在 1% 的显著性水平下通过检验,贸易规模未通过显著性水平检验。再结合模型 1—4 的实证结果,我们可以得出:市场规模直接促进技术创新水平的提升,贸易规模通过市场规模对技术创新产生间接促进作用,而人口规模还未起到应有的促进作用。

为进一步分析上述关系,我们选择 PVAR 模型对其进行动态对比分析。

(4) PVAR 模型回归结果与分析

① 模型检验

在对变量进行 PVAR 模型估计前,为确保面板模型估计结果的有效性,避免因数据的不平稳性而出现"虚假回归问题",进而影响到脉冲响应的稳定性,我们先对各变量数据进行单位根检验和面板协整检验,然后再对模型的最优滞后期进行确定。

其一,面板单位根检验。面板单位根的检验方法有很多种,我们选取 IPS 检验、LLC 检验两种方法来对各变量水平值和一阶差分值进行平稳性检验,结果(见表 6-2)显示,变量间的原始序列未能通过检测,但通过一阶差分处理后,结果显著,即变量间是一阶单整序列。

其二,面板协整检验。面板协整检验分为两类,一类是第一代面板协整检验,它是基于面板数据协整回归检验残差(面板)数据单位根的面板协整检验,即 Engle-Granger 二步法的推广。另一类是第二代面板协整检验,它是从推广 Johansen 检验的 Trace 检验方法方向发展而来的面板协整检验,其优势在于:不仅能够检验多个协整关系,而且允许面板数据存在平稳的或非平稳的共同成分,即面板数据存在空间相关。我们进行第二代面板协整检验,具体选取

表 6-2 单位根检验结果

项目		lninn	lnpop	lnmar	lntra	lninn(−1)	lnpop(−1)	lnmar(−1)	lntra(−1)
IPS		−4.6797	−0.4296	1.7205	1.3836	−14.8198	−2.6204	−4.3996	−11.6128
		(0.0000)	(0.3338)	(0.9573)	(0.0832)	(0.0000)	(0.0044)	(0.0000)	(0.0000)
LLC		−9.8027	−10.0074	−5.7497	−6.4975	−20.9290	−7.9440	−9.7294	−18.5086
		(0.0000)	(0.0000)	(0.0000)	(0.0000)	(0.0000)	(0.0000)	(0.0000)	(0.0000)
平稳性		平稳	不平稳	不平稳	平稳	平稳	平稳	平稳	平稳

注:(1) 括号内为 P 值;(2) lninn(−1),lnpop(−1),lnmar(−1),lntra(−1)表示对应变量的一阶差分。

Westerlund 方法进行协整检验,结果见表 6-3。

根据表 6-3 的结果可知,两个组统计量 Gt 和 Ga 中,Gt 假设被拒绝,说明备择假设被接受,即至少存在一对协整关系;而两个面板统计量 Pt 和 Pa 都在 1% 的显著性水平下显著,即原假设被拒绝,说明整个面板数据存在协整关系。因此证明了国家规模(人口规模、市场规模和贸易规模)对技术创新存在稳定的、长期的影响。

表 6-3 面板协整检验结果

统计量	lnpop			lnmar			lmtra		
	统计值	Z 值	P 值	统计值	Z 值	P 值	统计值	Z 值	P 值
Gt	−1.713	−4.478	0.000	−1.519	−3.296	0.001	−1.214	−1.447	0.074
Ga	−2.615	1.650	0.951	−3.296	0.704	0.759	−2.987	1.134	0.872
Pt	−7.152	−3.362	0.000	−8.697	−4.685	0.000	−8.746	−4.727	0.000
Pa	−2.071	−2.281	0.011	−3.391	−5.166	0.000	−3.274	−4.909	0.000

注:各统计量的原假设均为无协整关系。备择假设有两种:一是至少存在一对协整关系(Gt,Ga);二是面板整体上存在协整关系(Pt,Pa)。

其三,最优滞后期确定。我们采用 LR、FPE、AIC、SC 和 HQ 准则,对最优滞后期进行确定。我们在进行了蒙特卡罗仿真 500 次后,得到了各阶模型的 AIC 等信息(见表 6-4),从而确定最优滞后期是 2 期。

表 6-4 PVAR 模型的定阶结果

滞后期数	LR	FPE	AIC	SC	HQ
0	NA	0.4669	10.5899	10.6178	10.6007
1	549.2971	0.2061	9.7722	9.9120	9.8265
2	325.6730*	0.1291*	9.3046*	9.5562*	9.4023*

注:***、**、* 分别表示在 1%、5% 和 10% 的显著性水平下显著。

② PVAR 模型的向量自回归结果

其一,面板矩估计(GMM)。该部分采用 Stata 软件的 PVAR2 程序进行估计,该方法借助 System-GMM 方法来进行估计,确保了滞后变量和转换变量的正交,内在机理是通过消除个体前向的均值(即每一时期未来观测值的均值)来实现,而且与误差项没有关联,因此可以把滞后因变量和滞后外生变量作为工具变量进行估计,同时处理了固定效应。具体结果见表 6-5。

表 6-5　PVAR 模型的估计结果

名称	统计量	L1.h_lninn	L1.h_lnpop	L1.h_lnmar	L1.h_lntra	L2.h_lninn	L2.h_lnpop	L2.h_lnmar	L2.h_lntra
L.h_lninn	b_GMM	0.4577***	25.4950	2.0225	−0.3034	0.3610***	−21.0275*	1.4466*	0.2675*
	se_GMM	0.1780	33.2421	1.9870	0.6267	0.1304	27.6558	1.2461	0.2121
	t_GMM	2.5719	0.7670	1.0180	−0.4841	2.7680	−1.7603	1.610	−1.2613
L.h_lnpop	b_GMM	0.0003	1.6655***	0.0256	−0.0041	0.0006	0.6973*	−0.0227*	0.0023
	se_GMM	0.0024	0.4850	0.0225	0.0080	0.0011	0.3973	0.0136	0.0027
	t_GMM	0.1264	3.4340	1.1389	−0.5185	0.5686	1.7550	−1.6700	0.8867
L.h_lnmar	b_GMM	−0.0084	−0.9154	1.3880***	−0.0723	−0.0039	0.7465	−0.4297***	0.0457
	se_GMM	0.0171	2.9528	0.1450	0.0514	0.0077	2.4396	0.0985	0.0326
	t_GMM	−0.4928	−0.3100	9.5706	−1.4087	−0.5068	0.3060	−4.3636	1.4024
L.h_lntra	b_GMM	0.0283	4.3447	0.0876	0.7996***	0.0222	−3.3194	−0.1811	−0.0004
	se_GMM	0.0513	8.3032	0.4020	0.1469	0.0242	6.8591	0.2466	0.0508
	t_GMM	0.5517	0.5233	0.2179	5.4438	0.9187	−0.4839	−0.7344	−0.0076

注:(1) 采用 PVAR2 程序进行估计;(2) 所有变量在估计前进行 Helmert 转换,h_lnpop、h_lnmar、h_lntra 为转置后变量;(3) L1、L2 表示滞后 1 期、2 期。

根据表 6-5,结合前文最佳滞后期计算的结果,可知国家规模与技术创新的长期关系表达式为:

$$\begin{aligned}\text{lninn}_t =& 0.4577\text{lninn}_{t-1} + 25.4950\text{lnpop}_{t-1} + 2.0225\text{lnmar}_{t-1} \\ & - 0.3034\text{lntra}_{t-1} + 0.3610\text{lninn}_{t-2} - 21.0275\text{lnpop}_{t-2} \\ & + 1.4466\text{lnmar}_{t-2} - 0.2675\text{lntra}_{t-2}\end{aligned} \quad (6\text{-}4)$$

在式(6-4)中,技术创新受到国家规模的长期影响主要是受到最优滞后 2 期的影响,其中,滞后 1 期中,lnpop、lnmar、lntra 的系数分别是 25.4950、2.0225、-0.3034,但都未通过显著性水平检验;滞后 2 期中,lnpop、lnmar、lntra 的系数分别是-21.0275、1.4466、0.2675,且都通过了 10% 的显著性水平检验。从最优滞后期的角度可知,国家规模要素中,市场规模与贸易规模对技术创新有着正向促进作用,人口规模负向影响显著。这一结论与前文静态面板回归的结果是一致的。

其二,IRF 脉冲响应图。我们参照 Love and Zicchino(2006)进行脉冲响应分析,使用 Monte Carlo 模拟 500 次得到正交化脉冲响应函数图,来探寻国家规模各要素与技术创新之间的动态关系及内在机理。结果详见图 6-1 和图 6-2,其中,最上端、最下端两条曲线分别表示 95% 的置信区间的上下界,横轴表示滞后期数。

国家规模对技术创新的影响:

从图 6-1 中可以看出,国家规模各要素中,技术创新对人口规模的冲击响应,从 0 逐步变为负向响应,到第 3 期达到最低点,然后逐渐收敛于 0,这意味着人口规模对技术创新的负向影响较为明显。技术创新对市场规模的冲击响应,初期也为 0,但到第 1 期正向响应逐步显现,并处于不断上升态势,最终保持一种平稳状态,这说明市场规模一直是促进国家技术创新的重要因素。技术创新对贸易规模的冲击响应,短期迅速从微弱的负向响应向正向响应转变,然后一直处于一种较平稳的状态,这表明贸易规模对技术创新有微弱的正向影响。因此,从技术创新对国家规模的脉冲响应图来看,再一次验证了前文的静态面板回归结果。

国家规模各要素之间的影响:

从图 6-2 中可以看出,当人口规模受到市场规模的冲击时,初期表现为渐增的正向响应,但随即减弱并转变为较大程度的负向响应;而当市场规模受到

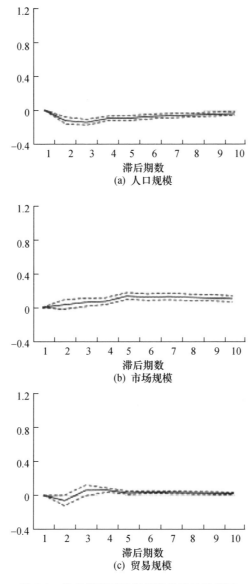

图 6-1 技术创新对国家规模的脉冲响应图

人口规模的冲击时,由初期的正向响应迅速减弱并转变为负向响应。这再一次证明了人口规模对技术创新的需求拉动效应十分有限。因为,人口规模只能带来潜在的市场需求,对技术创新有直接拉动作用的是现实的有效需求,但由于受到人们收入差距、购买能力等因素的影响,其潜在市场需求不一定都能转化为现实的有效需求。

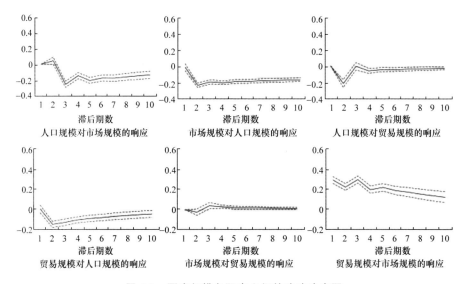

图 6-2　国家规模各要素之间的脉冲响应图

人口规模与贸易规模之间,当人口规模受到贸易规模的冲击时,第 1 期有着负向响应,但第 2 期迅速减弱并趋于 0,说明贸易规模对人口规模的影响并不显著;当贸易规模受到人口规模的冲击时,则表现为负向响应。人口规模能否拉动国际贸易进而推动技术创新,一方面与人口结构有关(田巍等,2013),另一方面也与贸易政策等因素有关。

市场规模与贸易规模之间,市场规模对贸易规模的冲击响应,在 0 附近有着微弱的上下波动,最终趋于 0,说明贸易规模的扩大对市场规模的影响并不显著;而贸易规模对市场规模的冲击则一直呈现较强的正向响应,说明市场规模对贸易规模具有显著的推动作用。这也再次验证了贸易规模通过市场规模对技术创新产生间接促进作用的结论。

技术创新对国家规模的脉冲响应图表明:国家规模各要素中,市场规模与贸易规模都对技术创新具有正向作用,但人口规模对技术创新却产生了负向影响。国家规模各要素之间的脉冲响应图表明,国家规模各要素之间的正向交互作用仅出现在市场规模对国际贸易的拉动上。

4 研究结论及其对中国的启示

基于40个国家的面板数据,我们利用静态面板回归模型和PVAR模型对国家规模对技术创新的影响进行了实证研究。结果表明:第一,国家规模各要素中,市场规模是促进技术创新的主要影响因素,贸易规模通过市场规模对技术创新具有间接促进作用,人口规模则对技术创新具有负向影响;第二,从国家规模各要素之间的相互作用来看,除市场规模能够有效地促进贸易规模的扩大外,其余各要素之间彼此的促进作用并不显著,因此如何通过彼此的交互作用进而提升技术创新水平还有很大的挖掘空间;第三,从控制变量研发人员和研发资本的作用来看,研发资本是促进技术创新的关键因素,研发人员在技术创新中并没有发挥其应有的促进作用,这也是人口规模对技术创新显示出负向影响的重要原因。

因此,技术创新的国家规模效应,主要体现在市场规模效应与贸易规模效应,尤其是市场规模效应上,而在人口规模效应的发挥上却并不显著。对于大国,尤其是发展中大国,如何充分利用其市场规模优势和贸易规模优势,同时如何提升人口质量,并使其潜能得到有效利用,从而发挥其人口规模优势是其技术创新能力提升的关键。

中国,无论是从人口规模、市场规模,还是从贸易规模来衡量,都是当之无愧的大国,同时作为发展中大国,其国家规模对技术创新的影响如何?

从表6-6来看,中国人口规模、市场规模、贸易规模对技术创新的影响系数分别为12.3181、-1.0549、-0.6048,其中,贸易规模的影响系数通过了5%的显著性水平检验。这表明人口规模与市场规模对技术创新的影响效应不明显,而贸易规模则具有负向影响。因此,中国在技术创新过程中,国家规模优势并未得到发挥。

表6-6 中国国家规模对技术创新影响的回归结果

lninn	Coef.	Std. Err.	z	P>|z|
lnpop	12.3181	16.7912	0.73	0.463
lnmar	-1.0549	1.6395	-0.64	0.520
lntra	-0.6048	0.2728	-2.22	0.027

(续表)

lninn	Coef.	Std. Err.	z	$P>|z|$
ln$k$	4.0186	0.7832	5.13	0.0000
ln$l$	−2.8773	0.9410	−3.06	0.002
_cons	−148.6562	226.9777	−0.65	0.513

究其原因,在人口规模上,尽管中国人口数量居全球第一,但其人口质量令人堪忧。2015 年,中国每万人中仅有研发人员 19 人,远低于美国(61 人/万名)、日本(73 人/万名)、法国(64 人/万名)、德国(76 人/万名)、韩国(91 人/万名)等发达大国。人才质量是影响一国创新绩效的关键因素,高端的创新型人才不足是制约中国创新的瓶颈。因此,中国应聚焦高素质创新型人才的培养,注重从数量型向质量型的转变,积极发挥创新型人才对技术创新的推进作用。

在市场规模上,尽管中国潜在的市场需求规模庞大,但由于中国国内市场分割以及广泛的城乡间、地区间收入差距的存在,导致现实的有效需求规模严重不足,且需求结构不合理,从而削弱了需求规模对技术创新动力的引致作用,进而影响了技术创新活动的开展和技术创新能力的培养(康志勇和张杰,2008)。因此,促进中国技术创新能力提升的政策思路应该着眼于扩大有效需求规模和升级市场需求结构,从而解决其对技术创新的引致功能缺位。

在贸易规模上,中国是贸易大国,2015 年仅次于美国与德国。尽管国际贸易能够产生"出口中学"效应,但中国的贸易结构以加工贸易为主,在世界贸易格局中依然处于中低端,缺乏附加值高、世界知名的自主品牌,很难产生"出口中学"效应。而在国际贸易的技术溢出效应中,其效果受到东道国制度环境、技术基础、吸收能力、人力资本存量以及市场化程度等多种因素的影响。很明显,中国的制度环境还不够完善,技术基础还较薄弱,高质量研发人员较为匮乏,市场化程度还不高,这在一定程度上影响了中国在国际贸易中对先进技术的吸收利用。因此,如何升级贸易结构,改善制度环境,深化国内市场化改革,同时提升研发人员的技术吸收能力是中国利用其庞大的贸易规模来提升技术创新能力的关键。

第2节　从模仿创新走向自主创新

1　发展中国家怎样实现技术赶超？

按照新增长理论，技术是经济收敛的关键，发展中国家或者后发国家可以通过引进发达国家的先进技术，缩小与发达国家之间技术水平的差距，就能够缩小与发达国家之间经济发展水平的差距，从而达到经济收敛。但是，一个痛苦的事实是后发国家并没有通过技术后发优势实现如新增长理论所预料的经济收敛。具体表现为：后发国家和发达国家之间经济增长水平的差异和它们之间技术水平的差异并不成比例。现实经济中有的后发国家在某些技术上能够达到相当高的水平，但是与此不相称的是它们的经济发展水平低下。很多发展中国家的经济增长水平远远低于其技术能力所能容许的经济增长水平。可见，一个国家要想构筑自己的创新能力，单纯地依靠引进、模仿还不行，因为发达国家的企业和科研机构是技术创新的主体，他们在进行技术创新时总会考虑发达国家种种的经济现实，尽量利用发达国家经济中业已存在的优势而避开其劣势。换句话说，发达国家的现有技术是适合本国要素禀赋和技术能力状况的，发达国家企业所研发出的技术也是符合其要素禀赋和技术能力状况的，但是对于发展中国家（企业）来说，发达国家（企业）所研发的新技术可能并不适合，因为发展中国家（企业）普遍缺乏像发达国家（企业）那样应用技术所必需的组织、技术基础、人力资本等技术能力。所以在国际技术扩散中，我们可以看到一个奇怪的现象：很多发展中国家引进了发达国家的先进技术，但是却陷入了一个"引进—落后—再引进—再落后"的怪圈，其根本原因就是后发国家的企业缺乏与先进技术相匹配的技术能力，使得引进的技术无法有效地得到消化和吸收，脱离技术能力的技术即使再先进，也难以推动后发国家（企业）的经济增长和发展。因此，问题的实质是后发国家（企业）在引进、模仿发达国家（企业）的先进技术时，一方面要注意选择适合本国国情或企业实际情况的先进技术；另一方面要积极创造使得发达国家（企业）的先进技术得以吸收和利用的条件。也就是说，后发国家（企业）一边要引进与自己技术能力相适应的技术，一边要注重培育自身的技术能力，保证技术引进与技术能力的螺旋上升。

技术能力是指一个国家或者企业从外界获取先进的技术与信息,并结合内部要素和技术基础,创造出新的技术与信息,实现技术创新与扩散的能力。从这个意义上来讲,技术能力直接体现了要素禀赋的能力。国家和企业都是要素的有机集合体,国家和企业的生存和发展离不开要素的沉淀和积累,而国家和企业的发展又会带来要素数量的增多和质量的提升,这些要素与技术的有机结合,就会产生不同的专门技术,由此导致国家或者企业技术能力的差异,从而决定技术赶超效果的差异。因此,要实现后发国家或者企业的技术赶超,就必须提升它们的要素禀赋和技术能力,从而实现有效的技术赶超。

本部分基于要素的视角,建立技术能力基础上的技术赶超方式演变模型,研究从模仿创新到合作创新、自主创新技术赶超方式演变的内在动力,为后发大国技术创新奠定理论基础。

2 模型的假定及描述

(1) 模型的来源及说明

在过去十多年里,许多学者都从经济学的角度对技术赶超方式进行了有意义的探讨。学者们的共同思路是在存在技术溢出效应的情况下,建立多阶段的寡头模型比较不同技术赶超方式的绩效。其经典模型来自 A-J 模型。A-J 模型是由 D'Aspremont and Jacquemin(1988)建立的两阶段双寡头博弈模型,其将同一市场上两个企业之间的博弈分为两个阶段,即研究开发阶段和生产阶段,根据企业是否勾结,讨论创新阶段和生产阶段的创新投入和均衡产量。A-J 模型具有开创性,后来几乎每一篇涉及合作创新的文献都会提到这一模型,并在此基础上进行拓展。该模型关注的焦点是,自主创新和合作创新两种技术赶超方式哪一种在提高产品产出、增加社会福利方面更为有效。为了分析方便,此类模型通常假设企业从事过程创新,即企业进行技术创新的结果是单位产品成本的降低。

宏观分析要有微观基础,为了更好地阐明要素禀赋、技术能力与后发技术赶超方式之间的内在逻辑关系,这里我们仍然参照经典的 A-J 模型,但是传统的 A-J 模型仅考虑了研究开发阶段和生产阶段企业的合作状况,没有考虑技术赶超方式的关键决定因素——技术能力,也没有涉及要素禀赋,这是不全面的。后发国家和企业在选择技术赶超方式时往往注重其拥有的要素禀赋和技术能力状况,无视这两个变量的技术赶超方式是盲目的,是缺乏科学依据的,而战略选择的失误会给企业带来灭顶之灾,因此我们在 A-J 模型中加入了企业技术能力因子,以考察企业技术赶超方式的内在机理及技术赶超方式转变的条件。

(2) 模型的假定及描述

我们用双寡头垄断市场来分析要素禀赋、技术能力与后发技术赶超方式之间的内在逻辑关系。假设市场上有两个企业,是一种比较典型的双寡头垄断状况,其中有一个企业拥有较高的技术水平,另一个是相对比较落后的企业。现假定企业1为后发国家或地区的企业,其拥有的要素禀赋相对较低,技术能力不高,而企业2拥有相对较充裕的要素禀赋和较高的技术能力。后发企业1的技术赶超方式既可以选择模仿创新,也可以选择合作创新和自主创新,而先进企业2要么选择合作创新、要么选择自主创新,至于两个企业具体选择哪一种方式,需要考虑多种因素,主要是企业的要素禀赋和技术能力,它们是决定后发技术赶超方式的主要因素。技术能力是一个综合性的概念,需要我们具体地进行量化,它又是由企业的人力资本、企业文化理念及合作意识等共同决定的,而企业文化理念及合作意识等我们可以将其归纳为社会资本。我们不考虑溢出效应,也就是说我们假定市场具有严格的专利保护制度,这就避免了技术准公共物品性质,以充分保证企业进行技术创新的利益垄断。

为了方便并便于分析,这里技术能力仅考虑人力资本 l、社会资本 φ,则技术能力参数可表示为 $M=M(l,\varphi)$,即技术能力是人力资本和社会资本的函数,并设 $M=l\varphi$。这里我们暂时不考虑要素的质量,仅将技术能力表现为要素数量的函数,但这样假定的一个好处就是便于分析问题。[①] 为了方便,我们假设两个企业的技术能力函数为:

$$M_1 = l_1\varphi_1, \quad M_2 = l_2\varphi_2 \qquad (6\text{-}5)$$

---

① 传统的要素禀赋理论仅是要素数量的对比论,没有考虑要素的质量维度,而实际上,要素的质量维度对后发技术赶超的意义更大。但是,要素数量和要素质量无法像传统内生增长理论中的资本、劳动力等要素那样简单地放入模型中,尤其是资本,无法兼顾数量和质量两个维度,因而无法判断哪一种是高质量的资本,哪一种是低质量的资本。Spence(1976)、Dixit and Stiglitz(1977)等人曾将中间投入品纳入内生增长理论,并且考察了中间投入品的数量和质量两个方面,他们的分析也同样人为地割裂了要素的数量维度和质量维度。生延超(2008)曾经对将要素数量维度和质量维度纳入内生增长理论进行了有益的探索,他认为要素数量和要素质量也是一起通过中间产品的作用来实现技术赶超的。但这里,我们沿袭传统的要素禀赋理论,仅侧重于要素的数量维度,目的是简化分析的过程和结果。

我们把两个企业的技术能力函数当作企业的技术能力贡献函数,即企业技术能力的作用导致技术创新的贡献。这是因为企业技术创新成功的概率取决于企业的人力资本、研发投入以及管理能力和管理文化等素质的协调作用。

假定双方面临着同样的线性需求曲线,不失一般性,我们假设斜率为1,根据以上假设 $P=B-Q$,$(Q=q_1+q_2)$。企业的技术创新是需要付出成本的,沿袭 A-J 模型的经典假设,假定企业的技术创新成本函数为[①]:

$$C_1(R\&D) = 0.5rx^2, \quad C_2(R\&D) = 0.5rx^2 \qquad (6-6)$$

其中,r 为企业技术创新的成本参数。为了进一步揭示企业要素禀赋、技术能力和技术创新贡献之间的关系,我们构造了一个三阶段博弈模型。我们假定企业在产品市场上进行古诺竞争,在第一阶段企业要选择技术创新的具体方式,是模仿创新、合作创新还是自主创新,在第二阶段企业要选择技术创新的投资水平 x、y,在第三阶段企业要选择产量 q_1、q_2 在市场上进行竞争。我们采用逆向归纳法求解这一博弈模型。

3 技术能力与后发大国技术创新方式

(1) 技术能力与模仿创新

第三阶段。假设后发企业 1 进行模仿企业 2 的创新,然后结合自己的技术能力进行加工改造,进行技术赶超;企业 2 是技术发达企业,在市场上只能进行自主创新。如企业 1 进行模仿创新,则其技术模仿的支出包括两个部分,第一部分是企业 1 购买企业 2 自主创新开发出来的产品或者高薪聘请企业 2 的技术人员的支出,这一部分的支出一般视该技术的市场潜力而定,我们假设其是企业 2 自主创新投入 y 的一个很小的部分,设为 $\beta y(0 \leqslant \beta \leqslant 1)$,而这一部分往往是不需要企业 1 将其作为创新投入的,而是将其作为企业正常经营过程中出现的费用,这个费用有点类似于专利制度不完善或者专利保护已经过期的情形,企业通过在正常的经营往来过程中逐渐吸收、模仿到竞争对手或者商业伙伴的技术,因此这部分支出不需要计入企业 1 的创新投入。同时企业 1 还要将模仿

---

① $C_i(R\&D)=0.5rx_i^2$ 是 A-J 模型的经典假设,详见 D'Aspremont and Jacquemin (1988)。在该文中,D'Aspremont and Jacquemin 将企业创新成本假设为 $C_{R\&Di} = 0.5rx_i^2$,这一假定也符合 Amir(2000)、Martin (2002)以及 Matsumura and Matsushima(2004)等人关于技术创新成本的假设。

到的或者学习到的技术进行反向求解,使之能够被充分地消化和吸收,以适应本企业的需要,这部分需要支出创新成本 x,这里的 x 与自主创新的性质有点相似,是企业 1 在模仿创新的过程自己投入来保证模仿技术的消化和吸收。也就是说在模仿创新中,企业 1 总计成本降低幅度为 $x+\beta y$[①],但是其仅需要为此支出费用 x,并且在总体上,模仿创新的支出比自主创新的支出要少得多,即 $x+\beta y < y$,当然,$x < y$,这也是这种低成本的创新方式大受欢迎的原因。根据以上描述,企业 1、企业 2 的利润函数分别满足:

$$\pi_1 = (B - q_1 - q_2)q_1 - (A_1 - M_1 x - M_1 \beta y)q_1 - 0.5rx^2 \tag{6-7}$$

$$\pi_2 = (B - q_1 - q_2)q_2 - (A_2 - M_2 y)q_2 - 0.5rx^2 \tag{6-8}$$

其中,A_1、A_2 分别表示两个企业的初始边际成本。一般来讲,不同企业有不同的初始边际成本,企业的技术越先进,其初始边际成本相对就越低,但由于我们考察的是一个国家或企业的技术能力与技术赶超方式之间的关系,不刻意考虑企业之间初始边际成本的差异,所以假设企业的初始边际成本相等,即 $A_1 = A_2 = A$。M_1、M_2 分别表示两个企业的技术能力参数,q_1、q_2 分别表示两个企业在市场上的产量。对式(6-7)和式(6-8)进行利润最大化求导解得:

$$q_1 = \frac{(B-A) + (2M_1 x + 2M_1 \beta y - M_2 y)}{3},$$

$$q_2 = \frac{(B-A) + (2M_2 y - M_1 \beta y - M_1 x)}{3}$$

第二阶段。在第二阶段企业要选择合适的投入水平以满足:

$$\max(\pi_1 = q_1^2 - 0.5rx^2)$$

$$\frac{\mathrm{d}\Pi_1}{\mathrm{d}x} = 2q_1 \frac{\mathrm{d}q_1}{\mathrm{d}x} - rx = 0, \quad \frac{\mathrm{d}\Pi_2}{\mathrm{d}y} = 2q_2 \frac{\mathrm{d}q_2}{\mathrm{d}y} - ry = 0 \tag{6-9}$$

结合上述公式,经过 Microsoft Mathematics 4.0 软件的计算可以得出:

$$x = \frac{4(A-B)M_1[3r - 2(\beta M_1 - 2M_2)(\beta M_1 - M_2)]}{-27r^2 + 6r(4+\beta^2)M_1^2 + 8\beta M_1(-3r + M_1^2)M_2 + 8(3r - 2M_1^2)M_2^2}$$

$$\tag{6-10}$$

[①] 技术创新有很多种类型,如资本节约型、劳动节约型等,但不管何种类型,技术创新在很大程度上是为了降低成本,构筑竞争优势。因此,为分析方便,我们这里将研发投入当作企业成本降低的程度,这也符合 Matsumura and Matsushima(2004)等人的假设。

$$y = \frac{2(A-B)(3r-4M_1^2)(\beta M_1 - 2M_2)}{27r^2 - 6r(4+\beta^2)M_1^2 - 8\beta M_1(-3r+M_1^2)M_2 - 8(3r-2M_1^2)M_2^2}$$

(6-11)

$$q_1 = \frac{-3(A-B)r[3r-2(\beta M_1 - 2M_2)(\beta M_1 - M_2)]}{27r^2 - 6r(4+\beta^2)M_1^2 - 8\beta M_1(-3r+M_1^2)M_2 - 8(3r-2M_1^2)M_2^2}$$

(6-12)

$$q_2 = \frac{-(A-B)(3r-4M_1^2)[(\beta M_1 - 2M_2)^2]}{81r^2 - 18r(4+\beta^2)M_1^2 - 24\beta M_1(-3r+M_1^2)M_2 - 24(3r-2M_1^2)M_2^2}$$

(6-13)

$$p = \frac{27(2A+B)r^2 - 6r[6(A+B)+(5A-2B)\beta^2]M_1^2 + 16(A-B)\beta^2 M_1^4 + 2\beta M_1[3(17A-5B)r+(-32A+20B)M_1^2]M_2 - 4[3(7A-B)r+4(-4A+B)M_1^2]M_2^2}{9r[9r-2(4+\beta^2)M_1^2]-24\beta M_1(-3r+M_1^2)M_2 - 24(3r-2M_1^2)M_2^2}$$

(6-14)

$$\pi_1 = \frac{(A-B)^2 r(9r-8M_1^2)[3r-2(\beta M_1 - 2M_2)(\beta M_1 - M_2)]^2}{[27r^2 - 6r(4+\beta^2)M_1^2 - 8\beta M_1(-3r+M_1^2)M_2 - 8(3r-2M_1^2)M_2^2]^2}$$

(6-15)

$$\pi_2 = \frac{(A-B)^2(3r-4M_1^2)^2[9r-8(\beta M_1 - 2M_2)^2][9r-2(\beta M_1 - 2M_2)^2]}{9[27r^2 - 6r(4+\beta^2)M_1^2 - 8\beta M_1(-3r+M_1^2)M_2 - 8(3r-2M_1^2)M_2^2]^2}$$

(6-16)

$$\pi = \pi_1 + \pi_2 = \frac{(A-B)^2\{(3r-4M_1^2)^2[9r-8(\beta M_1 - 2M_2)^2][9r-2(\beta M_1 - M_2)^2] + 9r(9r-8M_1^2)[3r-2(\beta M_1 - 2M_2)(\beta M_1 - M_2)]^2\}}{9[27r^2 - 6r(4+\beta^2)M_1^2 - 8\beta M_1(-3r+M_1^2)M_2 - 8(3r-2M_1^2)M_2^2]^2}$$

(6-17)

(2) 技术能力与合作创新

合作创新实际上有很多种形式,比如共享研发成本、共享研发成果等,但不管采取何种形式,企业合作创新的根本目的在于学习对方的技术,增强自己的要素禀赋和技术能力,以加强技术赶超的能力。因此,我们笼统地采取联合利润最大化来表示合作创新。按照罗炜(2001)的说法,我们的分析只是技术合作创新的一种形式,而且是其中的研发协调形式。从社会福利的角度来看,合作创新是为了追求联合利润的最大化,即 $\max(\Pi_1 + \Pi_2)$。因此,按照上述方法,我

们可以计算出合作创新时企业的相关变量,计算步骤和过程如模仿创新,我们可以得出:

$$x = \frac{2(A-B)M_1(r-2M_2^2)}{-9r^2 + 10rM_2^2 + 2M_1^2(5r-2M_2^2)} \tag{6-18}$$

$$y = \frac{2(A-B)M_2(r-2M_1^2)}{-9r^2 + 10rM_2^2 + 2M_1^2(5r-2M_2^2)} \tag{6-19}$$

$$q_1 = \frac{r(A-B)(3r-2M_1-4M_2)}{-9r^2 + 10rM_2^2 + 2M_1^2(5r-2M_2^2)} \tag{6-20}$$

$$q_2 = \frac{r(A-B)(3r-4M_1-2M_2)}{-9r^2 + 10rM_2^2 + 2M_1^2(5r-2M_2^2)} \tag{6-21}$$

$$p = \frac{2M_1^2(3Ar+2Br-2BM_2^2)+2rM_2^2(3A+2B)-3r^2(2A+B)}{-9r^2 + 10rM_2^2 + 2M_1^2(5r-2M_2^2)}$$
$$\tag{6-22}$$

$$\Pi = \frac{\begin{array}{c}(B-A)r\{18r^3(A-B)+M_1^4(20Ar-20Br+20rM_2-8M_2^3)+\\ rM_2[9r^2+l_2\varphi_2(-36Ar+36Br-10rM_2+20AM_2^2-20M_2^2)]+\\ M_1^2[(-38A+38B)r^2-28M_2r^2+40ArM_2^2-40BrM_2^2+24rM_2^3+\\ M_2^4(-8A+8B)]\}\end{array}}{-9r^2 + 10rM_2^2 + 2M_1^2(5r-2M_2^2)}$$
$$\tag{6-23}$$

(3) 技术能力与自主创新

自主创新是企业完全依靠自己的要素禀赋和技术能力进行技术赶超的一种方式,这种方式有点类似于模仿创新,只不过与模仿创新不同的是模仿企业的创新投入相对较低,而自主创新时两企业投入的创新要素是相互独立的,企业完全根据利润最大化来决定自己的创新投入。遵循前面的研究思路,可得:

$$\pi_1 = (B-q_1-q_2)q_1 - (A-M_1x)q_1 - 0.5rx^2 \tag{6-24}$$

$$\pi_2 = (B-q_1-q_2)q_2 - (A-M_2x)q_2 - 0.5ry^2 \tag{6-25}$$

然后根据一阶导数分别可以得出:

$$q_1 = \frac{(B-A)+(2M_1x-M_2y)}{3} \tag{6-26}$$

$$q_2 = \frac{(B-A)+(2M_2x-M_1y)}{3} \tag{6-27}$$

运用 Microsoft Mathematics 4.0 软件可以得出:

$$x = \frac{4(A-B)M_1(3r-4M_2^2)}{-27r^2+24rM_2^2+8M_1^2(3r-2M_2^2)} \tag{6-28}$$

$$y = \frac{4(A-B)M_2(3r-4M_1^2)}{-27r^2+24rM_2^2+8M_1^2(3r-2M_2^2)} \tag{6-29}$$

$$q_1 = \frac{3r(A-B)(3r-4M_2^2)}{-27r^2+24rM_2^2+8M_1^2(3r-2M_2^2)} \tag{6-30}$$

$$q_2 = \frac{3r(A-B)(3r-4M_1^2)}{-27r^2+24rM_2^2+8M_1^2(3r-2M_2^2)} \tag{6-31}$$

$$p = \frac{4M_1^2\left[3r(A+B)-4BM_2^2\right]+3r\left[4(A+B)M_2^2-3r(2A+B)\right]}{-27r^2+24rM_2^2+8M_1^2(3r-2M_2^2)}$$

$$\tag{6-32}$$

$$\pi_1 = \frac{r(A-B)^2(9r-8M_1^2)(3r-4M_2^2)^2}{\left[-27r^2+24rM_2^2+8M_1^2(3r-2M_2^2)\right]^2} \tag{6-33}$$

$$\pi_2 = \frac{r(A-B)^2(9r-8M_2^2)(3r-4M_1^2)^2}{\left[-27r^2+24rM_2^2+8M_1^2(3r-2M_2^2)\right]^2} \tag{6-34}$$

$$\pi = \frac{r(A-B)^2\left[(9r-8M_1^2)(3r-4M_2^2)^2+(9r-8M_2^2)(3r-4M_1^2)^2\right]}{\left[-27r^2+24rM_2^2+8M_1^2(3r-2M_2^2)\right]^2}$$

$$\tag{6-35}$$

4 技术能力与后发大国技术赶超方式的演变

综上分析,我们已经得出不同技术赶超方式(模仿创新、合作创新或自主创新)时的研发投入、产量、价格和利润,那么要想判断后发企业究竟应该采取何种技术赶超方式,还需要对这些变量进行比较,以确定企业在不同技术赶超方式下(模仿创新、合作创新或自主创新)应该具备的要素禀赋和技术能力。由于我们仅立足于后发国家的企业,因此我们只考虑企业1即可,我们可以比较三种情况下该企业的研发投入、产量、价格和利润。为便于分析,我们以上标 m、h、z 来分别表示模仿创新、合作创新、自主创新三种情况。

$$x^m = \frac{4(A-B)M_1\left[3r-2(\beta M_1-2M_2)(\beta M_1-M_2)\right]}{-27r^2+6r(4+\beta^2)M_1^2+8\beta M_1(-3r+M_1^2)M_2+8(3r-2M_1^2)M_2^2}$$

$$\tag{6-36}$$

$$x^h = \frac{2(A-B)M_1(r-2M_2^2)}{-9r^2+10rM_2^2+2M_1^2(5r-2M_2^2)} \tag{6-37}$$

$$x^z = \frac{4(A-B)M_1(3r-4M_2^2)}{-27r^2+24rM_2^2+8M_1^2(3r-2M_2^2)} \quad (6\text{-}38)$$

(1) 模仿创新与自主创新的比较

经过计算,可以得出命题1[①]:

命题1:当 $A<B$,企业的技术能力参数满足 $\sqrt{30r}/4 \leqslant M \leqslant \sqrt{2r}$,或者当 $A>B$,企业的技术能力参数满足 $\sqrt{30r}/4 \leqslant M \leqslant \sqrt{2r}$ 时,企业应当采取模仿创新的技术赶超方式,实际上也就是说不管企业的初始边际成本如何,只要企业的技术能力参数满足 $\sqrt{30r}/4 \leqslant M \leqslant \sqrt{2r}$,企业都应该采取模仿创新的技术赶超方式,而当企业的技术能力参数满足 $0 \leqslant M < \sqrt{30r}/4$ 或者 $M > \sqrt{2r}$ 时,企业应该采取自主创新进行技术赶超(见图6-3)。

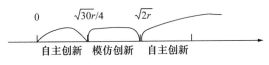

图6-3 模仿创新与自主创新研发投入的比较

(2) 模仿创新与合作创新的比较

根据比较计算结果,我们可以得到命题2。

命题2:当 $0 \leqslant M \leqslant \sqrt{\dfrac{9r-21r\beta+15r\beta^2-3r\sqrt{36-120\beta+232\beta^2-140\beta^3+25\beta^4}}{4(-2\beta+\beta^2)}}$ 时,企业侧重于模仿创新,其他情况下侧重于合作创新。

令 $N_1 = \sqrt{\dfrac{9r-21r\beta+15r\beta^2-3r\sqrt{36-120\beta+232\beta^2-140\beta^3+25\beta^4}}{4(-2\beta+\beta^2)}}$,则模仿创新和合作创新可以表示如图6-4。

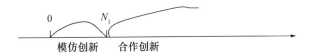

图6-4 模仿创新与合作创新研发投入的比较

[①] 计算过程比较复杂,为节省篇幅,将计算过程省略,这里直接给出比较的结果。

(3) 合作创新与自主创新的比较

根据结算结果,我们可以得到命题3:

命题3:当$M>3\sqrt{2r}/2$或者$\sqrt{3r}/2<M<3\sqrt{r}/2$时,企业应该采取自主创新的方式以减少研发投入,保证企业有充足的要素投入技术赶超过程中。而当企业的技术能力参数$0\leqslant M\leqslant\sqrt{3r}/2$,或者$3\sqrt{r}/2\leqslant M\leqslant 3\sqrt{2r}/2$时,应该采取合作创新的方式以使企业的利润最大化(见图6-5)。

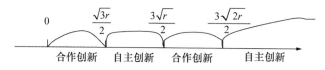

图 6-5　合作创新与自主创新研发投入的比较

为了综合比较,我们现在需要考虑几个临界值。在模仿创新与合作创新的研发投入比较中,$N_1=\sqrt{\dfrac{9r-21r\beta+15r\beta^2-3r\sqrt{36-120\beta+232\beta^2-140\beta^3+25\beta^4}}{4(-2\beta+\beta^2)}}$,由于$0\leqslant\beta\leqslant 1$,我们令$K=36-120\beta+232\beta^2-140\beta^3+25\beta^4$,$\dfrac{\partial K}{\partial\beta}=-120+464\beta-420\beta^2+100\beta^3$,$\dfrac{\partial K^2}{\partial^2\beta}=464-840\beta+300\beta^2$,则当$0\leqslant\beta\leqslant\dfrac{21-\sqrt{93}}{15}$,$\dfrac{\partial K^2}{\partial^2\beta}\geqslant 0$时,$\dfrac{\partial K}{\partial\beta}$是增函数,又因为当$\beta=0$时,$\dfrac{\partial K}{\partial\beta}<0$,而当$\beta=\dfrac{21-\sqrt{93}}{15}$时,$\dfrac{\partial K}{\partial\beta}>0$,也就是说在0和$\dfrac{21-\sqrt{93}}{15}$之间必有一个点$\beta_0$是$\dfrac{\partial K}{\partial\beta}$与横轴的交点,此时$0\leqslant\beta\leqslant\beta_0$,$\dfrac{\partial K}{\partial\beta}<0$,即$K$是减函数,当$\beta_0<\beta<\dfrac{21-\sqrt{93}}{15}$,$\dfrac{\partial K}{\partial\beta}>0$时,$K$是增函数,$K$在$\beta_0$取最小值;同样当$\dfrac{21-\sqrt{93}}{15}<\beta<1$时,$\dfrac{\partial K^2}{\partial^2\beta}<0$,$\dfrac{\partial K}{\partial\beta}$是减函数,而此时$\dfrac{\partial K}{\partial\beta}$在1取最小值,此时$\dfrac{\partial K}{\partial\beta}>0$,即$\beta_0<\beta\leqslant 1$时,$K$是增函数。要想判断函数$K$的极值,只需要在0、$\beta_0$和1处判断即可,所以$0\leqslant K\leqslant 36$,则$\sqrt{\dfrac{9r-21r\beta+15r\beta^2}{4(-2\beta+\beta^2)}}\leqslant N_1\leqslant\sqrt{\dfrac{-9r-21r\beta+15r\beta^2}{4(-2\beta+\beta^2)}}$,前一个式不成立,则$N_1\leqslant\sqrt{\dfrac{-9r-21r\beta+15r\beta^2}{4(-2\beta+\beta^2)}}$,令$U=$

$\frac{-9r-21r\beta+15r\beta^2}{4(-2\beta+\beta^2)}$，对根号内求关于 β 的导数，得 $\frac{\partial U}{\partial \beta}=\frac{18+9\beta(\beta-2)}{4\beta^2(\beta-2)}<0$，$U$ 是关于 β 的减函数，当 $\beta=1$ 时，U 的最小值为 $\frac{15r}{4}$，则 $N_1 \leqslant \frac{\sqrt{60r}}{4}$。

根据上述命题，并结合图 6-3、图 6-4、图 6-5，我们可以得出命题 4：

命题 4：当 $N_1 \leqslant \frac{\sqrt{60r}}{4}$，企业技术能力参数 $M \leqslant N_1$ 时，企业应该采取模仿创新的技术赶超方式，当 $N_1 < M \leqslant \frac{\sqrt{72r}}{4}$ 时，企业应该采取合作创新的技术赶超方式，当 $M > \frac{\sqrt{72r}}{4}$ 时，企业应该采取自主创新的技术赶超方式；而当 $\frac{\sqrt{30r}}{4} < N_1 \leqslant \frac{\sqrt{32r}}{4}$，企业技术能力参数 $M \leqslant \frac{\sqrt{32r}}{4}$ 时，企业应该采取模仿创新的技术赶超方式，当 $\frac{\sqrt{32r}}{4} < M \leqslant \frac{\sqrt{72r}}{4}$ 时，企业应该采取合作创新的技术赶超方式，当 $M > \frac{\sqrt{72r}}{4}$ 时，企业应该采取自主创新的技术赶超方式；而当 $\frac{\sqrt{32r}}{4} < N_1 \leqslant \frac{\sqrt{36r}}{4}$，企业技术能力参数 $M \leqslant \frac{\sqrt{32r}}{4}$ 时，企业应该采取模仿创新的技术赶超方式，当 $\frac{\sqrt{32r}}{4} < M \leqslant \frac{\sqrt{72r}}{4}$ 时，企业应该采取合作创新的技术赶超方式，当 $M > \frac{\sqrt{72r}}{4}$ 时，企业应该采取自主创新的技术赶超方式；而当 $\frac{\sqrt{36r}}{4} < N_1 \leqslant \frac{\sqrt{60r}}{4}$，企业技术能力参数 $M \leqslant \frac{\sqrt{36r}}{4}$ 时，企业应该采取模仿创新的技术赶超方式，当 $\frac{\sqrt{36r}}{4} < M \leqslant N_1$ 时，企业应该采取合作创新的技术赶超方式，当 $M > \frac{\sqrt{72r}}{4}$ 时，企业应该采取自主创新的技术赶超方式。

根据上述命题，我们可以得到以下核心结论：

后发企业的技术赶超方式是随着该企业的要素禀赋和技术能力变化而变化的，当企业的要素禀赋和技术能力参数较低时，企业采取模仿创新的技术赶超方式；当企业要素禀赋和技术能力参数上升到一定程度之后，企业可以采取合作创新的技术赶超方式;只有当企业的要素禀赋和技术能力参数上升到较高的程度时,企业才有可能实施自主创新的技术赶超方式。只有这样,企业才可以节省研发投入,最大限度地利用现有创新要素实现技术赶超。[①]

命题的结论包含着一层重要的含义:当企业或国家所具备的要素禀赋比较低时,企业或国家的初始边际成本 A 就较大,技术能力参数 M 就较小,此时,企业或国家采取模仿创新的技术赶超方式更能达到帕累托最优;随着国家要素禀赋的提高,技术能力有所突破,企业或国家的初始边际成本 A 就会减小,技术能力参数 M 就会变大,此时企业或国家采取合作创新的技术赶超方式更有利于达到帕累托最优;当企业或国家所具备的要素禀赋高到一定程度时,其技术能力也相应的有较大程度的提高,其生产成本会有更大幅度的降低,此时企业应该采取自主创新方式来促进后发技术赶超。

本部分仅研究了后发技术赶超方式的技术能力程度,这证实了技术能力与后发技术赶超方式之间的对应关系:当技术能力相对较低时,后发国家或企业只能采取模仿创新的技术赶超方式;当技术能力上升到一定程度时,后发国家或企业就应该采取合作创新的技术赶超方式;当技术能力上升到较高的程度时,后发国家或企业就应该采取自主创新这种较高层次的技术赶超方式,只有这样才能达到创新投入最低,收益最大。

可见,后发国家或企业采取一种技术赶超方式并不是随机的,它随着后发国家或企业的要素禀赋和技术能力的变化而变化,在不同的情况下要采取不同的技术赶超方式。但是,有一点需要注意的是,企业也好,国家也好,都可以作为一个微观利益主体,其利益取向有可能不同。比如有些国家在特定时期注重产品的数量、产品的丰富程度,有时注重研发资金的投放,或者仅仅追求利润最大化,有时又将企业或国家的创新方式上升到国家战略层面,将其作为国家的一项政策或战略导向。目前世界上大多数国家都非常注重创新,都将科技创新作为一项国策,上升到国家层面,中国也在"十一五"期间明确提出要构建创新

---

① 这是根据创新投入比较得出的结论,实际上我们也可以通过产量、不同创新方式下产品的价格及利润等比较发现,或者通过社会福利函数来进行研究,其分析结果是一样的。由于我们的模型仅仅是对现实情况的一个高度简化,所以现实情况可能更为复杂,推导过程也更为麻烦,结果也更为烦琐。对企业而言,其技术赶超方式选择时往往注重研发投入的节省状况,因为技术创新收益短期内是难以衡量的,同时也是难以控制的,而研发投入则是企业便于控制的决策变量,所以企业更多地依靠研发投入状况来决定技术赶超方式的选择。

型国家。也就是说,发展战略的不同就会导致不同的后发技术赶超方式选择,在我们的研究中也出现了这样的情况,比如仅考虑企业研发投入时,就有可能得出不同的结论,这说明后发国家或企业在进行技术赶超方式的选择时要考虑很多因素,并不是单纯地侧重于某一个方面。但可以肯定的是,一个国家或企业采取何种技术赶超战略是由多种因素决定的,并不是由国家或企业的政策导向或领导者的意志来决定的。上述分析发现,国家的技术赶超方式是由国家或者企业的要素禀赋和技术能力所决定的。当后发国家或企业具备了一定的技术能力之后,其就具备了自主创新赶超的能力和条件,如果其技术能力没有超越自身技术能力的限制,盲目地采取自主创新赶超战略,那么就会严重地浪费资源,甚至阻碍经济发展。

上述结论的政策启示主要表现在两个方面。第一,对后发国家和企业而言,在选择技术赶超方式时,一定要结合自身的要素禀赋和技术能力状况,不能无视自身的要素禀赋和技术能力状况而盲目地选择技术赶超方式,战略选择的失误会带来灭顶之灾。这就需要后发国家或企业在选择技术赶超方式时,必须客观地评价自己,研究并分析不同技术赶超方式所需要的支撑要素禀赋和技术能力。第二,目前中国企业除个别具备自主创新的赶超能力外,大部分还处于模仿创新赶超或合作创新赶超阶段,在赶超对象或领域选择上,也要结合区域或企业所拥有的要素禀赋状况,不能超越要素禀赋和技术能力现状而盲目选择。同时,对采取模仿创新的企业而言,所引进的技术不能太先进,要与自身的技术能力状况相适应,只有适应了要素禀赋和技术能力状况的技术,才能充分发挥效能,促进后发国家或企业的快速发展,从而最快地实现技术赶超。

第3节 "金砖国家"创新能力测度

1 创新能力评价的讨论

"金砖国家"的迅速崛起标志着经济全球化背景下世界经济与政治影响力向新兴发展中大国转移的态势,上述国家最突出的特征就是"大"和"快"。首先,国家规模和市场规模大。据《国际统计年鉴2011》的数据显示:人口数量指标方面,中国为13.44亿,印度为12.41亿,巴西为1.97亿,俄罗斯为1.42亿,南非为0.51亿分别居世界第1、第2、第5、第9和第24位;国土面积指标方面,俄罗斯为1 707.5万平方千米,中国为960万平方千米,巴西为854.7万平方千米,印度为328.8万平方千米,南非为122.1万平方千米,分别居世界第1、第3、第5、第7和第24位;国内生产总值指标方面,中国为73 185亿美元,巴西为24 767亿美元,俄罗斯为18 578亿美元,印度为18 480亿美元,南非为4 082亿美元,分别居世界第3、第10、第12、第13和第27位。其次,经济增长速度快。20世纪90年代至今,上述五国的经济增长速度不仅明显高于发达国家,而且也远高于其他发展中国家。根据各国政府网站的数据统计,2011年的年均GDP增速方面,中国为9.3%,巴西为7.5%、印度为6.9%、俄罗斯为4.3%,南非为3.1%,同期美国为3.0%,欧元区为2.0%,日本为1.7%。由此可见,"金砖国家"近年的经济增长速度明显高于发达国家。然而,"金砖五国"高速经济增长的基础依然过多地依赖于粗放型经济发展方式。时至今日,从全球经济发展的视角审视,劳动力、资本、土地等传统生产要素对经济增长的作用正趋于衰减,而技术创新、管理创新、体制创新将成为支撑一国未来发展的根本动力。可见,加快转变经济发展方式,促进本国产业结构优化升级,将是"金砖五国"未来发展的必然之路,而要改变粗放型的经济发展方式就应当以技术创新为依托,尤其是应当注重通过技术创新提升各类要素的集约节约水平,在提升附加值的同时有效地遏制环境污染排放。

创新的概念最早是由约瑟夫·熊彼特在1912年的《经济发展理论》一书中提出来的,随后他在1939年出版的《经济周期》一书中,比较全面而系统地提出了以技术创新为基础的经济创新理论。今天许多经济学者认为:熊彼特及其追随者开创的技术创新理论,以创新为基础,揭示了现代经济的一般特征及其发展的社会推动力。随着科学技术在经济发展中的作用日益突显,熊彼特的技术创新理论将越来越受到人们的重视、推崇和追捧。学术界对技术创新能力的重要性均持极力认可的态度,认为其重要性主要体现在技术创新对国家竞争力、产业结构升级、经济效率提升等三个方面。

部分学者研究了技术创新对一国竞争力的影响,美国的《国家关键技术报告》对技术创新的重要性有着充分的说明,其指出技术本身并不能保证经济繁荣和国家安全,只有在我们学会将其更有效地应用于研制新型高质量、成本有竞争力的产品时才能如此。通过自主创新发展产业的战略技术,提升产业素质,从而提升比较优势,是各国政策的最基本考虑。孙潇(2008)研究了自主创新对核心产业的国际竞争力的影响,发现在激烈竞争的国际市场上,缺少核心竞争力支撑的国内产业将陷于被动地位且容易受到市场变化的冲击,以自主创新能力支撑的产业国际竞争力是一国经济增长的综合体现,是国家可持续发展的重要保障。徐永利(2010)基于对"金砖国家"产业结构的比较分析提出,技术创新是促使其产业结构优化升级的重要基础和根本出路。吴俊和宾建成(2010)则从全要素生产率变动视角展开了比较分析,认为2000—2009年间,中国、印度、俄罗斯和巴西等国家全要素生产率变动的特征差异较大,而且以上四国的技术效率水平均比较低,而以能源强度指标刻画的能耗效率虽然有所改善,但相对于发达国家的能耗效率而言依然较为低下,唯有推动技术创新才能有效解决以上问题。

部分学者侧重于对技术创新能力的评价测算,但多数集中于对单个国家的技术分析,将"金砖国家"集中对比进行研究的依然较少。其中,欧阳峣(2010)选取"金砖四国"2002—2006年的增长竞争力、科技进步和自主创新三个指标进行了对比分析,发现"金砖四国"在数理化、材料科学、工学和农业等领域相对较强,而在医学、生物和社会科学等领域则相对落后,其中印度和中国的创新能力之所以发展迅速,离不开两国对科技人才的重视、培养和引进。吴俊和宾建成(2010)针对2000—2009年"金砖五国"的全要素生产率进行了较为详细的比较分析。在针对单个"金砖国家"技术创新能力研究的文献中,戚文海(2010)认为,关键技术产业的创新发展是俄罗斯产业结构调整和经济增长方式转变的基础和前提。宋兆杰和王续琨(2010)评价了俄罗斯的宏观技术水平并预测模拟了其2025年可能达到的技术水平,认为俄罗斯未来应将高新技术发展作为主要推动方向。徐大可(2007)依据技术投入能力、技术能力产出绩效、技术转化和吸收能力、技术支撑能力四类指标,测算了中国1998—2004年的省际自主创新能力,认为技术创新能力与经济增长之间存在必然关联。在市场经济条件下,多数发达国家的技术创新主体都是企业,因此学术界在关于提升技术创新能力的对策研究中观点较为一致,主要强调应加强政府主导,坚持以企业为主体,重视人才培养等。其中,孙潇(2008)认为,各国应坚持以微观企业为技术创新主体,强化企业在推动高科技产业化方面的主导作用,确立并不断巩固企业在技术创新中的主体地位。卢立峰和李兆友(2010)以巴西的技术创新政策为案例进行了演化分析,认为巴西技术创新政策前期多侧重于研究开发,而后期则主要侧重于创新体系建设,并认为其最重要的举措在于建立了以企业为主体的技术创新体系。

2 "金砖五国"创新能力测度及其评价

(1)指标体系设计

首先,在技术创新能力评测指标体系构建原则方面,由于国家技术创新能力评价属于系统评价范畴,在构建指标体系时应遵循以下几点原则:其一,科学性。指标系统要科学地反映国家技术创新的现有实力和未来潜力,既要兼顾总量指标和相对指标,又要注意选取静态指标和动态指标。其二,可行性。指标系统要在尽可能客观合理的基础上,兼顾指标的实用性和可操作性。在指标设计上,应尽量以国民经济核算的统计数据为依据,结合各国科技统计数据,避免评价结果的主观性。其三,可替代性。由于国家技术创新系统属于国家经济大系统的子系统,社会体制与政策对其不断施加影响,从而作为政策、法规管理的指标难以量化,因此为了指标体系的完整性和评价结果的可信性,指标设计应在尽可能客观的基础上,用替代指标反映此方面的情况。其四,动态连续性。在评价国家实际现有的技术创新能力时,还应考虑技术外溢的情况,因为技术合作和协同创新可以保持技术创新能力的可持续性。

其次,在具体的评测指标体系构建方面,由于技术创新能力评测指标体系是一个多层次、综合、复杂的系统,故我们基于技术创新效率、技术投入能力、技术产出能力、技术扩散能力四个一级指标,深入解析影响"金砖国家"技术创新能力的具体因素。第一,技术创新效率。技术创新效率是决定技术创新能力的重要因素,一个国家的技术创新效率越高,该国的技术创新绩效一般就越高。具体选取了高科技产品出口额/研发支出、高科技产品出口额/研发人员全时当量和全要素生产率三个指标来反映技术创新效率。第二,技术投入能力。技术创新投入有人力、资本、技术和经验。鉴于统计指标的有限性,依据可行性原则,我们认为选取直接相关的人力和财力投入的指标比较适宜。因此选取了研究与试验(研发)经费,研发人员全时当量两个指标。第三,技术产出能力。技术产出能力主要从科技产出来体现,具体选取了三种专利授权量和ESTI论文引用率来衡量。第四,技术扩散能力。技术扩散能力是指新技术、新工艺在各创新主体内流动的能力,是反映国家将技术转化为创新能力的重要标志。主要选取了企业间技术合作指数、企业与研究机构间合作指数两个指标。国家技术创新能力的完整指标体系见表 6-7。

表 6-7 技术创新能力指标

一级指标	二级指标	
技术创新效率	高科技产品出口额/研发支出	$X1$
	高科技产品出口额/研发人员全时当量	$X2$
	全要素生产率	$X3$
技术投入能力	研究与试验(研发)经费(十亿美元)	$X4$
	研发人员全时当量(千人)	$X5$
技术产出能力	三种专利授权量	$X6$
	ESTI 论文引用率	$X7$
技术扩散能力	企业间技术合作指数	$X8$
	企业与研究机构间合作指数	$X9$

(2) 测度模型构建

① 分析方法介绍

由于国家技术创新能力的评价指标之间存在一定的相关性,且各变量反映的统计信息互相交叉重叠,又增加了分析问题的复杂性。由于因子分析法能够在保证各指标信息完整的前提下对纷繁的数据进行有效简化,且能够对各项指标进行客观赋权,利用几个主要的综合指标来反映较全面的信息,其结果不仅能够体现原有指标的内在联系,还有助于克服变量之间的信息重叠问题并避免主观因素的影响,因此适用于一国技术创新能力的评估。

② 数据来源及处理

以反映国家技术发展水平的 9 个指标为原始变量,我们运用 SPSS 统计分析软件对"金砖五国"及美国、德国、英国、法国、日本、韩国等 11 个国家的区域技术发展水平做分析评价。各国的原始指标数据主要来自《中国统计年鉴 2013》和联合国教科文组织统计研究所,2013,我们针对原始数据进行标准化处理以消除不同量纲的影响。

③ 因子分析步骤

首先得到9个指标的相关系数,结果表明指标之间相关系数都比较大,除有一个系数小于0.4之外,其余都大于0.4,表明适合做因子分析。另外,由表6-8可知,KMO测度值的计算结果为0.736。一般认为,当KMO值大于0.7时,表明对观测值做因子分析具有较好的效果。

表6-8 适宜性检验 KMO 测度值

KMO 和 Bartlett 检验		
取样足够多的 KMO 检验		0.736
Bartlett 球形检验	近似卡方	205.313
	df	45
	Sig.	0.000

将各项指标的原始数据标准化后,建立变量的相关系数矩阵,从而得到区域技术创新能力的因子特征值及方差贡献率(见表6-9)。

表6-9 "金砖五国"技术创新能力因子特征值及方差贡献率

变量	特征值与方差比					
	初始的特征值			旋转平方和载入特征值		
	特征值	方差贡献率	累计方差贡献率	特征值	方差贡献率	累计方差贡献率
1	6.464	64.635	64.635	3.663	36.630	36.630
2	2.062	20.620	81.256	3.573	35.732	72.362
3	1.013	11.733	92.989	2.063	20.627	92.989

由表6-9可知,变量相关系数矩阵有三大特征值:6.464,2.026,1.013,它们一起解释了Z是标准方差的92.989%(累计方差贡献率),三个因子反映了原始数据所提供的足够信息。基于过程内特征值大于1的原则,使用主成分分析法相应提取三个主因子$F1$、$F2$、$F3$。

为了加强公共因子对实际问题的分析解释能力,先对提取的三个主因子分量$F1$、$F2$、$F3$建立原始因子载荷矩阵,然后对其进行结构调整简化,再对载荷矩阵进行因子旋转,选用方差最大化正交旋转,经六次旋转后,得载荷矩阵见表6-10。

表 6-10 技术创新能力旋转后的成分矩阵

指标		因子	
	F_1	F_2	F_3
X1 高科技产品出口额/研发支出	0.961	−0.022	0.262
X2 高科技产品出口额/研发人员全时当量	0.947	0.056	0.311
X3 全要素生产率	0.929	−0.207	−0.108
X4 研究与试验(研发)经费	0.519	0.654	−0.360
X5 研发人员全时当量	0.165	0.976	−0.112
X6 三种专利授权量	−0.263	0.852	0.198
X7 ESTI论文引用率	0.897	−0.098	−0.331
X8 企业间技术合作指数	−0.214	−0.080	0.946
X9 企业与研究机构间合作指数	−0.067	−0.043	0.969

变量与某一因子的联系系数绝对值越大,则该因子与变量的关系越近。如变量研究与试验(研发)经费与第一因子的值为 0.814,与第二、第三因子的值为 0.106、0.505,可见其与第一因子更近,与第二、第三因子更远。

由以上矩阵可知,公共因子 $F1$ 在 $X1$、$X2$、$X3$、$X7$ 上载荷值比较大,其中,$X1$、$X2$、$X3$ 是表示技术创新效率的指标,因此 $F1$ 是反映区域技术创新效率的公共因子;$F2$ 在 $X4$、$X5$、$X6$ 上载荷值比较大,$X4$、$X5$、$X6$ 是表示技术投入能力和技术产出能力的指标,因此 $F2$ 是反映区域技术创新能力和技术产出能力的公共因子;$F3$ 在 $X8$、$X9$ 上载荷值比较大,$X8$、$X9$ 是表示技术扩散水平的指标,因此 $F3$ 是反映区域技术扩散能力的公共因子(见表 6-11)。

表 6-11 各主因子命名

变量	高载荷指标	因子命名
$F1$	$X1$、$X2$、$X3$、$X7$	技术创新效率因子
$F2$	$X4$、$X5$、$X6$	技术创新投入产出因子
$F3$	$X8$、$X9$	技术创新扩散因子

最后进行因子评分,以各主因子的信息贡献率为加重权数计算 11 个国家技术创新能力的综合测评得分。各系数为各因子的方差贡献率与三个主因子

的累计贡献率的比值,由 Baitlett 法得出各国的单因子及因子综合得分与排序(见表 6-12)。

表 6-12 "金砖五国"及发达国家技术创新能力因子得分

	国别	F1	排序	F2	排序	F3	排序
"金砖国家"	中国	−0.302	7	2.339	1	−0.237	8
	巴西	−1.705	9	−1.669	10	−0.555	10
	印度	−0.904	8	−1.338	9	−0.16	7
	俄罗斯	−1.804	10	−1.089	8	−0.508	9
	南非	−1.993	11	−1.704	11	−0.653	11
发达国家	美国	2.083	1	1.755	2	1.199	1
	日本	1.322	2	1.212	3	0.433	6
	德国	0.909	5	0.710	4	0.521	4
	英国	0.911	4	−0.066	7	0.627	3
	法国	0.769	6	0.209	6	0.654	2
	韩国	1.239	3	0.615	5	0.467	5

(3) 技术创新能力评价

① "金砖五国"与发达国家的技术创新能力比较

由于因子分析法测度得到的结果并非技术创新能力的绝对值,而是刻画评价对象相对差距的指标,故我们将以技术创新能力因子得分排序为依据来分析"金砖五国"与其他发达国家技术创新能力的水平差距。我们首先将"金砖五国"与六个发达国家进行对比,对比结果表明,除中国在技术创新投入产出因子中的得分排序居首之外,"金砖五国"在三个主因子的得分排序中均明显落后于其余六个发达国家。在发达国家中,美国在技术创新效率、技术创新投入产出及技术创新扩散三大主因子中均拥有相对较大的优势,这表明美国仍然是当前世界技术创新第一大国,也是"金砖五国"技术创新的发展目标和借鉴对象。

② "金砖五国"内部排序分析

在"金砖五国"内部的对比中,中国的三个主因子的排序在五个国家中相对靠前,拥有较为明显的技术创新能力优势,这既与中国的技术发展水平相适应,也是中国近年来技术创新成果的客观反映。中国的技术创新效率因子排名"金砖五国"之首,表明中国在技术创新上的人力、财力投入带来了显著效益,显著地提升了国内高科技产业的国际竞争力和全要素生产率水平;中国的技术创新投入产出因子排名第一,不仅位于"金砖五国"之首,还超越了美国、日本、德国等发达国家,作为政府主导型技术创新模式的代表国家,中国政府在本国技术创新上投入了大量的人力和财力资源,也正是政府营造的创新环境和资源的优化配置推动了中国技术创新能力的发展;中国的技术创新扩散因子排名在"金砖五国"中落后于印度,但仍领先于巴西、俄罗斯和南非,表明中国的企业技术创新合作水平仍不够,科研成果转化能力有待提高,这主要是由于中国知识产权保护制度的不到位阻碍了技术的研发和共享。

其他"金砖国家"中,印度的三大主因子得分排序仅次于中国,其中,技术创新效率因子排名"金砖五国"第二,技术创新投入产出因子排名第三,而技术创新扩散因子却排名首位,这表明印度在较低的技术投入和产出水平下有着较好的技术创新效益,在企业间的技术创新合作和科研成果转化方面可能更有优势,这与印度的重点扩散型技术创新模式紧密相关。作为全球软件研发实力第二大国,印度紧密围绕计算机软件这一重点发展产业,在人力资源配置、基础设施配置和科研经费分配等方面均向计算机软件产业发展方向倾斜,尤其是其通过系统的制度创新及颁布实施一系列优惠政策,通过软件产业集群培育了软件产业的技术创新能力。这也使得印度虽然在整体科研投入和产出水平方面有所不足,但其技术创新资源在软件产业的集中配置,有效地提升了印度的技术创新效率,而且软件产业集群的发展不仅促进了集群间企业的协作创新,从而形成了企业间的良性竞合关系,还使科研成果能够及时转化为企业产品,从而不断地延伸产业集群链条并增强了产业的创新能力。

俄罗斯的三大主因子得分中的技术创新效率因子排名"金砖五国"第四,而技术创新投入产出因子排名第二,技术创新扩散因子排名第三,这说明俄罗斯尽管在技术创新的投入与产出方面仍领先于巴西、印度及南非,但技术创新效率及技术创新扩散水平均已处于五国中的较低水平。第二次世界大战后的苏联拥有雄厚的技术创新能力,而俄罗斯几乎继承了苏联解体后的全部科技基础和重要成果,因而拥有较好的技术创新基础,其中相当一部分关键技术位于世界领先水平。但20世纪90年代的经济改革给俄罗斯带来了较大的负面效应,俄罗斯的科研经费投入逐年下降,依赖于重工业及能源出口的经济模式导致俄罗斯的高科技产品研发和出口受到了诸多限制,研究成果转化机制匮乏使得创新技术难以转化为应用,大大削弱了俄罗斯的整体技术创新能力。

巴西的三大主因子得分排名"金砖五国"第四,其中,技术创新效率因子排名"金砖五国"第三,而技术创新投入产出因子及技术创新扩散因子均相对靠后,技术创新能力整体落后于中国、印度、俄罗斯。巴西的技术创新模式亦为政府主导型,但长期奉行"防守国家主义"的技术自立战略使得巴西难以吸收国际高新技术成果以支持自身的技术创新,创新成果难以与国际接轨,导致科学研究与企业需求相脱节,亦降低了巴西工业创新的积极性,使得巴西难以在"金砖五国"的对比中赢得技术优势。

南非作为在2010年新晋的"金砖国家",其技术创新能力的各项指标均居"金砖五国"的末位。其原因可能在于,至今南非依然未能完全实现工业化进程,也尚未摆脱以出口初级农矿产品,进口工业制成品为主的基本格局。虽然南非在金融、矿产、化工、交通等部门的现代化程度较高,但技术方面则多数被西方发达国家及大型跨国公司控制。所以南非不仅在技术积累方面依然不足,而且在自主创新能力方面依然相对落后。

3 "金砖五国"技术创新能力的影响因素分析

在"金砖五国"技术创新能力评测指标体系中,我们发现技术创新效率是衡量国家创新能力最为直接、适当的指标。因此,我们将采用技术创新效率指标来刻画各国的创新能力,且以因子分析中得分最高的人均专利数量来表示,通过计量实证来分析影响"金砖五国"技术创新能力的因素。

(1) 指标选择

我们认为,应当从知识存量资本、制度资本、知识溢出资本、信息技术资本、创新文化资本等五个维度来解析其对一国技术创新能力的影响。

分别采用人均GDP和专利存量两个指标来测量j国在t年的知识存量资本$A_{j,t}^{\text{STOC}}$。其中,前者表示一国将知识存量转化为实际的经济水平,后者则是对一国所拥有的领先技术的直接测量。

关于制度资本$X_{j,t}^{\text{INST}}$,主要包括知识产权保护程度、反垄断程度以及国家对研发的税收补贴等直接影响创新活动的指标。

知识溢出资本$Y_{j,t}^{\text{SPIL}}$是国家创新系统可从系统外部获得的知识的集合。内生增长理论认为,参与国际贸易有助于加速知识和人力资本在全球范围的传递,因此,国际贸易也是知识溢出的主要方式。此外,跨国公司的投资可以带来先进生产技术和管理经验,东道国本地企业通过模仿跨国公司的先进生产技术及管理经验来实现自身技术创新能力的提升。故我们选择贸易开放度和外商直接投资占GDP的比例作为衡量知识溢出资本的指标。

信息技术资本 $Z_{j,t}^{THCH}$ 是一国信息技术设施服务于知识创造、扩散、存储和应用等知识管理流程的能力。我们选择信息与通信技术投入占GDP比例作为刻画信息技术资本的指标。此外,互联网技术作为信息与通信技术的核心技术,其应用水平的高低可用以反映信息与通信技术的发展水平。故我们选择个人接入宽带的比例作为刻画一国信息技术资本的指标。

创新文化资本 $B_{j,t}^{CULT}$ 代表一国公民对创新行为的倾向总和,本研究依据全球公民科学素质研究中的通用题目来反映不同国家的科学文化,通过人们是否相信科技会使生活更加美好,日常生活中科技的重要性,以及科技是否利大于弊等三道测试题来刻画人们对创新的态度(见表6-13)。

表6-13 "金砖五国"技术创新效率影响因素

测度类别	测度指标(指标缩写)
知识存量资本 $A_{j,t}^{STOC}$	人均GDP(GDPC)
	专利存量(IP)
制度资本 $X_{j,t}^{INST}$	反垄断程度(ANTI)
	知识产权保护程度(PS)
	国家对研发的税收补贴(TTRD)
知识溢出资本 $Y_{j,t}^{SPIL}$	贸易开放度(TRO)
	外商直接投资占GDP的比例(FDI)
信息技术资本 $Z_{j,t}^{THCH}$	信息与通信技术投入占GDP的比例(ICT)
	个人接入宽带的比例(NBLP)
创新文化资本 $B_{j,t}^{CULT}$	科技与生活质量(STL)
	科技的重要性(STI)
	科技的利弊(STBH)

(2)模型构建

为了有效地解释、预测技术创新效率及其影响因素之间的关系,我们构建的多元线性回归模型如下:

$$E_{j,t}^{INNO} = \partial_0 + \partial_1 A_{j,t}^{STOC} + \partial_2 X_{j,t}^{INST} + \partial_3 Y_{j,t}^{SPIL} + \partial_4 Z_{j,t}^{STCH} + \partial_5 B_{j,t}^{CULT} + \varepsilon_{j,t}$$

(6-39)

以上即为"金砖五国"技术创新效率影响因素模型,其中,$E_{j,t}^{INNO}$表示 j 国在 t 年的技术创新效率,即 j 国在 t 年的人均专利数量;$A_{j,t}^{STOC}$ 表示 j 国在 t 年的知识存量资本,$X_{j,t}^{INST}$ 表示 j 国在 t 年的制度资本,$Y_{j,t}^{SPIL}$ 表示 j 国在 t 年的知识溢出资本,$Z_{j,t}^{THCH}$ 表示 j 国在 t 年的信息技术资本,$B_{j,t}^{CULT}$ 表示 j 国在 t 年的创新文化资本,$\varepsilon_{j,t}$ 表示误差项。

(3) 数据来源和处理

我们选取"金砖五国":中国、巴西、印度、俄罗斯和南非为研究对象,中国的主要指标数据来源于 2006—2011 年的《中国统计年鉴》和《中国科技统计年鉴》,其他四国的数据来源于世界经济论坛 *World Competitiveness Report* 和 STAT 统计数据库。

利用 STATA 软件对包含 2005—2010 年"金砖五国"的面板数据进行回归分析,其结果见表 6-14。为使计量估计更为稳健,首先应用混合数据最小二乘法(POLS)进行估计,估计结果见 a 列。进而,为控制制度及文化因素导致的国家技术创新效率差异等不可观测的异质性对模型的影响,我们分别采用固定效应模型和随机效应模型进行估计,且都采用以国家为聚类变量的聚类稳健标准差,估计结果见 b、c 列。由于我们选择的面板数据中截面单元与时间序列单元的维度差异较小,则应考虑组内自相关问题,同时考虑到选取的是国家面板数据,中国、印度、俄罗斯等相邻国家之间的经济活动可能相互影响。因此,也利用同时处理组内自相关和组间同期相关的 FGLS 法进行估计,估计结果见 d 列。

表 6-14 回归结果

		a	b	c	d
估计方法		混合回归	固定效应	随机效应	FGLS
年份		2005—2010	2005—2010	2005—2010	2005—2010
$stoc_1$	GDPC	0.112*	0.103**	0.111***	0.106***
		(0.091)	(0.021)	(0.057)	(0.022)
$stoc_2$	PS	0.312***	0.268***	0.266***	0.305***
		(0.073)	(0.076)	(0.079)	(0.068)
$stoc_3$	IP	0.201***	0.186***	0.163***	0.202***
		(0.075)	(0.078)	(0.085)	(0.076)

(续表)

		a	b	c	d
估计方法		混合回归	固定效应	随机效应	FGLS
年份		2005—2010	2005—2010	2005—2010	2005—2010
$inst_1$	ANTI	0.019 (0.087)	0.023** (0.019)	0.020 (0.032)	0.018 (0.023)
$inst_2$	TTRD	0.198*** (0.057)	0.168*** (0.047)	0.146*** (0.035)	0.199*** (0.056)
$spil_1$	TRO	−0.098** (0.037)	0.047 (0.067)	−0.072*** (0.018)	−0.202*** (0.076)
$spil_2$	FDI	−0.201*** (0.075)	−0.222*** (0.076)	−0.186*** (0.078)	0.009 (0.011)
$tech_1$	ICT	0.251*** (0.074)	0.166*** (0.058)	0.143*** (0.055)	0.189*** (0.066)
$tech_2$	NBLP	0.017 (0.087)	0.021** (0.022)	0.019 (0.033)	0.015 (0.043)
$cult_1$	STL	0.154** (0.043)	0.151*** (0.054)	0.159* (0.019)	0.161*** (0.053)
$cult_2$	STI	0.166** (0.046)	0.163*** (0.044)	0.172* (0.021)	0.175*** (0.043)
$cult_3$	STBH	−0.097** (0.036)	0.045 (0.076)	−0.088*** (0.016)	0.009 (0.021)
cons		3.022*** (0.002)	2.953*** (0.011)	2.826*** (0.012)	2.482* (0.123)
是否包含截面虚拟变量		否	是	否	是
是否包含时间虚拟变量		否	是	否	是
样本量		24	24	24	24
修正的 R-squared		0.489	0.468	0.445	0.523

注：括号内为标准误，***、**、*分别表示在1%、5%和10%的显著性水平上显著。

(4) 估计结果分析

表6-14提供的计量估计结果表明：

就知识存量资本而言，人均GDP、知识产权保护程度和专利存量均对各国技术创新效率有着显著影响，这表明技术创新效率不仅与一国的经济发展水平紧密关联，而且市场化条件下的技术创新成果还需要有更为严格、完善的保护机制，这也将激励国内行业与企业积极开展研发活动并营造更为健康、良好的创新环境。

就制度资本而言,国家对研发的税收补贴与技术创新效率有着显著的正相关关系(在1%的显著性水平下,系数为0.199),相比之下,反垄断程度并未对技术创新效率产生显著影响。这意味着"金砖国家"的技术创新活动可能面临较高的研发投入和创新成本,政府在财税方面支持技术创新将有效地改进其技术创新效率。中国、俄罗斯、巴西等"金砖国家"的大中型企业在本国的行业发展中通常占有重要地位,也具有较高的技术水平和承担创新风险的能力,故简单的反垄断政策未必能够促进其技术创新效率的提升。

就知识溢出资本而言,贸易开放度和外商直接投资占GDP的比例对技术创新效率的影响相对较为复杂,贸易开放度的提升有可能对本国的技术创新效率产生一定的抑制作用,其原因可能类似于傅钧文(2004)的研究结论,即较高贸易开放度下以"出口导向"的国家主要出口劳动密集型产品,进口关键零部件、设备以及能源等贸易产品,因其处在全球化生产经营链条底端的劳动密集型环节,技术含量不高且技术溢出效应较弱,以上因素均有可能导致较高贸易开放度对一国技术创新效率的扭曲。此外,尚未有证据表明外商直接投资改进了"金砖国家"的技术创新效率。原因可能类似Borenztein et al.(1998)的研究,对于包括"金砖国家"在内的诸多发展中国家而言,利用外商直接投资技术溢出效应的关键在于对引进技术的吸收能力,东道国必须具备一定的劳动技术水平和基础设施与之匹配,而多数发展中国家通常只是盲目地引进国外先进技术,但研发经费投入和研发人力资本缺乏抑制了企业的技术吸收能力,从而导致外商直接投资不能有效地改善一国的技术创新效率。基于东道国发展门槛(Development Threshold)的角度解释了上述研究的分歧,认为技术创新效率享受外商直接投资带来的外溢。

就信息技术资本和创新文化资本而言,信息与通信技术投入占GDP的比例越高对国家技术创新效率的正向推动作用越强,信息与通信技术在经济中的广泛使用可以提高企业的效率,通过信息与通信技术资本深化和信息与通信技术制造业全要素生产率的改进,能够提升一国的全要素生产率,从而改善一国的技术创新效率。相比之下,针对创新文化资本的考察发现,一国民众对科技与生活质量及科技重要性的评价体现了一国创新文化氛围的优劣,较高的创新文化资本对国家技术创新效率有着积极的正向影响;民众对科技的利弊的判断并未对国家技术创新效率产生显著作用,其原因是以"金砖国家"为代表的发展中国家的广大民众通常缺乏对技术创新活动的理性认知和判别能力,其通常只关注技术创新活动与自身利益相契合的部分,因此也很难对国家技术创新效率的改进方向和策略制定产生显著影响。

我们在构建国家技术创新能力评测指标体系的基础上,针对"金砖五国"及其他发达国家的技术创新能力进行了系统的比较分析,并利用2005—2010年11个国家的样本数据进行了实证分析。研究发现,除中国在技术创新投入与产出指标方面接近发达国家之外,无论是技术创新效率还是技术创新扩散,其他四个"金砖国家"与以美国为代表的发达国家相比均存在较大差距。在"金砖五国"内部的比较方面,中国在技术创新投入产出方面和技术创新效率方面均居首位,但在技术创新扩散方面仍落后于印度。印度、巴西、俄罗斯及南非四个"金砖国家"在技术创新能力评价的三个主因子排序方面,也存在较为明显的不均衡发展特征,这也表明"金砖国家"的技术创新可能会受不同发展战略和经济结构的影响,从而导致其技术创新模式选择及发展侧重点有所差异。实证分析则证实了一个国家的知识产权保护程度、专利存量、研发补贴水平、信息技术资本等对国家的技术创新效率提升有着显著的正向促进作用,而过高的贸易开放度和盲目地对外引资不仅难以改善国家的技术创新效率,甚至还可能对其产生一定的扭曲效应。此外,民众对科技与生活质量及科技重要性的认知对于提升国家的技术创新效率有着显著的推动作用。

第4节 大国创新道路的中国经验

1 创新与大国发展的研究

中国古代曾经有过"四大发明"的荣耀,但是却在现代化进程中成为落伍者。为实现大国复兴的梦想,许多仁人志士致力于制度和技术的变革创新,努力推进现代化进程。实现中国现代化的目标,关键是科学技术现代化。从毛泽东提出"自然科学是人们争取自由的一种武装",邓小平重申"科学技术是第一生产力",到习近平总书记强调"创新是引领发展的第一动力";从中华人民共和国成立初期学习苏联技术和后来在封锁的夹缝中创新,改革开放以后选择模仿创新的方式,到进入21世纪以后走向自主创新道路。经过长期的科学探索和知识积累,中国已逐步从世界科技的跟随者变为并行者,在某些方面已有领跑能力,成为具有重要影响的科技大国。根据2012年的统计,中国研发人员数量居世界第一,SCI收录科技论文数量居世界第二,发明专刊授权数量居世界第三,高新技术产业总产值达到10万亿元。显然,中国在世界格局中的科技实力已经发生根本性变化。

技术创新是现代经济学研究的重要内容,国内外经济学家对中国技术创新的研究主要沿着三条路线开展:一是中国技术创新的路径和方式。林毅夫和张鹏飞(2005)认为,落后国家既可以发挥后发优势实现技术赶超,也可以利用适宜技术实现经济收敛。Tang(2009)认为,中国建立了两个创新体系,即以外国直接投资为基础的创新体系和本土创新体系。Zhu and Tann(2009)认为,中国的技术创新经历了从高度集中控制到以市场为导向的合作创新过程。洪银兴(2011)认为,市场通过资源配置推动创新,但不排斥政府积极介入企业的自主研发过程。二是中国技术创新的影响因素。Baldwin and Caves(1997)认为,来自国际市场的竞争促使出口企业削减成本和提高效率,进而推动企业技术进步。Miao et al.(2007)发现,市场结构、竞争策略和资本等因素对企业技术升级有显著影响,而地理、制度等因素对工业园区企业相互学习与合作有重要作用。范红忠(2007)认为,基本要素经济总收入和人均收入的提高,将会促进一国研发投入和自主创新能力的提升。张杰等(2015)发现,中国情景下政府创新补贴对中小企业私人研发没有显著效应,贷款贴息类型的政府创新补贴则造成了显著的挤入效应。三是中国技术创新对经济增长的贡献。Xu and Jeffrey(1998)的研究表明,中国杂交水稻与常规水稻在技术效率方面存在显著差异,杂交水稻存在明显的区域效率差异。Zheng et al.(2003)的研究发现,国有企业生产率提升显著,而且主要是通过技术进步实现的。徐瑛等(2006)利用新的技术进步贡献率计量方法测算了1987—2003年间中国技术进步的状况,发现中国技术进步贡献率开始出现稳步增长的趋势。龚轶等(2013)发现,技术创新导致的劳动生产率提高和企业物质资本节约推动了中国产业结构优化,其中物质资本节约型创新对产业化起着关键作用。

我们将系统地总结中国技术进步的经验,从总体上对中国的创新道路进行经济学阐释,以期为开拓当代马克思主义政治经济学的新境界做出积极贡献。

我们将回答以下问题:发展中大国的技术创新有何特点,中国形成了怎样的技术创新框架,怎样从经济学角度解释大国的技术创新优势,以及中国在经济发展不同阶段如何对技术创新方式进行合理选择?

2 经济增长和技术创新:理论与经验

在经济思想史上,随着经济增长从初级阶段向高级阶段演进,技术创新理论在逐步走向成熟和完善,其核心问题就是技术进步作为经济增长的重要驱动力怎样发挥作用,或者说技术进步促进经济增长的内在机理是什么。关于经济增长动因的研究主要有两条脉络:第一条脉络是斯密式增长。斯密(1972)将经济增长的主要动力归结于社会分工,认为劳动生产力上最大的增进,以及运用劳动时所表现的更大的熟练、技巧和判断力,似乎都是分工的结果。分工可以提高生产的专业化程度,进而提高劳动生产率。马歇尔主要从规模经济和效益递增的角度考察了经济增长,但收益递增取决于劳动分工的演进,产业分工和专业化是报酬递增机制实现过程的基本组成部分(Young,1928)。杨小凯(2001)深化了对分工的分析,通过刻画迂回生产中的分工演进,特别是分工的内生演进产业的经济发展,用斯密的动态全部均衡模型来说明内生的分工演进的动态全部均衡机制。第二条脉络是熊彼特式增长。熊彼特(2000)提出了一套解释经济变迁和社会演进的经济学框架,认为企业家创新是推动社会经济系统演进的直接动力,生产技术的革新和生产方法的变革在经济增长中起着决定性作用。库兹涅茨(1989)提出了经济增长的理论分析框架,从技术、知识和制度等方面说明了经济增长的连续性和长期性。索洛模型认为,经济增长率是由技术进步率、资本增长率和劳动增长率三个主要因素决定的,说明了技术进步在经济增长中的决定性作用。以罗默和卢卡斯为代表的新增长理论,将强调技术和知识的创新理论纳入增长理论,通过内生化的技术进步或人力资本积累来解释经济长期增长。后来形成的技术创新经济学则集中研究了技术创新与市场结构、企业规模的关系,技术创新的动力和阻力,以及技术进步促进经济增长的机制。Freeman(1987)则提出了"国家创新体系"的概念,认为它是政府、企业、大学、研究院所、中介机构之间为寻求共同的社会经济目标而建设性地相互作用,并将创新作为变革和发展的关键动力系统。

马克思主义经济学不是离开人类文明的大道而独立产生的,它汲取了世界经济发展的经验,又利用了经济思想史的智慧。马克思继承了斯密和李嘉图的传统,深入地研究了社会分工的意义;同时,深入地探讨了科学技术的作用,从而成为创新理论的先驱者。马克思为构建一种创新驱动的内生经济演化理论做出了积极贡献,正如 Freeman(1987)所说,19 世纪的马克思和 20 世纪的熊彼特力图在经济理论中赋予技术创新更为中心的位置。马克思对创新发动机的运行及其所推动的内生经济演化进行了刻画,并揭示了这种创造性的毁灭过程及其周期性。速水佑次郎(2003)把马克思和库兹涅茨的经济增长类型进行了比较:马克思研究了工业化初期的经济增长,认为技术进步中具有用资本替代劳动的取向;库兹涅茨研究了高级阶段的经济增长,认为科学的系统应用是自工业革命以来现代经济增长的发动机。在借用技术赶超发达经济的道路上,新兴工业经济可能相当普遍地显现出马克思—库兹涅茨混合类型(Kuznets,1957)。马克思是将科学技术纳入生产力范畴的开创者,他在谈到资本的发展时指出,生产力中也包括科学,科学的力量是不费资本家分文的另一种生产力。在他看来,科学技术在知识形态上是一般的社会生产力,是一种潜在的生产力;科学技术一旦进入生产过程,这种知识形态的生产力就会转化为现实的、直接的生产力。后来,列宁和毛泽东在社会主义建设实践过程中,具体地阐述了科学技术促进经济发展的作用。列宁曾经致力于实现社会主义工业化,他提出了"共产主义就是苏维埃政权加全国电气化"的命题,[①]认为"只有当全国实现了电气化,为工业、农业和运输业打下了现代大工业的技术基础的时候,我们才能彻底取得胜利"。毛泽东曾经致力于建设社会主义现代化国家,认为"我们现在不但正在进行社会制度方面的由私有制到公有制的革命,而且还在进行技术方面的由手工业生产到大规模现代化机器生产的革命,而这两种革命是结合在一起的"。[②] 显然,他把技术革命和社会革命提到同等重要的地位,充分认识到了制度创新和技术创新的客观必然性。

在探索中国特色社会主义道路的过程中,中国共产党人越来越认识到科学技术推动经济发展的决定性作用。毛泽东的积极贡献在于把制度创新和技术创新概括为建设社会主义的两大革命,邓小平的积极贡献在于适应科学技术迅

[①] 中央党校哲学教研部:《马克思主义经典作家论科学技术和生产力》,中共中央党校出版社 1991 年版,第 139 页。

[②] 毛泽东:《毛泽东选集》第 5 卷,北京:人民出版社 1977 年版,第 182 页。

猛发展的趋势做出了"科学技术是第一生产力"的科学论断，他反复强调："马克思说过，科学技术是生产力，事实证明，这话讲得很对。依我看，科学技术是第一生产力。"①他总结了当代科学技术发展的新特点，认为当代科学技术具有主导性特点，是起主导性作用的要素，可以决定劳动力和生产工具的先进程度；当代科学技术具有综合性特点，通过高科技产业成为现代经济发展的主要驱动力。习近平的积极贡献在于，他从世界经济史、中国经济史和大国经济复兴的维度，具体地分析和阐述了科技进步和自主创新在中国现代化格局中的战略地位。第一，通过总结世界经济发展经验，认为"高端技术就是现代的国之利器。近代以来，西方国家之所以能够称雄世界，一个重要的原因就是掌握了高端技术"。②第二，通过总结中国经济发展经验，认为"过去三十多年，中国的发展主要是依靠引进上次工业革命的成果，基本上是利用国外技术，早期是二手技术，后期是同步技术。如果现在仍利用这种思路，不仅差距会越拉越大，还将被长期锁定在产业分工格局的低端"。③第三，通过分析大国经济复兴的现实要求，认为"一个国家只是经济体量大，还不能代表强。我们是一个大国，在科技创新上要有自己的东西。一定要坚定不移地走中国特色自主创新道路"。④可见，他基于这种对历史和现实的客观分析，厘清了中国创新道路的逻辑，提出了中国创新驱动发展战略。

中国经济增长从工业化初期到工业化中后期，技术进步从学习、模仿阶段到自主创新阶段，中国从世界科技的跟随者到并行者和领跑者，这是中国经济发展和技术创新的基本逻辑。经过长期的探索，中国形成了比较完善的创新驱动发展战略框架，《中华人民共和国国民经济和社会发展第十三个五年规划纲要》中简明地表述了这个框架的主要内容：第一，把发展基点放在创新上，发挥科技创新在全面创新中的引领作用；第二，强化原始创新、集成创新和引进消化吸收再创新，着力增强自主创新能力；第三，明确各类创新主体的功能定位，构建"政产学研用"一体的创新网络。在这个框架中，明确了科技创新的引领作用

---

① 中央党校哲学教研部：《马克思主义经典作家论科学技术和生产力》，北京：中共中央党校出版社1991年版，第78页。
② 中共中央文献研究室：《习近平关于科技创新论述摘编》，中共中央文献出版社2016年版，第39—40页。
③ 同上书，第35页。
④ 同上书，第40页。

和战略地位、科技创新的基本形式,以及创新网络的基本要素,应该说是比较成熟的科技创新战略体系。这个体系具有两个明显的特征:一是大规模国家特征。相对而言,规模庞大的国家更加需要科技创新,特别是走自主创新道路,从而实现从经济大国向经济强国转变的国家。二是发展中国家特征。基于发展中国家与发达国家的技术差距,在经济发展初期应该重视学习和模仿,但需要在引进消化吸收的基础上进行再创新,通过自主创新实现经济转型。同时,大国需要构建相应的国家创新体系,形成发挥各种创新主体功能和作用的举国体制。中国的创新驱动发展战略框架,凝聚了几十年中国创新实践的经验和智慧,也体现了发展中大国的国情和特征。

3 市场规模:大国创新优势

学术界关于国家规模和经济增长的研究始于1957年国际经济与贸易协会在海牙举办的以"国家规模的经济影响"为主题的学术会议,库兹涅茨(1957)提出了一些假设,其中很重要的一条就是"研究和开发工作在大国可能获得更大的成就吗?"他基于规模经济效应,提出了大经济体通常具有开发创新的比较优势,即熊彼特式增长;而小经济体应更依赖于自由贸易的专门化收益,即斯密式增长。这种大国增长战略符合内生增长模型,Kremer(1993)指出,内生技术变化模型,如Aghion and Howitt(1993)以及Grossman and Helpman(1991)通常隐含人口多促进技术变化的前提。如果用于研究开发的资源额度保持不变,如Romer(1990)假设发明一项新技术的成本独立于使用这种技术的人数,那么,人口的增长将导致技术变化的增长。库兹涅茨的假设经受了历史和时间的检验,罗宾逊(2008)在《国家规模的经济影响:50年来的回顾》中进行了阐述。综合起来,国家规模影响技术进步应该有两条路径:第一条是人口众多导致技术人才众多,从而促进技术进步;第二条是人口众多导致技术市场广大,进而推动技术进步。在古代社会,大国技术优势的形成主要通过第一条路径,由此可以比较合理地解释"李约瑟之谜",即在17世纪和18世纪之前,中国的技术水平居于世界领先地位,火药、造纸和印刷术被誉为"让欧洲人走出黑暗的三大技术发明",但从18世纪中叶西方出现工业革命以后,中国的技术和经济迅速落后于西方。林毅夫(1994)根据科学发现与技术发明的基本方式,将中国科学技术史划分为两个阶段,认为在前现代时期,主要依赖工匠、农夫的实践经验和思维敏捷的天才对自然的观察。中国因人口众多而拥有更多的能工巧匠、耕织能手和智慧过人的天才,因而在推动科学技术方面具有比较优势,一度在科学发现、技术创新、生产率提高、工业化程度和财富创造等方面占据领先地位,成为世界上最强盛的经济。随着世界历史向现代化时期演进,科学发现和技术发明进入借助于科学实验的阶段,中国依靠人口众多体现出来的推动科技进步的比较优势就丧失掉了。昔日的兴盛国家走向衰落,大大落后于西方国家。在现代社会,大国技术优势的形成主要通过第二条路径,由此可以比较合理地解释当今世界的大国崛起。Romer(1990)认为,新技术产生主要受市场利益的驱动,这是"内生技术变迁"的重要理论前提。范红忠(2007)通过分析市场需求规模制约技术创新的机制,提出了有效需求规模假说:市场需求规模可以通过分摊研发成本,提高研发盈利的预期水平;市场需求规模影响市场结构,从而影响厂商采用新技术的动力;市场需求规模制约国家创新基础设施建设及微观创新环境,进而影响长期的技术创新效率。大国具有较大的市场需求规模,这既有利于降低技术创新的成本,减少技术创新的风险;又有利于提高创新基础设施建设的效率,增加企业集群和产业集群的外溢效应。为此,大国市场需求规模有可能形成技术创新比较优势,在技术创新方面往往居于国际前沿水平。

中国实行改革开放政策以后,突破了束缚技术进步的制度藩篱,进而发挥市场需求规模影响技术创新的作用,形成了技术创新比较优势,促进了技术创新局面发生变化。第一,从创新资源的规模来看,中国的世界排名逐步提升。2013年中国创新资源规模位居世界第29位,其中,科技人员数量达到380万,居世界第1位;研发经费投入达到13 312亿元,居世界第2位。第二,从创新需求的规模来看,中国企业数量规模庞大。2013年中国中小企业数量达到2 258万家,居世界第2位;中国跻身世界500强的企业达到95家,仅次于美国。第三,从创新产出的规模来看,2014年中国的国际科技论文数量居世界第2位,被引次数仅次于美国;发明专利授权达到66万件,居世界第3位;高新技术产业总产值突破10万亿元。第四,从技术市场的规模来看,2012年中国技术市场成交合同金额达到6 437亿元,中国高新技术产品进出口总额为12 185亿美元,其中出口额为6 603亿美元,进口额为5 582亿美元,居世界第1位。可见,随着经济的持续高速增长,中国的经济总量已居世界第2位,国内市场规模巨大,明显高于中小规模国家(见表6-15)。而且,中国利用庞大的市场需求规模形成了大国创新优势,技术市场规模庞大,特别是人口密集和发达程度较高的东部地区,技术市场成交合同金额占到全国2/3的比重。目前,中国国家创新指数居世界第19位,已经成为有重要影响力的科技大国,国家创新能力大幅度增强。

表6-15 中国、美国与韩国、新加坡的市场规模比较

国别\指标	中小企业总数（万个）	世界500强企业数（个）	GDP（亿美元）	GNP（亿美元）	高新技术产品进口额（亿美元）	高新技术产品出口额（亿美元）
中国	2 258	95	92 400	89 053	5 582	6 603
美国	3 222	132	167 680	169 030	3 359	4 215
韩国	300	14	13 050	13 016	1 531	3 418
新加坡	15	2	2 980	2 918	1 690	2 105

注:本表以中国、美国代表大国,韩国、新加坡代表小国,选取2013年中小企业总数、世界500强企业数、GDP、GNP、高新技术产品进出口额等指标,比较大国和小国的市场规模。

资料来源:财富中文网、Wind数据库、《世界发展数据手册》。

4 后发追赶:模仿创新优势

西方经济学家在探讨落后国家工业化道路的时候,先后提出后发优势假说和追赶假说。马克思认为,社会经济发展将遵循自然规律,工业较发达国家向工业较不发达国家所显示的,只是后者未来的景象。Gerschen-kron(1962)提出,落后国家的工业化进程与先进国家相比有其差异性,主要是"相对落后"的东西对工业发展存在影响。落后国家从较先进国家能够吸收的技术创新存量越大,其工业化前景似乎就越乐观。这是得益于相对落后的后发优势。Nelson(1966)的研究证明,后发国家技术水平的提高与其相对于技术前沿国家的技术差异呈线性正比,而且后发国家技术进步的速度往往高于先发国家,随后再减慢并保持"均衡技术差距"。Abramovitz(1986)则提出了追赶假说,即一个国家的经济越是落后,其经济增长的速度就越快,所以,后发国家赶上先发国家具有必然性。根据上述两种假说,落后国家的工业化和技术创新往往具有模仿创新优势,可以利用先发国家的技术外溢效应,获取技术进步的后发利益。

从后发追赶到模仿创新,的确具有内在的逻辑联系。技术性后发优势表现为后发国家的技术学习,即从先发国家引进各种先进技术,经过模仿和消化吸收,获得后发利益。从技术角度来看,如果模仿者的工资成本相当低,则仿制品

可以为模仿者带来价格竞争优势;如果国家规模很大,则将会获取巨额的技术后发利益。对于欠发达国家来说,为追赶发达国家,就需要有比发达国家更快的速度,为此,模仿创新无疑是明智的选择。在世界经济发展史上,英国是工业化先发国家,法国和德国重要产业领域的关键技术和设备,甚至是技术工人和专家,大部分都是模仿英国的;相对于美国和德国而言,日本是后发国家,其同样走了一条学习和模仿的创新道路。亚洲的其他新兴工业化国家也是后发利益驱动的,韩国通过技术学习和模仿创新,实现了经济追赶式发展。金麟洙(1997)回顾了韩国工业技术从模仿到创新的过程,认为韩国取得如此快速的工业化发展,在很大程度上起源于模仿。20世纪60年代韩国开始出口劳动密集型产品,70年代以后轮船、钢铁和电子产品发展起来,80年代中期以后计算机、半导体存储片、汽车产业发展起来,而且致力于开发多媒体电子、高清晰电视和个人通信系统。日本和韩国不仅从学习和模仿中获得了技术后发利益,而且通过消化、吸收、再创新追赶上了欧美发达国家,走到了世界科学技术的前沿。

外商直接投资是发展中国家技术学习和模仿的重要形式,可以通过国外投资企业的"外溢效应"获得后发利益。虽然,发展中国家可以通过购买方式直接引进发达国家的先进技术,但是有两种因素制约着这种引进方式的发生和效果。一方面,发展中国家在经济发展初期资金匮乏,不可能积累大量的资金用于购买国外的先进技术,购买技术的能力是有限的;另一方面,发达国家的前沿技术并不一定适宜于发展中国家,购买和应用这种前沿技术的效果是不确定的,可能不会有效地促进发展中国家的技术进步。相对而言,引进外商直接投资对发展中国家技术创新的影响具有更加显著的效果,这样既可以利用国外的资金来发展经济,又可以使国外技术与国内生产要素和生产条件相适应,进而形成适宜技术。徐涛(2003)的研究表明,引进外商直接投资不仅可以解决国家的资金缺口,而且能够提升引入国家的技术水平。他在资金非同质性假设的基础上建立了一个内生增长模型,并对外商直接投资与中国技术进步的关系进行了检验,结果表明,外商直接投资对中国的技术进步有明显的促进作用。巴罗(2010)提出了追随国家模仿者行为模型,用于刻画后发国家的技术模仿行为,他认为,模仿型企业受模仿成本、产品被仿制后的最后定价以及自由进入条件等因素制约。追随国家人力资本越丰富,模仿成本越低;追随国家的产品定价与领先国家相似,但要受到规模变量影响;自由进入模仿领域的条件,也对模仿者的收益率存在影响。从理论上来说,如果领先国家的所有发现都被追随国家仿制,那么追随国家将转入创新;但是,如果追随国家的政策比领先国家优越,就可能出现技术的交互跟进,实现技术领先地位的转换。然而,由于外商直接投资对发展中国家的自主研发投入具有补充和替代作用,可能导致发展中国家自主研发能力下降,从长期来看,其不仅会失去自主研发能力,也将失去对现代科技的吸收能力。范承泽等(2008)运用世界银行对中国企业的调查数据,实证分析了外商直接投资对国内企业技术创新的影响,发现一个企业在研发方面的投入随着引进外商直接投资数量的增多而减少,估测结果显示,外商直接投资对中国国内研发投入的作用为负数。

中华人民共和国成立初期,开始学习和引进苏联技术。但是,随着苏联停止技术援助,中国转向在封闭条件下强化技术自主创新,组织科技力量集体攻关,在国防科技和国防工业领域取得了重要成就。中国实行对外开放政策以后,通过多种形式大规模引进发达国家的先进技术,在20世纪末和21世纪初达到了高峰期(见表6-16)。邓小平(1993,第44页)指出:"我们要向资本主义发达国家学习先进的科学、技术、经营管理方法以及其他一切对我们有益的知识和文化,闭关自守、故步自封是愚蠢的。"认识落后,才能去改变落后;学习先进,才有可能赶超先进。中国利用发达国家的技术扩散效应来实现技术追赶,在模仿创新阶段主要采用三种形式:一是直接购买和引进发达国家的先进技术和设备,通过改进形成适宜性技术。20世纪70年代,中国开展了第二次成套技术设备引进,从法国、日本、美国和荷兰进口成套的化纤和化肥、技术设备,从德国和日本引进电力工业设备。80年代初期,出现了新一轮技术引进和设备进口高潮,据不完全统计,1980—1984年间中国引进技术和设备1.6万项,共计120亿美元。借助这些技术设备填补了技术空白,中国与世界先进技术水平的差距大大缩小。二是通过引进外商直接投资学习先进技术,实行"以市场换技术"的战略。从20世纪90年代开始,外商直接投资大幅度增加,1979—1999年间中国吸收的外商直接投资总额达到了3 060亿美元,占世界外商直接投资总额的10%左右,占新兴国家和地区吸引的外商直接投资总额的30%左右。中国利用市场规模庞大、劳动力成本低廉以及政策优惠条件,吸引了发达国家和地区的制造企业在中国设立基地,通过"干中学"方式学习和模仿了先进技术,并且创办了自己的企业,主要集中在电子、通信、家电、日化、轻纺等行业。依靠技术学习和模仿的后发利益,加上劳动力成本优势,中国创造了制造业发展的奇迹。三是引进、消化、吸收先进技术和集成创新,形成技术竞争优势。进入21世纪以后,中国按照"引进先进技术、联合设计、打造中国品牌"的发展思路,通过从日本、德国、法国等发达国家引进先进高铁技术,并尽快消化、吸收和国产化,成功地掌握了高速动车组总成、车体、牵引、网络和制动等多项关键技术及配套技术,制造出了具有自主知识产权的动车组产品系列。我们用5年的时间走完了国际上用40年完成的高铁发展历程,创造了高铁技术快速发展的奇迹,也创造了引进、消化、吸收再创新的"高铁模式",为实现从模仿创新向自主创新转变树立了典范。

表6-16 中国引进国外技术的情况

指标＼年份	1985	1990	1995	2000	2005
外国技术引进(亿元)	93.93	60.94	1 088.36	1 504.68	1 559.95
外国技术引进占GDP比重(%)	1.04	0.33	1.79	1.52	0.85
外国直接投资(亿元)	57.44	166.79	3 133.38	3 370.55	4 941.64
外国直接投资占GDP比重(%)	0.64	0.89	5.15	3.4	2.69

注:本表以国外技术引进金额和外国直接投资金额代表引进国外技术,选取中国模仿创新兴盛期(1985—2005)的代表性年份数据,根据《中国科技统计年鉴》历年数据整理。

5 经济转型:自主创新优势

在《简明不列颠百科全书》中没有发现"自主创新"的解释,西方学者曾提出过"内生创新",它是指相对于模仿创新、外部引进和裂化的技术创新模式(Krugman,1999),属于系统内部的自发行为;相近的概念还有"自主知识产权",它是指生产者对产品中的核心技术所拥有的知识产权。自主创新的概念是中国学者提出的,它带有后发国家的特征。陈劲(1994)最早研究从技术引进到自主创新的学习模式,认为只有通过自主研发才能够掌握技术的本质。后来的学者提出了三种有代表性的界定,第一种强调企业自主创新是指依靠自身力量独立地进行研究开发(杨德林,1997;傅家骥,1998;施培公,1999);第二种强调具有自主知识产权(柳卸林,1997;万君康,2000;王瑞杰,2005;周寄中,2005);第三种强调自主创新的多种形式(尚勇,2005;王志新,2006)。综合起来,我们认为自主创新是依靠自身力量独立研发而获得自主知识产权的技术创新,主要方式有原始创新、集成创新、引进消化吸收再创新。有的学者分析了中国技术创新的发展过程,范承泽等(2008)认为,外商直接投资对中国国内研发投入的作用为负数,外商直接投资带来的研发替代效应可能导致自主研发能力的下降;生延超(2013)认为,技术能力与模仿创新、合作创新、自主创新形式之间有对应关系,当国家技术能力提升到较高的程度时就应采取自主创新模式;欧阳峣等(2012)认为,经济增长方式随技术水平的提升从"生产性投资驱动"到"研发驱动"、从"模仿主导"向"创新主导"逐步转换,后发大国应该"分层"推进经济增长方式转变;张于喆(2014)认为,创新资源配置要遵循"有能力""有潜力"的原则,创新模式的确定应根据技术梯度和技术地位的特征进行分解。

随着国家要素禀赋和技术能力的演进,技术创新方式将实现转换。当技术能力远远落后于发达国家水平的时候,适宜选择模仿创新方式;当技术能力接近发达国家水平的时候,适宜选择合作创新方式或自主创新方式。为此,发展中大国应该科学地研判要素禀赋和技术能力的发展阶段,及时推动技术创新方式转换和经济转型发展,从技术的追随者变为领跑者,从经济大国迈向经济强国。从当前的情况来看,实现中国经济转型迫切要求走自主创新道路,习近平总书记对中国国情的现实要求进行了深入研究。第一,从经济大国走向经济强国。随着中国经济高速持续增长,经济总量位居世界第二,我们已经成为经济大国。而作为一个经济大国,不能总是指望依赖他人的科技成果来提高自己的科技水平,更不能做其他国家的技术附庸,永远跟在别人的后面亦步亦趋。中国经济是一个庞然大物,将对国际经济产生重要影响,形成经济和贸易的大国优势。发达大国出于维护国家利益和国际地位的需要,对中国实行战略性贸易政策,严格限制高科技产品对中国的出口。现在,比较正常的技术引进也受到种种限制,过去你弱的时候,谁都想卖技术给你,今天你发展了,谁都不愿意卖技术给你,因为怕你做大做强。因此,我们在引进高新技术上不能抱任何幻想,核心技术是花钱买不来的;我们没有其他选择,非走自主创新道路不可。第二,从粗放型增长走向集约型增长。在发达国家的工业化过程中,经历了从粗放型增长向集约型增长的转变,这种经济增长方式转变主要发生在高级工业化阶段。经济学家的研究证明,先行工业化国家的现代经济增长主要不是由物资资本积累驱动的,而是由技术进步和效率提高驱动的。但是中国经济增长受到早期工业化模式的影响,把投资驱动经济增长推到了极端,造成了严重的资源浪费和环境污染。中国的经济规模很大,主要依靠资源等要素投入推动经济增长和规模扩张的粗放型发展方式是不可持续的。现在,世界发达水平人口全部加起来是10亿人左右,而中国有13亿多人,"不能想象我们能够以现有发达水平人口消耗资源的方式来生产生活,那全球现有资源都给我们也不够用。老路走不通,新路在哪里?就在科技创新上,就在加快从以要素驱动、投资规模驱动发展为主向以创新驱动发展为主的转变上"。① 第三,从中等收入水平走向高收入水平。经过长期的艰苦奋斗,中国人均国民收入已经从低收入水平发展到中等收入水平。根据《世界发展指标》,2013年中国人均国民收入为6 560美元,中国仍属于中等收入经济体,即高于1 045美元但低于12 746美元的范围,同高收入经济体相比有较大差距。世界银行在2007年提出了关于"中等收入陷阱"的警示:相较于较富的国家或较穷的国家而言,中等收入国家的增长会相对较慢;如果中等收入国家经过长时期增长未进入高收入国家行列,就是落入了"中等收入陷阱"。20世纪60年代达到中等收入水平的国家和地区,仅有日本、韩国、新加坡以及中国台湾、香港地区进入了高收入经济体行列。"我们在国际上腰杆能不能更硬起来,能不能跨越'中等收入陷阱',在很大程度上取决于科技创新能力的提升。"②为了跨越这个陷阱,根本任务就是改变被长期锁定在产业分工低端的局面,通过自主创新掌握核心技术和关键技术,形成具有国际竞争力的产业结构,在国际经济分工中进入价值链高端。

　　回顾中国技术进步和经济发展的历程,有很多经验教训需要总结。中华人民共和国成立以后,在短期内就取得了"两弹一星"的成就,汽车、石油、钢铁、造船等产业技术迅速发展;改革开放以来,电子技术、通信技术、生物技术和航天技术取得了"跨越式"发展,中国成为世界科技前沿的并行者或领跑者。然而,正如习近平总书记所说:"这些年来,重引进、轻消化的问题大量存在,形成了'引进—落后—再引进'的恶性循环。"③实践告诉我们,如果自主创新上不去,一味地靠技术引进,则难以摆脱跟在他人后面跑、受制于人的局面。从国际经验

---

① 中共中央文献研究室:《习近平关于科技创新论述摘编》,中共中央文献出版社2016年版,第27页。
② 同上书,第26页。
③ 同上书,第42页。

来看,日本和韩国都在经历较短时期的技术模仿之后,以较快的速度追赶上了发达国家的技术水平。日本采取"吸收+再创新"的模式,较快地进入了世界发达水平行列;韩国重视对进口技术的改进和研发,迅速地成为新兴工业化国家。中国从20世纪80年代开始实行"以市场换技术"的战略,特别重视引进外商直接投资,但是由于地方政府偏重短期经济效益,满足于获得外资企业税收,企业依赖于国家的研发投入往往把目标设定为获得政府资金,没有下功夫进行消化、吸收和研发,进入自主创新的速度缓慢。从中国的实践中可以得到有益的启示:第一,企业不能把技术引进过程看成单纯的学习和简单的模仿,要重视对先进技术的消化和吸收;第二,地方政府应该明确"以市场换技术"的目标,真正致力于"换技术"的效果;第三,中央政府实施鼓励自主创新的政策,应该把研发投入用于掌握自主知识产权技术的企业。

与日本、韩国、新加坡相比,中国在经济发展水平上存在较大差距,这同创新指数偏低有紧密的联系(见表6-17)。习近平总书记清醒地认识到了中国创新能力和科技水平的现实状况,他明确指出,中国创新能力不强,科技发展水平总体不高,科技对经济社会发展的支撑能力不足,科技对经济增长的贡献率远低于发达国家水平,这是中国这个经济大个头的"阿喀琉斯之踵"。怎样改变这种不利的局面?我们既要发挥国家规模和市场规模引致创新的优势,又要发挥社会主义市场经济机制激励创新的优势。政府和市场分工,能由市场做的,要充分发挥市场在资源配置中的决定性作用,政府从分钱分物的具体事项中解脱出来,提高战略规划水平,做好创造环境、引导方向、提供服务等工作。实现市场作用和政府作用的有机结合,关键是明确政府作用的边界:中央政府政策应

表6-17 中国与日本、韩国、新加坡的经济发展水平比较

指标 国别	人均GDP (美元)	人均GNP (美元)	城市化率 (%)	综合现代化指数	创新指数
中国	7 589	7 380	54.8	44	46.57
日本	36 332	42 000	92.4	96	52.41
韩国	28 101	27 090	91.7	85	55.27
新加坡	56 319	55 150	100.0	94	59.36

注:本表选取已成为高收入经济体的日本、韩国、新加坡与尚未跨越中等收入的中国进行比较,其中2014年人均GDP、人均GNP、城市化率、创新指数数据来源于世界银行网站,综合现代化指数数据来源于《中国现代化报告》(2014—2015)。

该集中体现国家利益导向,地方政府政策应该支持区域创新集聚,致力于营造有利于创新的整体环境,而不应该为具体企业提供研发资金;要集中力量组织重大的基础研发和产业技术的协同创新,致力于掌握关键核心技术,推动技术升级和产业升级,进入国际价值链高端。唯有通过制度创新促进技术创新,使创新活力充分涌流,大国复兴的梦想才能变为现实。

中国是典型的发展中大国,我们怀抱着大国复兴的梦想。经过长期的实践,中国特色大国创新道路已具雏形,主要包括坚持市场需求导向,形成需求引致创新的大国效应;坚持国家利益导向,形成集中力量办大事的举国体制;坚持模仿创新和自主创新相结合,适时转换技术创新方式;坚持市场作用和政府作用相结合,形成边界清晰和功能完善的调节机制;坚持"政产学研用"相结合,形成一体化的协同创新体系。我们试图总结中国创新道路的规律,将实践经验上升为系统的理论,主要提出了一个经济学分析框架,运用经济学原理进行合理的解释,包括用市场规模解释大国创新优势的形成,用后发追赶解释模仿创新优势的选择,用经济转型解释自主创新优势的培育。通过总结中国经济发展的经验,对接世界经济发展的经验,充分利用经济思想史的智慧,揭示技术进步促进经济发展的规律和趋势,构建大国创新道路的话语体系。

为实现从经济大国走向经济强国的梦想,应该遵循经济增长的理论逻辑和世界经济发展的客观规律,真正把科技创新摆在国家发展全局的核心位置,树立创新发展的理念,实施创新驱动的战略。根据国际经验和中国实践,发展中大国的技术创新要充分利用大国优势和后发优势,实施基于内需的全球化战略,吸引全球优质资源集聚,推动技术创新和产业创新;要尊重市场经济规律,让市场真正成为配置创新资源的决定性力量,让企业真正成为技术创新的主体;要在学习和模仿发达国家先进技术的过程中,更加重视消化、吸收和再创新,尽快转入自主创新阶段;要完善科技创新促进产业创新的机制,在国际产业分工中努力进入价值链高端,避免落入"中等收入陷阱"。

第7章

中国和印度的发展道路

中国和印度是典型的发展中大国,拥有人口众多、土地辽阔和分工结构的特征,并在努力追赶发达国家。两国的大国特征和发展特征明显,专题研究它们的发展道路,分析它们的经验和问题,将为发展中大国的经济发展提供典型案例。本章选取发展中大国经济发展中的两个重大问题,即怎样构建自主产业体系和选择区域经济发展模式,进行比较分析,然后专门研究中国的大国发展道路,揭示其主要特征和世界意义。通过这种典型案例的研究,将为发展中大国的经济发展提供有价值的经验,并为大国经济发展理论注入新的内容。

第1节 构建自主发展产业体系

1 大国发展与现代产业体系

构建现代产业体系是中国未来一段时间产业结构调整的主要方向。一般来说,现代产业体系是指较现代化的第一、第二和第三产业构成及其体系。在发达国家的现代产业体系中,第三产业占GDP的70%左右。对于中国这样的发展中大国来说,现代产业体系除体现为第二、第三产业占GDP的比重有所上升外,还体现为各产业内部合理的规模和结构,现代产业体系的建立对经济发展方式的转变起着重要的推动作用。

学者们主要从内涵、特征、发展趋势等方面对现代产业体系进行了深入的研究。刘明宇和芮明杰(2009)指出,中国必须建立现代产业体系以提升在全球分工格局中的地位,发展现代产业体系需要实现市场一体化,并在要素禀赋和价值链升级,以及空间结构优化等方面实现协同。一些学者认为,现代产业体系应该有广泛、灵活的外部协作,并具有外部规模经济效应(Krugman,1991;张耀辉,2010)。贺俊和吕铁(2015)认为,现代产业体系理论从三个方面拓展了传统的产业结构理论:引入知识复杂性和经济活动异质性来分析经济结构,关注技术分工或知识分工等更加细致的分工形式,更重视生产要素之间的互动与融合的发展趋势。

我们所要分析与评价的大国自主发展产业体系是一个与现代产业体系密切相关的概念,它以大国经济为基础,在结合大国经济发展特征的基础上,突出体现大国产业体系的相对完整性与规模性,是对现代产业体系的发展。大国经济最突出的特征是具有规模效应(Aghion and Howitt,1998;白旻,2009)。郭熙保和马媛媛(2010)通过梳理国外文献发现,在理论上,国家规模是通过市场容量、规模经济、国家治理、发展战略等方面对经济增长产生影响;在实证方面,国家规模对经济增长的确有一定的影响。欧阳峣(2012)对大国经济发展的典型特征进行了较为系统的概括:基于巨大人口下的国内需求的规模性与稳定性,基于区域要素禀赋差异下的大国经济的异质性与适应性,产业部门的完整性与独立性,区域经济的差异性与互补性,以及经济结构的多元性及层次性。

复杂的产业结构是大国经济的另一个主要特征。很多学者对产业结构变迁与经济增长的关系进行了研究。邓柏盛(2013)的研究表明,产业结构高级化和合理化演变对经济增长具有正面影响,且中国与美国的产业结构变迁对经济增长的影响具有相似性。郑若谷等(2010)认为,产业结构对生产要素的资源配置效率发挥作用,影响产业效率,从而对经济增长产生间接影响。产业结构变迁对经济增长的正向影响具有阶段性,并且相对而言产业结构合理化对经济增长的影响具有较大的稳定性,而高级化则不确定性较大(干春晖等,2011)。黄茂兴和李军军(2009)的研究表明,技术选择和合理的资本深化是促进产业结构优化升级的重要因素,从而推动经济快速增长。Reinganum(1985)也认为,技术创新是产业结构优化升级的一个关键因素。还有一些学者认为产业结构变迁与经济增长的关系不是简单的线性关系,二者之间是一种互为因果,相互作用的关系(Chenery,1975;Matthews,1986)。钱纳里(1995)认为,大国制造业发展受人均GNP、国内需求规模和投资率等因素的影响。一些学者从大国优势的视角,对中国产业结构的变迁与经济发展方式的演化进行了研究,欧阳峣等(2013)认为,新兴大国产业结构的变迁对经济增长的贡献比较大,且不同时期表现出了显著的周期性。肖翔和武力(2015)指出,大国要利用自身的大国优势来推进产业结构优化升级;推进市场化改革,释放大国改革红利;发挥大国人力资本优势,提高自主创新能力;推动新型城镇化建设,挖掘大国消费需求。

从以往的研究来看,学者们没有深入地研究大国自主发展产业体系的基本特征。与小国相比,大国的产业体系更加完整,规模更加庞大,分工更为细致,结构更为复杂,自主性和相对独立性也更强。虽然大国的产业会参与全球分工,其企业会嵌入全球价值链,但大国的国内价值链也相对更为完整,迂回生产程度更高。为了深入地比较大国产业体系,我们将通过对中国和印度两个国家的产业体系进行对比和评价,审视中国自主发展产业体系的发展水平。印度与中国同处亚洲,近年来经济发展迅速,也是人口规模最接近中国的发展中大国,是较为理想的比较对象(李俊江和彭越,2016)。我们采用2000—2015年中国和印度的产业规模、产业结构优化水平、产业增长速度、科技创新能力、资源节约与环境保护,以及信息化水平六个维度的数据,运用熵值法对中印两国的自主发展产业体系进行了比较分析。当然,由于学术界对于自主发展产业体系并没有形成一个统一的概念,因此我们所建立的自主发展产业体系评价体系具有探索性质。

2 中国和印度产业规模和结构的比较

大国经济发展有一些典型的特征:国内需求的规模性与稳定性,要素禀赋的异质性与适应性,产业部门的完整性与独立性,区域经济的差异性与互补性,经济结构的多元性与层次性,以及制度创新的实验性与渐进性(欧阳峣等,2012)。从产业视角来看,大国自主发展产业体系的特征主要体现在产业规模、产业结构等方面。

(1) 中印两国产业规模的对比

大国的初始特征是人口众多与幅员辽阔,这两大初始特征会影响大国经济发展战略的选择,同时也是大国经济竞争优势的重要源泉(欧阳峣,2014)。大国人口众多、幅员辽阔,需求规模和供给规模都比较大,所以其产业规模也通常比较大，这也是大国自主发展产业体系形成的必要前提条件。产业规模越大不仅会产生规模经济效应，而且会使产业内分工越来越细致。因为随着分工的深化与专业化程度的提高，产业内人力资本积累能力与创新能力也会进一步提升。

我们采用增加值来衡量产业规模，数据来源于世界银行数据库中中国与印度的宏观数据，按2010年美元不变价计量。图7-1是中国与印度各个产业增加值的对比。2000—2015年，中国工业与服务业的增加值以相近的速度增长，占GDP的比重都比较高。且从2013年开始，中国服务业的规模开始赶超工业。中国工业生产总值从2000年的9 489亿美元增长到了2015年的41 772亿美元，增长了3.40倍，与此同时，中国服务业增加值从2000年的9 258亿美元增

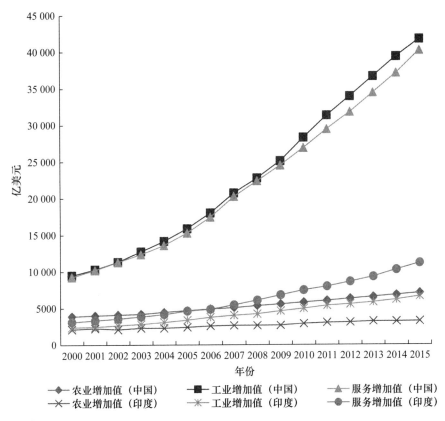

图7-1　中国与印度各产业的增加值

长到了2015年的40 220亿元,增长了3.34倍。相比较而言,中国农业规模增长缓慢,从2000年的3 908亿美元增长到了2015年的7 103亿美元,只增长了0.82倍。

与中国产业发展不同,在观测期内,印度始终是服务业规模最大,工业规模次之,农业规模最小。印度服务业增加值从2000年的3 145亿美元增加到了2015年的11 180亿美元,增长了2.55倍。印度工业增加值从2000年的2 392亿美元增长到了2015年的6 646亿美元,增长了1.78倍。印度农业的增加值变化不大,从2000年的2 118亿美元增加到了2015年的3 255亿美元,只增长了0.54倍。

从图7-1中可以明显看出,中国的服务业、工业、农业的增加值均高于印度,且差距较大,工业规模差距最大,服务业次之,农业相对较小,并且中国三大产业的增长速度均大于印度。但两个国家三大产业的增长趋势基本趋于一致,即工业的增长速度最大,服务业次之,农业最小。

(2) 中印两国产业结构的对比

大国自主发展产业体系的一大主要目标是解决经济增长中的结构性矛盾,所以我们接下来要讨论自主发展产业体系的结构优化问题。从需求结构来看,产业结构优化以内需驱动经济发展为基础,同时实现内需与外需的均衡,以及投资与消费的均衡;从供给结构来看,产业结构优化以创新驱动经济发展为前提,高新技术与高附加值产业占比越来越高。大国的产业结构优化是一个不断地动态演进的过程。我们从产业结构高级化和合理化来衡量大国产业结构优化程度。

① 产业结构高级化

大国产业结构高级化是指在大国经济发展过程中,产业发展重心由第一产业向第二、第三产业不断转型升级的过程,这也是发达国家产业结构演进的一般规律。我们借鉴付凌晖(2010)关于产业结构高级化指标的建立模式,首先根据三个产业划分将GDP分为三部分:

第一,每一部分的增加值占GDP的比重作为空间向量中的一个分量,从而构成一组三维向量 $X_0 = (X_{1,0}, X_{2,0}, X_{3,0})$。

第二,分别计算 X_0 与产业由低层次到高层次排列的向量 $X_1 = (1,0,0)$,$X_2 = (0,1,0)$,$X_3 = (0,0,1)$ 的夹角 $\theta_1, \theta_2, \theta_3$:

$$\theta_j = \arccos\left(\frac{\sum_{i=1}^{3} X_{i,j} X_{i,0}}{\sqrt{\sum_{i=1}^{3} X_{i,j}^2}\sqrt{\sum_{i=1}^{3} X_{i,0}^2}}\right), \quad j = 1,2,3 \qquad (7\text{-}1)$$

第三,计算产业结构高级化值(H),计算公式如下:

$$H = \sum_{k=1}^{3}\sum_{j=1}^{k}\theta_j \qquad (7\text{-}2)$$

H 值越大,表明产业结构高级化水平越高。

如图 7-2 所示,中国产业结构高级化水平在 2000—2003 年间平稳上升,在 2004 年有小幅度的下滑,但在 2005 年又有较大幅度的上升,此后年份,产业结构高级化水平均以较小的幅度增长。以往的研究显示,产业结构高级化虽然能够对经济增长产生正向影响,但其作用存在不确定性(干春晖等,2011)。印度产业结构高级化水平在 2000—2006 年间一直是一种平稳上升的状态,但在 2007 年有一个较大幅度的降低,主要是由于 2007 年印度服务业占 GDP 的比重有一个较大程度的降低,从 2008 年开始,印度产业结构高级化水平一直保持平稳上升趋势。中国的 H 值曲线位于印度的 H 值曲线的上方,说明中国的产业结构高级化水平要高于印度的产业结构高级化水平,且两条曲线的垂直距离与图 7-2 中中国和印度人均 GDP 增长率的垂直距离基本一致。这也进一步印证了以往学者们关于产业结构变迁对经济增长会产生正向影响的研究。一个大

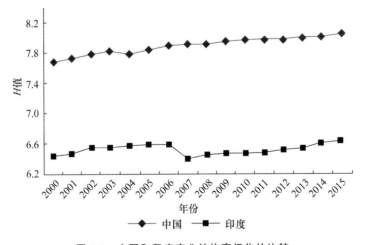

图 7-2 中国和印度产业结构高级化的比较

国要想经济持续稳定增长,产业结构优化升级很重要。

② 产业结构合理化

大国产业结构合理化是指大国经济发展要逐步调整、优化不合理的产业结构,实现一、二、三产业之间以及一、二、三产业内部之间协调发展,进而实现生产要素的优化配置。我们借鉴刘淑茹(2011)评价指标选择的经验来建立大国产业结构合理化评价指标体系(见表7-1)。为了使全员劳动生产率在图中能够表现出来,因此对其数据进行了处理,所以其数据并不表示实际的生产率。

表7-1 产业结构合理化评价指标体系

一级指标	二级指标	计算公式
产业结构合理化水平	第一产业增加值占GDP的比重	第一产业增加值/GDP
	第二产业增加值占GDP的比重	第二产业增加值/GDP
	第三产业增加值占GDP的比重	第三产业增加值/GDP
	资本形成率	资本存量/GDP
	人均GDP增长率	GDP增加值/从业人员数

从图7-3中可以看出,2000—2015年,中国和印度的农业增加值占GDP的比重整体上呈平稳下降趋势。印度农业增加值占GDP的比重始终大于中国的农业增加值占GDP的比重。印度工业增加值占GDP的比重在2007年时达到顶峰,此后年份呈平稳下降趋势。中国工业增加值占GDP的比重在2000—2015年也有较大波动,在2006年达到顶峰。从整体上来看,在观测期内,印度工业增加值占GDP的比重远远小于中国工业增加值占GDP的比重,说明中国工业发展水平要高于印度工业发展水平。印度服务业增加值占GDP的比重在2000—2015年相对平稳,只是在2007年出现了大幅度下降。中国服务业增加值占GDP的比重呈小幅度波动状态,且从2013年开始,中国服务业增加值占GDP的比重开始超过工业增加值占GDP的比重。在观测期内,印度服务业增加值占GDP的比重始终要大于中国服务业增加值占GDP的比重。从整体上来看,近年来中国和印度农业增加值占GDP的比重都持续下降。中国工业和服务业增加值占GDP比重比较接近,而印度服务业增加值占GDP的比重始终高于工业增加值占GDP的比重。

从GDP增长率来看,2000—2007年中国GDP增长率始终处于高速上升状

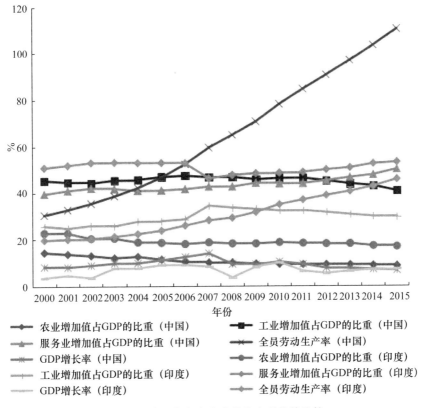

图 7-3　中国和印度产业结构合理化的比较

态,但 2008 年出现了急速下降的情况,这主要是由于金融危机对中国经济造成了冲击,除 2010 年有一个小幅度的上升外,2008—2015 年整体呈现平稳下降趋势。在观测期内,印度的 GDP 增长率呈现出了较大幅度的波动。2000—2014 年,中国的 GDP 增长率始终高于印度,但 2008 年之后,两国的 GDP 增长率相对接近,两国经济发展速度的差距进一步缩小,并且,印度在 2015 年实现了对中国 GDP 增长率的赶超。从全员劳动生产率来看,中国和印度虽都保持着一种较快的增长速度,但二者的差距较大,并且有进一步拉大的趋势。

3　中国和印度自主发展产业体系的评价

(1) 样本数据来源及评价指标体系构建

本研究选择中国和印度 2000—2015 年这 16 年的数据作为全样本,极少数的缺失数据,采用SPSS插入缺失值方法进行填补。样本数据均来自世界银行数据库,为了消除价格因素的影响,农业增加值、工业增加值和服务业增加值等三个指标均以2010年美元不变价格计量,数据分析软件为SPSS 20.0。

结合"十三五"规划构建产业新体系应把握坚持创新驱动、绿色低碳、两化融合、结构优化等方向的建议,我们借鉴江西省统计局工业统计处《江西工业发展水平综合评价分析》①中评价指标体系的建立,从产业规模、产业结构优化、产业增长速度、科技创新能力、资源节约与环境友好、信息化水平6个方面建立了包含21项具体指标的中国自主发展产业体系评价指标体系(见表7-2)。

表7-2 中国的自主发展产业体系评价指标体系

一级指标	二级指标	代码	性质
产业规模	农业增加值	K_1	正向
	工业增加值	K_2	正向
	服务业增加值	K_3	正向
	国内上市公司总数	K_4	正向
产业结构优化	H值	K_5	正向
	服务业增加值占GDP的比重	K_6	正向
	全员劳动生产率	K_7	正向
产业增长速度	农业增加值增速	K_8	正向
	工业增加值增速	K_9	正向
	服务业增加值增速	K_{10}	正向
	GDP增长率	K_{11}	正向
科技创新能力	专利申请量	K_{12}	正向
	科技期刊文章	K_{13}	正向
	研发支出占GDP的比重	K_{14}	正向
	高科技出口占制成品出口的比重	K_{15}	正向
资源节约与环境友好	能源损耗占GNI的比重	K_{16}	逆向
	二氧化碳排放量占GNI的比重	K_{17}	逆向
	可替代能源和核能占能源使用量的比重	K_{18}	正向
信息化水平	固定宽带互联网用户数	K_{19}	正向
	信息和通信技术产品出口量占产品总出口量的比重	K_{20}	正向
	信息和通信技术服务出口量占服务总出口量的比重	K_{21}	正向

---

① 江西省统计局工业统计处:《江西工业发展水平综合评价分析》,http://www.jxstj.gov.cn/News.shtml?p5=5473631,2014-12-22。

(2) 评价结果

熵值法是一种客观赋权的综合评价方法,它根据各指标观测值的离散程度来赋予权重,变量指标越离散,则该指标对目标对象的影响越大,其权重也越大(张卫民等,2003)。因为篇幅关系,此处省略熵值法的步骤。

① 评价指标权重分析

根据熵值法处理过程代入原始数据,可以得到2000—2015年中国和印度各项指标在评估自主发展产业体系时的权重(见表7-3)。

表7-3 中国和印度自主发展产业体系综合评价指标权重

二级指标	权重(%)	权重排序
农业增加值	4.4190	11
工业增加值	6.9459	5
服务业增加值	5.6263	8
国内上市公司总数	4.1939	12
H 值	5.5845	9
服务业增加值占GDP的比重	2.5415	14
全员劳动生产率	5.2715	10
农业增加值增速	0.7215	21
工业增加值增速	1.6237	17
服务业增加值增速	0.9776	19
GDP增长率	2.1653	15
专利申请量	13.0961	1
科技期刊文章	7.0326	4
研发支出占GDP的比重	6.8573	6
高科技出口占制成品出口的比重	6.5131	7
能源损耗占GNI的比重	0.7541	20
二氧化碳排放量占GNI的比重	2.1166	16
可替代能源和核能占能源使用量的比重	3.5072	13
固定宽带互联网用户数	10.9873	2
信息和通信技术产品出口量占产品总出口量的比重	7.4944	3
信息和通信技术服务出口量占服务总出口量的比重	1.5766	18

表7-3各指标的权重结果表明,专利申请量在综合评价中国和印度自主发展产业体系时的权重最大,为13.10%,其次是固定宽带互联网用户数,为

10.99%,而农业增加值增速的权重最小,只有0.72%。比较各一级指标的权重,其中,科技创新能力的权重最大,总权重为33.50%;其次是信息化水平的权重,总权重为20.06%;作为传统衡量产业发展水平的产业规模和产业结构优化指标的权重有所降低,总权重分别为21.19%和13.40%;而产业增长速度类指标和资源节约与环境友好指标的权重相对偏低,总权重分别为5.49%和6.37%。

② 综合得分结果分析

根据各变量指标经标准化处理过的数据与各指标的权重可以得到中国和印度自主发展产业体系综合评价得分(见表7-4)。

表7-4 中国和印度自主发展产业体系综合评价得分

年份	综合评价得分(中国)	综合评价得分(印度)
2000	0.3155	0.1605
2001	0.3628	0.1768
2002	0.4111	0.1831
2003	0.4622	0.2063
2004	0.4947	0.2043
2005	0.5445	0.2196
2006	0.5941	0.2434
2007	0.6432	0.1825
2008	0.6724	0.1774
2009	0.7437	0.2236
2010	0.8068	0.2428
2011	0.8665	0.2529
2012	0.9354	0.2562
2013	1.0153	0.2819
2014	1.0712	0.3075
2015	1.1630	0.3324

由表7-4可知,2000—2015年中国自主发展产业体系综合评价得分始终远远高于印度,而且近年来差距有进一步拉大的趋势。中国自主发展产业体系的综合评价得分一直呈现出平稳上升趋势,综合评价得分从2000年的0.3155增长到了2015年的1.1630。相比较而言,印度自主发展产业体系的综合评价得

分增长比较缓慢,综合评价得分从 2000 年的 0.1605 增长到了 2015 年的 0.3324,甚至在 2007 年开始出现数年的下降。

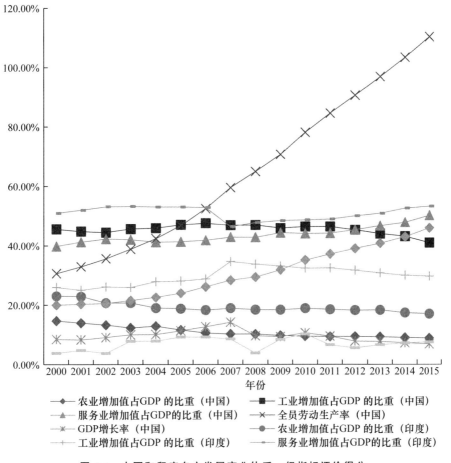

图 7-4 中国和印度自主发展产业体系一级指标评价得分

由图 7-4 可知,2000—2015 年,中国自主发展产业体系的发展水平始终高于印度,而且近年来差距有进一步拉大的趋势;中国的产业规模处于一个稳步上升的状态,与此同时印度的产业规模增长有限;中国的产业结构优化水平呈现不断上升的趋势,而印度的产业结构优化水平在 2007 年有一个大的下跌,其后回升缓慢;中印两国产业结构高级化水平的发展趋势与产业结构优化水平类似。从产业结构合理化水平来看,近年来,中国第二与第三产业增加值占 GDP

的比重比较接近,第一产业增加值占 GDP 的比重持续走低;印度第三产业增加值占 GDP 的比重最高,第二产业次之,第一产业最低。2000—2015 年,中国的产业增长速度一直保持着平稳增长的趋势,而印度的产业增长速度在 2007 年后增长幅度降低,2013 年之后才升至 2006 年的增长水平。2000—2015 年,中国科技创新能力的提升速度较快,而印度科技创新能力的提升速度相对缓慢。从资源节约与环境保护水平来看,2006 年之前中国曾有短暂的下降,2007 年之后资源节约与环境保护水平得到了长足的进步,而印度的资源节约和环境保护水平在 2007 年之后止步不前。在 2008 年以前,印度的信息化发展水平高于中国,但 2008 年之后其信息化发展水平被中国赶超,且差距持续拉大。

4 中国和印度比较的结论与启示

2000—2015 年,中国自主发展产业体系发展水平始终高于印度,且差距越来越大。印度产业结构的软化程度较高,而中国工业与服务业的发展水平相对协调。中国和印度自主发展产业体系发展水平差距较大的主要原因在于两国产业规模、产业结构优化、产业增长速度以及科技创新能力的差距比较大。中国的科技创新能力一直以较高的速度稳步上升,并在 2012 年超过了中国的产业增长速度,而印度的科技创新能力在 16 年内却只有小幅度的提高。中国的产业规模一直远大于印度,且差距随着时间的推移越来越大。在 2007 年以前,两国产业增长速度的差距还相对较小,但经过 2007 年印度产业增长速度的大幅下降后,两国的差距进一步拉开。中印两国的产业结构优化水平也是在 2007 年之后进一步拉大了差距。

通过对中国和印度自主发展产业体系发展水平的对比,我们可以得出一些启示。第一,大国经济发展需要建立自主发展的产业体系。中国幅员辽阔,产业规模与市场规模较大,在积极参与国际分工的基础上建立自主发展产业体系,在嵌入全球产业链的基础上不断完善国内产业链,能够使中国产业更具全球竞争力。第二,要从产业发展规模、产业结构高级化和合理化等视角综合审视大国自主发展产业体系的发展水平。中国的产业规模,尤其是第二产业的规模已经发展壮大,但产业结构合理化与产业结构高级化水平还有待提高。第三,中国应该保持工业发展的规模优势,进一步优化工业内部的结构,着力于提升战略性新兴产业和先进制造业在工业中的比重,同时要防备过早去工业化的倾向。第四,中国要进一步发展现代服务业,并服务于工业和农业的优化升级,尤其是要改变房地产业及其价格快速上涨对制造业的"挤出效应",以及其对企业家精神与工匠精神的抑制作用。第五,中国要坚持以创新驱动产业发展,提高产业创新能力,完善自主发展产业体系,走绿色低碳的发展道路。

第2节 区域经济协调发展机制

1 区际经济趋同的思考

中国和印度是两个典型的发展中大国,都具有规模和发展的双重特征(欧阳峣等,2016)。一直以来,两国区域经济都呈现出了快速增长的趋势,1995年至今,中印两国各地区的GDP均值增幅分别达到了881.17%和929.48%。虽然如此,两国的区际经济格局演变却呈现出了显著的差异,如图7-5所示,1995年以来,中国区际经济差距(各地区人均GDP标准差)走势平稳,而印度区际经济差距却显著扩大。故此,有必要对中印区际经济趋同性进行比较考察,同时分析是哪些因素导致了这些差异的存在?弄清楚这些问题,对于指导中国区域经济结构优化具有重要的理论和现实意义。本节以中印区际经济趋同的比较评价为基础,通过模型构建和实证检验具体分析发展中大国区际经济趋同的形成机制,以此为中国的区域经济可持续发展提供对策参考。

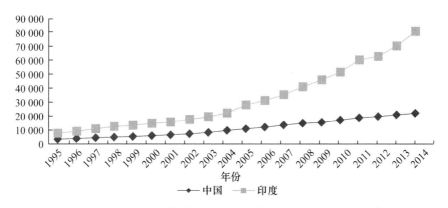

图7-5 1995—2014年中国和印度各地区人均GDP标准差走势

对区际经济趋同的考察是研究地区经济差距演变问题的重要契入点。概括现有文献,区际经济趋同的研究主要涉及统计方法、趋势评价和形成机制等方面。区际经济趋同的统计方法有很多,代表性的主要有 β 趋同(Baumol,1986)、σ 趋同(Barro and Sala-I-Martin,1991)、Q 趋同(Kang and Lee,2005)和 γ 趋同(Boyle and McCarthy,1997)等,其中,β 趋同是指初始收入水平与其增长的偏相关系数为负,σ 趋同是指各地区人均收入的离散程度随着时间的推移而不断下降,Q 趋同是指人均收入分布的四分位距随着时间的推移而不断下降,γ 趋同则是从各地区人均收入相对排序位置的变化情况来理解经济趋同问题(何一峰,2008)。国内外学者对中国区域经济趋同问题给予了极大的关注。在国外研究方面,Tsui(1991)通过人均国民收入指标分析了中国区域不平衡的演变趋势,发现 1952—1970 年间中国区域差异变化不明显,而 1970—1985 年间这一差异却扩大了。Jian et al.(1996)将样本区间扩展到了 1993 年,通过收敛性分析发现,改革开放以后中国区域间的经济发展是不断趋于平衡的。在国内研究方面,魏后凯(1997)认为,20 世纪 80 年代以前中国经济增长具有全域性的收敛趋势,但 80 年代以后人均收入增长却趋于发散。而蔡昉和都阳(2000)、沈坤荣和马俊(2002)等则认为,改革开放以后,中国地区经济不存在全域性的收敛现象,但存在"俱乐部"收敛。黄玖立和李坤望(2006)通过计量分析发现,在控制了市场规模这一决定规模经济发挥作用的因素之后,1970—2000 年各个省区即呈现出明显的收敛趋势。潘文卿(2010)通过 σ 趋同和 β 趋同分析发现,1990 年以前不仅全国范围内的 β 绝对收敛特征显著,而且存在东部与中西部两大收敛"俱乐部";1990 年以后全国范围内的 β 绝对收敛特征已不复存在,过去的两大收敛"俱乐部"也分化成了东、中、西部三大收敛"俱乐部"。冯长春等(2015)采用泰尔(Theil)指数二阶分解和 ESDA 空间统计方法发现,2000 年以后中国区域经济差异呈现出"先小幅上升、后持续下降"的趋势,且省内差异大于经济区间差异,经济区间差异大于省间差异。

那么,区域经济趋同的形成机制又是什么呢?具体路径是怎样的?纵观国内外学者的研究可以将其归结为三个维度:一是要素维度,万广华等(2005)、傅晓霞和吴利学(2006)、李国璋等(2010)认为,要素投入差异是中国区域经济差异的主要决定性因素。朱承亮(2014)也持同样的观点,认为要素投入是造成中国区域经济差异的主要原因,其中资本投入具有发散效应、劳动投入具有收敛效应,从动态趋势来看,要素投入在区域经济差异中的作用在不断减弱。欧阳峣和生延超(2010)认为,发展中大国的区域经济协调发展取决于两个区域的技术多元化程度、人力资本差距,以及后发地区的人力资本和所引进技术的先进水平。二是制度维度,张清正(2014)认为,制度变迁对东、中、西部地区的影响各不相同,进而形成了地区间的经济差异。罗富政和罗能生(2016)认为,在外部性的作用下地方政府行为影响着非正式制度的变化轨迹,具有正外部性的地方政府行为,能够削弱非正式制度歧视,进而促进区域经济协调发展,反之,则不利于区域经济协调发展。三是关系维度,柯善咨和郭素梅(2010)认为,商品市场对外开放与对内开放均显著地促进了地区经济增长,且经济不发达地区能够从对内开放中获得更多的效益。张应武和李小瑛(2010)的研究则认为,尽管中国总体市场整合程度相对较低,但中、西部地区中"俱乐部"整合现象明显高于东部地区。曾刚等(2015)认为,地区间的经济关系成为决定区域经济发展模式形成与演化的重要动力,在要素、制度、关系三方面的共同作用下,区域经济发展模式得以形成。

要素禀赋异质性和经济发展差异性导致发展中大国经济发展结构呈现出典型的多元性特征,研究发展中大国区际经济趋同问题是十分必要的,然而综合已有的研究来看,这方面的系统性研究还较少。故此,本研究试图以中国和印度为研究对象,对发展中大国的区际经济趋同进行评价并对其形成机制进行研究。

2 中国和印度区际经济趋同的评价及其比较分析

如前所述,σ 趋同、β 趋同、Q 趋同和 γ 趋同是区际经济趋同的主要统计方法。考虑到四分位距和相对排序位置变化不能表明地区间经济"量"的差异,故此本研究采用 σ 趋同和 β 趋同两种方法对中印区际经济趋同进行测度。

(1) 中印区际经济发展的 σ 趋同

以各地区人均 GDP 为基础,本研究设计 σ 趋同评价方法如下:

$$\sigma = \sqrt{\frac{1}{N}\sum(Y_i - \bar{Y})^2} \tag{7-3}$$

其中,Y_i 为 i 区域人均 GDP 的对数值,$\bar{Y}$ 为各地区人均 GDP 的均值,N 为地区个数。同时,本研究还计算了 σ 趋同的变异系数($\sigma/\bar{Y}$),以此反映区际经济发展的相对差异。表 7-5 报告了 1995—2014 年中国和印度的 σ 趋同系数及其变异系数。

如表7-5所示,1995—2014年印度 σ 趋同系数呈现出波动性缓慢上升的趋势,其变异系数的变化与 σ 趋同系数的变化大体一致。这表明印度区域经济的分异程度在不断上升,区域间的经济差距和非均衡状况在不断加剧。一直以来,印度在区域经济发展战略上并没有明确的政策落脚点。从"八五"计划的"消除农村贫困,执行地区发展计划",到"九五"计划的"优先发展农业和农村地区",再到"十五"计划的"扭转区域间不平等局面,创造必要条件帮助穷困邦迎头赶上",印度政府面对区域非均衡的市场失灵问题,无法提供较为全面和完善的合理政策支持,特别是在统筹区域经济发展方面中央政府的政策力度和效果明显不足。

表7-5 中国和印度的 σ 趋同系数及其变异系数

年份	中国		印度	
	σ趋同系数	变异系数	σ趋同系数	变异系数
1995	0.5154	0.0613	0.4062	0.0442
1996	0.5114	0.0598	0.4162	0.0447
1997	0.5182	0.0598	0.4372	0.0464
1998	0.5211	0.0596	0.4455	0.0467
1999	0.5264	0.0598	0.4131	0.0426
2000	0.5345	0.0601	0.4347	0.0446
2001	0.5340	0.0595	0.4389	0.0448
2002	0.5394	0.0594	0.4485	0.0455
2003	0.5444	0.0591	0.4471	0.0449
2004	0.5402	0.0576	0.4436	0.0441
2005	0.5406	0.0567	0.4902	0.0478
2006	0.5342	0.0552	0.4852	0.0468
2007	0.5098	0.0517	0.4896	0.0466
2008	0.4906	0.0488	0.4917	0.0463
2009	0.4814	0.0475	0.5154	0.0478
2010	0.4607	0.0447	0.5074	0.0464
2011	0.4353	0.0415	0.5120	0.0463
2012	0.4160	0.0393	0.4972	0.0446
2013	0.4025	0.0377	0.5022	0.0445
2014	0.3952	0.0368	0.5195	0.0453

目前，印度的区域发展非均衡具体表现为（见图 7-6）：第一，印度的发达地区主要分布在印度半岛沿海的边缘地区（如果阿邦、本地治理等）、主要铁路干线走廊地带（如德里等），而落后地区则主要分布在半岛内陆腹地、喜马拉雅山区（如北方邦、中央邦、比哈尔邦等）。第二，印度西部和南部地区的经济发展水平要相对优于东部地区。在人均 GDP 排名前 10 的地区中，德里、哈里亚纳邦、马哈拉施特拉邦处于印度西部地区，果阿邦、本地治理、喀拉拉邦、泰米尔纳德邦、卡纳塔克邦处于印度南部地区；而在人均 GDP 排名靠后的 5 个地区中有 4 个地区（阿萨姆邦、曼尼普尔邦、北方邦、比哈尔邦）处于印度东部地区。第三，发达地区和落后地区的经济差距依然很大，人均 GDP 最高的果阿邦与人均 GDP 最低的比哈尔邦的差距是 7.89 倍。同时我们还发现，印地语中心地带的区域经济发展相对落后，如北方邦、中央邦和比哈尔邦都是以讲印地语为主的地区。

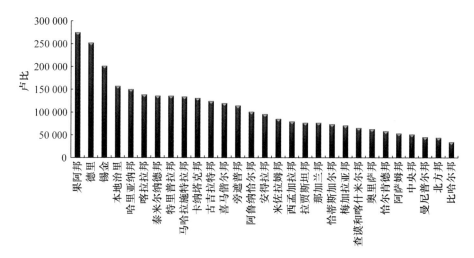

图 7-6　2014 年印度各地区人均 GDP

如表 7-5 所示，1995—2014 年中国 σ 趋同系数存在阶段性，2003 年之前中国区域经济的趋同度不显著甚至出现分异，而 2003 年之后区域经济的趋同度显著提升。2003 年之后，接连实施的"振兴东北老工业基地""中部崛起""城市群建设"等发展战略，不断将区域经济发展战略转向区域协调发展，故此 2003 年也成为 σ 趋同的转折点。值得注意的是，2003 年之后中国 σ 趋同的变异系数也在逐步缩小，中国区域经济趋同走势不断稳定。另外，我们还发现，中国区域经济增长态势同样以2003年为拐点:2003年之后的区域经济增幅显著高于2003年之前。我们认为,这一差异形成与中印政府的经济改革方向有关。中国政府的区域发展模式是沿着"均衡→非均衡→协调→协同"的路径推进的,这有利于促进区域间市场的整合,进而有利于发挥发展中大国的市场规模优势。而印度政府缺乏对区域发展非均衡的合理调控,不利于发展中大国市场规模优势的有效发挥。

目前,中国的区域经济布局特征主要表现为(见图7-7):第一,中国的发达地区主要分布在沿海地区(上海、江苏、浙江)和直辖经济区(天津、北京),而不具备地理优势的内陆地区的发展水平相对落后(西藏、云南、贵州、甘肃)。第二,中国区域经济呈现出显著的东、中、西部地区阶梯式结构特征。东部地区省份的人均GDP均值为71 763.73元,而中部和西部地区分别为39 755.38元和38 798.50元,阶梯式结构特征明显,且东部地区与中西部地区之间的差距较大,中部地区和西部地区之间的差距较小。第三,发达地区和落后地区的经济差距依然很大,人均GDP最高的天津与人均GDP最低的甘肃的差距是3.98倍,而东部地区人均GDP是西部地区的1.85倍。

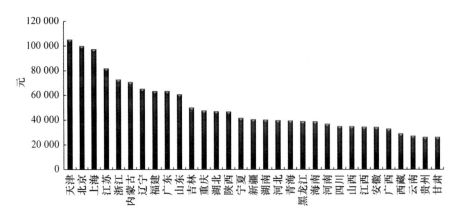

图7-7 2014年中国各地区人均国内生产总值

(2)中印区际经济趋同评价的稳健性检验:β趋同

为进一步验证中印区际经济趋同的评价结果,本研究构建如下β趋同评价模型:

$$r_{i(t,t+T)} = \alpha - \beta \log(Y_{it}) + \varepsilon_{it}, \quad r_{i(t,t+T)} = \log(Y_{i(t+T)}/Y_{it})/T \qquad (7\text{-}4)$$

其中，$r_{i(t,t+T)}$ 表示区域 i 从时间 t 到 $t+T$ 之间 T 时间段的年均经济增长率，α 为常数项，Y_{it} 为人均 GDP，β 为绝对 β 趋同系数，若 $\beta>0$ 则区域经济增长趋同。表 7-6 报告了中国和印度 β 趋同系数检验结果。

表 7-6　中国和印度的 β 趋同系数检验结果

时期	中国			印度		
	α	β	R^2	α	β	R^2
1995—1999 年	0.0713 (1.38)	−0.0032 (−0.52)	0.0092	0.2270 (1.49)	0.0108 (0.65)	0.0156
2000—2004 年	0.1229** (2.08)	−0.0001 (−0.02)	0.0000	0.0908 (0.86)	0.0011 (0.11)	0.0004
2005—2009 年	0.4606*** (5.35)	0.0327*** (3.63)	0.3126	0.1034 (0.72)	−0.0026 (−0.19)	0.0013
2010—2014 年	0.5064*** (7.74)	0.0383*** (6.03)	0.5563	0.1585 (1.17)	0.0022 (0.18)	0.0012

注：***、** 分别表示在 1% 和 5% 的显著性水平上显著。括号内为 t 统计检验值。

从 β 趋同系数值来看，在中国 2005—2009 年时期段、中国 2010—2014 年时期段、印度 1995—1999 年时期段、印度 2000—2004 年时期段和印度 2010—2014 年时期段，β 趋同系数值是大于 0 的。但从 t 统计量和 R^2 统计量来看，仅有中国 2005—2009 年时期段和中国 2010—2014 年时期段显著。这表明，在 2005—2014 年时期段中国的区域经济发展是 β 趋同的，而印度的各个时期段都不存在 β 趋同。由此可知，β 趋同评价结果基本验证了 σ 趋同评价结果的稳健性。

总而言之，中国区际经济发展的趋同性均比较显著，而印度区际经济发展的趋同性并不显著，甚至出现了区际分异。

3　中国和印度区际经济趋同的形成机制：模型构建与理论分析

（1）模型假设和框架

基于发展中大国的内生性特征[①]，假设国内市场只存在家庭、企业和政府三个部门，而将进出口部门视为外生变量。

家庭部门的消费行为。 假设代表性消费者的效用函数为：

---

① 这一特征在《大国经济发展理论》（欧阳峣，2014）一书中进行了详细阐述。

$$U = U(C_s, C_g) = C_s^\mu C_g^{1-\mu} \quad (0 < \mu < 1) \tag{7-5}$$

其中,C_s 和 C_g 分别表示代表性消费者对私人产品和公共产品的消费量,μ 和 $1-\mu$ 分别表示代表性消费者对私人产品和公共产品的支出份额。假设区域内公共产品是同质的,消费者所承担的税收是其购买公共产品的价格(P_g)。而私人产品是不同质的,C_s 为不变替代弹性函数:

$$C_s = \left(\sum_{i=1}^{n+n*} c_i^{\frac{\sigma-1}{\sigma}} \right)^{\frac{\sigma}{\sigma-1}} \quad (0 < \sigma < 1) \tag{7-6}$$

其中,c_i 和 p_i 表示对第 i 种私人产品的消费量和价格,n 和 $n*$ 分别表示本区域和外区域企业生产的差异化产品的种类数,σ 为差异化产品之间的消费替代弹性。假设区域储蓄水平和收入水平分别为 S 和 Y,则消费者行为最优决策可表示为:

$$C_g = [(1-\mu)(Y-S)]/p_g \tag{7-7}$$

$$c_i = [\mu(Y-S)p_i^{-\sigma}]/P_s^{1-\sigma} \tag{7-8}$$

其中,$P_s = \left(\sum_{i=1}^{n+n*} p_i^{1-\sigma} \right)^{\frac{1}{1-\sigma}}$ 为私人产品组合 C_s 的价格。

企业部门的生产行为。 假设第 i 类产品的生产企业的成本函数为 $M + wa_sx_i$。其中,M 为企业生产的固定成本,w 为区域内的要素平均价格,a_s 为单位产品的要素消耗量,x_i 为第 i 类产品的产量,则第 i 类产品的利润函数可表示为:

$$\pi_i = p_ix_i - (M + wa_sx_i) \tag{7-9}$$

结合式(7-8)可得均衡解如下:

$$x_i = [M(\sigma-1)]/wa_s \tag{7-10}$$

政府部门的决策行为。 财政收入与支出是政府部门决策的两个方面。在财政收入方面,税收(即消费者对公共产品的购买)是政府部门的主要收入来源,税收 $T = P_g \times C_g$。在税收的分配上,地方政府自留的税收比例为 ϑ,上交中央政府的税收比例为 $1-\vartheta$。地方政府的收入函数可表示为 $G = \vartheta T + \kappa(1-\vartheta)T$,其中,$\kappa(-1 < \kappa < 1)$ 为中央政府对地方政府的财政支持比例系数。在财政支出方面,假设地方政府财政支出可划分为生产性支出和保障性支出两方面。[①] 地

---

① 生产性支出是指与社会物质生产直接相关的公共投资,具有较强的排他性。保障性支出是指与社会物质生产无直接关系的公共投资,一般由区域规模(人口、地理和社会规模)决定,具有跨区域的外溢性。

方政府的支出函数可表示为 $G=(1-\psi)G+\psi G$,其中,ψ 和 $1-\psi$ 分别表示生产性支出和保障性支出所占的比例。地方政府的生产性支出是对本地市场和企业生产活动的支持,间接而言,是对本地企业私人产品的一种变相购买行为。而地方政府的保障性支出除对本地市场和企业生产活动提供支持,还通过其外溢性对外区域市场和企业产生变相购买行为。则地方政府对本区域私人产品的变向购买可表示为:

$$[\bar{\omega}(1-\psi)+\psi]G+\bar{\omega}^*(1-\psi^*)G^*$$
$$=[\bar{\omega}(1-\psi)+\psi][\vartheta+\kappa(1-\vartheta)]T+\bar{\omega}^*(1-\psi^*)[\vartheta+\kappa(1-\vartheta)]T^* \tag{7-11}$$

其中,上标 * 表示外区域相关变量,$\bar{\omega}$ 表示保障性支出对本区域私人产品变相购买的比例。

发展中大国的区域多元结构特征。 依据这一特征假设区域 1 和 2 分别为后发地区和先发地区。先发地区收入水平高于后发地区($Y_1<Y_2$),后发地区居民储蓄率高于先发地区($s_1>s_2$),先发地区要素价格高于后发地区($w_1<w_2$)。另假设区域 1 和 2 的企业数目分别为 n_1 和 n_2,并认为产品运送到本地市场是无成本的,而运送到外区域市场是有成本的(包括企业进入外区域市场的交易成本等)。设 θ_z 为外区域产品进入 z($z=1$ 或 2)区域市场的成本系数,若产品在区域 1 的价格为 p,则该产品在区域 2 的市场价格为 $p_1/(1-\theta_2)$。

根据式(7-8)求解 c_{zv}^i($v=1$ 或 2),c_{zv}^i 为区域 z 消费者对区域 v 企业生产的第 i 种产品的需求量,p_v^i 表示区域 v 第 i 类产品的价格。

$$\begin{cases} c_{zv}^i = [\mu(Y-S)(p_v^i)-\sigma]/P_s^{1-\sigma} & \text{if } z=v \\ c_{zv}^i = \left[\mu(Y-S)\left(\dfrac{p_v^i}{1-\theta_z}\right)-\sigma\right]/P_s^{1-\sigma} & \text{if } z\neq v \end{cases} \tag{7-12}$$

设 E_{zv} 为区域 z 消费者对区域 v 企业产品的支出水平。结合式 $p_i=\sigma w a_s/(\sigma-1)$,可得出区域 1 消费者对区域 1 企业产品的支出水平:

$$E_{11}=\sum_{i=1}^{n_1}p_1^i c_{11}^i=\frac{\mu(Y-S)}{P_s^{1-\sigma}}\sum_{i=1}^{n_1}(p_1^i)^{1-\sigma}$$
$$=\frac{\mu(Y-S)}{P_s^{1-\sigma}}\times n_1 \times \left(\frac{\sigma}{\sigma-1}w_1 a_{s1}\right)^{1-\sigma} \tag{7-13}$$

同理,可得:

$$E_{12} = \frac{\mu(Y-S)}{P_s^{1-\sigma}} \times n_1 \times \left(\frac{\sigma}{\sigma-1} \times \frac{w_2 a_{s2}}{1-\theta_1}\right)^{1-\sigma} \quad (7\text{-}14)$$

$$E_{21} = \frac{\mu(Y-S)}{P_s^{1-\sigma}} \times n_2 \times \left(\frac{\sigma}{\sigma-1} \times \frac{w_1 a_{s1}}{1-\theta_2}\right)^{1-\sigma} \quad (7\text{-}15)$$

$$E_{22} = \frac{\mu(Y-S)}{P_s^{1-\sigma}} \times n_2 \times \left(\frac{\sigma}{\sigma-1} \times w_2 a_{s2}\right)^{1-\sigma} \quad (7\text{-}16)$$

结合式(7-13)—式(7-16)可得：

$$\frac{E_{11}}{E_{12}} = \left[\frac{w_1 a_{s1}(1-\theta_1)}{w_2 a_{s2}}\right]^{1-\sigma} \quad (7\text{-}17)$$

$$\frac{E_{21}}{E_{22}} = \left[\frac{w_1 a_{s1}}{w_2 a_{s2}(1-\theta_2)}\right]^{1-\sigma} \quad (7\text{-}18)$$

其中，$E_1 = E_{11} + E_{12}$ 和 $E_2 = E_{21} + E_{22}$ 分别表示区域 1 和区域 2 对两区域产品的总支出。

就市场均衡而言，一个区域的要素总收入来自两个区域家庭部门对该区域私人物品的支出和政府部门对本区域私人物品的支出。

后发地区的均衡条件为：

$$w_1 F_1 = \frac{E_{11}}{E_1}(Y_1 - S_1) + \frac{E_{21}}{E_2}(Y_2 - S_2) + [\bar{\omega}_1(1-\psi_1) + \psi_1]G_1$$
$$+ (1-\bar{\omega}_2)(1-\psi_2)G_2 \quad (7\text{-}19)$$

其中，F 和 w 分别为要素总量和要素价格。区域的总体收入来源于要素的总体收益，即 $Y = wF$，结合储蓄率 $s = S/Y$，式(7-19)可调整为：

$$\left[1 - \frac{E_{11}(1-s_1)}{E_1}\right]Y_1 = \frac{E_{21}(1-s_2)}{E_2}Y_2 + [\bar{\omega}_1(1-\psi_1) + \psi_1]G_1$$
$$+ (1-\bar{\omega}_2)(1-\psi_2)G_2 \quad (7\text{-}20)$$

在后发地区，Y_2 和 G_2 是外生的，Y_1/Y_2（$0 < Y_1/Y_2 < 1$）可表示为：

$$\left[1 - \frac{\frac{E_{11}}{E_{12}}(1-s_1)}{1+\frac{E_{11}}{E_{12}}}\right]\frac{Y_1}{Y_2} = \frac{[\bar{\omega}_1(1-\psi_1)+\psi_1]G_1 + (1-\bar{\omega}_2)(1-\psi_2)G_2}{Y_2}$$

$$+ \frac{\frac{E_{21}}{E_{22}}(1-s_2)}{1+\frac{E_{21}}{E_{22}}} \quad (7\text{-}21)$$

(2) 基于模型推演的理论比较分析

① 要素配置机制作用的理论路径及中印现实比较

第一,要素配置机制作用的理论路径。对于发展中大国而言,要素报酬作用下,先发地区和后发地区的要素丰裕度差距是引致区域经济发展差距的主要原因,也是其区域多元结构特征的重要体现。面对区域经济发展不平衡,优化区域间要素配置是实现区际经济趋同、区域经济差距缩小的主要路径。而在此路径中,政府干预和市场机制共同发挥作用,其中,市场机制是自发的,而政府干预的主动性较强。具体而言:首先,要素相对价格均等化是发展中大国市场机制调整要素配置的核心。所谓要素相对价格是指要素名义价格与要素使用成本之间的比例。在市场机制作用下,先发地区要素使用成本急剧增加,而后发地区要素使用成本的增幅相对较小,这使得两类地区的要素相对价格不断趋同,进而实现区域间要素配置的均衡化,促进区际经济趋同。其次,中央政府约束下的地方政府博弈会对区域间的要素配置产生重要影响。在后发地区,要素丰裕度不足,地方政府会通过政策优惠、财政支出等手段积极吸引要素"返流",而在先发地区,地方政府会积极进行要素结构调整,加速低层次要素流出、强化高层次要素流入(高技术人才和新兴产业投资),进而实现要素配置的结构性均衡,促进区际经济趋同。

然而,在区域间要素丰裕度差异过大的情况下,市场机制不能有效地优化区域间要素配置,存在市场失灵。此时,合理且有效的政府干预可以弥补市场机制的失灵,推动区际经济趋同。但政府干预一般通过影响市场机制得以实现,因为地方政府不能强制要求劳动力及资本等要素的流出或流入,只能通过提升要素报酬、降低要素使用成本等方式影响市场机制进而实现地区间要素优化配置。

如前所述,要素相对价格均等化是要素配置机制下区际经济趋同的关键,其数理表现为 w_2 外生情况下 w_1/w_2 不断上升。基于式(7-21)求解 Y_1/Y_2 关于 w_1/w_2 的导数可得:

$$\frac{d(Y_1/Y_2)}{d(w_1/w_2)} = \frac{(1-s_1)(1-\sigma)}{\left(1+\dfrac{E_{11}}{E_{12}}s_1\right)^2}$$

$$\times \left\{ \frac{[\bar{\omega}_1(1-\psi_1)+\psi_1]G_1+(1-\bar{\omega}_2)(1-\psi_2)G_2}{Y_2} + \frac{1-s_2}{\frac{E_{22}}{E_{21}}+1} \right\}$$

$$\times \left[\frac{w_1}{w_2}\right]^{-\sigma} \times \left[\frac{a_{s1}(1-\theta_1)}{a_{s2}}\right]^{1-\sigma} > 0 \qquad (7\text{-}22)$$

由式(7-22)可知,政府作用下市场机制引导的要素价格均等化(w_1/w_2 上升)促进了区域间生产要素的合理流动,进而带动了后发地区产出水平的提升,并缩小了区域间的经济差距(Y_1/Y_2 上升),促进了区际经济趋同。

综上可知,合理的要素配置机制可以推动区域间要素相对价格均等化进而促进区际经济趋同,但在区域间要素禀赋差异过大的情况下市场机制存在失灵,而合理的政府干预可以在一定程度上弥补市场失灵。

第二,要素配置机制作用的中印现实比较。印度是一个实行混合经济体制的市场经济国家,资本、劳动力等生产要素配置主要依靠市场,在要素报酬的驱动下,资本和劳动力等生产要素倾向于向具备区位优势的印度半岛沿海的边缘地区(如果阿邦、本地治里)以及主要铁路干线走廊地带(如德里)集聚①,进而使得这些地区的经济发展水平相对较高,而半岛内陆腹地、喜马拉雅山区(如北方邦、中央邦、比哈尔邦)等落后地区的要素报酬相对较低,对要素的吸引力相对较弱,要素丰裕度不足,经济发展水平较低。同时我们发现,面对市场要素配置的不利局面,印度中央政府(法律法规、人口控制、教育投入等)和地方政府(城乡政策)层面所实施的政策并不能很好地解决跨区域要素配置和流动问题。由此可以判断,要素配置机制不能显著地推动印度的区际经济趋同,甚至可能造成印度区际经济分异。

就中国而言,地区间也存在一定程度的要素分布不均衡,要素丰裕地区主要分布在江苏、浙江等东部沿海地区和北京、天津等直辖经济区,而不具备区位优势的内陆地区的要素丰裕度相对较低。由于区域间要素配置的严重失衡,目前在推动中国区际经济趋同中存在市场失灵现象。然而,近年来,随着中央政府"协调""协同"发展战略的提出,以及地区间竞合发展战略的推进和东部地区要素使用成本的提升,东部地区劳动力要素"返流"、中西部地区承接产业转移,要素相对价格均等化机制得以实现,地区间的要素丰裕度差异不断缩小,区际

---

① 印度的大量人力资本被软件等优势产业吸收,而这些产业大多布局在具备区位优势的一些地区。

经济趋同度提升。这体现出了政府干预对市场失灵的弥补作用。

② 制度变迁机制作用的理论路径及中印现实比较

第一,制度变迁机制作用的理论路径。制度差异是发展中大国区域多元结构的重要体现,包括正式制度差异和非正式制度差异两类。正式制度差异是指各地方政府在政策、法规等正式制度供给上的差异,而非正式制度差异是指各地区在方言、风俗、地域文化、经营理念等非正式制度方面的差异。对于发展中大国而言,制度变迁对区际经济趋同的动力作用主要表现为后发地区向先发地区的制度模仿。先发地区正式制度的供给要优于后发地区,且先发地区非正式制度的开放度要高于后发地区,地区间的制度差异是造成先发地区和后发地区经济差距扩大的重要原因。通过后发地区对先发地区的制度模仿行为,可以积极推动后发地区制度水平的优化、缩小地区间的制度差异,进而缩小地区间的经济发展差距,促进区际经济趋同。

对于发展中大国而言,储蓄率是正式制度和非正式制度的重要外化表现。一方面,储蓄率低意味着市场民间投资水平相对较高,即市场化制度相对较为完善;另一方面,储蓄率低意味着居民的投资倾向(意识)更加强烈,地区非正式制度的开放度较高(殷兴山等,2007)。故此,在模型推演中我们以储蓄率来刻画区域经济发展的制度变迁机制。

基于式(7-21),求解 Y_1/Y_2 关于 s_1 的导数可得:

$$\frac{d(Y_1/Y_2)}{ds_1} = -\left\{\frac{[\bar{\omega}_1(1-\phi_1)+\phi_1]G_1+(1-\bar{\omega}_2)(1-\phi_2)G_2}{Y_2} + \frac{\frac{E_{21}}{E_{22}}(1-s_2)}{1+\frac{E_{21}}{E_{22}}}\right\}$$

$$\times \frac{1+\frac{E_{11}}{E_{12}}}{\left(1+s_1\frac{E_{11}}{E_{12}}\right)^2}\frac{E_{11}}{E_{12}} < 0 \tag{7-23}$$

由此可知,制度水平的优化(s_1 下降)有利于带动后发地区产出水平的提升,进而缩小区域间的经济差距(Y_1/Y_2 上升),促进区际经济趋同。

综上可知,制度模仿效应是制度变迁机制的核心内容,而发展中大国地区间的非正式制度差异限制了制度模仿效应,使得制度变迁机制不能显著地促进区际经济趋同。

第二,制度变迁机制作用的中印现实比较。印度市场化改革之后,人民党政府推行以市场为导向的经济体制,在改革的过程中,虽然第三产业增长迅猛,但以高尖端科技行业为主流的第三产业无法充分吸收剩余劳动力,导致失业率居高不下,区域差距进一步扩大(陈建午,2015)。特别是低收入邦的经济政策抑制了经济发展,加之政治环境和基础设施不完善、要素充裕度不足,使得这些地区与发达地区的经济差异不断扩大。在非正式制度层面,印度落后邦的人口众多,由于民族、宗教因素及种姓制度的影响,这些地区人口所承载的文化意识复杂度较高[1],市场交易成本也相对较高。落后邦的制度劣势使得印度的区际经济差异不断扩大,进而不能显著地推动区际经济趋同。

中国作为发展中大国,地大物博,地区间的非正式制度差异显著。虽然在普通话推广、民族政策等积极因素的作用下,地区间的非正式制度差异并未造成严重的市场分割,但依然在先发地区和后发地区之间形成了经济意识、商业文化的隔阂,制约了后发地区经济向先发地区的趋同。虽然后发地区不断在正式制度层面向先发地区模仿和学习,但在非正式制度差异的限制下这种制度模仿效应落不到实处,只能是"空有其形无其实"。

③ 关系变迁机制作用的理论路径及中印现实比较

第一,关系变迁机制作用的理论路径。关系变迁机制的重要内容是区域经济开放和市场统一。对于人口众多、幅员辽阔的发展中大国而言,市场规模是其比较优势之一,打破市场分割,扩大区域间经济开放程度,有利于加强区域间的经济融合,推动各区域经济比较优势的发挥,进而缩小区域间的经济差距,促进区际经济趋同。反之,若区域间市场分割程度较高,虽然后发地区的政府竞争行为可以在短期内缩小其与先发地区的经济差距,但长远来看不利于培养其自身的竞争力和比较优势,这会使得后发地区与先发地区的经济分异程度进一步加剧。一般而言,市场进入成本可以很好地衡量区域间的市场分割程度,若一个区域的市场进入成本过高使得外区域企业产品进入该区域市场后的价格显著高于本区域企业产品,那么这在一定程度上阻碍了两区域市场的融合,意味着区域间市场分割程度过高。基于这一考虑,本研究从外区域企业进入本区域市场的交易成本(θ_1 和 θ_2)视角分析关系变迁机制。

---

[1] 在罗富政和罗能生(2016)一文中将其称为"非正式制度复杂度"。

基于式(7-21)，求解 Y_1/Y_2 关于 θ_1 的导数可得：

$$\frac{\mathrm{d}(Y_1/Y_2)}{\mathrm{d}\theta_1} = -\frac{(1-s_1)(1-\sigma)}{\left(1+\dfrac{E_{11}}{E_{12}}s_1\right)^2}$$

$$\times \left\{ \frac{[\bar{\omega}_1(1-\psi_1)+\psi_1]G_1+(1-\bar{\omega}_2)G_2^p}{Y_2} + \frac{\dfrac{E_{21}}{E_{22}}(1-s_2)}{1+\dfrac{E_{21}}{E_{22}}} \right\}$$

$$\times (1-\theta_1)^{-\sigma} \times \left[\frac{w_1 a_{s\,1}}{w_2 a_{s2}}\right]^{1-\sigma} < 0 \tag{7-24}$$

式(7-24)表明，交易成本提升会扩大区域间的经济差距，而通过优化关系变迁机制降低交易成本(θ_1 下降)，可以缩小区域间的经济差距(Y_1/Y_2 上升)。

综上可知，以降低区域市场间交易成本为核心的关系变迁机制会对发展中大国的区际经济趋同产生积极影响，但不合理的关系变迁机制会加剧市场分割，不利于区际经济趋同。

第二，关系变迁机制作用的中印现实比较。印度是一个民族、语言、文字多样但高度不统一的大国，这大大降低了印度国内市场的统一性，甚至于邦际贸易还要额外征税(如邦际销售税)。邦际税收类似于国际贸易进出口关税，这使得印度在很大程度上并不存在统一的国内市场，而近似多个国家的市场整合，从而大大削弱了印度的国内市场规模优势。当然，目前印度正在进行 GST 税改，企图改变这一局面，即将商品和服务税取代以前混乱的邦内和邦际销售税。在这样一个邦际经济格局框架下，中央政府不能有效地解决邦际市场分割问题，各邦降低外邦企业进入本邦市场交易成本的行为并不能从根本上推进邦际市场融合。由此可判断，印度不合理的关系变迁机制不能显著地推动区际经济趋同。

中国是一个统一的多民族国家，虽然省际之间可能存在一定的隐形行政壁垒，但不存在显形的省际税收隔阂。而且在中央政府的约束下，中西部地区承接东部地区产业转移、对口帮扶等政策可以有效地强化地区间的经济联系。在这样的政策环境下，地方政府和企业降低外地企业进入本地市场交易成本的行为可以显著地促进区际市场融合，特别是可以有效地带动后发地区后发优势的发挥，进而促进区际经济趋同。

4 中国和印度区际经济趋同形成机制的实证分析

(1) 变量选取与模型构建

区际经济趋同指标设计。由于 β 趋同系数具有时间阶段特征，不具备时间节点的连续性。故此，在对区际经济趋同的评价上，本研究采用 σ 趋同系数的倒数(con)进行衡量，该指标值越大说明区际经济趋同程度越高。

区际经济趋同形成机制指标设计。第一，要素配置机制。要素相对价格均等化是推进发展中大国区际经济趋同的重要形成机制，而该机制的外化表现是劳动力、资本、技术等跨区域流动所引致的区域经济增长。基于这一思路，同时考虑到数据的可获得性，本研究设计要素配置机制指标为 faf＝GDP/Raw，其中，GDP 为国内生产总值(亿美元)，Raw 为铁路客运量(百万人/公里)。该指标反映的是每一单位劳动力(即客运量)流动所带来的国内产出水平，一般而言，该指标值越大表明要素配置对经济发展的作用机制越显著。数据表明，1995 年以来中国每一单位客运量所产生的 GDP 由 0.0207 亿美元增长到了 2014 年的 0.1298 亿美元，增幅为 527.05%，而印度 1995—2014 年的 faf 值由 0.0112 亿美元增长到了 0.0175 亿美元，增幅仅为 56.25%。第二，制度变迁机制。如前文所述，储蓄率是反映正式制度和非正式制度变迁的重要指标，故此本研究设计制度变迁机制指标为 sav＝ΔGDP/(100－s)，其中，s 为国民净储蓄占 GNI 的比重，ΔGDP 为 GDP 的增速。(100－s)值越高说明地区储蓄率相对越低，正式制度和非正式制度的优化程度越高，而 sav 值表明了制度优化带来的经济增长。第三，关系变迁机制。信息不完全和不对称引致的交易成本是造成市场分割的重要原因，提升市场信息化水平可以有效地降低外地企业进入本地市场的交易成本，是关系变迁机制的重要体现。基于这一考虑，本研究设计关系变迁机制指标为 inc＝GDP/net，其中，GDP 指标的单位为百亿美元，net 为固定电话用户数与移动电话用户数之和(每百人)。net 指标值越高说明地区市场间沟通的交易成本越低，区域间的市场开放度越高。inc 指标表明了市场信息化作用下区际市场开放度对地区产出增加的作用。

上述指标数据来源于世界银行网站和国家统计局官方网站国际数据，数据的时间序列区间为 1995—2014 年。

根据上述理论分析直接构造实证分析的回归模型如下：

$$\ln(\text{con}) = \beta_0 + \beta_1 \ln(\text{faf}) + \beta_2 \ln(\text{sav}) + \beta_3 \ln(\text{inc}) + \mu_t \qquad (7\text{-}25)$$

其中，β_i 为第 i 个变量的趋同系数，μ_t 为干扰项，实证中主要指标的描述性统计结果见表 7-7：

表 7-7　主要指标的描述性统计结果

变量	中国				印度			
	期望值	标准差	最小值	最大值	期望值	标准差	最小值	最大值
con	2.0308	0.2243	1.8369	2.5304	2.1543	0.1748	1.9249	2.4618
faf	0.0538	0.0341	0.0207	0.1299	0.0139	0.0034	0.0103	0.0190
sav	0.1793	0.0442	0.1235	0.2955	0.1064	0.0369	0.0535	0.1672
inc	8.3293	4.5831	3.9630	20.5181	9.8588	8.1774	2.4022	28.2124

为消除异常数据对实证分析精度的影响，本研究对各指标进行了取对数处理。

（2）实证结果分析

① 三大形成机制对区际经济趋同的作用效应

三大形成机制影响区际经济趋同的回归分析结果见表 7-8。

表 7-8　三大形成机制影响区际经济趋同的回归分析结果

变量	中国		印度	
	系数	t 值	系数	t 值
ln(faf)	0.1767***	27.62	−0.0588	−0.77
ln(sav)	−0.0580***	−3.42	−0.0001	−0.01
ln(inc)	0.0766***	9.60	0.0739***	3.69
C	0.9941***	31.85	0.3673	1.34
R^2	0.9811		0.9065	
F	277.35***		51.69***	

注：***、**、* 分别表示在 1%、5% 和 10% 的显著性水平下显著。

表 7-8 的计量结果具有如下经济含义：

第一，中国区际经济趋同主要是要素配置机制和关系变迁机制作用的结果，制度变迁机制对区际经济趋同产生了负向作用。如表 7-8 所示，要素配置机制的系数在 1% 的显著性水平下显著为正,验证假说 1 的观点,即合理的要素配置机制可以推动区域间要素相对价格均等化进而促进区际经济趋同;关系变迁机制的系数在 1% 的显著性水平下显著为正,验证假说 3 的观点,即降低地区市场间的交易成本可以有效地促进区际经济趋同;制度变迁机制的系数在 1% 的显著性水平下显著为负,地区间非正式制度差异限制了制度模仿效应,使得制度变迁机制不能显著地促进区际经济趋同。为验证要素配置机制中的政府干预作用,本研究以 ln(faf)、ln(faf)×ln(gov)[①]为解释变量,以 ln(con)为被解释变量进行回归分析,发现 ln(faf)×ln(gov)的系数在 1% 的显著性水平下显著为正,即中国政府对市场的合理干预使得要素配置机制对区际经济趋同的正向效应更加显著,这验证了假说 1 的观点。

第二,关系变迁机制是造成印度区际经济分异的主要原因,要素配置机制和制度变迁机制的作用并不显著。如表 7-8 所示,印度关系变迁机制的系数在 1% 的显著性水平下显著为正,即有效的关系变迁机制可以推进区际经济趋同。同理,不合理的关系变迁机制,增加了印度区际市场间的交易成本,加剧了市场分割,不利于区际经济趋同。这也告诉我们,未来印度区域经济改革的主方向应放在优化关系变迁机制、推进区际市场融合上。要素配置机制和制度变迁机制的系数显著性均不强,这与印度政府不能有效、合理地对市场进行干预有重要关系,因为面对自主权较强的地区邦,生产要素的跨区域市场配置和后发地区的制度模仿都难以实现。

② 进一步的讨论

为验证在区际经济趋同度的不同阶段三大形成机制作用效应的差异,本研究进行了分位数回归分析。分位数回归方法由 Koenker 和 Bassett 于 1978 年提出。该方法主要用来估计一组自变量 X 与因变量 Y 在(0,1)之间不同分位点的线性关系,分位数回归估计的计算是基于一种非对称形式的绝对值残差最小化。假设条件分布 $y|x$ 的总体 q 分位数 $y_q(x)$ 是 x 的线性函数,即:

$$y_q(x) = x_i'\beta_q \tag{7-26}$$

其中,β_q 为 q 分位数条件下的估计系数,其估计量 $\hat{\beta}_q$ 可以由以下最小化问题来

---

① gov 是政府干预指标,采用财政支出占 GDP 的比重进行衡量。ln(faf)×ln(gov)是要素配置机制与政府干预的交互项。

定义：

$$\min_{\beta_q} \sum_{i: y_i \geqslant x_i'\beta_q}^{n} q \mid y_i - x_i'\beta_q \mid + \sum_{i: y_i < x_i'\beta_q}^{n} (1-q) \mid y_i - x_i'\beta_q \mid \quad (7\text{-}27)$$

通过采用加权最小绝对离差和法对分位数回归系数进行估计，可得：

$$\beta_q = \underset{\beta \in R^r}{\operatorname{argmin}} \Big[\sum_{i: y_i \geqslant x_i'\beta_q}^{n} q \mid y_i - x_i'\beta_q \mid + \sum_{i: y_i < x_i'\beta_q}^{n} (1-q) \mid y_i - x_i'i\beta_q \mid \Big] \quad (7\text{-}28)$$

下面将在 0.25、0.50 和 0.75 的分位数条件下，通过目标函数和约束条件函数均为线性函数的线性规划方法计算 β_q 的系数估计量。模型(7-25)的分位数估计结果见表 7-9。

表 7-9　三大形成机制影响区际经济趋同的分位数回归分析

分位数	变量	中国		印度	
		系数	t 值	系数	t 值
q25	ln(faf)	0.1946***	11.20	0.0579	0.43
	ln(sav)	−0.0782*	−1.76	−0.0342	−1.03
	ln(inc)	0.0640***	2.72	0.0818**	2.33
	C	1.0291***	20.16	0.7508	1.60
	Pseudo R^2	0.7922		0.6649	
q50	ln(faf)	0.1767***	13.40	−0.0995	−0.82
	ln(sav)	−0.0659**	−2.24	0.0080	0.24
	ln(inc)	0.0829***	3.95	0.0652*	2.01
	C	0.9716***	21.76	0.2340	0.57
	Pseudo R^2	0.8545		0.7395	
q75	ln(faf)	0.1706***	20.52	−0.0317	−0.26
	ln(sav)	−0.0651***	−3.17	0.0103	0.32
	ln(inc)	0.0832***	5.25	0.0804**	2.21
	C	0.9634***	22.18	0.5122	1.24
	Pseudo R^2	0.9114		0.7207	

注：本结果通过 sqreg 命令自助法重复次实现；***、**、* 分别表示在 1%、5% 和 10% 的显著性水平下显著。

基于表 7-9 的估计结果，描绘直观图形进行观察，见图 7-8 和图 7-9。其经济含义如下：

第一,随着中国区际经济趋同度的提升,要素配置机制的作用效应越来越弱,关系变迁机制的作用效应越来越强。一方面,随着分位数的增加,要素配置机制的系数呈现出下降趋势。这表明区际经济趋同度越高,要素配置机制的正向作用效应越弱。另一方面,随着分位数的增加,关系变迁机制的系数呈现出上升趋势。这表明区际经济趋同度越高,关系变迁机制的正向作用效应越强。两种趋势说明,未来中国实现区际经济差距缩小的主要政策着力点在于降低市场分割程度,促进区域间的市场整合。另外,我们还发现,制度变迁机制的负向作用效应在不断弱化。

第二,就印度而言,关系变迁机制对低趋同度与高趋同度的影响较大,而对中间阶段趋同度的影响较小,其作用效应整体呈"U"形结构。随着分位数的增加,关系变迁机制的系数呈现出先降后升的趋势。这表明关系变迁机制对区际经济趋同的条件分布的两端的影响大于对其中间部分的影响。就印度目前的情况而言,降低地区市场间的交易成本,促进区域间的市场整合,依然是实现印度区域经济差距缩小的关键。

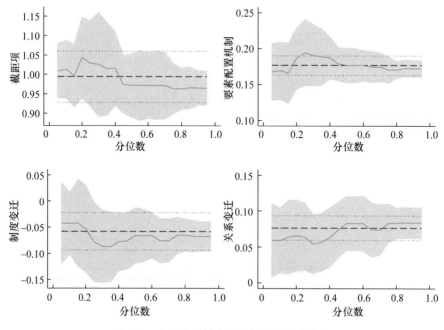

图7-8 中国数据的分位数回归系数的变化

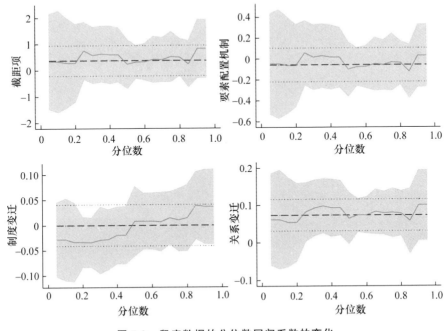

图 7-9 印度数据的分位数回归系数的变化

5 结论与政策建议

本节以中国和印度为典型代表,对发展中大国进行了 σ 趋同和 β 趋同的评价,并通过模型构建和实证检验从要素配置、制度变迁、关系变迁三个方面分析了发展中大国的形成机制。最终得出以下三个主要结论:

首先,目前,中国区际经济发展存在 σ 趋同和 β 趋同,印度区际经济发展的趋同性并不显著甚至出现了区际经济分异。在 1995—2014 年间,中国 σ 趋同系数存在阶段性,2003 年之前区域经济表现为分异,而 2003 年之后则出现了趋同;印度 σ 趋同系数呈现出波动性缓慢上升的趋势,其变异系数的变化与 σ 趋同系数的变化大体一致。

其次,发展中大国区际经济趋同的形成机制主要包括三个方面:其一,合理的要素配置机制可以推动区域间要素相对价格均等化进而促进区际经济趋同,但在区域间要素禀赋差异过大的情况下市场机制存在失灵,而合理的政府干预可以在一定程度上弥补市场失灵。其二,制度模仿效应是制度变迁机制的核心内容,而发展中大国地区间的非正式制度差异限制了制度模仿效应,使得制度变迁机制不能显著地促进区际经济趋同。其三,在市场分割的经济框架下,以降低区域市场间交易成本为核心的关系变迁机制对发展中大国的区际经济趋同产生了积极影响。

最后,中国区际经济趋同主要是要素配置机制和关系变迁机制作用的结果,制度变迁机制的作用效应是负向的,且随着中国区际经济趋同度的提升,要素配置机制的作用效应越来越弱,关系变迁机制的作用效应越来越强。中国政府干预使得要素配置机制的积极作用更加显著。关系变迁机制是造成印度区际经济分异的主要原因,要素配置机制和制度变迁机制的作用并不显著,且随着趋同度的提升,关系变迁机制的作用效应呈"U"形结构。

基于上述分析,本节给出具有针对性的政策建议如下:

第一,转变劳动力、资本等生产要素的跨区流动的政府干预方式,强调以市场整合为导向的要素配置模式。随着中国区际经济趋同度的不断提升,关系变迁机制的作用得到强化,而要素配置机制的作用被削弱。之所以如此,是因为要素跨区域流动过程中可能存在一定程度的政府不合理干预行为。因此,地方政府应做好两方面的工作:一方面,在生产要素配置中采取正向激励策略(如积极的人才引进政策等),不使用负向惩罚策略(如设置行政壁垒限制要素外流等);另一方面,放弃地方保护主义这一短视策略,积极实施对内开放,进而实现生产要素的结构性优化配置和制度行为的后发模仿。

第二,强化不同地区间的非正式制度融合,积极推进后发地区向先发地区的制度学习。发展中大国的一个重要特征便是地区间的非正式制度差异显著,如文化风俗、经济理念等。在中央政府的统筹下,地方政府应当加强经济层面的跨区域文化交流和合作,推进非正式制度的区际融合。同时,在宏观经济管理等方面,后发地区应当加强向先发地区的制度学习和模仿,缩小地区间的制度差异,进而推进市场融合,促进区际经济趋同。

第三,以"市场边界代替行政边界"的理念,合理规范政府对市场的干预作用。目前,地方政府对市场的干预往往会以行政边界代替市场边界,这样不仅不利于发展中大国市场规模效应的发挥,反而会滋长地方保护主义,扩大地区经济差距。因此,地方政府之间应当加强合作,努力推进市场边界对行政边界的替代,加快市场融合,促进区际经济趋同。

第3节 中国道路及其世界意义

中国是典型的发展中大国,既有人口众多和幅员辽阔的大规模国家特征,又有劳动生产率偏低和人均国民收入水平不高的发展中国家特征。中国古代曾经有过经济繁荣的辉煌历史,但在近代以后逐步走向衰落。自中华人民共和国成立以来,中国共产党人在探索中国特色社会主义道路的过程中,带领全国人民走出了一条经济发展的富强之路。纵观六十多年的历史,1952—1978年间,国民生产总值增长两倍,劳动生产率增长58%,建立了比较完备的国民经济体系;1978年改革开放以后,中国经济焕发出新的生机和活力,1978—2011年间,国民生产总值增长22.48倍,年均增长率达到9.89%,经济总量位居世界第二,从低收入穷国迈进中等收入经济体行列;2012年党的十八大以来,中国经济加快了转型升级的步伐,根据《世界发展指标2014》的数据,2013年中国人均国民收入达到6 560美元,被列为中高收入经济体。中国的发展历程积累了成功的经验,初步形成了"中国道路"的框架。习近平总书记在庆祝中华人民共和国成立65周年招待会上指出:"我们自己的路就是中国特色社会主义道路,这条道路是中国共产党带领中国人民历经千辛万苦、付出巨大代价开辟出来的,是被实践证明了的符合中国国情、适合时代发展要求的正确道路。"(习近平,2014)。我们应该认真总结中国道路的成功经验,增强中国特色社会主义道路自信,使这条康庄大道越走越宽阔,并为发展中大国从贫穷走向富强提供可选择的典范。

1 中国道路研究的基本脉络

中华人民共和国成立后,经济发展取得了举世瞩目的成就,特别是改革开放以来的经济增长在持续时间和速度上超过了经济起飞时期的日本和"亚洲四小龙"。诺贝尔经济学奖获得者约瑟夫·斯蒂格利茨指出:"世界上还从未出现过如此大规模而又持久的经济增长。"(欧阳峣,2011)。这种现象被称为"中国奇迹",国内外学术界在研究和总结"中国奇迹"的过程中,提出了"中国道路""中国经验"和"中国模式"的概念。20世纪70年代,海外学者开始关注中国发展道路问题;90年代中期,国内学者开始讨论中国道路和中国模式问题;进入

21世纪以后,海外学者用"北京共识"的概念称谓中国模式。国内外学者的研究,主要沿着三条线路展开:

(1) 存在性及其意义的研究

国内外学者普遍认为,中国道路或中国模式是客观存在的,但更多的学者认为用中国道路比中国模式更为科学和准确。主要有几种观点:第一种认为中国模式可以当作同"美国模式"相抗衡的模式。库珀·雷默认为,"北京共识"显示出了对"华盛顿共识"的一种对抗,因为中国已经成功地通过鼓励创新、提高生活品质、促进经济成长,以及提供平等的环境避免了社会动乱,并通过维护独立和自决的地位,拒绝西方强权施加的意志而获得了发展上的成功。有些学者认为,"华盛顿共识"在全球性金融危机中遭遇挫折,"在发展中国家应该怎样管理经济的问题上,一个新的'北京共识'将替代长期占主导地位的'华盛顿共识'。"(唐晓,2010)。第二种认为中国模式为发展中国家提供了新的发展模式。约瑟夫·奈认为中国模式为发展中国家提供了一个范例,甚至是一种现代化道路。乔舒亚·库玻·雷默指出:"中国已经在指引世界其他一些国家在有一个强大重心的世界上保护自己的生活方式和政治选择。这些国家不仅在设法弄清如何发展自己的国家,而且还想知道如何与国际接轨,同时使它们真正实现独立。"(唐晓,2010)。中国经济增长的重大成就使许多发展专家开始研究中国的发展模式,发展中国家的领导人也将目光转向中国的发展道路。第三种认为中国模式具有独特性,因而是不可复制的。马丁·怀特认为,中国的国情很特殊,而且发展过程中存在巨大缺陷,因而"中国模式"是不可复制、推广和输出的。詹姆斯·曼认为:"中国是独一无二的,因为它全然的规模和庞大市场的诱惑力,没有任何其他国家可以比拟。"(唐晓,2010)。由于中国的发展具有特殊性,而且仍然充满矛盾、紧张和陷阱,因此,中国的发展和富强道路不能由任何其他国家照搬。第四种认为中国模式尚未成熟,应该称为中国道路。田国强提出,一些短视者和既得利益者认为已经找到不同于现代西方发达社会的稳定的、成熟的、具有推广价值的模式,这是一种自负,切勿将过渡性制度安排当作终极性制度安排(王丹莉,2012)。傅高义认为,中国经济增长的原因及发展轨迹与日本、韩国有许多相似之处,都应该属于亚洲后期快速发展的模式,而不是一种新的模式(王丹莉,2012)。黄亚生认为,中国改革开放以来推行的诸多举措都同西方社会倡导的理念一致,其发展趋势与西方的市场体制接轨。欧美学者提出的"中国模式"主要是描述性的概念,对其基本内涵和体系结构没有形成完整而统一的认识,更确切地说应该是中国式的发展道路(王丹莉,2012)。

(2) 经济发展战略视角的研究

一些学者从发展经济学的视角分析了中国模式或中国道路,具体研究了中国经济发展战略及其特征。主要有以下几种意见:第一种认为中国模式或中国道路就是独立自主和自力更生的道路。詹姆斯·曼提出,中国模式的基本原则是在全球化过程中坚持独立自主,走适合自己国家国情的道路(唐晓,2010)。斯蒂芬·马克思认为,中国模式的主要特征,就是没有采纳"华盛顿共识",它所带来的理念不仅不同于以西方经验为中心的意识形态,而且在发展中国家中产生了显著的效果,从而动摇了西方经验以及由西方主导的国际游戏规则。周弘(2009)指出,中国发展道路的特殊性,首先在于它摆脱了资本主义发展的链条,走上了建设社会主义的道路,跳出了帝国主义的世界体系,走上了独立自主的发展道路。王伟光(2013)认为,毛泽东提出实现马克思主义普遍真理同中国实际的第二次结合,走自己的路,探索适合中国国情、具有中国特色的社会主义建设道路;邓小平提出我们的现代化建设必须从中国的实际出发,中国的事情要按照中国的情况来办,要依靠中国人自己的力量来办,走独立自主、自力更生的发展道路,他创建了中国特色社会主义理论。第二种认为中国模式或中国道路是比较优势推动经济发展的道路。林毅夫等(2014)认为,一个发展中国家如果在经济发展过程中按照比较优势来选择产业和技术,则其经济就会富有竞争力,中国从改革开放以后也开始按照比较优势来发展产业和技术,并利用后发优势来进行产业升级和技术创新。华民(2007)认为,中国现阶段选择比较优势战略是正确的,比较优势竞争就是在不改变现有禀赋结构的基础上,发挥本国充裕要素的成本优势来提高国际竞争力,从而实现经济增长;采用自主创新竞争战略需要拥有复杂的、高级的社会结构和组织系统的支持,中国的劳动力要素密集,但人力资本短缺、技术创新效率低、创新体系不健全,所以需要继续坚持基于比较优势的国际分工和竞争策略。第三种认为中国模式是粗放型经济增长模式。吴敬琏(2005)认为,中华人民共和国成立后形成了高指标、高积累和低效率的增长模式,改革开放以后仍然把数量扩张作为发展的主要目标,各级政府拥有过多的资源配置权力和对企业微观经济决策干预的权力;由于通过投资扩张来推动经济增长的做法不必触动旧有的利益格局,因而以强势政府和海量投资为基本特征的权威主义发展道路就成为一些官员的行为定式。张平和赵志君(2007)认为,从传统的经济赶超模式来看,发展中国家的政府期望通过干预要素价格而增加供给和创造需求,很容易形成同质化的低成本产能扩张的供给结构;改革开放以后,通过发展乡镇企业和外资企业,使制造业逐步确立了全球竞争优势,但其具有显著的低成本竞争特征。张军(2005)认为,中国的追赶型经济,从增长模式来看属于高投资—高增长的助推类型,从贸易策略来看是遵循外向原则并依赖技术引进实现技术进步的,从工业化战略来看主要是依赖比较优势逐步升级产业结构的。

(3)制度经济学视角的研究

还有些学者从制度经济学的角度分析了中国模式或中国道路,主要是围绕政府和市场、集权和分权、突变和渐进的问题进行研究。第一是政府和市场的关系。吴敬琏(2016)认为,中国从20世纪末期建立"双轨制"后面临两种可能的前途,一条是沿着完善市场经济的改革道路前行,走向法治的市场经济;另一条是沿着强化政府作用的道路前行,走向权贵资本主义。林毅夫(2013)认为,政府应该在促进技术和产业升级方面发挥积极有为的作用,因势利导促进产业的潜在比较优势变成竞争优势,同时要为产业发展提供必要的基础设施;中国正在全面深化改革,建立有效的市场并发挥有为政府的作用。巴瑞·诺顿认为,中国经验相当重视各种市场力量的逐步扩张,并将其视为经济加速增长的基本前提条件,具体顺序是市场开放优先,随后进行市场监管(王新颖,2011)。第二是集权和分权的关系。姚洋(2011)认为,中国经济改革的制度基础是分权,财政分权迫使地方政府依靠当地力量创收,以支付政府人员工资,同时为老百姓提供公共产品;改革时期的分权是计划时期分权的继续,它为中国改革奠定了制度基础。陆铭等(2008)认为,政治集权和经济分权是"中国模式"的特征,中国式的经济分权向地方政府和企业提供了经济发展的激励,在经济分权的同时实施政治的集权。郑永年(2016)认为,政府间分权促进了中国经济高速增长,中央和地方都有发展经济的动力,地方政府可以增加操纵的资源,对中央和地方来说是一种双赢格局。第三是渐进式改革。刘霞辉等(2008)认为,传统计划经济体制向市场经济体制过渡,可以选择"激进式"或"渐进式"的转轨模式,中国采取的是相对温和的渐进式改革方略,这可以视作中国改革道路的一个重要的独特之处;渐进式改革与国情的复杂性和改革的艰巨性相适应,很好地处理了改革发展与稳定的关系,这是经济增长奇迹背后最重要的支撑。姚洋(2011)认为,中国的渐进式改革表现在时间和空间上,在时间上表现为每项改革都是分段进行,没有一步到位的;在空间上表现为改革的推进带有地域性,先搞试点再全面推广。弗拉基米尔·波波夫认为,"摸着石头过河"的改革策略深植于中国传统,中国的渐进式改革方式没有毁坏改革前的所有成就,从未真正脱离得以保持低度的收入与财富不平等的整体主义制度,这是在"亚洲价值观"框架下的渐进发展(王新颖,2011)。

显然,国内外学者比较集中地分析了中国道路或中国模式的意义,并着重从发展战略和体制机制的角度进行了研究。为此,我们将选择新的研究视角:一是鉴于中国发展尚未形成已经定型的模式,体制机制和发展战略方面仍处于逐步完善的过程中,所以着重于总结和概括中华人民共和国成立以来的发展经验;二是中国道路是包含着复杂内容的巨系统,涉及经济、政治、文化、社会和生态等领域,所以着重于从经济学角度总结和概括中国的发展经验;三是基于中国是典型的发展中大国,具有超大规模特征,所以着重于总结和概括中国作为大国的发展经验。从总体思路来看,首先基于中国经验提出大国发展道路的分析框架,然后分析中国道路的典型特征及其世界历史意义。

2　中国道路的经验分析框架

中国道路是由毛泽东开创的、在不同发展阶段得到完善和发展的社会主义建设道路,它蕴含着极为丰富的思想内涵,涉及经济建设、政治建设、文化建设、社会建设等诸多要素。在六十多年的社会主义建设实践中,中国共产党积累了宝贵的经验,这些经验就是构成中国道路的实践基础。本书认为,中国是典型的发展中大国,中国发展问题的核心是经济问题,基于这两个特点,本书试图从发展经济学和国家规模的视角,对中国道路的基本经验进行分析。

(1) 独立自主的发展道路

所谓独立自主,是指主要依靠自己的力量,坚持从本国的实际出发,寻求适合国情的发展道路。中国是发展中大国,大国的初始条件是人口众多和幅员辽阔,这是最基本的国情。大国的国内需求很大,从经济发展的角度来看,国民消费需求的总量大,基础设施建设的投资需求大,因而不可能主要依靠外部的供给,而只能以内部要素和产品的供给来满足消费和投资需求。可见,独立自主的发展道路,符合大国的国情和大国经济发展的规律,这是中国道路的重要内容。

毛泽东主席历来主张,革命和建设都必须坚持"独立自主、自力更生"的基本方针。他在修改"八大"政治报告时写道:"我国是一个东方国家,又是一个大国,因此,我国不但在民主革命过程中有自己的许多特点,在社会主义改造和社会主义建设的过程中也带有自己的许多特点,而且在将来建成社会主义社会以后还会继续存在自己的许多特点。"(中共中央文献研究室,1992,第143页)。他强调主要依靠自己的力量,根据自己的情况,走中国工业化道路。邓小平同志在党的十二大开幕词中指出:"把马克思主义普遍真理同我国的具体实际结合起来,走自己的道路,建设中国特色社会主义,这就是我们总结长期的历史经验得出的基本结论,中国的事情要按照中国的情况来办,要依靠中国人自己的力量来办。独立自主、自力更生,无论过去、现在和将来,都是我们的出发点。"(邓小平,1983,第371—372页)。他从总结中国经验的角度,阐述了"独立自主、自力更生"的方针。在新的形势下,习近平总书记反复强调:"独立自主是中华民族的优良传统,是中国共产党、中华人民共和国立党立国的重要原则。在中国这样一个人口众多和经济文化落后的东方大国进行革命和建设的国情与使命,决定了我们只能走自己的路。"(国务院新闻办公室等,2014,第29页)。他从东方大国的国情与使命的角度,分析了独立自主原则在我们党和国家战略中的重要位置。可见,在中国革命和建设的各个历史时期,党和国家领导人从不同角度分析和阐述了独立自主的发展道路:第一,中国国情的特殊性,决定了中国必须走自己的道路,建设中国特色社会主义道路;第二,大国的国情和使命,决定了中国不仅要走自己的道路,而且要依靠自己的力量;第三,独立自主是总结长期历史经验得到的基本结论,是中华民族的优良传统,是立党立国的重要原则。

经过六十多年的探索,中国依靠自己的力量走出了一条独立自主的现代化道路,形成了体现独立自主原则的经济发展框架。其主要内容,一是建立了独立的国民经济体系。中国经过经济恢复和建设时期,逐步建立起了独立的和比较完备的国民经济体系,形成了第一产业、第二产业和第三产业协调发展的格局。到1978年,国内生产总值达到3645亿元,其中,第一产业1028亿元,第二产业1745亿元,第三产业872亿元,呈现出"二、一、三"结构;改革开放以来,中国的产业结构不断优化,2013年国内生产总值达到588 019亿元,其中,第一产业55 322亿元,第二产业256 810亿元,第三产业275 887亿元,开始呈现出"三、二、一"的现代产业结构。同时,在产业布局上,通过建设东部、中部、西部的经济区和产业区,形成了比较完善的国内经济循环系统。二是建立了独立的现代工业体系。中国在20世纪50年代初期开始了社会主义工业化,总体目标是建立独立完整的工业体系。毛泽东主席认为,完整的工业体系是巩固社会主义的基础,"没有完整的工业体系,怎么能说有了社会主义工业化的巩固基础?"(萧国亮和隋福民,2011,第77页)。1952—1958年,中国工业发展的实际增长率为18%,建成了一批国家工业化急需的基础工业,使国家的经济结构发生了重大变化,工业技术水平和机械化程度提高,形成了比较完整的工业部门结构和地区结构。改革开放以后,中国加快了工业现代化步伐,钢铁、有色金属、电力、煤炭、石油加工、化工、机械、建材、轻纺、食品、医药等工业部门迅速壮大,航空航天、汽车、电子等新兴工业部门迅速成长。中国2006年的工业增加值达到了103 720亿元,占国民生产总值的比重为47.95%。目前,中国已经形成拥有39个工业大类、191个中类、525个小类的现代工业体系。三是建立了独立的科学技术体系。科学技术是国民经济发展的重要推动力量,现代科学技术体系是现代化国民经济体系和工业体系的重要支撑。中华人民共和国成立以后,党和国家始终把发展科学技术摆在突出的战略地位,从"向科学进军"到"科学技术是第一生产力",从"建设创新型国家"到"实施创新驱动战略"。目前,中国已经成为科学技术体系完备、科学技术队伍庞大、科学技术成果丰硕的科学技术大国,农业科技、工业技术和高新技术产业蓬勃发展。2015年,中国研发人员数量居世界首位,研发经费居世界第二,国际专利数量居世界第三。中国不仅建立了比较完整的现代科学技术体系,而且整体科技水平走在发展中国家的前沿,在某些领域已经达到国际先进水平,甚至具有领跑的能力。

(2) 经济分权的改革道路

所谓经济分权,是指国家经济治理实行分权模式,将统一管理和分散管理相结合,寻求适合国情的改革道路。中国是一个大国,具有人口众多和幅员辽阔的基本特征,从国家治理的角度来看,管理的范围过大,规模庞大的组织结构使管理效率受到了负面影响,适宜于"分权治理"的模式;通过合理设置中央政府和地方政府的权力,在中央政府的授权下灵活自主地处理辖区内的事务,有利于发挥各地方政府的积极性,提高管理效率。显然,经济分权的改革道路,是理顺中央和地方关系的有效途径,也是符合大国国情的改革道路。

中华人民共和国成立初期,我们为适应经济赶超战略,沿用战争时期的做法和模仿苏联模式,建立了高度集权的计划经济体系,在实现经济高速增长的同时,也逐渐暴露出了过于集中的管理弊端,企业成为上级行政机关的附属物,地方财权非常有限,农民缺乏生产自主权,从而压抑了农民、企业和地方政府的积极性。为此,从20世纪50年代末期开始,毛泽东就提出了经济分权的思路,他强调要把国内外一切积极因素调动起来,把中国建设成为一个强大的社会主义国家。这是由国家规模大的原因导致的,"我们的国家这样大,人口这样多,情况这样复杂,有中央和地方两个积极性,比只有一个积极性好得多。"(毛泽东,1977,第275页)。著名经济学家孙冶方设计了一种国家管理企业的模式——大权独揽,小权分散的经济模式,即在保持国家所有制和国家对企业供销关系的计划管理的条件下,给予企业在日常决策上的自主权。1957年9月的中共八届三中全会通过了《关于改进工业管理体制的规定》《关于改进商业管理体制的规定》《关于划分中央与地方对财政管理权限的规定》,经全国人大常委会批准自1958年开始实行,其主要内容包括下放计划权、企业管辖权、物资分配权、基本建设项目审批权、财政权、税收权和劳动管理权。而中央和地方之间的财政关系是决定国家制度构架的最重要因素之一,从20世纪50年代到70年代,中国中央和地方之间的财政关系大致经历了五次反复:中华人民共和国成立初期效仿苏联模式,实行"统收统支"的财政体系;1951年开始调整,实行财政收入分成和预算分级管理的财政体系;1958年鼓励地方寻找新的收入来源,实行分权化财政体系;1959—1967年,实行"定收定支,收支挂钩,总额分成,一年一度"的财政体系;1968年开始实行集权模式,但是又在不断进行小的调整。从1978年开始,财政分权的改革方向基本明确,邓小平(1983,第145—146页)指出:"我国有这么多省、市、自治区,一个中等的省相当于欧洲的一个大国,有必要在统一认识、统一计划、统一指挥、统一行动之下,在经济计划和财政、外贸等方面给予更大的自主权。"他结合中国的大国特征,阐述了赋予地方、企业和劳动者更多自主权的必要性和重要性,同时还具体分析了权力过于集中的弊端。20世纪90年代中期,中国开始实行分税制,即将国家的全部税种在中央政府和地方政府之间进行划分,从而确定各自的收入范围,其实质是根据中央政府和地方政府的事权确定相应的财权,它使中央和地方关系形成了一个比较稳定的框架。党的十八大以后,随着经济形势的发展和变化,中国对现行的财政体制进行了相应的调整。习近平总书记指出:"要保持现有中央和地方财力格局总体稳定,进一步理顺中央和地方收入划分。"(国务院新闻办公室等,2014,第81页)。通过建立事权和支出责任相适应的制度,形成中央和地方财权与事权相匹配的财税体制,能够更好地发挥中央和地方两个积极性。通过各个历史时期的长期探索,党和国家在经济分权改革的道路上形成了系统的思想和政策:第一,经济分权改革是大国经济治理的必然选择,它是由庞大的国家规模及其复杂情况所决定的;第二,经济分权改革是系统工程,主要包括给地方分权、给企业分权和给农民分权;第三,经济分权改革的核心是财政分权,建立财权与事权相匹配的科学的财税体制。

中国大规模的经济分权改革始于1978年,通过给农民自主权、给企业自主权和给地方自主权的改革,探索出了一条适应大国经济发展的道路。第一,通过农业体制改革,真正给农民自主权。为解决农业劳动激励机制缺乏的问题,中国农村地区推行了家庭承包责任制,这种改革首先源于农村基层群众的创新,由诱致性的制度变迁导致政府导向的强制性制度变迁。1980年9月,中共中央《关于进一步加强和完善农业生产责任制的几个问题》的会议纪要提出:允许有多种经营形式、多种劳动组织、多种计划办法的存在,特别是在那些边远山区和贫穷落后的地区。后来,家庭联产承包责任制不仅在农村集体经济组织推广,而且在国有农场推广,被称为社会主义集体所有制中分散经营和统一经营相结合的经营方式。从大集体的农业生产组织形式到以家庭为单位的农业生产组织形式,实现了农业微观经营机制的转变;农民获得了生产经营自主权,并获得了生产剩余的支配权,从而形成了一种经济激励机制,极大地激发了农民的生产积极性,使农产品产量大幅度提高。在1978—1984年推行家庭联产承包责任制期间,按1978年不变价格计算的农业总增长和年均增长率分别为42.23%和6.05%,这是中华人民共和国成立以来农业增长最快的时期。第二,通过企业体制改革,真正给企业自主权。为解决企业激励机制缺失的问题,中国城市调整了国家和国有企业的关系,通过赋予国有企业自主权,增强了经济激励和企业活力。根据林毅夫(2013)的研究,中国的国有企业改革经历了三个阶段:1979—1984年为第一阶段,主要是向企业"放权让利",提高企业效率;

1985—1986年为第二阶段,主要是"简政放权"和"改革税制",增强企业活力;1987—1995年为第三阶段,主要是实行各种形式的企业经营责任制,重建企业经营机制。通过改革赋予了企业更大的经营自主权,逐步建立了适应市场经济体制的企业制度。到2001年年底,中国86%的国有工业企业完成了改制。这种企业微观经营机制的转变,实质上就是赋予企业在生产、销售、分配等方面的权利。随着企业改革的推进,中国提出了建立"产权明晰、权责分明、政企分开、科学管理"的现代企业制度的目标。第三,通过财政体制改革,真正给地方自主权。为解决地方政府激励机制缺失的问题,中国不断地调整国家和地方的利益关系;真正的财政分权改革是从1977年在四川和江苏进行财政包干制度试点开始的,主要内容是中央和地方"分灶吃饭",实行总额分成、收入递增包干、定额上解、上解额递增包干和定额补助政策。从1994年开始的分税制改革,主要内容是将税收划分为中央税、地方税和共享税三大类,资源税和特种消费税为中央税,个人所得税、企业所得税和农业税为地方税,增值税和营业税为共享税。这次改革在中央和地方财政分权制度化和规范化进程中具有里程碑意义,它使中央和地方构建了长期稳定的利益关系格局。这种分权改革的实质是赋予地方在财政上的自主权,极大地调动了地方政府理财的积极性,促进了地方经济增长。分税制在改革实践中逐渐完善,建立了财政转移支付的机制,保障了各地区经济的协调发展。

(3) 融入世界的开放道路

所谓融入世界,是指把本国经济看作世界经济的有机组成部分,在国际范围内利用资源和市场,寻求适合国情的开放道路。中国是一个超大规模的国家,拥有资源丰富和市场广阔的优势,依靠国内资源和国内市场就可以支撑产业成长,形成专业化优势。在封闭的世界经济体系中,大国的内源发展机制有着小国所不可比拟的优越性。然而,在开放的世界经济体系中,小国可以利用国际资源和国际市场形成推进经济繁荣的机制。因此,假如大国仍然自我封闭,那么就将丧失原来高于小国的优势,固有的规模优势就可能被依托国际资源和国际市场的小国所超越;大国只有自觉地融入世界经济体系,实施基于内需的全球化战略,才能形成超越于小国之上的规模优势。事实证明,融入世界经济体系的开放道路是大国经济走向繁荣的必由之路,也是中国道路的重要内容。

中华人民共和国成立后,中国政府希望通过发展对外贸易促进国内经济的恢复。毛泽东于1949年12月赴苏联访问,他在莫斯科电告中共中央:"在准备对苏贸易条约时应从统筹全局的观点出发……同时要准备和波捷德英日美等国做生意。"(中共中央文献研究室,1992,第197页)。但是,西方国家试图遏制社会主义中国的发展,在中国周围形成"新月形"的包围圈;中国同苏联签订援助协定,又因政治关系的恶化而停止。进入20世纪70年代,中国政府审时度势地扩大对外经济交流,并将对外贸易和技术引进的重点转向西方国家。毛泽东指出:"这些西方资本主义国家创造了文化,创造了科学,创造了工业。现在我们第三世界可以利用他们的科学、工业、文化——包括语言——的好的部分。"(武力,2010,第582页)。然而,从总体上来看,由于受到西方国家的经济封锁和"左倾"思想的影响,中国曾长期处在一种"半封闭"的状态。邓小平(1987,第67—68页)指出:"我们总结了历史经验,中国长期处于停滞和落后状态的一个重要原因是闭关自守。经验证明,关起门来搞建设是不能成功的,中国的发展离不开世界。"以党的十一届三中全会为转折点,中国将对外开放确定为一项长期的基本国策,开始大规模地开展对外经济交流,逐步融入世界经济体系。在经济发展进入新常态以后,习近平总书记强调在更大范围、更宽领域、更深层次上提高开放型经济水平,同时,提出了两项扩大开放的重大战略:一是建设自由贸易试验区,加快形成与国际投资贸易通行规则相衔接的基本制度体系和监管模式;二是建设丝绸之路经济带和海上丝绸之路,打造开放、包容、均衡、普惠的区域合作架构。习近平总书记提出:"以贸易和投资自由化便利化为纽带,以互联互通、产能合作、人文交流为支柱,国愿秉持共商、共构、共享原则,以'一带一路'沿线各国发展规划对接为基础,以金融互利合作作为重要保障,积极开展双边和区域合作,努力开创'一带一路'新型合作模式。"(中共中央文献研究室,2017,第274页)。中国对融入世界经济体系的认识逐步增强和深化,形成了比较系统的经济开放思想:其一,开放是实现国家繁荣富强的根本出路,只有深度融入世界经济体系才能实现可持续发展;其二,开放应该是双向的和多元的,要坚持互利共赢的原则;其三,中国应该积极参与全球经济治理,致力于建设一个共同繁荣的世界。

党的十一届三中全会以后,中国实施了一系列经济开放的战略和政策,探索了一条融入世界经济体系的开放道路。第一,通过创办经济特区,发挥开放试验场的作用。在中国这样的大国,对外开放应该积极稳妥地推行,我们的法则就是先行试验。1980年,国务院批准设立深圳、珠海、汕头、厦门经济特区;1988年增设海南经济特区。创办经济特区的主要目的,就是在国内的特区集中引进国外的资金和先进技术,进行对外开放和对内搞活的政策试验,为全国的开放积累经验。经济特区在决策上有更多的自主权,在政策上有更多的特殊性,包括引资和财税方面的优惠,这有利于较大规模地引进外资,建立出口导向型经济。在较短的时间里,特区经济获得了迅速发展,特别是深圳特区的经济发展取得了令人瞩目的成就,创造了"深圳速度"的奇迹。1980—1999年,深圳的年均GDP增长率达到了31.2%,出口年增长率达到了42%。从建立出口导向型经济到建立市场经济体制机制,从发展劳动密集型产业到发展技术密集型产业,经济特区积累了经验,为全国的经济开放提供了示范。第二,通过开放沿海城市,带动全国的经济开放。在经济特区产生积极效应后,中国政府决定加快对外开放的步伐,即开放一批沿海城市,包括大连、秦皇岛、天津、烟台、青岛、连云港、南通、上海、宁波、温州、福州、广州、湛江、北海。主要目的是利用这些沿海城市交通便利,较早同外国发生经济文化交流,以及商品经济和科技文化比较发达的优势,通过放宽经济政策和改革管理体制,增强对外经济的活力。这些沿海城市和经济特区,分布在从南到北的沿海岸线边缘地区,形成了一条狭长的对外开放前沿地带,不仅促进了本地经济发展,而且带动了其他地方的对外经济贸易和技术交流合作,促进了全国的经济开放、观念更新和体制创新。第三,通过加入世界贸易组织,全面融入世界经济体系。1978年以来实施的一系列推动对外开放的政策,从总体上来看带有临时性和过渡性特征,为了使对外开放保持长期稳定,需要走向制度性开放,即与国际通行的制度规范接轨,以系统的和稳定的法律制度为对外开放提供制度保障。2001年12月,在经历15年的艰辛谈判之后,中国正式加入世界贸易组织,这标志着中国的对外开放进入了新的发展阶段。根据世贸组织的要求,中国政府承诺:遵守国际贸易规则,并逐步使中国的市场开放达到世界市场开放的程度。这种承诺的积极效应在于,既有利于国内规则与国际规则接轨,又有利于国内市场与国际市场接轨。加入世贸组织使中国迎来了全面开放的时代,开放的重点从制造业开放扩大到服务业开放,形成了贸易、分销、物流、金融、通信、旅游、运输等服务领域的开放格局,同时还推动了对外开放体制机制的建立和完善。第四,通过建设"一带一路",创新开放合作模式。党的十八大以后,为适应经济全球化的新形势,习近平总书记提出了建设丝绸之路经济带和海上丝绸之路的构想,制定了加强政策沟通、道路联通、贸易畅通、货币流通和民心相通的措施,通过以点带面和以线到片,开展国际性区域经济合作。具体的做法有:以亚洲国家为重点方向,率先实现亚洲互联互通;以经济走廊为依托,建立亚洲互联互通的基本框架;以交通基础设施为突破,实现亚洲互联互通的早期收获;以建设融资平台为抓手,打破亚洲互联互通的瓶颈;以人文交流为纽带,夯实亚洲互联互通的社会根基。目前,中国已经建立亚洲基础设施投资银行和丝绸基金,推动了沿线国家的基础设施建设和产能合作;通过新亚欧大陆桥、中蒙俄经济走廊、中国—中亚—西亚经济走廊、波斯湾—地中海经贸之路、中巴经济走廊、中国—中南半岛经济走廊、孟中印缅经济走廊的建设,把欧亚走廊的经济效应辐射到南亚、东南亚和印度洋地区。

(4) 创新驱动的转型道路

所谓创新驱动,是指把创新看作经济发展的第一推动力量,通过技术创新促进经济转型升级,寻求适合国情的转型道路。中国是一个典型的后发大国,拥有比较丰富的创新资源,可以依靠国内人力资源和技术市场推动创新和研发,形成大国创新优势。后发大国的经济增长往往是从粗放型增长开始的,主要依靠人口资源大量投入人力资源、自然资源和资金推动经济增长,其特征为粗放型的经济增长方式,以及相应的低端产业结构和经济结构,缺乏可持续发展能力和国际竞争力。在经济发展到一定程度的时候,需要适时转变经济增长方式,利用技术需求旺盛和技术市场规模庞大的优势,加大技术创新和研发的力度,通过创新提升产业技术水平,促进经济转型升级。可见,创新驱动的转型道路是后发大国转变经济增长方式的根本途径,是中国经济转型升级的必由之路。

为了建设社会主义现代化国家,毛泽东主席提出:"我们现在不但正在进行关于社会制度方面的由私有制到公有制的革命,而且还在进行技术方面由手工业生产到大工业机器生产的革命,而这两种革命是结合在一起的。"(厉以宁,2011)。显然,在这里把技术革命、制度革命和技术创新提到了同等重要的程度,阐述了在制度革命成功之后开展技术革命的客观必然性。在探索中国特色社会主义道路的过程中,科学技术推动经济发展的作用愈益提升,邓小平同志适应当今世界科学技术迅猛发展的趋势,做出了"科学技术是第一生产力"的科学论断,认为科学技术通过高科技产业成为现代经济增长的主要驱动力。习近平总书记从大国复兴的战略高度深刻地论述了科技创新的作用,首先,他认为"一个国家只是经济体量大,还不能代表强。我们是一个大国,在科技创新上要有自己的东西。一定要坚定不移地走中国特色自主创新道路。"(中共中央文献研究室,2017,第40页)。他通过总结国际国内的历史经验,阐述了科技进步和国家强盛的紧密联系,"近代以来,西方国家之所以能够称雄世界,一个重要原因就是掌握了高端技术。"同时,"近代以来,中国屡屡被经济总量远不如我们的国家打败,为什么? 其实不是输在经济规模上,而是输在科技落后上。"(中共中央文献研究室,2017,第23页)。其次,他分析了大国加快科技创新的极端重要性,"现在,世界发达水平人口全部加起来是十亿人左右,而中国有十三亿多人,全部进入现代化,那就意味着世界发达水平人口要翻一番多。不能想象我们能够以现有发达水平人口消耗资源的方式来生产生活,那全部现有资源都给我们也不够。"(中共中央文献研究室,2017,第28页)。最后,他分析了实行创新驱动战略的客观必然性,"过去30多年,中国发展主要靠引进上次工业革命的成果,基本上是利用国外技术,早期是二手技术,后期是同步技术。如果现在仍利用这种思路,不仅差距会越拉越大,还将被长期锁定在产业分工格局的低端。"(中共中央文献研究室,2017,第35页)。中国是一个发展中大国,目前正在大力推进经济发展方式转变和经济结构调整,正在为实现"两个一百年"的奋斗目标而努力奋斗,必须把创新驱动发展战略实施好。特别是着力于推动工程科技创新,实现从以要素驱动、投资规模驱动发展为主转向以创新驱动发展为主。在实现中华民族伟大复兴的进程中,中国共产党形成了比较系统的科技创新思想:其一,科学技术是第一生产力,创新是引领发展的第一动力;其二,大国拥有比小国更好的创新资源和更强的创新压力,科技创新是从经济大国走向经济强国的必由之路;其三,中国经济进入新常态的关键是要依靠科技创新转换发展动力,从国际产业价值链的低端走向高端;其四,实施创新驱动发展战略是一项系统工程,需要从体制机制等方面来保证。

中华人民共和国成立后,中国共产党和国家高度重视科学技术的作用,充分发挥其推动经济建设的功能;进入21世纪后,中国特别注重科学技术对转变经济增长方式的作用,通过科技创新推动经济结构转型,逐步探索出了一条创新驱动的转型道路。第一,实施"科教兴国"和"创新驱动"的大国战略。1995年,党的十四届五中全会正式提出"科教兴国"战略,把科技和教育作为国家振兴的手段和基础,摆在经济和社会发展的重要位置;2012年,党的十八大明确提出"创新驱动"战略,强调把科技创新摆在国家发展全局的核心位置,走中国特色自主创新道路。目前,中国已经成为世界科技大国,1995—2015年,中国的专利授权数量从43 741件增加到了1 718 192件,研发经费支出从302.36亿元增加到了14 169.88亿元,科技论文发表数量从13.4万篇增加到了164万篇,高新技术产品在出口产品中的比例从6.78%增加到了28.82%。科技进步推动了经济繁荣,2015年中国主要工业产品产量稳居世界前列,对外货物贸易和服务贸易总额分别跃居世界第1位和第2位。第二,在模仿创新的基础上走自主创新道路。为了缩小同发达国家之间的技术差距,中国在改革开放初期选择模仿创新作为主要创新方式,大规模地引进发达国家的先进技术和设备,引进外商投资办厂,利用国外先进技术的扩散效应,进行工业技术的模仿与创新,促进了经济的繁荣和崛起。1985—2005年,中国引进国外技术总额从93.93亿元增加到了1 559.95亿元,引进外商直接投资总额从57.44亿元增加到了4 941.64亿元。进入21世纪以后,中国经济实现了快速持续增长,成为世界经济大国,基于大而不强的问题,中国提出了走"自主创新"道路的发展战略,实现了从模仿创新向自主创新的转变,通过集成创新和原始创新,在高铁技术,航天技术等方面赶上甚至超过了国际先进水平。第三,依靠科技创新推动经济转型升级。为摆脱中国经济在国际经济中的不利地位,应适时地转变创新方式,加快从以要素驱动、投资规模驱动发展为主向以创新驱动发展为主转变,通过科技创新不断提高劳动生产率,推动产业结构转型升级,逐步提升中国重点产业在国际产业价值链中的层次,增强中国经济的国际竞争力,避免落入"中等收入陷阱"。改革开放以来,中国的全要素生产率不断提高,对经济增长的贡献愈益明显。根据尹向飞和段文斌(2016)的研究,中国全要素生产率保持高速增长,大多数省市的技术进步呈高速增长趋势,成为推动中国全要素生产率提高的主要动力。第四,构建市场和政府相结合的科技创新机制。实施创新驱动战略,加快了科技改革的步伐,努力破除了一切束缚创新驱动发展的体制机制障碍。改革有两个重要目标:一是提高科技创新的效率,二是加速科技成果的转化。改革的关键是处理好政府和市场的关系。一方面,应通过深化改革,让市场真正成为配置创新资源的基础,让创业真正成为技术创新的主体。另一方面,政府应在关系国计民生和产业命脉的领域积极作为,确定总体技术方向和路线,组织关键核心技术的联合攻关。中国高铁技术从集成创新走向自主创新,不仅用最快的速度掌握了关键核心技术,而且推动了产业发展,在技术创新和产业创新上都领跑国际先进技术,成为政府科学组织和协调重大领域技术创新的成功案例。

3 中国道路的世界历史意义

中国是一个典型的发展中大国和新兴大国,不仅人口众多和幅员辽阔,而且经济总量很大,已经位居世界第二,在经济、政治、科技和文化方面树立了良好的国际形象。中国作为世界性大国,必然产生重要的国际影响,它不仅正在以其巨大的经济总量和实力改变世界经济格局,而且将以其积极的形象和发展经验影响世界历史的发展进程。中国的发展创造了世界奇迹,同时积累了积极的经验,认真分析中国的发展道路,总结其成功的经验,并为其他发展中国家所借鉴,发挥其在加快发展中国家现代化进程中的积极作用,也是中国作为发展中大国的历史使命。为此,我们将在现代世界历史发展的背景下,以发展中国家实现现代化为目标,以发展中大国的基本特征为前提,认真研究中国的发展历程,总结中国道路和中国经验,分析其典型特征和世界意义。

客观事物的特征是我们研究问题的出发点,只有准确地认识和把握了客观事物的特征,才有可能深刻地认识和把握客观事物的价值。同样的道理,只有准确地认识和把握了中国道路的特征,才能深刻地认识和把握中国道路的价值。特别是其普遍价值和世界意义。为此,我们应该首先分析中国道路的典型特征。所谓典型特征,就是事物比较集中和突出的特殊表现和个性特征,它是人们运用归纳和概括的抽象思维方法,从事物发展变化的典型化事实中归纳和概括出来的。在研究中国的大国发展道路及其世界意义的过程中,我们从经济发展的典型事实出发,将大国特征、发展特征和转型特征概括为典型特征,使之成为研究中国道路的世界历史意义的更加直接的现实基础和新的出发点。

中国道路的大国特征。中国是典型的发展中大国,大国特征自然就成为中国道路的典型特征。毛泽东(1977,第139页)在中华人民共和国成立初期就指出:"在我们这样一个大国里面,情况是复杂的,国民经济原来又很落后,要建成社会主义社会,并不是轻而易举的事情。"可见,大国和经济落后的国情,始终是中国共产党考虑战略问题的出发点。在新的历史时期,习近平总书记反复强调:"站立在960万平方公里的广袤土地上,吸吮着中华民族漫长奋斗积累的文化养分,拥有13亿中国人民聚合的磅礴之力,我们走自己的路,具有无比广阔的舞台,具有无比深厚的历史底蕴,具有无比强大的前进定力。"(国务院新闻办公室等,2014,第29页)。他分析中国道路的广阔舞台和历史底蕴,是从中国道路的大国特征出发的,是以中国拥有960万平方公里土地和13亿人口的现实条件为立足点的。中国是人口众多和幅员辽阔的发展中大国,这种初始条件将在一定程度上影响中国的经济发展道路,中国道路的许多内容都可以从中国的大国特征中得到合理的解释。比如,大国特征决定了中国的发展必然走独立自主的道路,大国的国土辽阔、资源丰富和人口众多,可以有效地满足经济发展对自然资源、人力资源和空间布局的要求;大国的人口众多和市场潜力大,可以形成拉动经济增长的消费需求和市场动力。这种特征决定了大国往往采用"内源"发展模式,即主要依靠国内资源和国内市场驱动经济发展,并建立相对独立和完善的国民经济体系和产业体系。从中国的大国特征出发,独立自主成为中国共产党和中华人民共和国立党立国的重要原则,中国共产党依靠广大人民的力量进行革命、建设和改革,走出了一条独立自主的道路。大国特征决定了中国的发展必然实行经济分权的治理模式,大国的管辖范围很大,人口也很多,没有统一的管辖可能会失去控制力和凝聚力,而过于集中的管理又将压抑各个地区的积极性和自主性。根据这种情况,中国选择了政治集权和经济分权的管理模式,将统一管理和分散管理相结合,从而有效地减少了治理成本,增强了经济发展的活力。在维护国家统一和政策方面一致的同时,有效地实施经济分权的改革,给地方、企业和劳动者更多的自主权,充分调动了各个方面的积极性,特别是通过财政分权改革,使地方政府拥有分享财政收入的权利,为地方政府制定有利于经济发展的政策和措施提供了激励,激发了地方政府追求经济增长和增加收入目标的积极性。中国的大国特征也决定了中国必然走融入世界经济体系的开放道路,大国在封闭的世界经济体系里拥有依靠国内资源和市场形成内源发展机制的优势,但在开放的世界经济体系里需要自觉地融入世界经济体系,有效地利用国际资源和国际市场,形成超越于小国之上的大国优势;并且通过参与国家分工,选择合理的产业和价值链,培育和增强经济的国际竞争力。

总之,立足于大国特征的中国道路,是一条适合中国国情的大国发展道路。

中国道路的发展特征。中国不仅是典型的大国,而且是发展中大国,它面临的最大任务是发展经济,或者说是发展生产力,这是解决其他各种问题的基础。毛泽东(1983,第146—147页)在民主革命时期就指出:"中国落后的原因,主要是没有新式工业。日本帝国主义为什么敢于这样地欺负中国,就是因为中国没有强大的工业,它欺负我们是因为我们代表了民族与人民的要求。"因此,消灭这种落后,是我们全民族的任务。老百姓拥护共产党,是不能建立新工业,如果我们不能发展生产力,老百姓就不一定拥护我们。中华人民共和国成立之后,中国共产党和政府就致力于发展生产力和实现工业化,开展大规模的经济建设。虽然在一段时期里发生了忽视发展生产力的错误,但从总的方向上来看,还是在想方设法地把国民经济搞上去。改革开放以来,邓小平(1987,第52—53页)明确指出:"社会主义初级阶段的最根本任务就是发展生产力。社会主义的优越性就是体现在它的生产力要比资本主义发展得更高一些、更快一些。"他还提出了"发展才是硬道理"的著名论断,使改革开放沿着为发展生产力创造条件的思路进行。习近平总书记提出了实现"中国梦"的目标,并强调发展是解决中国所有问题的关键,"中国仍然是世界上最大的发展中国家,中国有十三亿多人口,人民生活水平还不高,这也意味着巨大的发展潜力和空间。"(中共中央文献研究室,2017,第15页)。中国共产党和中国人民走过的道路,就是一条以发展生产力为总目标,通过发展生产力推动社会全面进步的道路,中国的大国发展道路及其经验,各个方面都是围绕怎样促进经济发展和繁荣而展开的。毛泽东把建立独立完整的工业体系作为工业化的目标,在较短的时间里建立起了独立的、比较完整的工业体系和国民经济体系,积累了在中国这样一个社会生产力水平十分落后的东方大国进行社会主义建设的重要经验,也使中国有了自主协调发展经济和增强国际竞争力的物质基础。在改革开放之后的经济发展中,中国共产党根据大国内需主导的客观实际,提出了"把经济发展建立在主要依靠国内市场的基础上"的思路,在世界经济处于调整时期的背景下实行扩大内需的政策,积极开拓国内市场,培育实现自主协调发展和可持续发展的能力。在此基础上进行以建立社会主义市场经济体制为目标的改革,通过重塑市场竞争主体,健全现代市场体系,完善宏观调控机制和深化分配制度改革,为经济发展创造了规范的制度环境。中华人民共和国成立初期经历了西方国家的经济封锁和较长时期的闭关自守,我们认识到了通过开放融入世界经济体系的极端重要性,从20世纪80年代初期开始,中国不断地扩大对外开放,通过对内和对外开放搞活经济,利用国内和国外"两种资源、两个市场",促进了中国经济的繁荣和发展。同时,通过全方位、分层次、宽领域的对外开放,在更大范围和更深程度上参与国际经济合作与竞争,促进了经济结构的优化和素质的提高,增强了中国经济的国际竞争力。可见,从中国道路的基本内容来看,就是以促进经济发展为目标的道路。

中国道路的转型特征。 中国是发展中大国,而且是正处在经济社会转型时期的新兴大国,实现经济社会转型是中国由发展中大国走向发达大国的关键。在中国的发展道路上面临着两大转型任务:第一是多元经济结构的转型。刘易斯(1989)发现,发展中大国存在传统农业部门与现代工业部门并存的二元结构,在中国这样的超大规模国家的情况更为复杂,可能存在多元经济结构;从发展中国家走向发达国家的过程,就是二元经济结构或者多元经济结构转型的过程,就是从传统农业国向现代工业国转变的过程,就是实现工业化、城市化和现代化的过程。第二是经济体制机制的转型。中国在中华人民共和国成立初期照搬苏联模式,建立了集中统一的计划经济体制,在后来的实践中,其逐步被证明是缺乏活力和阻碍中国经济发展的体制机制;中国要实现经济发展和实现现代化,就必须改革这种体制机制,建立社会主义市场经济的体制机制,合理地发挥市场在资源配置中的决定性作用和政府的宏观调控作用。为了实现这两种转型,中国坚持走独立自主的道路,依靠自身的力量和进行自我完善的改革,通过内生性和渐进式的改革,在稳定和谐的社会环境里实现经济体制机制转型;从本国的国情出发,根据中国经济发展的内在要求,探索中国经济结构转型和体制转变的道路,探索实现工业化、城市化和现代化的道路;立足社会主义初级阶段的国情,从中国的比较优势出发,积极发展劳动密集型产业,逐步学习技术和积累资金,通过要素禀赋结构的变化推动经济结构的转换和升级;通过农村改革、企业改革和财政体制改革,给农民、企业和地方政府更多的自主权,从而增强管理体制的活力,在经济分权的过程中实现体制机制的转变,最终建立责权明晰的现代管理体制机制;通过对外开放融入世界经济体系,在世界经济分工中寻求适合本国比较优势的"价值链条",通过学习实现分工和价值链的升级,促进本国经济结构的转型和升级。同时,通过融入世界经济体系,特别是加入世贸组织,逐步建立适应社会主义市场经济发展的、符合国际规范的开放型经济新体制,实现中国经济体制机制的转型。习近平总书记强调,新常态下经济发展应该稳增长和调结构,特别是要在结构调整上下功夫,"在稳定外需的同时努力扩大内需,加大产业结构调整升级力度,稳步推进城镇化健康发展。"(国务院新闻办公室等,2014,第112页)。在这里,他提出了通过调整需求结构、产业结构和城乡结构,实现经济转型发展的任务。可见,中国的发展道路中贯穿着经济转型的主线,围绕着结构和体制转型,坚持内生性转型、渐进性转型和开放式转型,走出了一条适合中国国情和大国特征的转型道路。

中国道路是适合中国国情的道路,也是适合大国特征的发展道路和转型道路,它对于发展中大国的经济发展和转型具有普遍的借鉴意义。具体地说,中国道路为发展中大国提供了一种崛起道路和治理模式,也为世界文明提供了一种新理念和新力量。

(1) 中国道路为发展中大国提供了成功崛起道路

在世界历史发展进程中,客观地存在统一性与多样性,人类主体与民族主体的关系,以及各个民族由于处于不同的发展阶段而形成的"发展模式",是基于其经济发展程度以及同现代文明的关系而获得实际内容和具体规定的。正如列宁(1989,第273页)所说:"世界历史是个整体,而各个民族是它的'器官'。"各个民族都受到世界历史整体系统质的规定的影响,成为构成世界历史整体运动的要素,并且根据同世界历史整体运动方向的契合程度,形成了自己的特定地位。进入世界历史时代以后,任何一种有利于人类进步的技术、管理、制度或文化领域的发明创造,无论是哪个民族提出和首创的,通过普遍交往将变成人类共同的财富,为各个民族所选择或享用。首先,世界现代化的趋势是不可逆转的,但发展道路具有多样性。习近平总书记指出:"世界上没有放之四海而皆准的具体发展模式,也没有一成不变的发展道路。历史条件的多样性,决定各国选择发展道路的多样性。"(国务院新闻办公室等,2014,第29页)。在现代化进程中,各个国家和民族将会根据客观实际情况和具体历史条件,选择适宜于自身发展的道路或者模式。其次,中国的现代化道路是中国人民在世界现代化进程中做出的选择,被实践证明是成功的道路。从总体上来看,中国道路是中华民族在探索实现现代化和跻身现代文明国家的实践中形成的,中国人民在通过比较苏联模式和西方模式之后,在艰辛的探索中做出了选择,形成了中国特色社会主义现代化道路。中华人民共和国成立以后,经济建设和社会发展取得了重要成就,建立了相对独立完整的国民经济体系和工业体系;特别是改革开放以来,中国经济高速持续增长,综合国力明显增强,目前已成为世界第二大经济体,愈益成为世界经济发展的引擎。再次,中国经验对发展中国家有借鉴意义,其他发展中国家特别是发展中大国可以根据本国的国情特征进行选择。中国开辟的现代化道路,正在向世界表明,中国不仅是现代化的追赶者,而且可以成为现代化的引领者。俄罗斯科学院院士季塔连科认为,中国实现现代化和成功解决深刻的国内及国际矛盾的经验,为发展中国家树立了鲜活的榜样;肯尼迪政府学院约瑟夫·奈教授认为,中国模式为发展中国家提供了范例,甚至是另一种现代化道路;新加坡国立大学郑永年教授认为,中国模式的崛起是21世纪国际发展的一件大事,中国模式的意义在于能否成为有别于从前其他所有现代化模式的一个替代模式;英国思想家乔舒亚·库玻·雷默指出,中国正在指引世界其他一些国家在有一个强大重心的世界上保持自己的生活方式和政治选择。这样的国家不仅在设法弄清如何发展自己的国家,而且还想知道如何与国际秩序接轨,同时使它们能够真正实现独立(唐晓,2010)。中国道路比较好地回答了上述问题,中国人民在坚持独立自主的前提下建设了经济繁荣和社会公正的国家,应该可以为发展中国家提供可资借鉴的经验。

(2) 中国道路为发展中大国提供了适宜治理模式

经济治理模式是受国家规模、经济体制、历史传统和社会文化等制约的,中国政府从中国的大国特征和基本国情出发,创造了政治集权和经济分权相结合、市场机制和政府调控相结合的治理模式,有的学者将其称为"适宜制度"。中国道路不仅为发展中国家提供了促进经济高速持续增长的经验,也为发展中国家提供了保障经济活力和社会公正的治理模式。这种治理模式和经验,有些主要适宜于发展中大国,有些主要适宜于一般的发展中国家。比如,经济分权的治理模式,是适应发展中大国人口众多和土地辽阔的基本特征,为了解决管理幅度过宽和矛盾复杂的问题而形成的,应该是具有普遍意义的大国治理模式,可以为发展中大国所借鉴。然而,具体怎样实行经济分权,各国应该根据利益主体的不同以及权力集中状况的不同而选择切实可行的方法。市场机制和政府调控相结合的治理模式,是针对中国市场经济体制不完善和机制不健全而提出的,它既适宜于许多发展中国家市场机制不健全的客观情况,也适宜于一些发展中国家政府调控缺位的客观要求,对多数发展中国家具有借鉴意义。实际上,早在20世纪中期,以刘易斯为代表的发展经济学家就强调发挥政府强力推进经济发展的作用,强调计划管理和计划指导的办法。他们认为,发展中国家经济落后和市场体系不完善,市场机制和价格机制难以有效地发挥作用;倘若政府不进行积极干预,那么有限的资本和社会资源就得不到合理配置和有限使用。当时的一些发展中国家在政治上刚刚取得独立,为了谋求经济上的独立和发展,需要建立相对独立的工业体系,由于市场机制不健全,因而更多地借助政府力量推动。然而,这种治理模式在实践中产生了许多弊端,形成了僵化的和缺乏活力的管理体制,国民经济运行效率低下,经济上没有获得繁荣和发展。现实的经验迫使人们进行反省,导致了新古典主义的复兴,强调以自由主义为基本原则的市场体制既适宜于发达国家,也适宜于发展中国家。面对政府和市场关系的困扰,中国人民坚持实事求是的科学态度,对缺乏活力的计划经济体制进行了改革,逐步发挥市场在配置资源中的基础性作用或者决定性作用;同时,根据发展中大国的特殊国情及历史传统,更好地发挥政府的宏观调控作用,使两种手段协调配合、相得益彰,从而促进了中国经济的高速持续发展,也保障了社会的公正和稳定。为此,发展中国家的政府和领导人将目光转向中国,希望学习中国这种重视市场和政府之间的共生演化关系的治理思路,中国的经验的确为发展中国家提供了新的治理模式的选择。

(3) 中国道路为构建新国际秩序提供了强劲的推动力量

第二次世界大战以来,世界逐渐形成了以美国和苏联两个超级大国为重点的格局;20世纪末期,苏联及以其为中心的国际体系解体,美国重返其在全球经济和战略事务中的支配地位,世界经济格局由两极走向单极。进入21世纪,以中国为代表的新兴大国在经济上呈现出群体性崛起的态势,使世界经济格局发生了新的变化。来自国际货币基金组织的数据显示,1999—2006年,发达经济体的平均增长率为2.7%,新兴经济体的平均增长率为5.2%,特别是2008年全球性的金融危机以后,新兴国家率先实现了经济复苏,新兴大国成为世界经济增长的引擎。中国作为新兴大国的典型代表,创造了三十多年经济高速持续增长的奇迹。2011年,中国经济总量超过日本而位居世界第二,预示着美国经济占据压倒性优势的支配地位将是暂时的,中国将是未来亚太地区经济发展的一支重要领导力量。经济学家拉莫认为,中国的崛起已经通过引进发展和实力的新概念而改变国际秩序……中国目前正在发生的情况,不只是中国模式,而且已经开始在经济、社会以及政治方面改变整个国际发展格局(唐晓,2010)。中国道路对于重建国际经济秩序的意义主要表现在:其一,中国道路使中国经济迅速崛起,中国已经成长为世界第二大经济体,而且将赶超美国,在不远的将来位居世界经济总量第一,从而在客观上改变世界经济格局,为重建国际经济秩序奠定了硬实力;其二,中国道路积累了成功经验,为世界提供了一种不同于美国模式和区域性模式的新的发展模式和治理模式,这是以有利于国家稳定的方式引导经济增长的道路,是积极推动国民福祉改善的道路,是促进国家实现富强、民主、文明、和谐的道路,为重建国际经济秩序提供了软实力;其三,中国道路将带动发展中国家特别是新兴大国,积极参与国际经济治理,重建国际经济秩序。中国"正竭力将自己塑造了一种致力于世界正义的力量",新兴大国已经成为代表新兴市场国家和发展中国家利益的国际社会力量,它们拥有大国优势,也肩负着大国责任;而且以积极的姿态引领全球经济增长,参与国际金融体系改革,推动国际金融监管机制完善,推进国际货币体系多元化和合理化。所有这些因素,都为新的国际经济秩序的建立提供了强劲动力。

第 8 章

大国道路:规律和趋势

本书以发展中大国为研究对象,在回顾发达大国经济发展经验的基础上,比较系统地分析了发展中大国的发展优势、发展型式、转型路径和创新战略,并重点研究了中国和印度的发展道路。在研究过程中,坚持经验总结和理论分析相结合、一般型式和特殊道路相结合,试图科学地探索出一条符合发展中大国实际的经济发展道路。

第 1 节 本书的结论和理论贡献

发展中大国的国际地位在发生变化,在世界经济格局中的影响力愈益增强。 发展中大国拥有"发展中国家"和"大规模国家"的双层含义,可以定义为"人口数量、国土面积和市场潜力很大,劳动生产率和国民人均收入较低,二元结构明显,目前仍在追赶发达大国的国家"。通过构建综合评价指标体系,可以遴选出 13 个国家为发展中大国,即中国、印度、俄罗斯、巴西、墨西哥、印度尼西亚、巴基斯坦、尼日利亚、埃及、埃塞俄比亚、伊朗、刚果(金)、南非。进入 21 世纪后,发展中大国的经济快速增长,其综合影响力显著高于其他发展中国家,具体地说,发展中大国的初始条件使其在世界经济格局中有着重要的自然影响力,发展中大国的经济贡献使其有着重要的经济影响力,发展中大国的产业水平使其有着重要的产业影响力,发展中大国的经济实力使其有着重要的区域影响力,发展中大国积极推动国际经济秩序变革使其有着重要的治理影响力。可见,过去那种发展中国家在国际经济格局中处于被动、受支配地位的局面正在逐步发生改变,特别是随着"金砖国家"的崛起,发展中大国对世界经济增长的贡献日益增大,甚至超过了发达大国,它们参与国际经济治理的自觉性增强,并提出了建立国际经济新秩序的要求,从而改变了贫穷落后的形象和被动挨打的局面。

发达大国工业化成功的经验事实,可以在大国效应模型的框架下得到比较合理的解释。以大国效应模型分析欧洲大国的发展经验,我们发现人口规模对经济发展具有正向影响,近代欧洲作为一个群体登上历史舞台,形成了庞大的经济体,新大陆的发现和跨海洋贸易较好地解决了粮食问题,欧洲大国利用这种经济结构转型的内在驱动力,推动了工业革命的发生;通过水陆交通建设降低了运输成本,加上健全的契约精神和法制系统,改善了国内市场环境;通过发展新技术和新产业,吸纳过剩的劳动力和资本,引领了动力机械工业的发展。从美国的工业化道路来看,其通过土地扩张获得了发展所需的自然资源,通过国外移民获得了发展所需的人力资源,其主要特征是依靠充裕的自然资源和人力资源开始工业化,以国内的统一市场拉动工业经济长期快速发展,从模仿发达国家技术逐步走向自主技术创新,建立相对完整的产业部门支撑国民经济发展,通过区域经济推移实现全国经济均衡发展。比较英国、德国和美国的工业化及其产业政策,英国属于"先导型"工业化,主要政策是通过土地制度改革促进农业生产技术更新,运用国家政权力量保护本国工商业并帮助它们开拓海外市场和原料产地,通过立法保障劳动者权益和保持社会和谐;德国属于"追赶型"工业化,主要政策是通过关税同盟形成广阔的统一市场,以铁路建设为先锋推动交通运输业革命,以适应时代需求的教育改革为科技创新提供强劲动力;美国属于"协调型"工业化,主要政策是通过开发西部落后地区为工业化提供原料和市场,通过适当的政府干预维护自由竞争的市场环境,通过金融市场监管建立合理的金融体系结构。这些发达大国走过的工业化道路,可以为发展中大国的经济崛起提供有益的启迪。

发展中大国的经济发展优势,表现为比较优势、后发优势和大国优势的统一。通过从全球价值链的视角对"金砖国家"制造业和服务业各行业的显性比较优势进行测算和跨国比较分析,发现发展中大国在不同行业的比较优势有所不同,劳动密集型制造业比较优势突出的是中国和印度,资本密集型制造业比较优势突出的是巴西和印度,知识密集型制造业比较优势突出的是俄罗斯和印度,劳动密集型服务业比较优势突出的是中国和巴西,资本密集型服务业比较优势突出的是中国和巴西,知识密集型服务业比较优势突出的是印度和巴西。从技术差距、要素禀赋和市场需求结构等视角分析13个发展中大国的后发优势,结果显示发展中大国的后发优势存在显著的国别差异,主要是源于市场需求潜力和动态竞争优势的异质性;由于绝大部分相对落后的经济地位有所改善,导致后发优势趋弱。同时,后发优势对发展中大国的经济增长存在显著的正向作用,释放后发优势的关键在于根据本国的要素禀赋和技术能力,提升要素供给与有效需求的匹配能力,实行能够充分发挥比较优势的动态技术赶超策略。基于国家规模及其大国效应分析大国优势,主要表现为分工优势、互补优势、适应优势和稳定优势。通过国家规模和经济增长关系的计量检验分析,可以看到在中国这个典型大国,资源要素投入是经济增长、资本存量和人力资本的内生变量,就长期发展而言,经济增长对资源要素投入的依赖性呈下降趋势,通过经济转型中国形成了以知识、技术、资本为基础的增长模式。另外,大国经济具有典型的多元结构特征,由人力资本、技术和产品结构的多元决定,在经济发展过程中,大国应该匹配国内不同层次和维度的生产供给和消费需求。总之,发展中大国制定经济发展战略,应该统筹考虑自身的比较优势、后发优势和大国优势,寻求三种优势的聚合点。

基于大国效应的大国发展型式,应该有利于发挥大国经济优势。 从发展动力的特征来看,运用美国、中国、俄罗斯、印度和巴西的数据进行统计分析发现,国内需求对经济增长的贡献率始终占据主导地位;通过构建居民消费影响经济增长的阈值效应模型,运用中国的数据进行检验证实,发现当居民消费规模达到一定程度时,它对经济增长的效应明显扩大。从对外贸易的模式视角来看,国际经验表明内需驱动出口模式对大国出口增长绩效的影响大于小国,大国多层次的国内需求和庞大的内需规模是本土企业培育高层次外贸竞争优势进而实现贸易结构转型的重要源泉。而目前中国的情况有背离大国经验的特征,应该修正由内外部经济环境变化导致的外需导向出口模式无法持续的经济行为,回归内需驱动出口的大国模式。从经济开放的次序来看,发达大国和发展中大国存在不同的倾向,发达大国往往倾向于推动金融开放,而发展中大国往往倾向于推动贸易开放;虽然贸易开放和金融开放的关系,就如同封闭的宏观经济系统中实体经济和货币经济的关系在国际经济活动中的拓展,但由于经济开放在带来收益的同时也会形成相应的成本,所以不同国家将根据自身的经济发展水平理性地选择开放的次序,贸易开放有利于发挥比较优势,而金融开放过度则容易导致经济和金融被动,国家在经济发展程度较低的阶段倾向于选择贸易开放,在经济发展程度较高的阶段倾向于选择金融开放。从基础设施建设的视角来看,市场规模的扩大是大国经济优势的重要来源,交易成本的降低是影响大国经济优势发挥的重要因素,运用中国数据的实证分析发现,基础设施建设可以促进市场融合,使企业拓宽市场边界,有利于大国效应的发挥,原因在于基础设施建设降低了运输成本,使得整体市场规模比原先没有基础设施时的整体市场规模更大,从而促进了大国经济增长,因此,发展中国家在经济起飞阶段,应该积极扩大基础设施投资,从而促进国内统一市场的形成。从公共产品供给的视角来看,在人口众多的大国,政府可以获得更多的税收,从而向社会提供更多的公共产品;同时,也可以充分利用政府提供的公共产品,拥有公共产品供给的成本优势。通过构建体现大国公共产品供给优势的经济增长模型进行分析,发现大国公共产品供给优势所带来的经济增长是一种内生经济增长,它促进了经济持续增长;人口规模扩大能够提高经济增长速度,但征税成本增加和财政支出效率下降也会抑制人口规模对经济增长的促进作用。

发展中大国拥有创新成本优势和技术后发优势,中国利用这两个优势促进了经济和技术进步。经济学家提出了大国具有技术研发优势的假说和发展中国家具有后发优势的假说,通过分析人口规模、市场规模、贸易规模与技术创新的关系,运用40个国家的面板数据,利用面板回归模型和动态向量自回归模型进行实证研究,发现市场规模直接促进技术创新水平的提升,贸易规模通过市场规模对技术创新产生间接促进作用,而人口规模没有明显的促进作用;从国家规模各要素的相互作用来看,除市场规模能够有效地促进贸易规模扩大外,其他要素的彼此促进作用并不显著,所以通过交互作用来提升技术创新水平,目前仍有很大的挖掘空间。遵循新增长理论,技术是经济收敛的关键,发展中国家可以通过引进发达国家的先进技术,缩小同发达国家的技术差距,从而实现经济追赶。通过建立基于技术能力的赶超方式演变模型,发现后发大国的技术创新要经历从模仿创新到合作创新再到自主创新的过程,各国应该根据本国的技术能力状况选择技术创新方式,从而顺利地实现技术赶超。"金砖国家"是典型的新兴大国,通过设计创新能力体系并运用五国的数据进行测度,发现中国在技术创新投入产出和技术创新效率方面均居首位,但在技术创新扩散方面落后于印度,其他技术创新评价的公共因子排序也存在不均衡发展的特征;实证分析表明,国家的知识产权保护程度、专利存量、研发补贴水平、信息技术资本等都对国家创新效率的提升有显著的正向促进作用,而过高的对外依存度有可能产生扭曲效应。中国自20世纪80年代初期以来,从世界科技的跟随者成长为并列者,在某些方面还具有领跑的能力,首先是利用了大国创新优势,即利用庞大的市场需求形成了创新规模优势,有利于降低技术创新的成本和降低技术创新的风险,提高创新基础设施的效率和增加外溢效应;其次是利用了后发大国的模仿创新优势,即通过引进发达国家的先进技术,经过模仿和消化吸收,获得了节约时间和成本的后发利益。然而,中国要真正实现经济转型和产业升级,不可能总是依靠国外的科技成果来提高科技水平,更不能总是跟在他人后面亦步亦趋,而应该从总体上实现由模仿创新到自主创新的转变,努力掌握重要产业的关键核心技术,改变被长期锁定在国际产业分工价值链低端的局面,从而赶超发达大国。

经济转型是新兴大国赶超发达大国的必由之路,新兴大国需加速工业化、城市化进程和优化国际分工结构。 早在20世纪40年代,张培刚先生就认识到农业国要做到经济起飞,就必须实行工业化战略,然后,中国和印度两个典型的发展中大国,虽然工业产值已经远远超过农业产值,但农业人口仍占总人口的大多数,并没有实现农业工业化的目标,而中国的农业在很大程度上还停留在传统的生产方式上,大部分地区没有实现农业机械化。发展中大国农村人口特别多,地域特别辽阔,如果农业不发达、农民不富裕,整个国家就不可能发达和富裕。中国和印度的农业经营规模过小,不仅远远低于发达大国,而且同俄罗斯、巴西也有很大的距离,这是实现农业工业化的瓶颈,为此,应该通过发展农业规模经营来推动农业工业化和现代化。在经济结构变迁中,工业化和城市化是一种互动的关系,中国长期以来比较重视工业化的发展,而不够重视城市的发展,导致了工业化进程中产业结构不优和不高的问题,总体的情况是服务业发展滞后,工业化没有整体完成,城市化滞后。将中国、印度同美国劳动力在三个产业中的比重进行比较,2013年中国的比重为31.4∶30.1∶38.5,印度的比重为49.7∶21.5∶28.7,2009年美国的比重为1.5∶17.6∶80.9,中国和印度的农业劳动力比重是美国的29倍和33倍,农业人口过多和城市化滞后导致了产业结构不合理,这是中国和印度经济转型中亟待解决的重大问题。随着老龄化进程的加快和人口红利的逐渐消失,中国面临怎样继续提升全要素生产率的问题,实践研究表明,中国工业行业参与国内分工和国外分工的程度是最高的,分别为64.45%和7.54%,近年来同其他"金砖国家"的分工比重在上升,为了促进经济转型,中国应该利用大国市场范围广阔和区域经济差异的特征,着力于推动国内分工的扩张和深化,同时也应该通过加强国际分工选择同发达国家的价值链中的高端环节进行合作,特别是不能忽视利用中国与其他"金砖国家"的国际分工来提升全要素生产率。当今世界经济呈现出了全球失衡的格局,在某种程度上是由于人力资本结构差异推动了国际分工新形态的形成,通过108个经济体的非平衡面板数据分析,发现各经济体在实体经济和金融部门之间存在比较优势差异,主要原因在于各经济体人力资本状况的差异。人力资本平均水平较高的经济体在发展金融服务业方面有比较优势,通过出口金融资产来换取实际资源,从而出现了经常账户的逆差;而人力资本平均水平较低的经济体在发展实体经济方面有比较优势,因此出现了经常账户的持续顺差。中国作为顺差国的典型代表,既要通过提高人力资本的平衡水平促进产业结构升级,又要通过提高金融业的效率降低经常账户的顺差。实现经济转型的主要目的是提高国民收入,即跨越"中等收入陷阱",大国具有生产率较高和收入差距较大的特征,后发大国在跨越"中等收入陷阱"的过程中,应该充分发挥生产率较高的优势促进经济可持续增长,同时有效地抑制收入差距较大的劣势促进分配合理化,那些落入"中等收入陷阱"的国家,主要是因为经济发展驱动力减弱、政治局势不稳,以及发展战略和经济政策方面存在失误。中国应该吸取这些经验教训,通过完善市场经济体制,有效地维持较好的经济发展速度,并从投资驱动型模式转变到消费引领型模式。

中国和印度是典型的发展中大国,可以从它们的发展道路中总结出具有世界意义的经验。大国具有产业体系完整和产业规模庞大的特征,从产业结构和产业规模两个方面构建自主发展产业体系的综合评价指标,中国的得分从2000年的0.3155增加到了2013年的1.1630,印度的得分从2000年的0.1605增加到了2013年的0.3324,说明两国的自主发展产业体系在不断完善,相对而言,中国的综合评价得分高于印度;在产业结构合理化和高级化的过程中,中国应该保持工业发展的规模优势,加快发展现代服务业。同时,大国具有区域差异的多元结构特征,印度的发达地区分布在印度半岛沿海的边缘地区和主要铁路干线走廊地带,落后地区分布在内陆腹地和喜玛拉雅山区,中国的发达地区分布在沿海地区和直辖经济区,落后地区分布在西部地区,相比较而言,中国采取的区域发展模式更有利于促进区域市场的融合,从而有效地发挥大国规模优势。通过理论模型和经验分析,说明发展中大国的区域经济演变具有三重驱动力,即要素流动机制、制度变迁机制和关系变迁机制,而且政策应该实施合理的干预,引导区域间生产要素的合理配置。中华人民共和国成立后,特别是改革开放以来,经济发展取得了举世瞩目的成就,可以将中国道路总结为三个方面,即独立自主的发展道路、经济分权的改革道路和融入世界的开放道路;中国道路的典型特征表现为人口众多和幅员辽阔的大国特征、推动经济持续发展的发展特征和依靠本国力量发展的内生特征,它为发展中大国的经济发展提供了新的发展理念、发展模式和改革方案,因而在某种程度上具有普遍价值和世界意义。

本书的主要贡献在于,通过分析发达大国的经验和发展中大国的实践,总结其中的经验教训,揭示了发展中大国经济发展的经验性特点,并通过分析典型化事实,提出了一些可供借鉴的思路和措施;同时,运用经济学理论分析了这些经验和经济发展中存在的问题,完善了大国经济发展的理论内容,形成了独特的分析框架,即从人口众多和土地辽阔两个初始条件出发,分析大国效应在人力资源、自然资源、市场规模等方面的表现,进而总结出经济发展各个重要领域的大国型式;在研究对象的界定和遴选的基础上,比较优势、后发优势和规模优势融合,从动力结构、出口结构、基础设施、公共产品方面概括大国型式;从研究对象、发展优势、发展型式到经济转型和创新战略,形成了关于发展中大国经济发展道路的逻辑自洽的理论体系。

第2节 尊重大国经济发展规律

马歇尔(1964)认为:"经济概括即经济规律","差不多像其他一切科学一样,经济学的工作是收集事实,整理和解释事实,并从这些事实中得出结论。"虽然经济学的结论往往是带有假设条件的,它不可能像"引力律"那样简单和精密,但却可以同潮汐的规律相比,即能够从总体方向上揭示经济活动的客观必然性。本书比较系统地分析了发达大国经济崛起的轨迹,也研究了发展中大国经济发展的轨迹,那么,在这两条轨迹重合的地方,应该可以发现大国经济的发展规律。

以内需为主的发展型式,表现了大国经济发展驱动系统的规律。早在18世纪,现代经济学的鼻祖亚当·斯密不仅提出了大国广大的国内市场可以支持庞大的制造业的命题,而且借用中国古代经济繁荣的状况描述了一幅大国经济图景,历经了200年以后,库兹涅茨专门研究了不同规模国家的经济结构,得出了国家规模同国民生产总值中对外贸易所占份额呈反比关系的结论。我们的研究发现,欧洲大国是作为一个群体而获得广阔的市场发展起来的,美国工业化时期更是实施了依靠国内需求和国内市场的发展战略。事实说明,基于内需的全球化战略,正是适合开放时期经济发展的正确选择;"金砖国家"的群体性崛起,从总体上来看仍然是由庞大的新兴市场所驱动的。这是不同历史时期大国经济崛起的典型化事实,从中可以得出大国经济发展应该以国内需求和国内市场为主的结论,并上升为大国经济发展的重要规律。

工业化和城市化互动发展,表现了大国经济发展基本方向的规律。世界经济史告诉我们,发达大国的经济崛起都是由工业革命推动的,中国和印度曾作为东方文明长期领先于西方国家的经济,但是西方国家后来者居上,在17世纪之后遥遥领先于东方国家。最重要的原因,就是工业革命成为经济发展的引擎。始于18世纪中期的英国工业革命,以大机器工业代替了手工业,以机器工厂代替了手工工场,使英国的生产技术和生产效率大幅度提高;18世纪末期的美国,不仅承接了第一次工业革命,而且领导了第二次工业革命,开辟了工业电气化时代。美国的工业革命是以一种更加完善的形态出现的,它不仅表现为技术创新的成功,而且表现为以专利制度和大规模生产制度为代表的制度创新的成功。如乔纳森和休斯(2011,第366页)所描述的,在美国工业化的成功故事中,美国从农业国家变成了"一个城市化的工业社会"。可见,工业化和城市化是互动发展的,城市也是工业化地区,这几乎是一个真理。城市是产业集聚和企业集聚的场所,城市的集聚效应为工业化创造了更好的地域环境。随着工业化的传播,原来只有宁静的中世纪村庄也出现了环绕着工厂而建的新兴城市群。伴随着工业化的发展,城市化也成为世界性的发展趋势。始于20世纪末期的新兴大国的崛起,同样是遵循工业化和城市化的基本方向发展的。总结这样的典型化事实,可以得出工业化与城市化互动的结论,并概括为以工业化和城市化推动现代经济发展的规律。

创新是现代经济发展的重要源泉,表现了大国经济发展核心要素的规律。经济学家约瑟夫·熊彼特提出了经典的创新理论,揭示了现代经济增长的源泉。他把创新解释为生产要素或生产手段的新组合,包括采用一种新的产品、采用一种新的生产方法、开辟一个新的市场、控制一种新的原料供应来源、实现一种新的工业组织。在1957年举行的国际经济协会海牙会议上,经济学家提出了大国具有创新和开发优势的假说,庞大的技术需求规模导致研发成本降低,可以提高盈利的预期水平。而且,推动从经济大国走向经济强国的核心要素就是创新。从英国、德国和美国的经济崛起历程来看,都是通过技术创新和工业革命走上强国之路的,特别是美国,更是把技术创新和制度创新融合,以制度创新推动技术创新,从而实现了经济可持续发展,在20世纪90年代进入新经济时代,形成了将技术资源、信息资源和大市场结合的现代化经济形态。改革开放以后的中国,利用发展中大国的规模优势和后发优势,在模仿创新方面取得了显著成就。21世纪第一个十年的印度,通过创新潜力的释放和软件的研发赢得了信息产业的国际声誉。纵观大国崛起的历史,在古代有可能是依靠军事力量,自近现代以后主要是依靠创新和科技力量,从这些典型经验中可以得出创新是大国经济发展核心要素的规律性认识。

经济发展有着普遍的规律,大国经济发展有着一般的规律,发展中大国的经济发展有着特殊的规律;这三个层次的经济规律,都在发展中大国经济发展中起着客观的作用,也都是发展中大国的经济研究者和政策制定者所应遵循的规律。虽然经济规律是不以人的意识为转移而发生作用的,但是人类在经济规律面前并非无能为力,当人们认识和掌握了经济规律时,就可以驾驭它和利用它,从"必然王国"走向"自由王国"。

第3节 发展中大国的发展前景

目前,新兴大国的群体性崛起,对世界经济增长做出了巨大贡献。然而,其也面临内外经济失衡、增长方式粗放和产业价值链低端等问题。若这些问题得不到解决,那么将影响我们从大国到强国的转变,制约"中等收入陷阱"的跨越。

我们遵循大国经济发展的规律研究发展中大国经济发展的战略和政策,将推动经济沿着正确的轨道运行,从而展现更加光明的发展前景。

从失衡走向均衡。 目前,新兴大国经济出现了内外失衡的问题。20世纪中期,发展中大国普遍采取"进口替代"战略,经济在短期振兴之后便陷入停滞,有的国家还出现了债务危机;20世纪末期,普遍转变为采取"出口导向"战略,通过发展开放经济推动了各国经济的繁荣。然而,大国经济具有不同于小国经济的规律,新兴大国遇到了"亚洲四小龙"未曾遇到的问题,即内外经济的失衡。以中国为代表的发展中大国与美国之间出现了经常收支的不均衡状态,美国的经常账户赤字扩大,债务迅速增长,而主要新兴国家对美国持有大量的贸易盈余。2002—2012年,中国、俄罗斯、巴西、印度、南非外汇储备的平均增速分别为29.09%、30.98%、25.77%、19.27%、23.05%,2012年"金砖国家"外汇储备的全球占比高达40.6%。在这种情况下,美国的贸易保护主义抬头,世界经济中萌动了一股"去全球化"思潮。怎样改善全球经济失衡?从新兴大国的角度来看,可以适度调整经济发展战略,实施基于内需的全球化战略,通过扩大内需,以国内需求为基础培育大企业和大产业,依托国内需求增强外贸竞争力。同时,要通过教育发展和科技进步,逐步改善人力资本结构,从而优化产业结构和产品结构;通过提高金融效率,促进本国储蓄有效地转化为投资,从而降低经常账户顺差。

从粗放走向集约。 进入21世纪以后,"金砖国家"的经济迅速增长,2001—2010年,"金砖国家"经济的平均增速为6.6%;2000—2015年,"金砖国家"GDP占全球的份额由8.2%增加到了22.5%。显然,增长的速度和数量可观。然而,从增长的质量来看,"金砖国家"经济增长的源泉仍然以要素投入为主,资金和劳动力投入对经济增长的贡献率在70%左右,生产率提高的贡献率仅在30%左右,远远低于发达国家生产率提高所占70%左右的份额。从中国的情况来看,改革开放以来的经济增长主要表现为工业化和城市化的快速推进。从20世纪80年代开始,中国的乡镇工业迅速崛起,20世纪90年代中后期重工业起飞,在2010年中国制造业越过美国成为全球第一工业大国,然而,中国的制造业主要是依靠劳动力低成本优势成长起来的,不仅存在劳动生产率低和产品质量不高的问题,而且比较严重地依赖于资源和能源消耗。20世纪90年代以后,中国、印度、巴西的城市化速度较快,2016年的城市化率分别达到56%、33%和

86%,然而,其普遍存在用地浪费和基础设施匮乏的问题。从总体上来看,新兴大国的工业化和城市化有粗放型增长的倾向,从而导致资源和能源消耗过大,工业生产质量不高,城市建设档次不高。为此,应该转变发展方式,实现从粗放型向集约型的转变,不仅要提高质量和效率,而且要达到环境保护的目标,实现资源节约和生态城市的目标。

从低端走向高端。新兴大国的制造业发展取得了重要成就,城市建设呈现出日新月异的现象,总的特点是速度比较快,质量比较低,进而导致人均收入比较低。中国的工业仍处在全球价值链的低端,特别是依托廉价劳动力发展起来的制造业,产品的附加值很低,一些从事"国际代工"的企业,被国外企业长期锁定在价值链低端,只能获取廉价的代工费用,并且难以走出代工的路径依赖;当近些年中国劳动力成本有所上升的时候,印度等国的企业开始承接这种微利型的代工。为了摆脱这种低端的路径依赖,新兴大国应该致力于从模仿创新走向自主创新,通过研发和掌握关键核心技术,实现价值链的跃迁,真正进入全球创新链,实现产业升级和经济转型。在发展中大国的这种处境中,企业只能获得微薄的利润,员工只能获得微薄的工资,进而导致了人均收入较低的问题。世界银行的数据显示,2013 年中国、印度、墨西哥、印度尼西亚、巴基斯坦的人均收入分别为 6 560 美元、1 570 美元、9 940 美元、3 580 美元、1 360 美元,而美国、英国、德国、法国的人均收入分别为 53 470 美元、41 680 美元、47 250 美元、43 520 美元,差距为 5—30 倍。我们可以想象,当发展中大国跨越"中等收入陷阱",普遍超过人均收入 12 746 美元的时候,世界经济将呈现一幅多么壮丽的图景。

20 世纪末期,当国际经济学界热议"发展经济学的死亡"的时候,张培刚先生提出了发展经济学进行理论变革的任务,并认为在占世界人口很大比重的"发展中大国不能改变其贫穷落后面貌的情况下,发展经济学就永远谈不上成功"。显然,当今世界新兴大国崛起的格局,在赋予我们探索发展中大国经济发展道路的使命的同时,也为发展经济学的发展提供了新的契机。在刻画发展中大国经济发展的典型化事实的基础上,建立一种逻辑自洽的理论体系,将放射出科学和真理的荧光,在人类认识世界的"网络"上找到适宜的位置。

参 考 文 献

Abel, A. B., N. G. Mankiw, and L. H. Summers, et al., "Assessing Dynamic Efficiency: Theory and Evidence", *The Review of Economic Studies*, 1989, 56(1): 1—19.

Abramovitz, M., "Catching Up, Forging Ahead, and Falling Behind", *Journal of Economic History*, 1986, 46(2): 385—406.

Acemoglu, D., and F. Zilibotti, "Productivity Differences", *The Quarterly Journal of Economics*, 2001, 116(2): 563—606.

Acemoglu, D., and Joshua L., "Market Size in Innovation: Theory and Evidence from the Pharmaceutical Industry", *The Quarterly Journal of Economics*, 2004, 119(3): 1049—1090.

Acemoglu, D., and M. Dell, "Productivity Differences between and within Countries", *American Economic Journal: Macroeconomics*, 2010, 2(1): 169—188.

Acemoglu, D., S. Johnson, and J. A. Robinson, "The Rise of Europe: Atlantic Trade, Institutional Change, and Economic Growth", *American Economic Review*, 2005, 95(3): 546—579.

Acemoglu, D., "Directed Technical Change", *The Review of Economic Studies*, 2002, 69(4): 781—809.

Acemoglu, D., "Equilibrium Bias of Technology", *Econometrica*, 2007, 75(5): 1371—1409.

Acemoglu, D., "Why do New Technologies Complement Skills? Directed Technical Change and Wage Inequality", *The Quarterly Journal of Economics*, 1998, 113(4): 1055—1089.

Acs, Z. J., and D. B. Audretsch, "Innovation in Large and Small Firms: An Empirical Analysis", *American Economic Review*, 1988, 78(4): 678—690.

Aghion, P., and P. Howitt, *Endogenous Technical Change: The Schumpeterian Perspective*, London: Fondazione ENI Enrico Mattei, 1993.

Aghion, P., and P. Howitt, "Market Structure and the Growth Process", *Review of Economic Dynamics*, 1998, 1(1): 276—305.

Alberto, A., and W. R. Openness, "Country Size and Government", *Journal of Public Economics*, 1998, (3): 305—321.

Alesina, A., and R. W. Enrico, "Trade, Growth and the Size of Countries", *Handbook of Economic Growth*, 2005, 1(5), 1499—1542.

Alvarez-Cuadrado, F., Markus Poschke, "Structural Change Out of Agriculture: Labor Push versus Labor Pull", *American Economic Journal: Macroeconomics*, 2011, 3(3): 127—158.

Amiti, M., and S. J. Wei, "Service off Shoring and Productivity: Evidence from the US", *World Economy*, 2009, 32(2): 203—220.

Antràs, P., "Firms, Contracts, and Trade Structure", *The Quarterly Journal of Economics*, 2003, 118(4): 1375—1418.

Aschauer, D., "Is Public Expenditure Productive?", *Journal of Monetary Economics*, 1989, (2): 177—200.

Atkinson, A. B., and J. E. Stiglitz, "A New View of Technological Change", *The Economic Journal*, 1969, 79(315): 573—578.

Balassa, B., "Trade Liberalisation and 'Revealed' Comparative Advantage", *The Manchester School*, 1965, 33(2): 99—123.

Baldwin, J. R., and R. E. Caves, "International Competition and Industrial Performance: Allocative Efficiency, Productive Efficiency, and Turbulence", *Harvard Economics Discussion Paper*, 1997.

Banerjee, A., E. Duflo, and N. Qian, "On the Road: Access to Transportation Infrastructure and Economic Growth in China", http://www.nber.org/papers/w17897.pdf

Barro, R. J., and X. Sala-I-Martin, *Economic Growth*, New York: McGraw-Hill, 1995.

Barro, R. J., and X. Sala-I-Martin, "Convergence Across U. S. States and Regions", *Brookings Papers on Economic Activity*, 1991, 22(1): 107—182.

Barro, R. J., "Government Spending in a Simple Model of Endogeneous Growth", *Journal of Political Economy*, 1990, (5): 103—125.

Basevi, G., "Domestic Demand and Ability to Export", *Journal of Political Economy*, 1970, 78(2): 330—337.

Basu, S., and D. N. Weil, "Appropriate Technology and Growth", *The Quarterly Journal of Economics*, 1998, 113(4): 1025—1054.

Baumol, W. J., "Productivity Growth, Convergence, and Welfare: What the Long-Run Data Show", *American Economic Review*, 1986, 76(5): 1072—1085.

Bertinelli, L., and E. Strobl, "Urbanisation, Urban Concentration and Economic Development", *Urban Studies*, 2007, 44(13): 2499—2510.

Bhaumik, S. K., N. Driffield, and Y. Zhou, "Country Specific Advantage, Firm Specific Advantage and Multinationality—Sources of Competitive Advantage in Emerging Markets: Evidence From the Electronics Industry in China", *International Business Review*, 2016, 25(1), 165—176.

Bierbrauer, F., and M. Hellwig, "Public-Good Provision in a Large Economy", Max Planck Institute for Research on Collective Goods, Bonn 2010/02: 1—48.

Bigsten, A., et al., "Exports of African Manufactures: Macro Policy and Firm Behaviour", *Journal of International Trade and Economic Development*, 1998, 8(1): 53—71.

Binswanger, H. P., S. R. Khandker, and M. R. Rosenzweig, "How Infrastructure and Financial Institutions Affect Agricultural Output and Investment in India", *Journal of Development Economics*, 1993, (2): 337—366.

Bonilla, D., J. D. K. Bishop, and C. J. Axon, et al., "Innovation, The Diesel Engine and Vehicle Markets: Evidence from OECD Engine Patents", *Transportation Research Part D: Transport and Environment*, 2014, 27(37): 51—58.

Borensztein, E., J. De Gregorio, and J. W. Lee, "How Does Foreign Direct Investment Affect Economic Growth?", *Journal of international Economics*, 1998, 45(1): 115—135.

Bougheas, S., P. O. Demetriades, and E. L. Morgenroth, "Infrastructure, Transport Costs and Trade", *Journal of International Economics*, 1999, (1): 169—189.

Boyle, G. E., and T. G. McCarthy, "A Simple Measure of β-Convergence", *Oxford Bulletin of Economics and Statistics*, 1997, 59(2): 257—264.

Brezis, E. S., P. R. Krugman, and D. Tsiddon, "Leapfrogging in International Competition: A Theory of Cycles in National Technological Leadership", *The American Economic Review*, 1993, 83(5): 1211—1219.

Buera, F., and J. Kaboski, "Can Traditional Theories of Structural Change Fit the Date", Working Paper, Presented at the 2008 Congress of the EEA, Milan, Italy, 2008.

Böhm-Bawerk, Eugen, "The Positive Theory of Capital", In George D. Huncke (trans.), *Capital and Interest*, vol(2), South Holland, Ill.: Libertarian Press, 1959.

Caselli, F., and W. J. Coleman, "The World Technology Frontier", *The American Economic Review*, 2006, 96(3): 499—522.

Caselli, F., and Wilbur John Coleman II., "The U. S. Structural Transformation and Regional Convergence: A Reinterpretation", *Journal of Political Economy*, 2001, 109(3): 584—616.

Chang, P. K., *Agriculture and Industrialization*, Cambridge, MA: Harvard University Press, 1949.

Chenery, H., and M. Syrquin, *Patterns of Development, 1950—1970*, Oxford: Oxford University Press, 1975.

Chenery, H., "Patterns of Industrial Growth", *The American Economic Review*, 1960, 50(4): 624—654.

Chenery, H., "The Structuralist Approach to Development Policy", *American Economic Reviews*, 1975, 65(2): 310—316.

Coe, D., and E. Helpman, "International R&D Spillovers", *European Economic Review*, 1995, 39(5), 859—887.

Colm, G., "Discussion of Denison", *American Economic Review*, 1962, 52(2): 57—89.

Cosar, A. K., and B. Demir, "Domestic Road Infrastructure and International Trade: Evidence from Turkey", *Journal of Development Economics*, 2016, 118: 232—244.

Crozet, M., and F. Trionfetti, "Trade Costs and the Home Market Effect", *Journal of International Economics*, 2008, 76(2): 309—321.

Crépon, B., E. Duguet, and J. Mairesse, "Research, Innovation, and Productivity: An Econometric Analysis at the Firm Level", *NBER Working Papers* 6696, 1998.

Davis, D. R., and D. E. Weinstein, "Market Size, Linkages, and Productivity: A Study of Japanese Regions", National Bureau of Economic Research, 2001.

Davis, H., "Evidence on the Political Economy of the Urbanization Process", *Journal of Urban Economics*, 2003, 53(1): 98—125.

De Marchi, V., E. Giuliani, and R. Rabellotti, "Local Innovation and Global Value Chains in Developing Countries", Industrial Development Report 2016: IDR 2016 WP 1.

Desmet, K., and S. L. Parente, "Bigger is Better: Market Size, Demand Elasticity, and Innovation", *International Economic Review*, 2010, 51(2): 319—333.

Di Giovanni, A. L., and J. Zhang, "The Global Welfare Impact of China: Trade Integration and Technological Change", *American Economic Journal-Macroeconomics*, 2013, 12(79): 153—183.

Diamond, J., *Guns, Germs and Steel: The Fates of Human Societies*, New York and London: W. W. Norton & Company, 1999.

Dijk, D. V., T. Teräsvirta, and P. H. Franses, "Smooth Transition Autoregressive Model: A Survey of Recent Development", *Econometric Reviews*, 2002, 21(1): 1—47.

Dobbin, F., *Forging Industrial Policy: The United States, Britain, and France in the Railway Age*, Cambridge: Cambridge University Press, 1994.

Donaldson, D., and R. Hornbeck, "Railroads and American Economic Growth: A 'Market Access' Approach", *Quarterly Journal of Economics*, 2016, 131(2): 799—858.

Dosi, G., "Procedures and Microeconomic Effects of Innovation", *Journal of Economic Literature*, 1988, 26 (3): 1120—1171.

Duranton, G., P. M. Morrow, and M. A. Turner, "Roads and Trade: Evidence from the US", *Review of Economic Studies*, 2014, 2: 681—724.

D'Aspremont, C., and A. Jacquemin, "Cooperative and Noncooperative R & D in Duopoly with Spillovers", *American Economic Review*, 1988, 78(5): 1133—1137.

Eaton, J., and S. Kortum, "Technology, Geography, and Trade", *Econometrica*, 2002, 70(5): 1741—1779.

Elkan, R. V., "Catching up and Slowing Down: Learning and Growth Patterns in an Open Economy", *Journal of International Economics*, 1996, 41(1—2): 95—111.

Faber, B., "Trade Integration, Market Size, and Industrialization: Evidence from China's National Trunk Highway System", *Review of Economic Studies*, 2014, 81(3): 1046—1070.

Fernald, J. G., "Roads to Prosperity? Assessing the Link between Public Capital and Productivity", *American Economic Review*, 1999, (3): 619—638.

Fernandes, A. M., C. Freund, and M. D. Pierola, "Exporter Behavior, Country Size and Stage of Development: Evidence from the Exporter Dynamics Database", *Journal of Development Economics*, 2015, 119: 121—137.

Freeman, C., *Technology Policy and Economic Performance: Lessons from Japan*, New York: Pinter Pub Ltd, 1987.

Ganelli, G., and J. Tervala, "Tariff-tax Reforms in Large Economies", *The World Economy*, 2015, (12): 1990—2012.

Garavaglia, C., P. F. Malerba, F. L. Orsenigo, and L. M. Pezzoni, "Technological Regimes and Demand Structure in the Evolution of the Pharmaceutical Industry", *Journal of Evolutionary Economics*, 2012, 22(4): 677—709.

Garegnani, P., and A. Trezzini, "Cycles and Growth: A Source of Demand-driven Endogenous Growth", *Review of Political Economy*, 2010, 22, 119—125.

Gerschenkron, A., *Economic Backwardness in Historical Perspective*, Cambridge: Harvard University Press, 1962.

Gollin, D., S. L. Parente, and R. Rogerson, "The Role of Agriculture in Development", *American Economic Review*, 2002, 92(2): 160—164.

Gorg, H., and A. Hanley, "Services Outsourcing and Innovation: An Empirical Investigation", *Economic Inquiry*, 2010, 49(2): 321—333.

Grossman, G. M., and E. Helpman, *Innovation and Growth in the Global Economy*, Cambridge, MA: The MIT Press. 1991.

Grossman, G. M., and E. Helpman, "Comparative Advantage and Long-run Growth", *American Economic Review*, 1990, 80(4): 796—815.

Grossman, G. M., and E. Helpman, "Quality Ladders in the Theory of Growth", *Review of Economic Studies*, 1991, 58(1): 43—61.

Hansen, G. D., and E. C. Prescott, "Malthus to Solow", *American Economic Review*, 2002, 92(4): 1205—1217.

Harris, C. D., "The Market as a Factor in the Localization of Industry in the United States", *Annals of the Association of American Geography*, 1954, 44(4): 315—348.

Harris, J. R., and M. P. Todaro, "Migration, Unemployment & Development: A Two-sector Analysis", *American Economic Review*, 1970, 60(1): 126—142.

Hausman, R., J. Hwang, and D. Rodrik, "What You Export Matters", *Journal of Economic Growth*, 2007, (1): 1—25.

Hayami, Y., and V. W. Ruttan, "Agricultural Development: An International Perspective", *Economic Development & Cultural Change*, 1986, 82(2): 123—141(19).

Hicks, J., *The Theory of Wages*, Berlin: Springer, 1963.

Hobday, M., "Innovation in East Asia: Diversity and Development", *Technovation*, 1995, 15(2): 55—63.

Hofmann, A., and G. Wan, "Determinants of Urbanization", *The Asian Development Bank (ADB) Economics Working Paper Series No. 355*, July 2013.

Holmes, T. J., and J. J. Stevens, "Does Home Market Size Matter for the Pattern of Trade?", *Journal of International Economics*, 2005, 65(2): 489—505.

Hulten, C. R., E. Bennathan, and S. Srinivasan, "Infrastructure, Externalities, and Economic Development: A Study of the Indian Manufacturing Industry", *World Bank Economic Review*, 2006, (2): 291—308.

Hussey, W. D., *British History, 1815—1939*, Cambridge: Cambridge University Press,

1971.

Hägerstrand, T., *Innovation Diffusion as a Spatial Process*, Chicago: University of Chicago Press, 1953.

IMF, "Legacies, Clouds, Uncertainties", *World Economic Outlook*, 2014: 1—222.

Jacoby, H. G., and B. Minten, "On Measuring the Benefits of Lower Transport Costs", *Journal of Development Economics*, 2009, (1): 28—38.

Jerzmanowski, M., "Total Factor Productivity Differences: Appropriate Technology Vs. Efficiency", *European Economic Review*, 2007, 51(8): 2080—2110.

Jian, T., and J. D. Sachs, "Warner A M. Trends in Regional Inequality in China", *China Economic Review*, 1996, 7(1): 1—21.

Kakinaka, M., and K. Kotani, "An Interplay between Intrinsic and Extrinsic Motivations on Voluntary Contributions to a Public Good in a Large Economy", *Public Choice*, 2011, (1—2): 29—41.

Kang, S. J., and M. Lee, "Q-convergence with Interquartile Ranges", *Journal of Economic Dynamics and Control*, 2005, 29(10): 1785—1806.

Keeler, T. E., and J. S. Ying, "Measuring the Benefits of a Large Public Investment: The Case of the US Federal-aid Highway System", *Journal of Public Economics*, 1988, (1): 69—85.

Kitchen, M., *A History of Modern Germany, 1800 to the Present*, West Sussex: Wiley-Blackwell Publication, 2012.

Klump. R., P. McAdam, and A. Willman, "Factor Substitution and Factor-augmenting Technical Progress in the United States: A Normalized Supply-side System Approach", *The Review of Economics and Statistics*, 2007, 89(1): 183—192.

Koenker, R., and G. Bassett, "Regression Quantiles", *Econometrica*, 1978, 46(1): 33—50.

Konishi, H., and R. Shinohara, "Voluntary Participation and Provision of Public Goods in Large Finite Economies", *Journal of Public Economic Theory*, 2014, (2): 173—195.

Koopman, R., Z. Wang, and Shang-Jin Wei, "Tracing Value-added and Double Counting in Gross Exports", *American Economic Review*, 2014, 104: 459—494.

Krammer, S., "Drivers of National Innovation in Transition: Evidence from a Panel of Eastern European Countries", *Research Policy*, 2009, 38(5): 845—860.

Kremer, M., "Population Growth and Technological Change: One Million B. C. to 1990", *Quarterly Journal of Economics*, 1993, 108 (August).

Kremer, M., "Population Growth and Technological Change: One Million B. C. to 1990",

Quarterly Journal of Economics, 1993, 108: 681—716.

Krugman, P., *What Happened to Asia*, Berlin: Springer US, 1999.

Krugman, P., "Increasing Return and Economic Geography", *Journal of Political Economy*, 1991, 99: 483—499.

Krugman, P., "Scale Economies, Product Differentiation, and the Pattern of Trade", *America Economic Review*, 1980, 70(5): 950—959.

Krugman, P., "The Myth of Asia's Miracle", *Foreign Affairs*, 1994, 73(6): 62—78.

Kuznets, S., "Quantitative Aspects of the Economic Growth of Nations: VIII. Industrial Distribution of National Product and Labor Force", *Economic Development and Cultural Change*, 1957, 4: 1—111.

Landes, D. S., *The Wealth and Poverty of Nations: Why Some Are So Rich and Some So Poor*, New York: W. W. Norton & Company, 1998.

Laurent, É., "Economic Consequences of the Size of Nations, 50 Years on", OFCE Working Paper, 2008.

Lee, Jeong-dong, and P. Chansoo, "Research and Development Linkages in a National Innovation System: Factors Affecting Success and Failure in Korea", *Technovation*, 2006, 26(9): 1045—1054.

Lee, K. S., and A. Anas, "Costs of Deficient Infrastructure: The Case of Nigerian Manufacturing", *Urban Studies*, 1992, (7): 1071—1092.

Levchenko, A. A., and J. Zhang, "The Evolution of Comparative Advantage: Measurement and Welfare Implications", *Journal of Monetary Economics*, 2016, 78: 96—111.

Levy, M. J., *Modernization and the Structure of Societies: A Setting for International Affairs*, Princeton: Princeton University Press, 1966.

León-Ledesma, M. A., P. McAdam, and A. Willman, "Identifying the Elasticity of Substitution with Biased Technical Change", *The American Economic Review*, 2010, 100(4): 1330—1357.

Li, H., and Z. Li, "Road Investments and Inventory Reduction: Firm Level Evidence from China", *Journal of Urban Economics*, 2013, 76: 43—52.

Lin, J. Y., *Economic Development and Transition: Thought, Strategy, and Viability*, Cambridge: Cambridge University Press, 2009.

Love, I., and L. Zicchino, "Financial Development and Dynamic Investment Behavior: Evidence from Panel VAR", *The Quarterly Review of Economics and Finance*, 2006, 46(2): 190—210.

Lucas, R. E. , "Life Earnings and Rural-Urban Migration", *Journal of Political Economy*, 2004, 112(S1): S29—S59.

Malthus, T. R. , *The Principles of Political Economy, Considered with a View to Their Practical Application*, 2d ed. New York: A. M. Kelley, Publishers, 1951.

Martin, P. , and GIP Ottaviano, "Growing Location: Industry Location in a Model of Endogenous growth", *European Economic Review*, 1999, 43(2): 281—302.

Matthews, R. C. O. , "The Economics of Institutions and the Sources of Growth", *Economic Journal*, 1986, 96(2): 903—918.

Melitz, M. J. , and G. Ottaviano, "Market Size, Trade, and Productivity", *Review of Economic Studies*, 2008, 75(1), 295—316.

Melitz, M. J. , "The Impact of Trade on Intra-industry Reallocations and Aggregate Industry Productivity", *Econometrica*, 2003, 71(6): 1695—1725.

Miao, C. H. , Y. D. Wei, and H. Ma, "Technological Learning and Innovation in China in the Context of Globalization", *Eurasian Geography and Economics*, 2007, 48(6): 713—732.

Michaels, G. , F. Rauch, and S. J. Redding, "Urbanization and Structural Transformation", *The Quarterly Journal of Economics*, 2012, 127(2): 535—586.

Moore, D. C. , "The Corn Laws and High Farming", *Economic History Review*, 1965, 18(3): 544—561.

Morrison, A. , C. Pietrobelli, and R. Rabellotti, "Global Value Chains and Technological Capabilities: A Framework to Study Industrial Innovation in Developing Countries", *Oxford Development Studies*, 2008, 36(1), 39—58.

Morrison, C. J. , and A. E. Schwartz, "State Infrastructure and Productive Performance", *American Economic Review*, 1996, (5): 1095—1111.

Morrow, P. M. , "Ricardian-Heckscher-Ohlin Comparative Advantage: Theory and Evidence", *Journal of International Economics*, 2010, 82(2): 137—151.

Mundell, R. A. , "Currency Areas, Common Currencies, and EMU", *The American Economic Review*, 1997, 87(2): 214.

Nelson, R. R. , and E. S. Phelps, "Investment in Humans, Technological Diffusion, and Economic Growth", *American Economic Review*, 1966, 56(1/2): 69—75.

Nunn, N. , and N. Qian, "The Potato's Contribution to Population and Urbanization: Evidence from an Historical Experiment", *The Quaterly Journal of Economics*, 2011, 126(2): 593—650.

Olofin, S. , "Trade and Competitiveness of African Economies in the 21st Century", *African*

Development Review, 2002, 14(2): 298—321.

Osharin, A., and V. Verbus, "Heterogeneous Consumers and Trade Patterns in a Monopolistically Competitive Setting", *Higher School of Economics Research Paper* No. WP-BRP131, 2016.

Peneder, M., "A Sectoral Taxonomy of Educational Intensity", *Empirica*, 2007, 34(3): 189—212.

Perkins, D. H., and M. Syrquin, "Large Countries: The Influence of Size", *Handbook of Development Economic*, 1989, 2(89): 1691—1753.

Poncet, S., and F. S. D Waldemar, "Export Upgrading and Growth: The Prerequisite of Domestic Embeddedness", *World Development*, 2013, 51(16): 104—118.

Porter, M. E., *The Competitive Advantages of Nations*, New York: The Free Press, 1990.

Priem, R. L., "A Consumer Perspective on Value Creation", *Academy of Management Review*, 2007, 32(219): 219—235.

Reinganum, J., "Innovation and Industry Evolution", *The Quarterly Journal of Economics*, 1985, 100(1): 81—99.

Robinson, E. A. G., *Ewnomic Consequences of the Size of Nations*, New York: ST Martin's Press, 1960.

Romer, P. M., "Capital, Labor, and Productivity", *Brookings Papers on Economic Activity. Microeconomics*, 1990, 22(2): 337—367.

Romer, P. M., "Endogenous Technological Change", *Journal of Political Economy*, 1990, 98(5), 71—102.

Romer, P. M., "Increasing Returns and Long-Run Growth", *Journal of Political Economy*, 1986, 94(5): 1002—1037.

Roninson, E., *Economic Consequences of the Size of Nations*, New York: ST Martin's Press Inc, 1960.

Saaty, T. L., and J. P. Bennett, "A Theory of Analytical Hierarchies Applied to Political Candidacy", *Behavioral Science*, 1977, 22(4): 237—245.

Sakakibara, M., and M. E. Porter, "Competing at Home to Win Abroad: Evidence from Japanese Industry", *Review of Economics and Statistics*, 2001, 83(2): 310—322.

Schmookler, J., *Invention and Economic Growth*, Cambridge: Harvard University Press, MA, 1966.

Schultz, T. W., "Institutions and the Rising Economic Value of Man", *American Journal of Agricultural Economics*, 1968, 50(5): 1113—1122.

Schworer, T., "Offshoring Domestic Outsourcing and Productivity: Evidence for a Number of European Countries", *Review of World Economics*, 2013, 149(1): 131—149.

Staritz, C., G. Gereffi, and O. Cattaneo, "Shifting End Markets and Upgrading Prospects in Global Value Chains", *International Journal of Technological Learning, Innovation and Development*, 2011, 4(1—3).

Syrquin, M., and H. Chenery, "Three Decades of Industrialization", *The World Bank Economic Review*, 1989, 3(2): 145—181.

Tang, M. F., *Technology Transfer from University to Industry: Insight Into University Technology Transfer in the Chinese National Innovation System*, London: Adonis & Abbey Publisher Ltd, 2009.

The World Bank, "China 2030: Building a Modern, Harmonious and Creative High-income Society", The World Bank and Development Research Center of the State Council, The People's Republic of China, 2012.

Todaro, M. P., "A Model of Labor Migration and Urban Unemployment in Less Developed Countries", *American Economic Review*, 1969, 59(1): 138—148.

Tsui, K. T., "China's Regional Inequality, 1952—1985", *Journal of Comparative Economics*, 1991, 15(1): 1—21.

Vernon, R., "International Investment and International Trade in the Product Cycle", *The Quarterly Journal of Economics*, 1966, 80(2): 190—207.

Walker, J. F., and H. G. Vatter, "Demand: The Neglected Participant in the Long Run US Productive Record", *The American Economist*, 1999, 43(2): 73—80.

Weber, A., and A. Weber, *Theory of the Location of Industries*, Chicago: UCP, 1929.

Weber, M., *The Religion of China: Confucianism and Taoism*, New York: The Macmillan Company, 1964.

Weder, R., "Comparative Home-market Advantage: An Empirical Analysis of British and American Exports", *Review of World Economics*, 2003, 139(2): 220—247.

World Bank, "World Development Report", World Bank, Washington, DC, 1994: 1—18.

Xu, X., and S. R. Jeffrey, "Efficiency and Technical Progress in Traditional and Modern Agriculture: Evidence From Rice Production in China", *Agricultural Economics*, 1998, 18(2): 157—165.

Yang, X., and Y-K Ng, *Specialization and Economic Organization: A New Classical Microeconomic Framework*, Amsterdam: North-Holland, 1993: 1—517.

Young, A., "Gold into Base Metals: Productivity Growth in the People's Republic of China during the Reform Period", *Journal of political economy*, 2003, 111(6): 1220—1261.

Young, A., "Increasing Return and Economic Progress", The *Economic Journal*, 1928, 38(152): 527—542.

Zheng, J., X. Liu, and A. Bigsten, "Efficiency, Technical Progress, and Best Practice in Chinese State Enterprises(1980—1994)", *Journal of Comparative Economics*, 2003, 31(1): 134—152.

Zhu, D., and J. Tann, "The Development of A National Innovation System in China: Main Practitioners and Stages", *International Journal of Business Innovation and Research*, 2009, 3(4): 325—362.

巴顿:《城市经济学》,上海社科院城市经济研究室译,北京:商务印书馆1986年版。

巴拉舒伯拉曼雅姆、拉尔:《发展经济学前沿问题》,梁小民译,北京:中国税务出版社2000年版。

巴罗、马丁:《经济增长》,夏俊译,上海:格致出版社2010年版。

白旻:《边界效应、规模效应与后发大国的产业发展战略》,《世界经济研究》2009年第8期。

白旻:《大国优势、边界效应与后发大国产业发展的自主创新战略》,《北方经济》2009年第3期。

包群、叶宁华、邵敏:《出口学习、异质性匹配与企业生产率的动态变化》,《世界经济》2014年第4期。

本塞尔:《美国工业化的政治经济学:1877—1900》,吴亮、张超、商超译,长春:长春出版社2008年版。

不列颠百科全书公司:《不列颠简明百科全书》,北京:中国大百科全书出版社2011年版。

布罗代尔:《15至18世纪的物质文明、经济和资本主义》(第三卷),顾良、施康强译,上海:上海三联书店2002年版。

蔡昉:《"中等收入陷阱"的理论、经验与针对性》,《经济学动态》2011年第12期。

蔡昉:《中国发展的挑战与路径:大国经济的刘易斯转折》,《广东财经大学学报》2010年第1期。

蔡昉、都阳:《中国地区经济增长的趋同与差异——对西部开发战略的启示》,《经济研究》2000年第10期。

蔡军:《城市化滞后于经济发展的制度化因素分析》,《城市规划》2006年第1期。

曹英、赵士国:《论德意志关税同盟在德国工业化中的作用》,《湖南师范大学社会科学学报》2001年第2期。

陈斌开、林毅夫:《重工业优先发展战略、城市化和城乡工资差距》,《南开经济研究》2010年第1期。

陈晨子、成长春:《产业结构、城市化与我国经济增长关系的 ECM 模型研究》,《财经理论与实践》2012 年第 6 期。

陈建午:《印度经济增长中的制度因素分析》,《云南财经大学硕士论文》2015 年。

陈健、蒋敏:《生产性服务业与我国城市化发展——产业关联机制下的研究》,《产业经济研究》2012 年第 6 期。

陈杰:《结构差异、增长质量与经济周期波动的关联度》,《改革》2011 年第 7 期。

陈劲:《从技术引进到自主创新的学习模式》,《科研管理》1994 年第 2 期。

陈明:《美国联邦储备体系的历史渊源》,北京:中国社会科学出版社 2003 年版。

陈琦:《新兴大国经济转型的创新驱动机制——基于全要素生产率的分析》,《湖南师范大学社会科学学报》2015 年第 6 期。

陈晓玲、连玉君:《资本—劳动替代弹性与地区经济增长——德拉格兰德维尔假说的检验》,《经济学》(季刊)2013 年第 1 期。

陈亚军、刘晓萍:《我国城市化进程的回顾与展望》,《管理世界》1996 年第 6 期。

陈甬军、陈爱贞:《从劳动力转移到产业区域转移——新型工业化背景下我国城市化演变趋势分析》,《经济理论与经济管理》2007 年第 2 期。

陈仲常、王芳:《中国城市化进程中的滞后城市化、超前城市化与城市中空化趋势》,《当代经济科学》2005 年第 2 期。

程大中:《中国参与全球价值链分工的程度及演变趋势——基于跨国投入产出分析》,《经济研究》2015 年第 9 期。

程莉、周宗社:《结构偏差、滞后城市化与城乡收入差距》,《经济经纬》2014 年第 1 期。

戴天仕、徐现祥:《中国的技术进步方向》,《世界经济》2010 年第 11 期。

戴翔:《中国制造业国际竞争力——基于贸易附加值的测算》,《中国工业经济》2015 年第 1 期。

单豪杰:《中国资本存量 K 的再估算:1952—2006 年》,《数量经济与技术经济研究》2008 年第 10 期。

邓柏盛:《大国产业结构变化对经济增长的影响:1990—2010 中国和美国的比较分析》,《湘潭大学学报(哲学社会科学版)》2013 年第 5 期。

邓彬:《湖南省县域农业工业化的实证分析》,《财经理论与实践》2008 年第 29 卷第 1 期。

邓明:《人口年龄结构与中国省际技术进步方向》,《经济研究》2014 年第 49 卷第 3 期。

邓小平:《邓小平文选》(1975—1982 年),北京:人民出版社 1983 年版。

邓小平:《邓小平文选》第 3 卷,北京:人民出版社 1993 年版。

邓小平:《建设有中国特色的社会主义》(增订本),北京:人民出版社 1987 年版。

窦丽琛、李国平:《对"后发优势"的国内实证——基于技术创新扩散视角的分析》,《经济科学》2004 年第 4 期。

恩格尔曼等:《剑桥美国经济史》(第二卷),高德步等译,北京:中国人民大学出版社2008年版。

樊纲、关志雄、姚支仲:《国际贸易结构分析:贸易品的技术分布》,《经济研究》2006年第8期。

樊纲、王小鲁、张立文等:《中国各地区市场化相对进程报告》,《经济研究》2003年第3期。

范承泽、胡一帆、郑红亮:《FDI对国内企业技术创新影响的理论与实证研究》,《经济研究》2008年第1期。

范红忠:《有效需求规模假说、研发投入与国家自主创新能力》,《经济研究》2007年第3期。

范建刚:《论"城市化滞后"的真正含义》,《云南民族大学学报(哲学社会科学版)》2005年第2期。

范建勇、谢强强:《地区间产业分布的本地市场效应及其对区域协调发展的启示》,《经济研究》2010年第4期。

范如国、蔡海霞:《FDI技术溢出与中国企业创新产出》,《管理科学》2012年第25卷第4期。

方红生、张军:《中国地方政府竞争、预算软约束与扩张偏向的财政行为》,《经济研究》2009年第12期。

菲特:《美国经济史》,司徒淳译,沈阳:辽宁人民出版社1981年版。

冯长春、曾赞荣、崔娜娜:《2000年以来中国区域经济差异的时空演变》,《地理研究》2015年第2期。

冯蕾:《我国农业适度规模的经营主体与路径选择》,《重庆社会科学》2013年第9期。

冯伟、徐康宁、邵军:《基于本土市场规模的产业创新机制及实证研究》,《中国软科学》2014年第1期。

福克纳:《美国经济史》(下卷),王锟译,北京:商务印书馆1964年版。

付成双:《试论美国工业化的起源》,《世界历史》2011年第1期。

付凌晖:《我国产业结构高级化与经济增长关系的实证研究》,《统计研究》2010年第8期。

傅家骥:《技术创新学》,北京:清华大学出版社1998年版。

傅钧文:《外贸依存度国际比较与中国外贸的结构型风险分析》,《世界经济研究》2004年第4期。

傅晓霞、吴利学:《技术效率、资本深化与地区差异——基于随机前沿模型的中国地区收敛分析》,《经济研究》2006年第10期。

干春晖、余典范:《城市化与产业结构的战略性调整和升级》,《上海财经大学学报》2003年第4期。

干春晖、郑若谷、余典范:《中国产业结构变迁对经济增长和波动的影响》,《经济研究》2011年第5期。

格申克农:《经济落后的历史透视》,张凤林译,北京:商务印书馆2009年版。

龚轶、顾高翔、刘昌新等:《技术创新推动下的中国产业结构进化》,《科学学研究》2013年第

8期。

顾朝林:《经济全球化与中国城市发展:跨世纪中国城市发展战略研究》,北京:商务印书馆 1999年版。

郭克莎:《工业化与城市化关系的经济学分析》,《中国社会科学》2002年第2期。

郭熙保、罗知:《资本后发优势的存在及其实现条件》,《财经科学》2007年第8期。

郭熙保、马媛媛:《国家规模对经济增长是否有影响?》,《国外社会科学》2010年第4期。

郭熙保、习明明:《人力资本边际收益递减、后发优势与经济增长——基于国家间面板数据的实证分析》,《世界经济研究》2012年第4期。

国务院发展研究中心调查研究报告:《美国工业化特点及对我国的借鉴意义》,2003年第133号。

国务院新闻办公室、中共中央文献研究室、中国外文出版发行事业局:《习近平谈治国理政》,北京:外文出版社2014年版。

Hanson, G. H.:《中国的出口模式:似曾相识》,《经济学》(季刊)2016年第15卷第4期。

韩峰、洪联英、文映:《生产性服务业集聚推进城市化了吗?》,《数量经济技术经济研究》2014年第12期。

韩毅:《美国工业现代化的历史进程》,北京:经济科学出版社2007年版。

何广文:《德国金融制度研究》,北京:中国劳动社会保障出版社2000年版。

何秀荣:《关于我国农业经营规模的思考》,《农业经济问题》2016年第29卷第9期。

何一峰:《转型经济下的中国经济趋同研究——基于非线性时变因子模型的实证分析》,《经济研究》2008年第7期。

何志星:《论"弯道超车"与后发优势》,《经济学家》2010年第7期。

贺俊、吕铁:《从产业结构到现代产业体系:继承、批判与拓展》,《中国人民大学学报》2015年第2期。

洪银兴:《科技创新与创新型经济》,《管理世界》2011年第7期。

洪银兴:《消费需求、消费力、消费经济和经济增长》,《中国经济问题》2013年第1期。

胡汉昌、郭熙保:《后发优势战略与比较优势战略》,《江汉论坛》2002年第9期。

华民:《比较优势、自主创新、经济增长和收入分配》,《复旦学报》2007年第5期。

黄飞鸣:《中国经济的动态效率——基于消费—收入视角的检验》,《数量经济技术经济研究》2010年第4期。

黄玖立、李坤望:《出口开放、地区市场规模和经济增长》,《经济研究》2006年第6期。

黄茂兴、李军军:《技术选择、产业结构升级与经济增长》,《经济研究》2009年第7期。

黄琪轩:《大国经济成长模式及其国际政治后果——海外贸易、国内市场与权力转移》,《世界经济与政治》2012年第9期。

黄寿峰、廉洁度:《公共投资与基础设施质量:宏观表现与微观证据》,《经济研究》2016年第5期。

吉利斯、波金斯、罗默:《发展经济学》(第四版),彭刚、杨瑞龙等译,北京:中国人民大学出版社1998年版,第21页。

纪明:《需求变动与经济增长:理论解释及中国实证》,《经济科学》2010年第6期。

贾根良:《美国学派与美国工业化:经济教训与启示》,《经济社会体制比较》2010年第2期。

简新华:《发展中大国的发展优势与劣势》,《哈尔滨工业大学学报(社会科学版)》2012年第4期。

简新华、许辉:《后发优势、劣势与跨越式发展》,《经济学家》2002年第6期。

江小涓:《大国双引擎增长模式》,《管理世界》2012年第6期。

金麟洙:《从模仿到创新:韩国技术学习的动力》,北京:新华出版社1998年版。

荆林波、王雪峰:《消费率决定理论模型及应用研究》,《经济学动态》2011年第11期。

靖学青:《大国经济发展模式与中国经济增长的主要支撑点》,《上海经济研究》2000年第5期。

鞠晓伟、赵树宽:《产业技术选择与产业技术生态环境的耦合效应分析》,《中国工业经济》2009年第3期。

康志勇、张杰:《有效需求与自主创新能力影响机制研究——来自中国1980—2004年的经验证据》,《财贸研究》2008年第5期。

柯善咨、郭素梅:《中国市场一体化与区域经济增长互动:1995—2007年》,《数量经济技术经济研究》2010年第5期。

克拉潘:《1815—1914年法国和德国的经济发展》,傅梦弼译,北京:商务印书馆1965年版。

孔宪丽、米美玲、高铁梅:《技术进步适宜性与创新驱动工业结构调整——基于技术进步偏向性视角的实证研究》,《中国工业经济》2015年第11期。

库兹涅茨:《各国的经济增长》,常勋译,北京:商务印书馆1971年版。

库兹涅茨:《现代经济增长:速度、结构与扩展》,戴睿等译,北京:北京经济学院出版社1989年版。

雷钦礼、徐家春:《技术进步偏向、要素配置偏向与我国TFP的增长》,《统计研究》2015年第8期。

黎峰:《增加值视角下的中国国家价值链分工——基于改进的区域投入产出模型》,《中国工业经济》2016年第3期。

黎谧、冯迪:《中国制造业显性比较优势再测算——基于价值链的视角》,《求索》2015年第12期。

黎谧、张亚斌、冯迪:《基于行业增加值出口的显性比较优势测算及国际比较研究》,《财经理论与实践》2016年第37卷第4期。

李德伟:《中国现代经济增长与大国封闭模型》,《管理世界》1999年第3期。
李国璋、周彩云、江金荣:《区域全要素生产率的估算及其对地区差距的贡献》,《数量经济技术经济研究》2010年第27卷第5期。
李嘉图:《政治经济学及赋税原理》,丰俊功译,北京:光明日报出版社2009年版。
李建伟:《投资和消费比例变化对经济增长的影响不显著》,《经济学动态》2003年第3期。
李君华、欧阳峣:《大国效应、交易成本和经济结构——国家贫富的一般均衡分析》,《经济研究》2016年第10期。
李俊江、彭越:《中印经济增长质量比较研究》,《当代经济研究》2016年第2期。
李坤望、蒋为、宋立刚:《中国出口产品品质变动之谜:基于市场进入的微观解释》,《中国社会科学》2014年第3期。
李黎力:《扩大内需战略下的国内统一市场建设》,《学习与探索》2012年第12期。
李力行、申广军:《经济开发区、地区比较优势与产业结构调整》,《经济学》(季刊)2015年第3期。
李林杰、王金玲:《对工业化和城市化关系量化测度的思考——兼评我国的工业化与城市化进程》,《人口学刊》2007年第4期。
李平、李淑云、许家云:《收入差距、有效需求与自主创新》,《财经研究》2012年第2期。
李其龙:《德国教育》,长春:吉林教育出版社2000年版。
李天华:《中国与印度经贸关系发展分析》,《国际贸易问题》2004年第1期。
李文明、罗丹、陈洁等:《农业适度规模经营:规模效益、产出水平与生产成本——基于1552个水稻种植户的调查数据》,《中国农村经济》2015年第3期。
李新宽:《国家与市场:英国重商主义时代的历史解读》,北京:中央编译出版社2013年版。
李新宽:《近代早期英国的反垄断活动》,《东北师大学报》2012年第2期。
李雪松、张莹、陈光炎:《中国经济增长动力的需求分析》,《数量经济技术经济研究》2005年第11期。
李扬、殷剑峰:《劳动力转移过程中的高储蓄、高投资和中国经济增长》,《经济研究》2005年第2期。
李由:《大国经济论》,北京:北京师范大学出版社2000年版。
李玉双:《大国财政政策的宏观经济效应:基于中国视角的分析》,上海:格致出版社、上海人民出版社2015年版。
李子联:《人口城镇化滞后于土地城镇化之谜——来自中国省际面板数据的解释》,《中国人口·资源与环境》2013年第11期。
厉以宁:《关于马克思论科学技术的一段重要的话》,《北京日报》2011年5月13日。
廖雄军:《政府征税成本与征税效率的比较研究》,《学术论坛》2008年第1期。

列宁:《列宁全集》第 55 卷,中共中央马克思恩格斯列宁斯大林著作编译局编译,北京:人民出版社 1989 年版。

林毅夫:《发展战略、自生能力和经济收敛》,《经济学》(季刊)2002 年第 1 期。

林毅夫:《后发优势与后发劣势——与杨小凯教授商榷》,《经济学》(季刊)2003 年第 3 期。

林毅夫:《新结构经济学:发展经济学的反思与重构》,《人民日报》2013 年 11 月 10 日。

林毅夫:《新结构经济学——重构发展经济学的框架》,《经济学》(季刊)2010 年第 10 期。

林毅夫:《再论制度、技术与中国农业发展》,北京:北京大学出版社 2000 年版。

林毅夫:《制度、技术与中国农业发展》,上海:上海三联书店、上海人民出版社 1994 年版。

林毅夫、蔡昉、李周:《中国的奇迹:发展战略与经济改革》,上海:格致出版社、上海三联书店、上海人民出版社 2014 年版。

林毅夫、李勇军:《出口与中国经济增长:需求导向的分析》,《经济学》(季刊)2003 年第 4 期。

林毅夫、张鹏飞:《后发优势、技术引进和落后国家的经济增长》,《经济学》(季刊)2005 年第 4 期。

林毅夫、张鹏飞:《适宜技术、技术选择和发展中国家的经济增长》,《经济学》(季刊)2006 年第 3 期。

刘凤芹:《中国农业土地经营的规模研究——小块农地经营的案例分析》,《财经问题研究》2003 年第 10 期。

刘海云、唐玲:《国际外包的生产率效应及其行业差异——基于中国工业行业的经验研究》,《中国工业经济》2009 年第 8 期。

刘林青、李文秀、张亚婷:《比较优势、FDI 和民族产业国际竞争力——"中国制造"国际竞争力的脆弱性分析》,《中国工业经济》2009 年第 8 期。

刘茂松、彭新宇:《论中国农业转型期的农业工业化战略》,《求索》2005 年第 12 期。

刘名远、李桢:《战略性新兴产业融合发展内在机理及策略路径》,《经济与管理》2013 年第 11 期。

刘明宇、芮明杰:《全球化背景下中国现代产业体系的构建模式研究》,《中国工业经济》2009 年第 5 期。

刘瑞翔、安同良:《中国经济增长的动力来源与转换展望——基于最终需求角度的分析》,《经济研究》2011 年第 7 期。

刘生龙、胡鞍钢:《基础设施的外部性在中国的检验:1988—2007》,《经济研究》2010 年第 3 期。

刘淑茹:《产业结构合理化评价指标体系构建研究》,《科技管理研究》2011 年第 5 期。

刘树成:《现代经济辞典》,北京:凤凰出版社 2005 年版。

刘霞辉、张平、张晓晶:《改革年代的经济增长与结构变迁》,上海:格致出版社、上海人民出版社 2008 年版。

刘易斯:《二元经济论》,北京:北京经济学院出版社1989年版。

刘易斯:《经济增长理论》,北京:商务印书馆1972年版。

刘志彪:《产业经济学》,南京:南京大学出版社1996年版。

刘志彪:《基于内需的经济全球化》,《南京大学学报》2012年第2期。

刘志彪:《重构国家价值链:转变中国制造业发展方式的思考》,《世界经济与政治论坛》2011年第4期。

刘志彪、张杰:《全球代工体系下发展中国家俘获型网络的形成、突破与对策——基于GVC与NVC的比较视角》,《中国工业经济》2007年第5期。

柳卸林:《管理范式的转变——从生产型到技术创新型》,《中国软科学》1997年第2期。

隆国强:《新兴大国的竞争力升级战略》,《管理世界》2016年第1期。

卢锋:《大国经济与输入型通胀论》,《国际经济评论》2008年第4期。

卢立峰、李兆友:《巴西技术创新政策演化及启示》,《技术与创新管理》2010年第3期。

鲁晓东、李荣林:《中国对外贸易结构、比较优势及其稳定性检验》,《世界经济》2007年第10期。

陆德明、王必达:《我国西部地区发挥"后发优势"的困境与对策分析》,《经济地理》2002年第5期。

陆德明、张伟:《比较优势与后发优势——新世纪中西部地区经济发展战略的思考》,《经济评论》2001年第3期。

陆铭、陈钊:《分割市场的经济增长——为什么经济开放可能加剧地方保护?》,《经济研究》2009年第3期。

陆铭等:《中国的大国经济发展道路》,北京:中国大百科全书出版社2008年版。

陆雪琴,章上峰:《技术进步偏向定义及其测度》,《数量经济技术经济研究》2013年第30卷第8期。

路风、慕玲:《本土创新、能力发展和竞争优势——中国激光视盘播放机工业的发展及其对政府作用的政策含义》,《管理世界》2003年第12期。

路风、余永定:《双顺差、能力缺口与自主创新——转变经济发展方式的宏观和微观视野》,《中国社会科学》2012年第6期。

罗必良:《农地经营规模的效率决定》,《中国农村观察》2000年第5期。

罗富政、罗能生:《地方政府行为与区域经济协调发展——非正式制度歧视的新视角》,《经济学动态》2016年第2期。

罗双全、张杨:《价值链定位对贸易竞争力的影响研究——以金砖国家为例》,《湘潭大学学报(哲学社会科学版)》2016年第5期。

罗斯托:《经济增长的阶段》,郭熙保译,北京:中国社会科学出版社2001年版。

罗炜、唐元虎:《企业合作创新的组织模式及其选择》,《科学学研究》2001 年第 4 期。

马春文:《发展经济学》,北京:高等教育出版社 2010 年版。

马丁:《资本战争》,王京浩译,天津:天津教育出版社 2008 年版。

马克思:《资本论》(第三卷),北京:人民出版社 1975 年版。

马克思、恩格斯:《共产党宣言》,成仿吾译,北京:人民出版社 1978 年版。

马歇尔:《经济学原理(上卷)》,朱志泰译,北京:商务印书馆 1964 年版。

马颖:《发展经济学前沿理论研究》,北京:人民出版社 2013 年版。

芒图:《十八世纪产业革命:英国近代大工业初期的概况》,北京:商务印书馆 1983 年版。

毛泽东:《毛泽东选集》第 3 卷,北京:人民出版社 1953 年版。

毛泽东:《毛泽东选集》第 5 卷,北京:人民出版社 1977 年版。

倪鹏飞、颜银根、张安全:《城市化滞后之谜:基于国际贸易的解释》,《中国社会科学》2014 年第 7 期。

诺斯、托马斯:《西方世界的兴起:新经济史》,厉以宁、蔡磊译,北京:华夏出版社 2009 年版。

欧阳峣:《"大国内生能力"与经济发展》,《光明日报》2013 年第 11 期。

欧阳峣:《"大国综合优势"的提出及研究思路》,《经济学动态》2009 年第 6 期。

欧阳峣:《大国经济发展理论的研究范式》,《经济学动态》2012 年第 12 期。

欧阳峣:《大国经济研究的回顾与展望——1990—2010 年国内文献述评》,《经济评论》2011 年第 6 期。

欧阳峣:《大国农业转型的国际比较和中国路径》,《湖南商学院学报》2013 年第 4 期。

欧阳峣:《大国综合优势》,上海:格致出版社、上海三联书店、上海人民出版社 2011 年版。

欧阳峣:《发展中大国的经济发展型式》,《光明日报》2015 年 10 月 2 日。

欧阳峣:《美国工业化道路及其经验借鉴——大国发展战略的视角》,《湘潭大学学报(哲学社会科学版)》2017 年第 5 期。

欧阳峣:《新兴大国的自主创新道路——以"金砖四国"为例的研究》,《湖南商学院学报》2011 年第 1 期。

欧阳峣:《中国大国经济学建设的构想》,《经济学动态》2011 年第 8 期。

欧阳峣、李坚飞:《国家规模能够影响经济增长优势吗?——基于 38 个国家数据的检验》,《湖南师范大学社会科学学报》2015 年第 6 期。

欧阳峣、刘智勇、罗会华:《大国的经济特征及其评价指标体系》,《求索》2009 年第 9 期。

欧阳峣、罗富政、罗会华:《发展中大国的界定、遴选及其影响力评价》,《湖南师范大学社会科学学报》2016 年第 6 期。

欧阳峣、罗会华:《大国的概念:涵义、层次及类型》,《经济学动态》2010 年第 8 期。

欧阳峣、帕金斯等:《后发大国怎样跨越"中等收入陷阱"》,《光明日报》2016 年 7 月 27 日。

欧阳峣、生延超:《多元技术、适应能力与后发大国区域经济协调发展——基于大国综合优势与要素禀赋差异的理论视角》,《经济评论》2010年第4期。

欧阳峣、生延超、易先忠:《大国经济发展的典型化特征》,《经济理论与经济管理》2012年第5期。

欧阳峣、生延超、易先忠:《新兴大国产业结构变迁对经济增长贡献的演变》,《湘潭大学学报(哲学社会科学版)》2013年第5期。

欧阳峣、易先忠、生延超:《从大国经济增长阶段性看比较优势战略的适宜性》,《经济学家》2012年第8期。

欧阳峣、易先忠、生延超:《技术差距、资源分配与后发大国经济增长方式转换》,《中国工业经济》2012年第6期。

欧阳峣、尹向飞、易先忠:《实现要素供需均衡的大国经济模型》,《经济学动态》2014年第11期。

欧阳峣、张杰飞:《发展中大国农村剩余劳动力转移动因——一个理论模型及来自中国的经验证据》,《中国农村经济》2010年第9期。

欧阳峣、张亚斌、易先忠:《中国与金砖国家外贸的"共享式"增长》,《中国社会科学》2012年第10期。

欧阳峣等:《大国经济发展理论》,北京:中国人民大学出版社2014年版。

帕金斯:《后发大国跨越"中等收入陷阱"的战略选择》,《湖南师范大学社会科学学报》2017年第3期。

帕金斯、赛尔昆,欧阳峣、盛小芳(编译):《大国:规模的影响》,《经济研究参考》2017年第40期。

潘文卿:《中国区域经济差异与收敛》,《中国社会科学》2010年第1期。

裴长洪、郑文:《国家特定优势:国际投资理论的补充解释》,《经济研究》2011年第11期。

配第:《赋税论》,陈冬野译,北京:商务印书馆1963年版。

彭刚:《发展中国家的定义、构成与分类》,《教学与研究》2004年第9期。

彭向、蒋传海:《产业集聚、知识溢出与地区创新——基于中国工业行业的实证检验》,《经济学》(季刊)2011年第3期。

戚文海:《俄罗斯关键技术产业的创新发展战略评价》,《俄罗斯中亚东欧市场》2010年第4期。

钱纳里:《发展的型式:1950—1970年》,李新华等译,北京:经济科学出版社1988年版。

钱纳里:《工业化和经济增长的比较研究》,吴奇等译,上海:上海人民出版社1995年版。

钱学锋、黄云湖:《中国制造业本地市场效应再估计:基于多国模型框架的分析》,《世界经济》2013年第6期。

钱学锋、梁琦:《本地市场效应:理论和经验研究的新近进展》,《经济学》(季刊)2007年第3期。

萨缪尔森、诺德豪斯:《经济学(第18版)》,萧琛译,北京:人民邮电出版社2008年版。

尚勇:《增强自主创新能力 建设创新型国家》,《中国软科学》2005年第7期。

沈汉:《英国土地制度史》,上海:学林出版社2005年版。

沈可、章元:《中国的城市化为什么长期滞后于工业化?——资本密集型投资倾向视角的解释》,《金融研究》2013年第1期。

沈坤荣、马俊:《中国经济增长的"俱乐部收敛"特征及其成因研究》,《经济研究》2002年第1期。

沈坤荣等:《经济发展方式转变的机理与路径》,北京:人民出版社2011年版。

沈利生:《"三驾马车"的拉动作用评估》,《数量经济技术经济研究》2009年第4期。

沈正平:《优化产业结构与提升城镇化质量的互动机制及实现途径》,《城市发展研究》2013年第5期。

生延超:《要素禀赋、技术能力与后发大国技术赶超》,上海:格致出版社、上海人民出版社2013年版。

生延超:《要素禀赋、中间产品与技术赶超作用机理》,《财贸研究》2008年第3期。

施炳展:《中国企业出口产品质量异质性:测度与事实》,《经济学》(季刊)2014年第1期。

施炳展、冼国明:《要素价格扭曲与中国工业企业出口行为》,《中国工业经济》2012年第2期。

施培公:《后发优势:模仿创新的理论与实证研究》,北京:清华大学出版社1999年版。

斯密:《国民财富的性质和原因的研究》,郭大力、王亚南译,北京:商务印书馆1972年版。

宋兆杰、王续琨:《"荷兰病"与俄罗斯科学—技术创新》,《科技管理研究》2010年第23期。

速水佑次郎:《发展经济学:从贫困到富裕》,李周译,北京:社会科学文献出版社2003年版。

孙刚:《论金融发展与经济增长的联系》,《财经问题研究》2003年第11期。

孙潇:《论自主创新对提高核心产业国际竞争力的作用》,《吉林大学》2008年第4期。

孙早、张敏、刘文璨:《后危机时代的大国产业战略与新兴战略产业的发展》,《经济学家》2010年第9期。

谭崇台:《发达国家发展初期与当今发展中国家经济发展比较研究》,武汉:武汉大学出版社2008年版。

谭晶荣:《中印两国商品贸易比较研究》,《南亚研究季刊》2004年第3期。

汤凌霄、欧阳峣、黄泽先:《国际金融合作视野中的金砖国家开发银行》,《中国社会科学》2014年第9期。

唐东波:《垂直专业分工与劳动生产率:一个全球化视角的研究》,《世界经济》2014年第11期。

唐晓:《欧美媒体对"中国模式"的评价及其启示》,《新华文摘》2010年第10期。

陶宏、郭三化:《我国城市化滞后的原因分析》,《兰州大学学报》2005年第6期。

陶文达:《发展经济学》,成都:四川人民出版社1992年版。

田青:《大国经济和小国经济国际化模式的比较及选择——对我国实施"走出去"战略的思考》,《国际经贸探索》2001年第1期。

田巍、姚洋、余淼杰等:《人口结构与国际贸易》,《经济研究》2013年第11期。

田巍、余淼杰:《中间品贸易自由化和企业研发:基于中国数据的经验分析》,《世界经济》2014年第6期。

田卫民:《基于经济增长的中国最优消费规模:1978—2006》,《财贸研究》2008年第6期。

佟家栋:《发展中大国的贸易自由化与中国》,天津:天津教育出版社2005年版。

童有好:《大国经济浅论——兼谈我国的经济发展战略》,《经济体制改革》1999年第6期。

万广华、陆铭、陈钊:《全球化与地区间收入差距:来自中国的证据》,《中国社会科学》2005年第3期。

万君康:《论技术引进与自主创新的关联与差异》,《武汉理工大学学报(信息与管理工程版)》2000年第4期。

汪立鑫:《制度参数、国家规模与后发国"蛙跳"》,《财经研究》2008年第3期。

王丹莉:《"中国模式"研究之新动向与再认识》,《中国经济史研究》2012年第2期。

王弟海、龚六堂:《增长经济中的消费与储蓄》,《金融研究》2007第12期。

王俊:《需求规模、市场竞争与自主创新的实证研究》,《科研管理》2009年第6期。

王岚:《融入全球价值链对中国制造业国际分工地位的影响》,《统计研究》2014年第5期。

王林辉、董直庆:《资本体现式技术进步、技术合意结构和我国生产率增长来源》,《数量经济技术经济研究》2012年第5期。

王瑞杰、徐汉明:《开放经济中的中国自主技术创新能力培育》,《辽宁师范大学学报》2005年第5期。

王伟光:《毛泽东是中国特色社会主义的伟大奠基者、探索者和先行者》,《中国社会科学》2013年第12期。

王希:《原则与妥协:美国宪法的精神与实践》,北京:北京大学出版社2000年版。

王小鲁、樊纲、刘鹏:《中国经济增长方式转换和增长可持续性》,《经济研究》2009年第1期。

王小侠:《工业化时期的美国城市化》,《辽宁大学学报(社会科学版)》1999年第1期。

王新颖:《奇迹的构建:海外学者论中国模式》,北京:中央编译出版社2011年版。

王永利:《从竞争性与互补性看中印两国服装纺织品贸易的发展前景》,《世界经济研究》2004年第8期。

王永钦、张晏、章元等:《中国的大国发展道路——论分权式改革的得失》,《经济研究》2007年第1期。

王直、魏尚进、祝坤福:《总贸易核算法:官方贸易统计与全球价值链的度量》,《中国社会科学》2015年第9期。

王志新:《体制改革是提高我国科技自主创新能力的关键》,《科技导报》2006年第2期。

魏浩:《中国进口商品技术结构的测算及其国际比较》,《统计研究》2014年第12期。

魏浩、王露西、李翀:《中国制成品出口比较优势及贸易结构研究》,《经济学》(季刊)2011年第4期。

魏后凯:《中国地区经济增长及其收敛性》,《中国工业经济》1997年第3期。

文东伟、冼国明、马静:《FDI、产业结构变迁与中国的出口竞争力》,《管理世界》2009年第4期。

文贯中:《中国的疆域变化与走出农本社会的冲动:李约瑟之谜的经济地理学解析》,《经济学》(季刊)2005年第2期。

巫强、刘志彪:《中国沿海地区出口奇迹的发生机制分析》,《经济研究》2009年第6期。

吴必康:《权力与知识:英美科技政策史》,福州:福建人民出版社1998年版。

吴敬琏:《当代中国经济改革教程》,上海:上海远东出版社2016年版。

吴敬琏:《中国增长模式抉择》,上海:上海远东出版社2005年版。

吴俊、宾建成:《"金砖四国"经济效率的比较研究》,《亚太经济》2010年第3期。

吴晓求:《大国经济的可持续性与大国金融模式》,《中国人民大学学报》2010年第3期。

吴延兵:《自主研发、技术引进与生产率——基于中国地区工业的实证研究》,《经济研究》2008年第8期。

吴玉岭:《扼制市场之恶——美国反垄断政策解读》,南京:南京大学出版社2007年版。

武力:《中华人民共和国经济史》(上卷),北京:中国时代经济出版社2010年版。

习近平:《在庆祝中华人民共和国成立65周年招待会上的讲话》,《人民日报》2014年10月1日。

项俊波:《中国经济结构失衡的测度与分析》,《管理世界》2008年第9期。

萧国亮、隋福民:《中华人民共和经济史》,北京:北京大学出版社2011年版。

肖利平:《后发优势、吸收能力与追赶型增长的区域差异》,《中国软科学》2010年第1期。

肖翔、武力:《大国视角下中国产业结构与经济发展方式演变研究》,《教学与研究》2015年第1期。

辛璐璐、刘雪华:《公共财政支出效率与国民幸福感关系研究——基于G20国际比较视角的实证分析》,《新疆社会科学》2015年第1期。

邢来顺:《德国工业化经济—社会史》,武汉:湖北人民出版社2003年版。

邢来顺:《近代德国工业化过程中教育事业的发展》,《华中师范大学学报》2002年第6期。

熊彼特:《经济发展理论》,林贞旭、郑丽萍、刘昱岗译,北京:商务印书馆2000年版。

休斯、凯恩:《美国经济史》,邸晓燕、邢露等译,北京:北京大学出版社2011年版。

徐朝阳、林毅夫:《发展战略与经济增长》,《中国社会科学》2010年第3期。

徐玲、权衡:《经济新常态:大国经济赶超型增长的新经验与新理论》,《学术月刊》2015年第

9期。

徐大可:《中国地区自主创新能力评价及与经济增长质量关系研究》2007年第5期。

徐滇庆、柯睿思、李昕:《终结贫困之路:中国和印度发展战略比较》,北京:机械工业出版社2009年版。

徐继连:《科学技术与近代德国的经济繁荣》,《陕西师范大学学报(哲学社会科学版)》1988年第1期。

徐康宁、冯伟:《基于本土市场规模的内生化产业升级:技术创新的第三条道路》,《中国工业经济》2010年第11期。

徐宁、皮建才、刘志彪:《全球价值链还是国内价值链——中国代工企业的链条选择机制设计》,《经济理论与经济管理》2014年第1期。

徐涛:《引进FDI与中国技术进步》,《世界经济》2003年第10期。

徐秀军:《发展中国家地区主义的政治经济学》,《世界经济与政治》2011年第3期。

徐瑛、陈秀山、刘凤良:《中国技术进步贡献率的度量与分解》,《经济研究》2006年第8期。

徐永利:《"金砖四国"产业结构比较研究》,《河北大学》2010年第12卷。

许庆、尹荣梁、章辉:《规模经济、规模报酬与农业适度规模经营——基于我国粮食生产的实证研究》,《经济研究》2011年3月。

闫成海:《从贸易结构看中国与印度经济间的竞争关系》,《世界经济》2003年第1期。

杨德林:《高技术企业成长过程中的企业家角色》,《中国工业经济》1997年第9期。

杨高举、黄先海:《中国会陷入比较优势陷阱吗?》,《管理世界》2014年第5期。

杨浩昌、李廉水、刘军:《本土市场规模对技术创新能力的影响及其地区差异》,《中国科技论坛》2015年第1期。

杨仁发、李娜娜:《产业集聚能否促进城镇化》,《财经科学》2016年第6期。

杨汝岱、姚洋:《有限赶超与经济增长》,《经济研究》2008年第8期。

杨小凯:《发展经济学:超边际与边际分析》,北京:社会科学文献出版社2003年版。

杨小凯、张永生:《新贸易理论、比较利益理论及其经验研究的新成果:文献综述》,《经济学》(季刊)2001年第1期。

姚斌:《国家规模、对外开放度与汇率制度的选择》,《数量经济技术经济研究》2006年第9期。

姚洋:《中国道路的世界意义》,北京:北京大学出版社2011年版。

姚毓春、袁礼、王林辉:《中国工业部门要素收入分配格局——基于技术进步偏向性视角的分析》,《中国工业经济》2014年第8期。

叶裕民:《中国城市化滞后的经济根源及对策思路》,《中国人民大学学报》1999年第5期。

依沙贝等:《近百年美国经济史》,彭松建、熊必俊、周维译,北京:中国社会科学出版社1983年版。

易先忠、欧阳峣:《中国贸易增长的大国效应与合成谬误》,《中国工业经济》2009 年第 10 期。

易先忠、欧阳峣、傅晓岚:《国内市场规模与出口产品结构多元化:制度环境的门槛效应》,《经济研究》2014 年第 6 期。

易先忠、晏维龙、李陈华:《国内大市场与本土企业出口竞争力——来自电子消费品行业的新发现及其解释》,《财贸经济》2016 年第 4 期。

殷兴山、孙景德、张超群:《制度变迁、不确定性、收入增长与居民储蓄率——基于宁波案例的因子分析》,《金融研究》2007 年第 9 期。

尹向飞、段文斌:《中国全要素生产率的来源:理论构建和经验数据》,《南开经济研究》2016 年第 1 期。

于亚文:《中国农业工业化道路探析》,《经济纵横》2006 年第 1 期。

余泳泽、张先轸:《要素禀赋、适宜性创新模式选择与全要素生产率提升》,《管理世界》2015 年第 9 期。

曾福生、匡远配、陈代双:《农业工业化进程的评价指标体系构建与实证分析》,《农业技术经济》2008 年第 2 期。

曾刚、尚勇敏、司月芳:《中国区域经济发展模式的趋同演化——以中国 16 种典型模式为例》,《地理研究》2015 年第 11 期。

张光:《英国金融革命及其历史影响》,《南开政治学评论》,天津:天津人民出版社 2007 年版。

张光南、李小瑛、陈广汉:《中国基础设施的就业、产出和投资效应——基于 1998—2006 年省际工业企业面板数据研究》,《管理世界》2010 年第 4 期。

张光南、宋冉:《中国交通对"中国制造"的要素投入影响研究》,《经济研究》2013 年第 7 期。

张皓:《大国模式与中国经济增长》,《经济理论与经济管理》2001 年第 9 期。

张建新:《美国贸易政治》,上海:上海人民出版社 2014 年版。

张杰、陈志远、杨连星等:《中国创新补贴政策的绩效评估:理论与证据》,《经济研究》2015 年第 10 期。

张杰、刘志彪:《需求因素与全球价值链形成——兼论发展中国家的结构封锁型障碍与突破》,《财贸研究》2007 年第 6 期。

张杰、张培丽、黄泰岩:《市场分割推动了中国企业出口吗?》,《经济研究》2010 年第 8 期。

张军:《中国的经济转型:30 年的经验贡献了什么?》,《21 世纪经济报》2008 年 9 月 10 日。

张军:《中国经济发展:为增长而竞争》,《世界经济文汇》2005 年第 4 期。

张军扩、余斌、吴振宇:《增长阶段转换的成因、挑战和对策》,《管理世界》2014 年第 12 期。

张李节:《大国优势与我国经济增长的潜力》,《现代经济》2007 年第 6 期。

张敏、白旻:《大国人力资本优势与中国产业发展的自主创新战略》,《第一资源》2011 年第 3 期。

张培刚:《发展经济学往何处去——建立新型发展经济学刍议》,《经济研究》1989 年第 6 期。

张培刚:《农业与工业化》,武汉:华中科技大学出版社 2002 年版。

张培刚:《新发展经济学》,郑州:河南人民出版社 1992 年版。

张平、赵志君:《中国经济增长路经、大国效应与模式转变》,《财贸经济》2007 年第 1 期。

张清正:《中国区域经济增长差异及影响因素分析》,《经济问题探索》2014 年第 12 期。

张少军:《全球价值链模式的产业转移——动力、影响与对中国产业升级和区域协调发展的启示》,《中国工业经济》2009 年第 11 期。

张少军、刘志彪:《国内价值链是否对接了全球价值链——基于联立方程模型的经验分析》,《国际贸易问题》2013 年第 2 期。

张松林、李清彬、武鹏:《对中国城市化与服务业发展双重滞后的一个解释——基于新兴古典经济学的视角》,《经济评论》2010 年第 5 期。

张卫民、安景文、韩朝:《熵值法在城市可持续发展评价问题中的应用》,《数量经济技术经济研究》2003 年第 6 期。

张小蒂、孙景蔚:《基于垂直专业化分工的中国产业国际竞争力分析》,《世界经济》2006 年第 5 期。

张孝德:《农业工业化失灵与中国特色农业发展模式思考》,《国家行政学院学报》2011 年第 5 期。

张勋、王旭:《基础设施建设的大国效应及其作用机制》,《湖南师范大学社会科学学报》2017 年第 3 期。

张杨、欧阳峣:《基于全球价值链视角的"金砖国家"显性比较优势研究》,《湖南师范大学社会科学学报》2016 年第 3 期。

张耀辉:《传统产业体系蜕变与现代产业体系形成机制》,《产经评论》2010 年第 1 期。

张应武、李小瑛:《中国省区市场整合测度及其俱乐部整合特征》,《南方经济》2010 年第 9 期。

张友伦:《美国西进运动探要》,北京:人民出版社 2005 年版。

张于喆:《中国特色自主创新道路的思考:创新资源的配置、创新模式和创新定位的选择》,《经济理论与经济管理》2014 年第 8 期。

张宇:《中国模式:改革开放三十年来的中国经济》,北京:中国经济出版社 2008 年版。

张月玲、叶阿忠、陈泓:《人力资本结构、适宜技术选择与全要素生产率变动分解——基于区域异质性随机前沿生产函数的经验分析》,《财经研究》2015 年第 6 期。

赵进文、邢天才、熊磊:《我国保险消费的经济增长效应》,《经济研究》2010 年增刊。

赵志君、陈增敬:《大国模型与人民币对美元汇率的评估》,《经济研究》2009 年第 3 期。

郑捷:《如何定义"大国"》,《统计研究》2007 年第 10 期。

郑若谷、干春晖、余典范:《转型期中国经济增长的产业结构和制度效应——基于一个随机前沿模型的研究》,《中国工业经济》2010 年第 2 期。
郑永年:《中国模式:经验与挑战》,北京:中信出版集团 2016 年版。
中共中央文献研究室:《建国以来毛泽东文稿》第 1 册,北京:中央文献出版社 1992 年版。
中共中央文献研究室:《习近平关于科技创新论述摘编》,北京:中央文献出版社 2017 年版。
中共中央文献研究室:《习近平关于社会主义经济建设论述摘编》,北京:中央文献出版社 2017 年版。
周弘:《全球化背景下"中国道路"的世界意义》,《中国社会科学》2009 年第 5 期。
周寄中、张黎、汤超颖:《关于自主创新与知识产权之间的联动》,《管理评论》2005 年第 11 期。
周经、刘厚俊:《国际贸易、知识产权与我国技术创新——基于 1998—2009 年省际面板数据的实证研究》,《世界经济研究》2011 年第 11 期。
周平轩、付俊海:《国家规模与经济增长——关于国家规模的一个理论分析框架》,《山东社会科学》2007 年第 2 期。
周叔莲、裴叔平、陈树勋:《中国产业政策研究》,北京:经济管理出版社 2007 年版。
周业安:《地方政府竞争与经济增长》,《中国人民大学学报》2003 年第 1 期。
朱承亮:《中国地区经济差距的演变轨迹与来源分解》,《数量经济技术经济研究》2014 年第 6 期。
祝树金、陈艳、谢锐:《"龙象之争"与"龙象共舞"——基于出口技术结构的中印贸易关系分析》,《统计研究》2009 年第 4 期。
庄锡昌:《移民与美国的工业化》,《复旦学报(社会科学版)》1984 年第 6 期。

索　引

20国集团　14
报酬递增　19,28,307
北方国家　2
北京共识　356
本地市场效应　33,152,159,170
本土偏好　154
本土企业　149,150,152,154—158,166—168,173—180,240,253,380
比较优势　16,18,22—24,32,36,44,72—79,81,82,86—90,93,94,96,97,101,105,106,109—112,150,151,153,154,158,159,170,238,240,241,245,249,250,252,293,310,311,346,357,358,373,379—381,383,384
比较优势陷阱　73,74,93,96
边际收益递减　36
财政分权改革　364,371
产业分布　4
产业集聚　19,25,58,155,230,385
产业结构　21,23,26—28,55,60,102,113,121,137,138,153,154,159,170,171,208,210—213,216—230,232—235,237,238,252,257,292,293,306,317,320—322,324—326,328,330—332,358,361,367,369,374,382,383,387
产业链效应　34
产业升级　18,27,220,319,357,358,382,388
产业生态圈　35
产业影响力　10—12,15,378
产业政策　29,59,60,62,67,69,379
超大规模国家　3,9,25—27,373
成本优势　19,25,26,154,156,175,194,195,253,264,266,315,357,381
城市化模式　18,24
城市化滞后　216,219,221,222,225,229,232,233,382,383
城乡二元结构　4
初始条件　3,14,26,51,63,178,193,244,359,371,378,384
传统竞争优势　151
传统生产部门　26
创新驱动　38,263,308—310,317,319,324,328,333,361,367—369
创新文化资本　300—302,304
创新优势　3,263,312,315,319,382
大国创新优势　310,312,319,367,382
大国道路　378

大国发展经济学　1,25

大国封闭模型　21

大国金融模式　21

大国经济　3,14,15,18—29,32,39,51,54,57—59,97,107,110—116,120—122,125,135,148,180—184,186—192,197,200—202,309,320—322,324,326,332,335,339,360,363,364,378,380,381,384—388

大国经济模型　20

大国内生能力　192,197

大国效应模型　32,33,36,39,47,48,379

大国型式　20,124,384

大国优势　20,23,28,29,72,109,111,114,116,117,120,148,179,197,200,202,264,265,316,319,322,371,377,379,380

大国综合优势　20—22,111,112,192,197

大众高消费阶段　17

低成本优势　73,387

低端锁定　154

低收入国家　4,9,147,149,242

地方政府竞争　22,58

地理禀赋　40

第三世界国家　2,17

典型大国　125,126,131,380

典型特征　24,245,321,359,370,384

动态技术赶超　109,380

动态竞争优势　97,104,105,107,109,380

对外开放程度　11,12,21

对外开放模式　18

多元性特征　20,27,335

二元结构模型　26,27

发达经济体　9,376

发展经济学　2,10,16—18,25,27,28,110,182,357,359,376,388

发展型式　20,22,23,124,125,154,159,202,378,380,384

发展中大国　1,3,5—15,17,18,21—25,27,29,51,57,72,73,75—79,81,82,84,86,88—90,93—107,109,111,114—124,148—150,153,157,176,177,180,181,183,184,187—189,202—207,210—214,217,222,238—240,244,252,263,277,291,307,310,316,319,320,322,333,335,338,339,341,343,345—348,353—355,359,368,370—376,378—388

非均衡特征　72

非正式制度　335,345,346,348,350,354

分工模式　47,149,238—240,249,252

分权式改革　22

分权治理　361

幅员辽阔　3,26,211,322,332,346,355,359,361,370,371,384

高层竞争优势　154

高收入国家　2,4,7,147,149,242,249,258,262,317

高新技术产业　15,49,306,311,361

工业大国　3,387

工业革命　2,29—32,37,38,40,43—50,54—56,59—64,216,308—310,368,379,385,386

工业化模式　16,18,317

公共产品　124,192—195,197—201,340,358,381,384

公共产品供给优势　192—195,197,199—

201,381
功能缺位 152,174,178,278
古典贸易理论 110,151,157,158
关系变迁机制 346—350,352,354,384
规模范畴 25—28
规模经济 19,21,25,26,34,36,63,67,125,132,137,138,147,155,156,159,170,171,175,182,192,203,204,207,210,220,240,241,266,307,310,321,323,334
规模经济优势 20
规模效应 20,21,26,45,124,132,133,135,148,151,182,202,212,264,277,321,354
规模优势 21,24—26,73,97,114,115,122,216,240,244,263,277,332,338,347,364,382,384,386
国际经济格局 10,97,379
国际经济秩序 15,377,378
国家创新体系 59,307,310
国家规模 3,19—23,26,32,41,44,48,49,110—112,154,159,160,162,164,170,193,254—256,259,264—267,270,272,274,276,277,291,310,313,318,321,359,362,363,375,380,381,385
国家集群 36,43,49
国家竞争优势 25,29,111
国家要素禀赋 73,290,316
国民经济体系 355,360,361,371,372,375
国民生产结构 125
国民生产总值 14,27,135,254,355,361,385
国民收入水平 2,4,7,355

国内统一市场 57,381
国内运输成本 35
国土规模 3,5—8,11,12,26,105,244
合作创新 280—282,284—291,306,316,381
核心优势 26
后发优势 14,18,22—24,72,96—107,109,110,166,263,306,312,319,347,357,379—381,384,386
互补性优势 20,112,192
华盛顿共识 356,357
货币联盟 20
基础设施 4,8,17,56,57,98,101,105,124,180—192,201,215,299,304,311,346,358,359,367,381,382,384,388
集体缺失 176
集约化管理模式 205
集约型增长 316
技术创新 16,23,29,38,45,46,50,59,73,74,98,138,154,174,263—267,269,270,272,274—283,290,292—294,297—300,303—309,311—316,319,321,357,367,370,379,381,382,385,386
技术创新能力 96,246,264—266,277,278,292—301,305
技术创新效率 97,294,295,297—305,311,357,382
技术创新优势 20,263,264,307
技术二元结构 4
技术赶超 74,96,98,105,107,241,278,280—291,306,308,381
技术后发优势 98—100,279,381

技术结构　28,113

技术进步偏向　73—75,81,82,84,86—94,
　　96

技术模仿效率　97

技术收敛　97

技术溢出效应　182,220,266,270,278,280,
　　304

技术追赶　96,99,100,106,314

渐进式改革　18,173,174,358,359

交易效率　19

结构范畴　26—28

结构性特征　26,28

结构主义　16

结构转换　4,16,27,28,133,241

金融发展理论　16

金砖国家　14,23,97,110,206,207,241,
　　249,252,253,291—294,299,300,304,
　　305,379,381,383,385,387

经济差异性　113—115

经济大国　3,310,316,319,368,369,386

经济大循环　21

经济多元性　113—115

经济二元结构　4

经济发展潜力　11,12

经济发展型式　19

经济发展战略　2,17,51,53,202,336,337,
　　357,380,387

经济分权　22,358,361—363,371,373,
　　375,384

经济赶超战略　362

经济规律　319,384,386

经济规模性　112,114,120,122

经济技术水平　4

经济结构　4,6,16—18,20,26—29,37—39,
　　41,44—46,49,50,66,72,112,113,115,
　　136—138,146,180,216,220—222,249,
　　305,321,322,333,361,367,368,373,
　　379,382,385

经济均衡发展　56,379

经济起飞　2,17,45,110,217,218,355,382

经济起飞阶段　381

经济权力　10

经济实力　15,29,31,68,378

经济完整性　113,114,116,121,122

经济系统　26,307,381

经济效益　19,61,203,318

经济新常态　175,176,179

经济影响力　10—12,14,378

经济增长贡献率　125

经济增长机制　125

经济转型时期　8

经济总量　3,14,20,23,25,135,192,193,
　　196,311,316,355,368,370,376,377

经验性特征　22

净出口贡献率　126—130

居民消费规模　136—141,143—149,380

距离衰减效应　35

均衡技术差距　312

开放型经济　16,252,365,374

科学技术体系　361

可持续发展　16,18,21,23,57,112,132,
　　149,216,257,259,293,333,365,367,
　　372,386

空间运输费用　37

跨期比较　18

劳动密集型　37—39,49,72—74,76,78,79,

87,93,101,233,304,313,366,373,379,380

劳动生产率　2,4,6,8,28,56,60,99,102,115,206,214,218,239,266,306,307,326—329,355,369,378,387

劳动要素禀赋　74,77,101

垄断利益　26

落后国家　1,2,16,176,249,306,312

马尔萨斯陷阱　36,39

贸易保护主义　17,387

贸易发展型式　20

贸易结构　27,124,150,152,154,156,160,166—168,171,176,241,278,380

贸易开放　29,32,33,162,163,250,301,304,305,380,381

贸易摩擦　150,153,240

模仿创新　72,99,259,278,280—283,285—291,306,312—316,319,369,381,382,386,388

南方国家　2

内部规模经济　25

内生增长模型　19,310,313

内需驱动出口型式　150,152—154,157—175,177

内需驱动出口指数　152,158—160,162—167,169—172

农业产业化经营　203

农业大国　3

农业工业化　202—211,213—216,382

农业规模经营　202,206—208,210,214,215,382

农业生产效率　202,205,207—211,214

农业剩余劳动力　29,219,224,225

钱纳里标准模式　134

欠发达国家　1,2,313

区域差异　3,5,18,225,229,230,233,334,384

区域结构　26,27

区域经济布局　338

区域经济发展模式　18,320,335

区域经济趋同　334,337

区域影响力　10—12,15,378

区域增长极　17

趋同假说　110

全球化红利　238,239

全球价值链　73,74,150,153,154,156,176,322,379,388

全球经济失衡　387

全球经济治理　15,365

全要素生产率　73—75,93—96,98—100,107,109,114,115,202,238—241,249—253,260,293—295,297,298,304,369,383

群体性崛起　14,376,385,386

人均收入水平　1,97,204,207,213,217,255

人口大国　3,8,57

人口分布　4

人口规模　3—5,8,26,29,32—36,39,40,43—49,105,111,192—195,198—201,222,227—229,244,264—270,272,274—278,322,379,381

人口规模优势　29,33,36,194—196,277

人口流动理论　16

人口众多　1,3,20,26,57,100,101,193,194,204,240,265,310,311,320,322,346,355,359—361,370,371,375,

381,384
人口总量　6—8,11,12
人类发展指数　6—11
人力资本　29,98,100—102,105,107,109,113,115,132,147,157,162,163,166,202,204—207,210,216,250,253,262,265,278,279,281,282,300,304,313,322,335,344,357,380,383,387
人力资本积累　73,101,180,307,323
社会分工　112,115,120,307,308
社会福利　17,280,284,290
社会公平　16
社会资本　16,19,210,281
生产规模　19,25,139,147,266
生产结构　19,26,27,110,137,139,147,158
生产效率　19,43,55,94,100,115,154,197,202,205,207,208,210,213,218,224,228,385
世界发展指标　6,7,116,317,355
世界经济体系　17,364—366,371,373
市场范围假说　19,25
市场干预能力　11,12
市场规模　3,5,6,19,21,25—28,32—34,45,54,114—116,120,122,135,137,138,147,151,156,159,162,163,170,176,180—191,211,212,216,244,263—270,272,274,276—278,291,310—312,314,318,319,332,334,338,346,347,354,367,381,384
市场化改革　16,253,278,322,346
市场环境　45,47,50,67,152,157,172—174,178,197,379
市场机制　16,18,43,46,50,67,258,343,344,353,375,376
市场交易成本　37,47,50,180—182,191,346,347
市场潜力　3,5,6,33,34,112,179,238,282,371,378
市场一体化　182,321
适度规模经营　204,214
双引擎增长模式　22
斯密式增长　307,310
跳跃式增长　51
同期比较　18
投资贡献率　126—130
土地密集型　37—39
外部规模经济　25,321
外围国家　10
稳定性优势　20,192
稳定优势　3,112—114,116,117,119—122,380
西方大国　15,60
现代产业体系　320,321
现代工业体系　361
现代金融体系　21
现代生产部门　26
消费贡献率　126—130
消费终端市场　149,150,152,156,176,177
小国经济　19,110,387
协调发展机制　28,333
新发展观　16
新发展经济学　1,4
新古典贸易理论　110,132,150,151
新古典政治经济学　16
新古典主义　16,17,376
新结构经济学　18,27

新经济地理学 16
新贸易理论 151,157,158,241
新新贸易理论 16
新兴大国 15,23,110,180,263,322,370, 373,376,377,382,385—388
新增长理论 16,132,241,278,279,307,381
信息技术资本 300—302,304,305,382
熊彼特式增长 307,310
要素禀赋结构 18,27,28,74,75,77,79,81, 82,86,87,89,93,94,96,100,101,104, 105,109,152,153,170,373
要素技术效率 81—84,86
要素密集度 73
要素配置机制 343,344,348—350,352— 354
要素驱动出口型式 150,152—154,158,159
一般均衡框架 33,73
有限赶超战略 21,22,97
有效需求规模假说 21,311
幼稚工业理论 62
战略性新兴产业 15,332
政府干预 16,17,139,140,144,235,238, 343—345,350,353,354,379
政府治理效果 11,12
政府主导型 299,300
政治集权 22,358,371,375
知识积累 306
知识密集型 37,380
制度变迁机制 345,346,348—350,352— 354,384
制度创新 22,59,203,299,308,319,322, 385,386
制度模仿效应 345,346,350,353,354
治理影响力 10—12,15,378

中等收入国家 4,147,257,262,317
中等收入陷阱 9,23,202,217,218,254, 256,257,259,262,317,319,369,383, 386,388
中国道路 18,24,355—360,364,370— 377,384
中国模式 18,355—359,375,377
中心—外围学说 17
中心国家 10
转型升级战略 28,152
转移支付效应 21
追赶假说 312
追赶战略 18
资本积累 16,20,21,93,100,101,316
资本密集型 37,39,49,59,72,76,79,88, 221,379,380
资源禀赋 18,20,21,75,111,112,241,249
资源配置权力 357
资源配置效率 8,17,93,94,132,134,137— 139,147,321
自然影响力 10—12,14,378
自然资源 5,7,26,33,37,51—54,57,72, 73,75,97,112,115,253,256,257,367, 371,379,384
自由贸易假说 32
自主产业体系 320
自主创新 21,54,72,97,177,259,264,278, 280—283,285—293,300,306,309,310, 314—319,322,357,368—370,381, 382,388
综合影响力 11,12,14,97,378
组织结构 26,361
钻石模型 111
最优规模 16

图书在版编目(CIP)数据

大国发展道路：经验和理论/欧阳峣等著. —北京：北京大学出版社，2018.3
（国家哲学社会科学成果文库）
ISBN 978-7-301-29402-4

Ⅰ.①大… Ⅱ.①欧… Ⅲ.①中国经济—经济发展—研究 Ⅳ.①F124

中国版本图书馆 CIP 数据核字(2018)第 033000 号

书　　　　名	大国发展道路：经验和理论 DAGUO FAZHAN DAOLU: JINGYAN HE LILUN
著作责任者	欧阳峣　等著
责 任 编 辑	任京雪　刘　京
标 准 书 号	ISBN 978-7-301-29402-4
出 版 发 行	北京大学出版社
地　　　　址	北京市海淀区成府路 205 号　100871
网　　　　址	http://www.pup.cn
电 子 信 箱	em@pup.cn　　QQ:552063295
新 浪 微 博	@北京大学出版社　@北京大学出版社经管图书
电　　　　话	邮购部 62752015　发行部 62750672　编辑部 62752926
印 　刷 　者	北京中科印刷有限公司
经 　销 　者	新华书店
	720 毫米×1020 毫米　16 开本　27.25 印张　432 千字 2018 年 3 月第 1 版　2018 年 3 月第 1 次印刷
定　　　　价	95.00 元

未经许可，不得以任何方式复制或抄袭本书之部分或全部内容。
版权所有，侵权必究
举报电话：010-62752024　电子信箱：fd@pup.pku.edu.cn
图书如有印装质量问题，请与出版部联系，电话：010-62756370